Eric Tierling

Internet

Das kompakte Wissen

WILHELM HEYNE VERLAG
MÜNCHEN

MARKT+TECHNIK BEI HEYNE
15/92

Umwelthinweis:
Dieses Buch wurde auf chlor- und säurefreiem Papier gedruckt.

Taschenbuchausgabe 11/01

Wilhelm Heyne Verlag GmbH & Co. KG, München
http://www.heyne.de
Printed in Germany 2001
Umschlaggestaltung: Grafikdesign Heinz H. Rauner, Gmund
Druck und Verarbeitung: Media-Print, Paderborn

ISBN 3-453-18184-0

Inhaltsverzeichnis

Vorwort

Jedes neue technische Medium hat die Welt grundlegend verändert. Was allerdings bei Telefon, Radio und Fernsehen noch Jahrzehnte brauchte, ging beim Internet in wenigen Jahren vonstatten – und der »Siegeszug« des Internet ist immer noch in vollem Gange.

Doch längst nicht jeder, der sich für das neue Medium und seine Möglichkeiten interessiert, ist auch schon »drin«. Genau diesem Aspekt nimmt sich das Ihnen vorliegende Buch an: Ihren Windows 9x/Me-PC per Modem oder ISDN-Adapter ins Internet zu bringen, sodass Sie sich mit Web-Browser, E-Mail-Programm und Co. auf Entdeckungsreise durch die faszinierende Welt des Internet begeben können.

Verständlich werden Ihnen alle relevanten technischen Begriffe rund um das Internet erklärt, sodass Sie ein breit gefächertes Basis-Know-how erhalten. Des weiteren erfahren Sie nicht nur, welche potentiellen Sicherheitsrisiken bei Online-Reisen durch das Internet lauern, sondern auch, wie Sie sich dagegen effektiv zur Wehr setzen – um Ihren PC mitsamt der darauf gespeicherten Daten sowie Ihre Privatsphäre zu schützen.

Und nennen Sie noch kein Modem oder ISDN-Adapter Ihr Eigen, gibt Ihnen dieses Buch das nötige Wissen an die Hand, damit Sie die unterschiedlichen Features dieser Kommunikationsgeräte verstehen und das für Sie geeignete Modell auswählen können. Nach der Einbindung des Modems respektive ISDN-Adapters in Windows 9x/Me lernen Sie, wie Sie Verbindungen ins Internet definieren. So können Sie problemlos mehrere Internet-Service-Provider – nicht zuletzt auch unter Ausnutzung von Internet-by-Call – abwechselnd verwenden, Verbindungen ins Internet vom PC bei Bedarf automatisch herstellen lassen oder beide ISDN-Kanäle bündeln und gleichzeitig verwenden, um die Zeit etwa beim Herunterladen großer Dateien zu verkürzen.

Eine Tour durch Internet Explorer und Outlook Express versetzt Sie in die Lage, mit Web-Browser im World Wide Web des Internet auf Entdeckungsreise zu gehen und mit Leichtigkeit E-Mails an Freunde und Bekannte zu schicken (oder von diesen zu empfangen). Abgerundet wird dieses Buch schließlich mit einem Überblick von Zusatz-Programmen, die sich bei Online-Streifzügen als nützlich und hilfreich erweisen, sowie einem

Anhang, wo Sie Smileys und Akronyme in Übersichten nachschlagen und wichtige Begriffe im Glossar auf einen Blick finden können.

Bereits die vorangegangenen Auflagen dieses Buchs haben viele meiner Freunde und Bekannte ins Internet gebracht und ihnen bei vielen Online-Reisen hilfreich zur Seite gestanden. Und da dieses Buch letztlich von Ihnen – den Lesern – »lebt«, freue ich mich über Ihre Anregungen, Fragen oder Kritik, die Sie mir per E-Mail an *internet@ito.de* schicken können.

Zum guten Schluss möchte ich mich bei allen bedanken, die mit ihrer Unterstützung am Gelingen dieses Buchs beteiligt sind. Dies gilt vor allem für meinen Lektor Jürgen Bergmoser von Markt+Technik sowie meine Korrektorin Christel Metke.

Insbesondere aber richtet sich mein Dank an meinen Schatz Karin – für ihre tatkräftige, fortwährende und einmalige Unterstützung. Danken möchte ich auch meinen Eltern und meiner Schwester, sowie Karen, Klaus und Swen.

Viel Freude beim Lesen und der Entdeckung der phantastischen Möglichkeiten des Internet!

Ihr Eric Tierling

Kapitel 1
Fit für Reisen durch die Welt des Internet

Viele Computeranwender besitzen einen PC und möchten ins Internet – um im Web zu surfen, E-Mails zu versenden und zu empfangen oder auf sonstige Weise Informationen auszutauschen und weltweit zu kommunizieren. Windows 9x/Me ist bestens darauf vorbereitet, Sie nicht nur zum Beispiel per Modem oder ISDN-Adapter ins Internet zu bringen: Internet Explorer, Outlook Express und Co. ermöglichen es Ihnen, in die faszinierende Welt des Internet einzutauchen.

Hinweis

Dieses Buch behandelt sowohl Windows 98 als auch Windows 98 Zweite Ausgabe sowie Windows Me (Millennium Edition). Der Einfachheit halber sprechen wir daher im Folgenden von *Windows 9x/Me*, wenn ein bestimmter Vorgang unter beiden Betriebssystemen möglich ist. Sind Handlungen entweder nur unter Windows 98 oder aber Windows Me möglich, finden Sie einen ausdrücklichen Hinweis darauf.

1.1 Elektronische Kommunikation im Überblick

Ihre zunehmende Verbreitung verdankt die elektronische Kommunikation per Computer vielfältigen Gründen: Um zu verstehen, welche Möglichkeiten sich hinter der elektronischen Kommunikation verbergen, ist es hilfreich, sich ein wenig – und wirklich nur ein wenig – mit der entsprechenden Historie zu befassen.

Als die ersten persönlichen Computer Mitte der Siebzigerjahre das Licht der Welt erblickten, keimte schon bald der Wunsch auf, Informationen untereinander zwischen diesen und generell Computern verschiedener Arten untereinander austauschen zu können. Mithilfe von Modems wurde daraus Realität.

Hinweis

Modem ist ein Kunstwort aus *Modulator* und *Demodulator*. Dabei handelt es sich um kleine Geräte, die an den Computer angeschlossen dessen digitale Daten in analoge Signale und umgekehrt umsetzen, die sich dann bequem über analoge, sprich herkömmliche Telefonleitungen übertragen lassen.

Zumeist im privaten Bereich entstanden die ersten *Mailboxen*, die dem Anwender Dateien zum Abrufen bereitstellten und zudem die Möglichkeit boten, Informationen für Gleichgesinnte zu hinterlassen, die die Empfänger dann bei ihrem nächsten Besuch der Mailbox vorfanden. Es dauerte nicht lange, bis auch Hersteller – vorwiegend aus der Computerbranche – auf den Geschmack kamen und auf hauseigenen Mailboxen neueste Treiber oder technische Informationen bereitstellten. Hinter einer Mailbox verbirgt sich in der Regel ein PC, an dem ein oder mehrere Modems angeschlossen sind, über die sich die Benutzer dann in die Mailbox einwählen können. Dabei spielt es keine Rolle, ob sich der Benutzer im Haus nebenan oder an einem weit entfernen Ort befindet.

Hinweis

Auf diese Weise wurde der Begriff *DFÜ* kreiert, der als Abkürzung für *Datenfernübertragung* steht.

Schnell war dann der »Online-Gedanke« geboren: Wer sich in einer Mailbox eingewählt hatte, verband seinen Computer per Modem mit einem anderen Computer, um so Informationen zu versenden oder abzurufen. In den späten 70er-Jahren begannen einige Unternehmen damit, Mailboxen auf eine kommerzielle Basis zu stellen und elektronische *Online-Dienste* ins Leben zu rufen. Im Gegensatz zu meist spezialisierten Mailboxen stellten hierbei Unternehmen aller Couleur und somit aus den verschiedensten Branchen ihre Informationen elektronisch zur Verfügung. AOL, BTX oder Compuserve waren (respektive sind noch heute) nur einige Beispiele dafür, wie ein solcher Online-Dienst aussehen konnte: Dort fand sich ein vielfältiges Angebot, das beispielsweise Autovermietungen, Flugpläne, Kinoinformationen, Teleshopping-Möglichkeiten oder Wetterberichte umfasste, die die Nutzer nach Belieben abrufen konnten. Während die Nutzung der meisten

Mailboxen – von den Telefongebühren einmal abgesehen, die bei nahezu jeder Wählverbindung anfielen – kostenfrei waren, lebten Online-Dienste von den Gebühren, die die Teilnehmer an sie entrichteten.

Der phänomenale Siegeszug des Internet hat dazu geführt, dass heutzutage Mailboxen nahezu gänzlich verschwunden sind. Das hat einen einfachen Grund: Während Mailboxen meist nur über wenige Telefonnummern erreichbar waren und somit bei entfernteren Nutzern Ferngesprächs- oder Auslandsgebühren anfielen, erlaubt das Internet jedem Nutzer einen kostengünstigen Zugang zu Informationen. Aus diesem Grund haben viele Mailbox-Betreiber die Informationen in das Internet übertragen, um sie so einer breiten Masse zugänglich machen zu können.

Und auch Online-Dienste hat das Internet nicht unberührt gelassen. So war beispielsweise das mit Windows 95 debütierende *MSN* (*Microsoft Network*) zunächst als Online-Dienst konzipiert. Inzwischen ist dieser Online-Dienst eingestellt, und MSN tritt heutzutage als Portal-Site und Internet-Service-Provider auf.

Den eigentlichen Zugang zum Internet eröffnet ein *Internet-Service-Provider*. Er stellt zum Beispiel Telefonnummern bereit, über die Sie sich mit Ihrem PC mittels Modem oder ISDN-Adapter in einen seiner Einwahlknoten einwählen und darüber mit dem Internet verbinden können. Eine *Portal-Site* dagegen stellt ein Eingangstor dar, das einen einfacheren Zugriff auf die vielfältigen im Internet vorhandenen Möglichkeiten, Informationen und Dienste ermöglichen soll.

1.2 Internet: Das weltweite Netz der Netze

Neben Mailboxen und Online-Diensten erblickte bereits Ende der Sechzigerjahre ein anderes Netzwerk das Licht der Welt – das *Internet*. Mitten in der Blütezeit des kalten Krieges hatten in Kalifornien Wissenschafter zum Zwecke des schnellen Informationsaustauschs untereinander Daten zwischen zwei Universitäten ausgetauscht. Dies erregte die Aufmerksamkeit des Militärs, das diesen Bereich nun unter Federführung von ARPA (Forschungsabteilung des Verteidigungsministeriums) zu erforschen begann. Doch schon bald wandelte sich der Einsatzzweck des daraus resultierenden ARPANET – dem Urvater des heutigen Internet – weg vom militärischen zum akademischen Nutzen, sodass immer mehr Universitäten begannen, sich für den Computerverbund zu interessieren und sich zusammenzuschließen.

Seit Mitte der Achtzigerjahre haben zudem lokale Netzwerke – *Local Area Networks* oder kurz *LANs* – in zahlreichen Unternehmen Einzug gehalten. Im Laufe der Zeit schlossen immer mehr Unternehmen ihre lokalen Netzwerke zu Weitverkehrsnetzen – den *Wide Area Networks* oder kurz *WANs* – zusammen, um so über verschiedene Standorte hinweg Informationen zeitnah austauschen zu können.

Hinweis

Bei einem LAN werden PCs an einem räumlich zusammenhängenden Standort miteinander verbunden (»vernetzt«), um auf gemeinsam zu bearbeitende Daten zuzugreifen oder Geräte wie Drucker kollektiv und damit kosteneffektiv zu nutzen. Ein WAN erlaubt die Kommunikation mehrerer LANs untereinander, die sich an verschiedenen Standorten befinden.

Einhergehend mit dem Siegeszug des Internet im akademischen Bereich sowie von LANs und WANs in Unternehmen begannen immer mehr Menschen damit, auf elektronischem Wege Nachrichten auszutauschen. Programme zur Abwicklung dieser elektronischen Post, die unter dem Begriff *Electronic Mail* oder kurz *E-Mail* bekannt geworden ist, dienen dazu, Informationen über Computer zu versenden und zu empfangen. Diese bequeme, zeitgemäße und effiziente Art der Kommunikation ist für viele inzwischen zu einer Selbstverständlichkeit geworden – so selbstverständlich, dass sich bereits frühzeitig die Anforderung ergab, die eigentlich auf ein bestimmtes Computersystem zugeschnittene Verarbeitung von E-Mails auch über verschiedene Arten von Computern hinweg vollziehen zu können. So genannte *Gateways* stellen die Lösung für dieses Problem dar, indem sie die ein- oder beidseitige Umwandlung von E-Mails für andere Computersysteme übernehmen.

Hinweis

E-Mail entspricht einer elektronischen Nachricht, die einen Text sowie andere Arten von Daten wie zum Beispiel eine Grafik beinhalten kann. *Gateways* sorgen dafür, dass die in unterschiedlichen Systemen erstellten und darüber versandten E-Mails so weit als möglich entsprechend konvertiert werden.

Die Anbindung lokaler Netzwerke von Unternehmen an das Internet, die eine immer größere Verbreitung findet, eröffnete dem Ganzen eine neue, weltumspannende Dimension. So sind inzwischen auf etlichen Visitenkarten nicht mehr nur Telefonnummern, sondern auch E-Mail-Adressen zu finden, mit deren Hilfe Nachrichten aus der ganzen Welt empfangen werden können. Mit dieser Entwicklung sahen sich auch Mailboxen und Online-Dienste konfrontiert. Vor allem Online-Dienste haben sich der Thematik angenommen und erlauben es, E-Mails nicht nur über den eigenen Service, sondern auch mit dem Internet und zahlreichen anderen verbreiteten Systemen auszutauschen.

Konzentrierten sich Online-Dienste vornehmlich auf den Privatnutzer, wurde das Internet zunächst hauptsächlich von wissenschaftlichen Institutionen und Unternehmen genutzt. Damit einhergehend begannen immer mehr Unternehmen, die im Internet zum Tragen gelangenden Technologien auch in ihren lokalen Netzwerken einzusetzen. Dazu hat nicht zuletzt der offene Charakter beigetragen, den das Internet aufweist: So handelte es sich bei LANs sowie der darin eingesetzten Hard- und Software vor allem in den Anfangstagen lokaler Netzwerke um proprietäre Lösungen. Diese brachten ihre eigenen Protokolle, Programme und Verfahren mit, was den gemischten Einsatz mit anderen Lösungen erschwerte. Die im Internet verwandten Technologien dagegen beruhten und beruhen darauf, dass möglichst viele Anwender diese auch nutzen können. Plattformunabhängigkeit bildet also ein wesentliches Element, das zum Erfolg des Internet beigetragen hat. Dieses Merkmal wollten auch Unternehmen in ihren lokalen Netzwerken nutzen, sodass diese begannen, Internet-Technologien auch in ihren LANs einzusetzen. Daraus entstanden schließlich *Intranets* – also lokale Netzwerke, in denen Internet-Technologien zum Einsatz gelangen.

Die Situation, dass das Internet vor allem von wissenschaftlichen Institutionen und Unternehmen eingesetzt wurde, hat sich inzwischen grundlegend geändert – schließlich möchte auch der private Anwender an der schönen neuen, bunten Online-Welt teilhaben. Voraussetzung dafür ist, dass zur Nutzung der einzelnen Medien kein Spezialistenwissen mehr gefragt ist. Im Zuge gestiegener Ansprüche an eine komfortable Oberfläche bekamen so Mailboxen, Online-Dienste und auch das Internet ein zunehmend grafisches Aussehen. Insbesondere das auf dem Internet basierende *World Wide Web* – kurz *WWW* oder auch nur *Web* – hat zum Online-Boom beigetragen.

> Hinweis
>
> Neben E-Mail und dem World Wide Web gibt es zahlreiche weitere Dienste im Internet, die sich größer Beliebtheit erfreuen. Dazu zählen beispielsweise *Newsgroups* oder *Telefonieren über das Internet*.

1.3 Was eigentlich ist ein Intranet?

Wie kein anderes Medium hat das Internet in kürzester Zeit seinen Siegeszug um die Welt angetreten und ist aus vielen Geschäftsbereichen nicht mehr wegzudenken. Das Internet zu beschreiben erübrigt sich somit. Neben dem öffentlich für jedermann zugänglichen Internet erfreuen sich inzwischen auch *Intranets* einer großen Beliebtheit. Doch was ist ein Intranet? Hierfür existieren zahlreiche Definitionen, die vom »lokalen TCP/IP-Netzwerk« bis hin zum »unternehmensweiten Informationsnetz, das auf Internet-Technologie basiert, aber kein Teil des Internet ist« reichen.

> Hinweis
>
> Vereinfacht ausgedrückt handelt es sich bei einem Intranet um das private, lokale Netzwerk eines Unternehmens, in dem Technologien zum Einsatz gelangen, die auch im Internet Verwendung finden. So lässt sich ein Webserver beispielsweise auch innerhalb eines Unternehmens nutzen, von dem die einzelnen Mitarbeiter über einen Webbrowser (wie dem Internet Explorer) firmeninterne Informationen abzurufen imstande sind. Ein privates Intranet kann – muss aber nicht – mit dem öffentlichen Internet verbunden werden.

Ein Intranet ist zweifelsohne eng mit dem in nahezu jedem Unternehmen vorhandenen lokalen Netzwerk (LAN) verbunden. Erst dieses schafft eine effiziente Infrastruktur, damit Computer in einer Abteilung, einem Gebäude oder innerhalb der ganzen Firma schnell und kostengünstig miteinander kommunizieren können. Der Einsatz von TCP/IP im LAN als alleiniges oder zusätzliches Protokoll schafft darauf aufbauend dann die Basis für das Intranet. Über Webbrowser können die einzelnen Benutzer dann über eine grafische Oberfläche per Mausklick auf die von ihnen benötigten Informationen zugreifen, die ein Webserver in diesem Intranet bereitstellt.

Intelligente, durch standardisierte Programmierschnittstellen erweiterbare Webserver und -browser erlauben dabei weit mehr als das Abrufen bloßer Textinformationen aus festgelegten Dateien: So lassen sich Webseiten dynamisch aufbauen – in Abhängigkeit davon, welche Aktion der Anwender in seinem Webbrowser vornimmt. Die angeforderten Daten können zum Beispiel aus einer unternehmensinternen Datenbank stammen, die der Webserver ausliest und bei Bedarf auch mit aktualisierten Werten erneuert. Strukturelemente wie Tabellen, animierte Grafiken oder Video- zusammen mit einer Audioeinbindung sorgen dabei für eine ansprechende, multimediale Aufbereitung der darzustellenden Informationen.

Diese Art der Informationsverarbeitung ist keineswegs auf das Intranet eines Unternehmens begrenzt, sondern lässt sich auch im Internet realisieren. Wird das eigentlich nur intern zugängliche private Intranet eines Unternehmens an das öffentliche Internet angeschlossen, können Außendienstmitarbeiter auch von unterwegs aus auf das Firmen-Intranet zugreifen. Diese brauchen sich hierzu lediglich von ihrem PC aus per Modem oder ISDN in das Internet über einen der Zugänge einzuwählen, die beispielsweise global tätige Internet-Service-Provider wie zum Beispiel Uunet bereitstellen. Da sowohl dem Internet als auch dem Intranet dieselben Technologien (TCP/IP, Webbrowser, Webserver etc.) zugrunde liegen, brauchen Anwender nicht umzudenken: Sie verwenden dieselben Applikationen wie bei der direkten Arbeit im Intranet. Abgesehen von der Übertragungsgeschwindigkeit, die in dem über öffentliche Übertragungswege realisierten Internet naturgemäß niedriger ist als im Intranet, das die LAN-Infrastruktur nutzt, gibt es keine Unterschiede. Allerdings reicht die Performance im Internet häufig (noch) nicht aus, um etwa Videokonferenzen in akzeptabler Qualität abzuwickeln.

Auf Wunsch lassen sich der Zugriff auf einen Intranet-Webserver oder Teile davon für die Öffentlichkeit frei schalten, um auch die Millionen von weltweiten Internet-Anwendern an den darauf hinterlegten Informationen teilhaben zu lassen. Auf diese Weise öffnet sich für Unternehmen das Tor zum E-Commerce – sei es für die Präsentation von Produkten oder zum Online-Shopping mitsamt elektronischem Bestellwesen.

> **Hinweis**
> Jede IT-Umgebung mit einem lokalen Netzwerk kann dort ein Intranet realisieren. Aus diesem Grund existieren unzählige Intranets – aber es gibt nur *ein* Internet.

1.4 Freeware, Shareware, Adware: Alles umsonst?

Zahlreiche Funktionen zur leichten Nutzung des Internet sind in Betriebssysteme wie Windows 9x/Me bereits integriert. Darüber hinaus gibt es leistungsfähige Webbrowser, E-Mail-Programme, Newsgroup-Reader etc. von Microsoft, die bereits zum serienmäßigen Bestandteil des Betriebssystems zählen.

Wem der gebotene Funktionsumfang von Windows 9x/Me nicht ausreicht, kann sich problemlos mit zusätzlichen Werkzeugen – so genannte *Tools* oder *Utilities* – eindecken. Diese Programme erweitern die Features des Betriebssystems oder einer Applikation in einer ganz bestimmten Hinsicht.

Da aber im Internet nicht selten eine »Alles-umsonst«-Mentalität anzutreffen ist, erweist es sich als hilfreich, im Hinblick auf Tools und Utilities verschiedene Begriff zu kennen:

- Bei *Freeware* handelt es sich um kostenlos benutzbare Software. Diese können Sie solange und sooft einsetzen, wie Sie wünschen – ohne dafür etwas bezahlen zu müssen. Oftmals erstreckt sich diese Erlaubnis nur auf den privaten Einsatz, sodass kommerzielle Anwender für die Nutzung der Software bezahlen müssen. Der Hintergrund stellt die kostenlos Werbung dar. Mithilfe des Freeware-Programms möchte der Autor der Software auf sich aufmerksam machen. Dies geschieht beispielsweise in der Hoffung, dass Sie sich auch für andere Produkte des Autors interessieren – die es dann käuflich zu erwerben gibt. Die genauen Hintergründe hängen jedoch vom Einzelfall ab.
- Des Weiteren gibt es eine Große Anzahl von Software, die als *Shareware* vertrieben wird. Darunter ist »Prüf-vor-Kauf-Software« zu verstehen. Mit anderen Worten: Sie können das betreffende Programm nur begrenzt oft oder nur während einer begrenzten Dauer

(zum Beispiel 30 Tagen) kostenlos aufrufen. Währenddessen haben Sie Gelegenheit, die Funktion der Software unter die Lupe zu nehmen – und zu entscheiden, ob dieses Tool für Sie brauchbar ist. Möchten Sie das Programm auch nach der Testphase nutzen, wird eine (meist geringe) Registrierungsgebühr fällig, die dann meist an den Autor der Software zu entrichten ist. Details hierzu finden sich im Lieferumfang des jeweiligen Tools.

- Nach Portal-Site-Providern und anderen Anbietern von Webseiten haben auch Programmierer die Online-Werbung als Einnahmequelle für sich entdeckt. Das Resultat ist werbefinanzierte Software: Bei dieser *Adware* wird ein Teil des Programmfensters für Werbebanner reserviert, die in der Regel automatisch aus dem Internet heruntergeladen und auf diese Weise auch durch neue Inhalte ersetzt werden. Bei einigen Software-Herstellern verschwindet diese »Zwangswerbung«, sobald Sie das Programm kostenpflichtig erwerben. Andere allerdings nehmen dies nicht so genau – und bieten dem Anwender kaum Möglichkeiten, das Maß der Werbung, das für ihn noch erträglich ist, zu beeinflussen. Vereinzelt werden hierbei erhebliche Datenmengen auf den PC übertragen, was die Performance beeinträchtigt. Andere Lösungen übertragen Daten von Ihrem PC ins Internet, was die Frage nach dem Sinn und Zweck respektive dem Schutz der Privatsphäre aufwirft. In einigen Fällen bleiben die Werbe-Datenmengen gar nach der Deinstallation der Adware noch auf der Festplatte des PCs erhalten oder ziehen die Systemstabilität in Mitleidenschaft.

Darüber hinaus gibt es natürlich auch Software, die Sie käuflich erwerben müssen, bevor Sie sie einsetzen dürfen. Um welche Art von Software es sich handelt und wie es sich mit den genauen Nutzungsbedingungen verhält, sollten Sie den zum Programm mitgelieferten Lizenzbestimmungen entnehmen.

Kapitel 2
Das Internet-»Einmaleins«

Wenn Sie sich aktiv in die Welt des Internet stürzen, sollten Sie den einen oder anderen technischen Begriff kennen. Selbst, wenn Sie nicht alles (gleich) verstehen, erweist es sich mitunter als hilfreich, zumindest grob die Bedeutung spezieller Termini zu kennen, da Ihnen diese Ausdrücke immer wieder über den Weg laufen werden.

2.1 Nummern für das Internet: IP-Adressen

Wenn Sie einen Internet-Account bei einem Internet-Service-Provider nutzen, bekommen Sie von diesem eine IP-Adresse (sowie die IP-Adressen von DNS-Servern, dazu später mehr) mitgeteilt. In der Regel erfolgt dieser Vorgang dynamisch, sobald sich Ihr PC bei einem Einwahlknoten des Internet-Service-Providers einwählt. Somit findet bei erfolgreicher Einwahl also eine automatische Zuweisung einer IP-Adresse für Ihren PC statt – obgleich einige wenige Internet-Service-Provider Ihnen entsprechende IP-Adressen fest mitteilen, die Sie dann bei der Internet-Konfiguration Ihres PCs explizit eingeben müssen.

Generell stellt sich jedoch die Frage, was es mit diesen IP-Adressen überhaupt auf sich hat. Für ein reibungsloses Funktionieren einer komplexen Struktur wie dem Internet sind klare Richtlinien zur Identifizierung und Benennung von Ressourcen erforderlich. Jede Ressource des Internet – Sie als Anwender mit einem Internet-Account, ein Host, ein News-Server, eine Website etc. – trägt eine eindeutige *IP-Adresse*. Diese besitzt die Form *aaa.bbb.ccc.ddd* und besteht immer aus vier Nummern. Jede Nummer darf dabei maximal dreistellig sein und zwischen 0 und 255 variieren. Eine mögliche IP-Adresse wäre demnach *194.177.134.27*. Zur noch feineren Unterteilung respektive Identifizierung existiert darüber hinaus eine so genannte *Subnet-Mask*, deren Erläuterung an dieser Stelle jedoch zu weit führen würde. Bei einem Wähl-Internet-Account können Sie in der Regel die Subnet-Mask *255.255.255.0* verwenden oder brauchen eine Subnet-Mask gar nicht erst anzugeben.

Hinweis

Bekommen Sie von einem Internet-Service-Provider bei der Beantragung Ihres dortigen Internet-Accounts eine IP-Adresse explizit mitgeteilt, handelt es sich hierbei um eine feste oder *statische IP-Adresse*. Diese ist fest für Sie reserviert und weltweit gültig. Wann immer Sie über den zugehörigen Internet-Account auf das Internet zugreifen, müssen Sie diese IP-Adresse zum Verbindungsaufbau verwenden. Die meisten Internet-Service-Provider teilen Ihnen aber bei der Einwahl in das Internet aus einem – von diesem Internet-Service-Provider hierzu vorgesehenen – Bereich von IP-Adressen eine momentan nicht in Benutzung befindliche IP-Adresse automatisch zu. In diesem Fall spricht man von einer *dynamischen IP-Adresse*: Sobald Sie Ihre momentane Sitzung beenden, wird diese wieder freigegeben – und kann einem anderen Benutzer zugeteilt werden, der sich bei diesem Internet-Service-Provider einwählt. Bei einer dynamischen IP-Adresse besitzen Sie also bei jeder Internet-Verbindung eine andere, nicht vorherbestimmbare IP-Adresse.

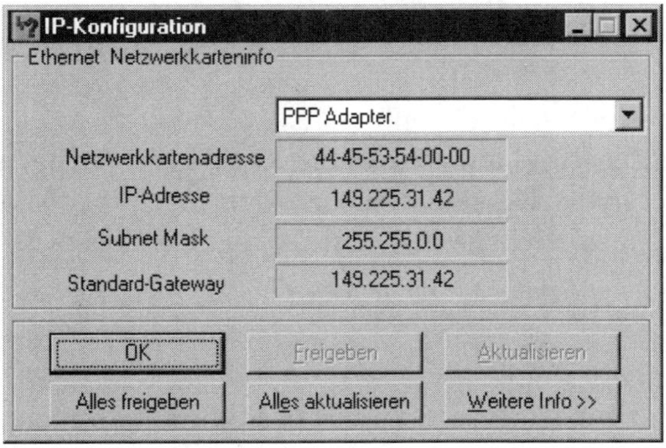

Bild 2.1: Informationen darüber, mit welchen IP-Adressen Ihr PC gegenwärtig arbeitet, lassen sich unter Windows 9x/Me über das Utility WINIPCFG *abrufen*

Gateways sorgen dafür, dass die Kommunikation zwischen mehreren zusammengeschalteten Systemen reibungslos klappt. Wenn Sie beispielsweise die

Homepage eines Webservers abrufen, reisen die dabei übertragenen Daten beginnend bei Ihrem Internet-Service-Provider bis zum Internet-Service-Provider der betreffenden Gegenstelle und von dort aus zum betreffenden Host (sowie wieder zurück). Ein Gateway weiß dabei, welche Route – aus Sicht von TCP/IP – einzuschlagen ist, um mit dem Host der Gegenstelle Kontakt aufzunehmen. Daher umfasst die TCP/IP-Konfiguration Ihres PCs neben IP-Adresse und Subnet-Mask auch das so genannte *Standard-Gateway*. Die IP-Adresse des Standard-Gateways spezifiziert dabei das Gateway, das beim Internet-Service-Provider für Sie zuständig ist, um die für TCP/IP relevanten Wege (sprich: Routen) zu Hosts im Internet zu ermitteln. Abhängig von den technischen Gegebenheiten Ihres Internet-Service-Providers und der Art Ihres Internet-Accounts bekommen Sie die IP-Adresse des Standard-Gateways bei der Einwahl automatisch für diese Sitzung zugewiesen oder aber bei der Beantragung Ihres Internet-Accounts fest mitgeteilt.

Hinweis

Die IP-Adresse des Standard-Gateways wird auch als *Gateway IP-Adresse* bezeichnet.

2.2 Domänen: Namen zum leichten Umgang mit dem Internet

Da sich numerische Kürzel in der Regel nur schwer merken lassen, verfügen Sites wie FTP- oder Webserver in der Regel über einen – demgegenüber aussagekräftigen – Namen. Microsofts Website im World Wide Web beispielsweise ist über den Namen

```
www.microsoft.com
```

erreichbar, was allemal leichter zu merken ist als das Nummernkürzel *198.105.232.5* – eine dieser Website zugeordnete IP-Adresse. Für ein angenehmes Surfen durchs Internet bedeutet es eine erhebliche Vereinfachung, sich nur einen solchen Namen zu merken und diesen bei Bedarf einzutippen, anstatt mit den entsprechenden IP-Adressen – oder besser gesagt » Nummern-Ungetümen « – arbeiten zu müssen. Daher brauchen Sie sich zum Surfen durchs Internet nur diesen Namen eines Anbieters zu merken, der in Zeitschriften, Anleitungen oder Fernsehspots inzwischen in der Regel gleich mit erscheint.

Woher weiß das Internet nun, welche IP-Adresse welchem Namen entspricht? Hierfür zeichnet das so genannte *Domain Name System* verantwortlich.

Hinweis

Das Domain Name System ist besser bekannt unter seiner Abkürzung *DNS*.

Jeder Internet-Service-Provider betreibt mindestens zwei solcher *DNS-Server*, in denen die relevanten Zuordnungen eingetragen sind. So ist in einem DNS-Server zum Beispiel verzeichnet, dass die IP-Adresse *198.105.232.5* der URL `www.microsoft.com` (also Microsofts Webserver in den USA) entspricht. Der DNS-Server eines Internet-Service-Providers tauscht seine Informationen regelmäßig mit seinen DNS-Server-Kollegen anderer Internet-Service-Provider aus, sodass sich neue und geänderte Zuordnungen binnen einiger Stunden um die ganze Welt verbreiten. Dass jeder Internet-Service-Provider mit mehreren DNS-Servern arbeiten, hat einen einfachen Grund: Unterhält ein Internet-Service-Provider neben einem hauptsächlichen, *primären DNS-Server* zudem einen *sekundären DNS-Server*, der bei Ausfall oder Nichterreichbarkeit des ersten einspringt, ist eine hohe Verfügbarkeit des Domain Name Systems gegeben, die für eine hohe Ausfallsicherheit des DNS-Dienstes sorgt.

Achtung

Damit auch Sie einfach zu handhabende Namen anstatt Nummernkürzeln bei der Arbeit im Internet verwenden können, teilt Ihnen der Internet-Service-Provider in der Regel die IP-Adresse seines DNS-Servers mit – und zwar entweder dynamisch (also automatisch) bei der Einwahl Ihres PCs ins Internet oder aber fest bei der Beantragung Ihres Internet-Accounts.

Aufgrund der hierarchischen Struktur von DNS ergibt sich eine sozusagen auf dem Kopf stehende Baumstruktur, bei der die Wurzel oben steht und den Beginn des DNS-Namensraums markiert, während die einzelnen Zweige darunter angeordnet sind und auch nach unten zeigen. Diese Domäne auf Root-Ebene – also sozusagen die allerhöchste Domäne innerhalb der DNS-Hierarchie muss aus organisatorischen Gründen existieren.

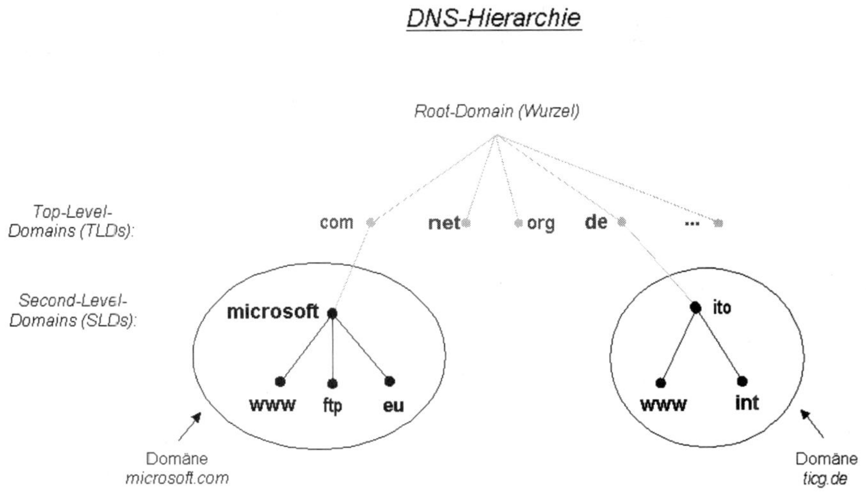

Bild 2.2: Hierarchische Struktur im Domain Name System

> **Hinweis**
>
> Die Wurzel innerhalb der DNS-Hierarchie wird als *Root* bezeichnet.

Auf höchster Ebene der DNS-Hierarchie unterhalb der Root-Domain befinden sich die so genannten *Top-Level-Domains* (kurz *TLDs*). Diese nehmen eine grundsätzliche Einteilung in verschiedene Organisations- und Unternehmenskategorien vor. Dabei existieren prinzipiell zwei Arten:

- *Organisatorische Domänen*
  Organisatorische Top-Level-Domains geben an, um welche Organisationsform es sich bei allen untergeordneten Domänen handelt. Tabelle 2.1 listet die typischerweise dreistelligen Kürzel dieser organisatorischen Top-Level Domains auf.

Organisatorische Domäne	Bedeutung
com	Commercial (kennzeichnet ein Unternehmen)
edu	Educational (Bildungseinrichtung)
gov	Government (Regierung)
mil	Military (Militär)
net	Network (Internet-Service-Provider)
org	Organization (nicht profitorientierte Organisation)

Tabelle 2.1: Organisatorische Domänen im Domain Name System

Achtung

Es gibt Bestrebungen, neue organisatorische Top-Level Domains – zum Beispiel `biz`, `info` oder `pro` – einzuführen. In diesem Buch wollen wir darauf jedoch nicht weiter eingehen.

- *Geografische Domänen*
  Ferner existieren Top-Level-Domains, die – in der Regel anhand eines zweistelligen Kürzels auf Basis von ISO 3166 – ein konkretes Land charakterisieren (siehe Tabelle 2.2). Eine Domäne, die sich in Deutschland befindet, muss aber nicht zwingend die Top-Level-Domain `de` besitzen, sondern kann auch die Top-Level-Domain `com` tragen, falls es sich um eine kommerzielle Organisation handelt.

Geografische Domäne	Bedeutung
at	Österreich
au	Australien
ca	Canada
ch	Schweiz
de	Deutschland
fr	Frankreich

Tabelle 2.2: Auswahl einiger geographischer Top-Level-Domains

Geografische Domäne	Bedeutung
it	Italien
nz	Neuseeland
uk	Großbritannien

Tabelle 2.2: Auswahl einiger geographischer Top-Level-Domains (Forts.)

Achtung

Bei einigen Ländern hat es sich eingebürgert, organisatorische und geografische Domänen miteinander kombiniert zu verwenden. Beispiele hierfür sind Webseiten in England oder Japan, etwa `royal.gov.uk` (die Domäne des britischen Königshauses) oder `sony.co.jp` (die Website von Sony in Japan). Mitunter wird also die organisatorische Domäne `com` durch `co` abgekürzt.

Auf der nächsten Ebene innerhalb des hierarchischen DNS-Namensraums befinden sich die *Second-Level-Domains* (kurz *SLDs*). Diese entspricht dem (von rechts gesehen) zweiten Bestandteil einer Internet-Adresse und gibt Aufschluss über den zugehörigen Eigentümer: Beispielsweise stellt `microsoft` innerhalb von `microsoft.com` eine solche Second-Level-Domain dar. Second-Level-Domains werden von der Domänen-Autorität der jeweiligen Top-Level-Domain vergeben. Handelt es sich dabei um die geografische Top-Level-Domain `de`, zeichnet hierfür das DENIC verantwortlich.

Hinweis

Die Kombination aus Second- und Top-Level Domain ergibt die *Domäne* (im englischen Original als *Domain* bezeichnet), die einem Unternehmen oder einer Privatperson gehört.

Die einzelnen Bestandteile von Internet-Adressen wie etwa `www.microsoft.com` oder `www.ito.de` sind durch Punkte voneinander getrennt. Diese Namen müssen nicht, können aber mitunter recht umfangreich sein und sehr viele Teile beinhalten. Die jeweils links zu findenden Bestandteile charakterisieren beispielsweise den Host oder die verantwortliche Abteilung. Je rechts, desto höher befinden Sie sich in der Organisationsstruktur des Internet: Der (von rechts gesehen) zweite Bestandteil einer solchen Adresse gibt Aufschluss über den zugehörigen Eigentümer sowie die Organisationsform. Hierbei kann es sich etwa um den Namen des Unternehmens oder eines bestimmten Produkts handeln. Genauso gut ist es aber möglich, einen allgemeinen Begriff hierfür zu verwenden.

> Achtung
>
> Wenn Sie als Privatperson über einen Internet-Account verfügen, besitzen Sie noch keine Internet-Domäne. Ursprünglich wurden Domänen von Internet-Service-Providern an Unternehmen vergeben, da hiermit relativ hohe Kosten verbunden waren. Inzwischen können sich jedoch auch Privatpersonen ihre eigene Domäne (etwa unter Verwendung des eigenen Nachnamens) sehr preisgünstig reservieren lassen, um dort beispielsweise persönliche Homepages im weltweiten Internet bereitzustellen. Voraussetzung ist allerdings, dass diese Domäne noch frei – also nicht bereits von jemand anders – reserviert worden ist.

2.3 Technische Begriffe rund um das Internet

2.3.1 Der Zugang zum Internet

Im Folgenden sind Begriffe erläutert, die für den Zugang zum Internet in Verbindung mit einem Internet-Service-Provider von Bedeutung sind.

- **Server**
  Ein Server stellt seine Dienste anderen Einheiten wie zum Beispiel PCs, Druckern etc. zur Verfügung. Es gibt verschiedene Arten von Servern: So erlaubt beispielsweise ein Netzwerk-Server die Speicherung von Dateien auf seinen Festplatten und stellt umgekehrt die auf ihm abgelegten Dateien im Netzwerk zur Verfügung. Ein Webserver gestattet es, die auf ihm abgelegten Informationen in Form als Webseiten abzurufen.
- **Client**
  Ein Client entspricht einem Kunden, der die Dienste von Servern in Anspruch nimmt. In einem lokalen Netzwerk handelt es sich bei den PCs der einzelnen Anwender also um Clients, die sich eines

oder mehrerer Netzwerk-Server bedienen. Im Hinblick auf das Internet kann der auf Ihrem PC laufende Webbrowser als Client betrachtet werden, der Informationen (in Form von Webseiten) von Webservern abzurufen imstande ist.

- **Router**
  Ein Router ist ein spezialisiertes Gerät, bestehend aus einer Kombination von Hard- und Software, das mehrere zumindest grundlegend gleichartige Netzwerke miteinander verbindet. Pakete für Empfänger, die sich nicht im eigenen Netzwerk befinden, greift der Router auf, um diese an das am Bestimmungsort vorhandene Netzwerk (und umgekehrt) weiterzugeben. Router erweitern also die Netzwerkstruktur. Wenn ein Unternehmen zum Beispiel außer der Zentrale mehrere Niederlassungen betreibt, sind alle Standorte in der Regel über Router miteinander verbunden, um so einen umfassenden Datenaustausch zu ermöglichen. Ähnlich verhält es sich im Internet: Die über das Internet erreichbaren Rechner (Webserver etc.) sind ebenfalls über Router an das Internet angebunden.

- **TCP/IP**
  Eine Kommunikation zwischen zwei oder mehreren Beteiligten kann nur dann von Erfolg gekrönt sein, wenn alle dieselbe Sprache sprechen. Im Internet gelangt hierfür *TCP/IP* (steht als Abkürzung für *Transmission Control Protocol/Internet Protocol*) zum Einsatz. Bei TCP/IP benutzt jeder Rechner eine eindeutige IP-Adresse, die ihm beispielsweise bei der Einwahl in das Internet dynamisch aus einem dafür vom Internet-Service-Provider vorgesehenen Bereich von IP-Adressen zugeteilt wird.

- **Internet-Account** (auch **IP-Account**)
  Nennen Sie einen Zugang zum Internet Ihr Eigen, verfügen Sie automatisch über einen *Internet-Account* bei dem zugehörigen Internet-Service-Provider. Ein Internet-Account wird manchmal auch als *IP-Account* bezeichnet.
  Es gibt verschiedene Arten von Internet-Accounts:

  - Wenn Sie sich über Modem oder ISDN in das Internet einwählen, spricht man von einem *Wähl-Internet-Account* (im Englischen *Dial-Up Internet-Account*).

- Unternehmen hingegen besitzen meist einen *direkten Internet-Account* (*Direct Internet-Account*) – über das lokale Netzwerk oder zumindest Teile davon und einen dort eingebundenen Router können die dafür freigeschalteten Mitarbeiter dann direkt auf das Internet zugreifen.

Achtung

Als Privatanwender erhalten Sie einen Internet-Account von einem Internet-Service-Provider. Bei einem klassischen Internet-Service-Provider wie Uunet oder einem Online-Dienst wie T-Online müssen Sie hierzu beim Anbieter einen Internet-Account beantragen, um Informationen wie Benutzername und Kennwort mitgeteilt zu bekommen und abrechnungstechnische Angaben zu machen. Bei einem Internet-Service-Provider, der mit dem Verfahren Internet-by-Call arbeitet, entsteht Ihr Internet-Account sozusagen bei der Einwahl (eventuell müssen Sie sich dort aber vorab registrieren lassen).

- **Host**
  Ein Rechner oder generell ein Gerät, der bzw. das in das Internet eingebunden ist und einen bestimmten Dienst bereitstellt, heißt auch *Host*. Jeder Host im Internet besitzt eine IP-Adresse, unter der er erreichbar ist.
- **Site**
  Bei einer *Site* handelt es sich um einen bestimmten Dienst, der auf einem Host beheimatet respektive von diesem bereitgestellt wird. Der Webserver einer Institution wird daher auch als *Website* bezeichnet – analog gibt es demnach beispielsweise auch *FTP-Sites*. Mehrere Sites (beispielsweise Web- und FTP-Site eines Anbieters, aber auch die Websites verschiedener Anbieter) können auf ein und demselben Host beheimatet sein.

- **DNS-Server**, auch **Name-Server**
  Ein *DNS-Server* ist ein Host, der Auskunft darüber geben kann, welcher Name mit welcher IP-Adresse verbunden ist. Auf diese Weise ist es möglich, dass Sie im Webbrowser leicht zu merkende Namen angeben: Von einem DNS-Server bekommen Sie daraufhin mitgeteilt, welche IP-Adresse sich dahinter verbirgt – sodass Ihr PC mit dieser IP-Adresse zu Werke gehen kann. Aus diesem Grund wird ein DNS-Server häufig auch als *Name-Server* bezeichnet.

> Hinweis
>
> Weitere Informationen über den Aufbau von IP-Adressen und die Bedeutung von DNS-Servern finden Sie in den Abschnitten 2.1 und 2.2.

- **Proxy-Server**
  Bei einem *Proxy-Server* handelt es sich um einen speziellen Host bei Ihrem Internet-Service-Provider oder im Intranet, der die eigentlichen Zugriffe auf das Internet sozusagen als Mittler durchführt (»Proxy« bedeutet im Deutschen so viel wie »Bevollmächtigung« oder »Stellvertreter«). Somit greifen Sie nicht mehr direkt, sondern nur noch indirekt auf das Internet zu: Ihr Anliegen, eine Webseite abzurufen, gelangt dann zunächst zum Proxy-Server. Dieser ruft sodann die gewünschten Informationen aus dem Internet ab, um sie Ihnen schließlich bereitzustellen. Dokumente, die Benutzer auf diese Weise anfordern, werden vom Proxy-Server in seinem Cache zwischengespeichert. Der Vorteil dabei: Sollte ein weiterer Benutzer dasselbe Dokument anfordern, kann es der Proxy-Server schnell aus seinem Cache zu diesem Anwender übertragen, anstatt die Daten erst über das (im Vergleich dazu langsamere) Internet laden zu müssen. Dadurch können sich spürbar die Zugriffszeiten auf solche Dokumente verringern, die typischerweise von vielen Benutzern immer wieder angefordert werden.

Achtung

Viele Internet-Service-Provider unterhalten Proxy-Server, die Sie bei Bedarf optional nutzen können, um effizienter durchs Internet zu surfen. So manches schwarze Schaf unter den Internet-Service-Providern bietet seinen Kunden aber keinen wahlfreien, sondern einen zwingenden Zugriff auf das Internet über einen Proxy-Server. Da dann jedoch alle Anwender ausschließlich über diesen Host »gehen« müssen, kann sich der eigentlich zur Performance-Steigerung gedachte Effekt ins Negative verkehren: Zugriffe auf das Internet werden gähnend langsam, und Sie können jedes Byte einzeln per Handschlag begrüßen. Sollte Ihr Internet-Service-Provider nach diesem Verfahren agieren, ziehen Sie gegebenenfalls einen Wechsel des Internet-Service-Providers in Betracht, falls die Performance bei Internet-Zugriffen zu wünschen übrig lässt.

Das schnelle Bereitstellen von zuvor bereits einmal aus dem Internet heruntergeladenen Webseiten aus dem Cache-Speicher stellt aber nur einen Bereich dar, den Proxy-Server erfüllen können. Ein anderer Aspekt betrifft den Schutz der Privatsphäre:

- Unternehmen greifen gerne auf Proxy-Server für ihre Intranets zurück, um ihre Internet-Nutzungskosten gering zu halten und für mehr Sicherheit zu sorgen: Schließlich greift nur der Proxy-Server direkt auf das Internet zu (nicht aber die einzelnen Benutzer von ihren Rechnern aus), sodass er sicherheitstechnisch bedenkliche Zugriffe außen vor lassen kann.
- Um auch bei privaten PCs die Sicherheit bei Zugriffen auf das Internet zu steigern, besteht zudem die Möglichkeit, einen so genannten *lokalen Proxy-Server* auf dem eigenen PC zu betreiben. Der PC wird dabei so konfiguriert, dass zum Beispiel Zugriffe auf Webseiten nur über den lokalen Proxy-Server stattfinden, der die geladenen Informationen dann an den Webbrowser weiterreicht. Der Webbrowser selbst führt dann niemals mehr direkte Internet-Zugriffe durch, sodass ein Webserver private oder die PC-Konfiguration betreffende Informationen vom Webbrowser auch nicht mehr erfragen kann, was das unerwünschte Ausspähen oder Aufzeichnen von Informationen zumindest teilweise verhindert.

Hinweis

Mehr zu lokalen Proxy-Servern hält der Abschnitt 3.6 des Kapitels 3 bereit.

2.3.2 E-Mail, Verzeichnisdienst und Newsgroup

Hier finden Sie Begriffe, die für die Nutzung von E-Mail, eines Verzeichnisdiensts oder von Newsgroups Relevanz besitzen.

- **Mail-Server**
  Der Rechner Ihres Internet-Service-Providers, der den Empfang und Versand Ihrer E-Mails mit dem Internet abwickelt, heißt *Mail-Server*. Der Mail-Server führt in der Regel ein Postfach für jeden Benutzer, in dem die für ihn eingegangenen E-Mails gespeichert werden.

Achtung

E-Mail-Programme wie zum Beispiel Outlook Express arbeiten mit SMTP sowie mit POP3 oder IMAP4, um E-Mails zu verschicken und abzurufen. Bei der *Web-basierenden E-Mail* dagegen bearbeiten Sie Ihr Postfach über einen Webbrowser wie den Internet Explorer. Viele Anbieter von Web-basierender E-Mail sehen es daher gar nicht vor, ihre E-Mails via POP3 oder IMAP4 abzurufen und über SMTP zu versenden (obgleich dies bei einigen durchaus möglich ist, was eine wahlweise Bearbeitung von E-Mails mit einem Programm wie Outlook Express etwa vom heimischen PC aus oder aber aus einem Webbrowser heraus im Internet-Café am Urlaubsort gestattet).

- **SMTP, POP3** und **IMAP4**
  Das *Simple Mail Transfer Protocol*, kurz *SMTP*, ist ein technisches Verfahren zum Versand von E-Mails über das Internet. Beim *Post Office Protocol, Version 3*, besser unter der Abkürzung *POP3* bekannt, handelt es sich dagegen um ein gängiges E-Mail-Protokoll, das zum Abholen der bei einem Mail-Server in Ihrem Postfach hinterlegten E-Mails benutzt wird. Ein neueres Verfahren für den Postfach-Zugriff stellt das *Internet Message Access Protocol, Version 4*

(kurz *IMAP4*) dar. Eine Übertragung der für Sie vorliegenden E-Mails auf Ihren PC wie bei POP3 führt IMAP4 nicht durch. Auf diese Weise können Sie auf Ihr Postfach problemlos auch von einem anderen PC aus (etwa von der Firma oder unterwegs aus) zugreifen.

- **LDAP**
  Das *Lightweight Directory Access Protocol*, kurz *LDAP*, stellt ein standardisiertes Verfahren dar, um die in einem Internet-Verzeichnisdienst abgelegten Informationen abzufragen.
- **LDAP-Server**
  Ein spezieller Host, der einen Internet-Verzeichnisdienst führt und Zugriffe darauf über das LDAP-Protokoll gestattet. Ein *LDAP-Server* führt ein Verzeichnis beispielsweise von Benutzern, die per E-Mail erreichbar sind. Wenn Sie eine E-Mail-Adresse eines Freundes oder Geschäftspartners suchen und auf einen der einschlägigen LDAP-Server etwa von *Bigfoot* oder *WhoWhere* zurückgreifen, ist die Chance hoch, dass Sie dort fündig werden.
- **News-Server**, auch **Newsgroup-Server**
  Hosts, die in den Verbund der Newsgroups eingebunden sind und neue Newsgroup-Nachrichten untereinander austauschen, werden als *News-Server*, manchmal auch als *Newsgroup-Server* bezeichnet.
- **NNTP**
  Als technisches Verfahren zur Kommunikation der News-Server untereinander kommt das *Net News Transport Protocol* oder *NNTP* zum Einsatz. Manche News-Server werden daher auch als *NNTP-Server* bezeichnet. Darüber hinaus dient NNTP dazu, die Verständigung zwischen einem News-Server und dem auf Ihrem Rechner ablaufenden Programm (einem *Newsgroup-Reader* wie zum Beispiel *Outlook Express*) abzuwickeln, sodass Sie auf die einzelnen Newsgroups eines News-Servers sowie die darin enthaltenen Beiträge zugreifen können.

> Achtung
>
> Nicht alle Internet-Service-Provider unterhalten einen eigenen News-Server. Vor allem Internet-Service-Provider, die Internet-by-Call anbieten, betreiben mitunter keinen News-Server. In diesem Fall müssen Sie auf einen *öffentlichen News-Server* (auch *Public NNTP Sites* genannt) ausweichen, auf die jedermann zugreifen kann – und die nicht selten auch Zugriff auf ansonsten eher verpönte Newsgroups bieten – ausweichen.

2.3.3 Web

Nachfolgend sind Begriffe aufgeführt, die im Zusammenhang mit dem World Wide Web auftauchen.

- **Webseite**, auch **Seite**
  Jede Website wartet mit mindestens einer, in der Regel aber mehreren *Webseiten* auf, wobei man mitunter auch lediglich von *Seiten* (englisch *Pages*) spricht. Diese werden vom zuständigen Betreiber erstellt und grafisch mit mehr oder weniger Liebe sowie Einbezug von Grafiken, Tabellen etc. verziert. Ein Webserver erlaubt es sodann, diese Seiten über das Internet abzurufen – und zwar mithilfe eines Webbrowsers wie zum Beispiel dem Internet Explorer. Webseiten können statisch erstellt oder vom Webserver dynamisch mit speziellen Inhalten (etwa den in einer Datenbank hinterlegten Informationen) versehen werden.
- **Homepage**
  Die in der relativen Struktur der entsprechenden Webseiten höchste Webseite, die Sie willkommen heißt und eine Übersicht über die entsprechenden Themen bietet, trägt die Bezeichnung *Homepage*. Dabei muss eine Homepage keineswegs der höchsten Webseite einer Website entsprechen: Viele Studenten oder Angestellten von Firmen unterhalten beispielsweise eine Homepage mit Informationen über ein Hobby auf der Website ihrer Universität oder ihres Unternehmens. Zudem bieten viele Internet-Service-Provider privaten Anwendern die Möglichkeit, eine eigene Homepage im WWW bereitzustellen. Diese Homepages befinden sich dann jedoch unterhalb einer speziellen Website des Internet-Service-Providers und tragen daher auch eine ganz bestimmte Adresse.

- **URL**, auch **Internet-Adresse**
  Die über das WWW referenzierte Adresse einer bestimmten Ressource im Internet – etwa einer Website, einer Homepage im WWW oder auch einer Datei auf einer FTP-Site – heißt im Fachjargon *Universal Resource Locator* oder kurz *URL*. Wie der Name bereits zum Ausdruck bringt, folgt diese Adresse universellen Konventionen der Form `Dienst://Host` bzw. `Dienst://Host/Datei`, um eine bestimmte Ressource – einen Server im Internet oder eine auf diesem befindliche Datei – eindeutig zu adressieren. Aus diesem Grund spricht man häufig auch von einer *Internet-Adresse*.

`Dienst` charakterisiert dabei den Internet-Dienst, wobei `http` als Abkürzung für *HyperText Transfer Protocol* und damit für das im World Wide Web verwandte Protokoll zur Übertragung von Informationen steht. Webserver oder die auf diesem Rechner befindlichen Webseiten werden also über eine URL angesprochen, die mit `http://` beginnt. Doch nicht nur das World Wide Web, sondern auch andere Internet-Dienste wie Telnet, FTP etc. finden Unterstützung in URLs: Eine mit `ftp://` beginnende URL beispielsweise gibt an, dass es sich bei dem nachfolgenden Host um einen FTP-Server handelt.

`Host` entspricht der IP-Adresse oder dem Namen des betreffenden Servers. Falls Sie auf eine bestimmte `Datei` zuzugreifen beabsichtigen, können Sie diese einschließlich ihres kompletten Verzeichnispfades mit anführen. Diese Dateien besitzen in der Regel die Namenserweiterung .htm oder .html.

Die URL der Homepage des Webservers von Microsoft beispielsweise lautet `http://www.microsoft.com`, während die URL des FTP-Servers von Microsoft `ftp://ftp.microsoft.com` entspricht. Eine nette Webseite zum Thema »Star Trek« ist über die URL `http://www.treknews.de` zu erreichen. Wie Sie daran gut erkennen können, hat es sich eingebürgert, URLs in Kleinschrift anzugeben. Es gibt allerdings durchaus URLs, die eine gemischte Groß- und Kleinschreibung verwenden. In diesem Fall müssen Sie die URL in ihrer exakten Schreibweise angeben.

Hinweis

Beginnt eine URL mit dem Kürzel `https://` (*http secure*), handelt es sich um eine Webseite, die Daten mit Ihrem PC unter Zuhilfenahme von *SSL* (*Secure Socket Layer*) verschlüsselt austauscht. HTTPS stellt also die »sichere« Variante von HTTP dar, was beispielsweise für die Übertragung sensibler persönlicher Informationen (etwa Ihrer Kreditkartennummer) an einen Webserver im öffentlichen Internet von großer Bedeutung ist – um auszuschließen, dass jemand anderes als der avisierte Empfänger Ihre Daten einfach mithört, ausliest und zu anderweitigen Zwecken »weiterverarbeitet«. Bei einer SSL-gestützten, verschlüsselten Verbindung (man spricht auch von einer *sicheren Verbindung*) mit einem Webserver wird in der Statusleiste Ihres Webbrowsers ein kleines Schlüssel-Symbol eingeblendet. Klicken Sie dieses einfach an, können Sie weitere Informationen abrufen. Möchten Sie sich dagegen nur über die Verschlüsselungsstärke informieren, bewegen Sie einfach den Mauszeiger über das Schlüssel-Symbol. 128 Bit werden dabei als relativ sicher angesehen, während geringere Verschlüsselungsstärken wie zum Beispiel 40 Bit auch für Laien mit vermeintlich wenig Aufwand zu knacken sind (je größer die Verschlüsselungsstärke, desto schwieriger wird es, Informationen von Seiten Dritter aus in Hacker-Manier zu entschlüsseln).

Frame

Der besseren Übersichtlichkeit halber lässt sich eine Webseite in mehrere Bereiche unterteilen, deren Inhalt sich unabhängig voneinander darstellen lässt. Ein solcher Bereich wird *Frame* genannt, was auf Deutsch *Rahmen* bedeutet. Auf diese Weise ist es beispielsweise möglich, im linken Bereich einer Webseite eine Übersicht zu platzieren, die erhalten bleibt und über den Inhalt der darüber zu findenden Informationen Aufschluss gibt. Im oberen Bereich einer solchen Webseite könnte eine feste Leiste zu finden sein, die Sie beispielsweise zur jeweiligen Homepage zurückführt oder Angaben über den Autor offeriert. Der übrige Bereich dieser Webseite könnte dann mit variablem Inhalt versehen sein – dessen Inhalt sich ändert, je nachdem, welche Informationen Sie gerade abrufen. Bildlaufleisten würden dabei das Durchstöbern umfangreicherer Informationen innerhalb der Webseite erlauben – während der linke und obere Bereich der Webseite weiterhin und damit unverändert angezeigt werden.

Achtung

Die einzelnen Frames innerhalb einer Webseite besitzen unterschiedliche URLs. Dies erlangt zum Beispiel Bedeutung, wenn Sie eine solche Webseite den Favoriten im Internet Explorer hinzufügen oder einen Dienst bemühen, der fremdsprachliche Informationen einer Webseite ins Deutsche übersetzen soll.

2.3.4 Sonstige Fachbegriffe

Nachfolgend finden Sie wichtige Begriffe, die in keinen der bisherigen Bereiche hineinpassen respektive eine übergreifende Einflussnahme aufweisen.

- **FAQ**
  Da im Zusammenhang mit dem Internet, bestimmter Hard- und Software sowie vielen anderen Themen immer wieder Fragen auftauchen, sind zahlreiche so genannter *FAQs* (*Frequently Asked Questions*) im Umlauf. Dahinter verbirgt sich nichts anderes als eine Zusammenfassung der häufig zu einem bestimmten Thema gestellten Fragen und Antworten. Sind Sie also auf der Suche nach der Lösung für ein bestimmtes Problem und stolpern dabei über ein entsprechendes FAQ-Dokument, findet sich hier vielleicht bereits die Antwort auf Ihre Frage.

Hinweis

Verwechseln Sie FAQ nicht mit *FYI*, das als Abkürzung für *For Your Information* steht, was soviel bedeutet wie »zu Ihrer Information«. Als FYI wird ein Dokument bezeichnet, das lediglich Hinweise zu einem bestimmten Thema (etwa der Installation einer Software) enthält. Demgegenüber stellt ein FAQ ein Dokument dar, das Antworten auf häufig gestellte Fragen zu einer konkreten Thematik umfasst.

- **RFC**

Die im Internet eingesetzten Protokolle und Verfahren befinden sich in einer laufenden Weiterentwicklung. Um die Möglichkeit zu eröffnen, dass unterschiedliche Anbieter ihre Produkte darauf abstimmen können und so eine herstellerübergreifende Vielfalt an Anwendungen entsteht, werden die betreffenden Spezifikationen heutzutage in der Regel öffentlich verfügbar gemacht. Konkret wird hierzu ein Dokument erstellt mit dem Ziel der Veröffentlichung als *RFC* (*Request For Comment*).

Bei den RFCs handelt es sich um ein Serie von Dokumenten, die sich insbesondere mit den im Internet (sowie in Intranets) eingesetzten Protokollen beschäftigen. Die daher technisch orientierten RFCs beinhalten zum Beispiel Informationen über Verfahren zur Kommunikation zwischen Computern, Netzwerkprotokolle, Vorgehensweisen, Programme oder Konzepte.

RFCs gibt es seit 1969, als am 7. April das RFC 0001 das Licht der Welt erblickte. Jedes veröffentlichte RFC-Dokument trägt eine eindeutige Nummer, die anschließend nicht mehr vergeben wird. Ein RFC beschreibt aber nicht zwingend einen offiziellen Internet-Standard: Vielmehr handelt es sich bei manchen RFCs um Dokumente mit informatorischem Charakter oder über eine noch in der Entwicklung befindliche Spezifikation, während andere RFCs festgelegte Internet-Protokolle beschreiben. Eine gute Anlaufstelle, um eine Auflistung der verfügbaren RFCs zu erhalten und Details in einem bestimmten RFC nachlesen zu können, ist neben der offiziellen Website für RFCs (`www.rfc-editor.org`) auch die Website des »Internet FAQ Consortium«, die unter der Internet-Adresse `www.faqs.org` erreichbar ist.

> **Hinweis**
>
> Hersteller verweisen häufig auf RFCs, um kenntlich zu machen, dass sich ein Produkt problemlos in Verbindung mit einem über das Internet erreichbaren Dienst einsetzen lässt.

2.4 Ins Internet mit einem Internet-Service-Provider (ISP)

Schon häufiger war bisher von einem Internet-Service-Provider die Rede. Doch was hat es damit auf sich?

Im Gegensatz zu privaten Mailboxen und Online-Diensten gibt es für das Internet keinen Eigentümer. Aus diesem Grund können Sie auch nicht einfach »den Betreiber des Internet anrufen«, da ein solcher im herkömmlichen Sinne gar nicht existiert. Um Zugang zum Internet zu erlangen, müssen Sie sich vielmehr mit einem so genannten *Internet-Service-Provider* (kurz *ISP* genannt) in Verbindung setzen. Dieser besitzt eigene oder angemietete Leitungen zum Internet und stellt sie Ihnen samt *Internet-Account* gegen Gebühr zur Verfügung.

Grundsätzlich existieren zwei verschiedene Methoden, über einen Internet-Service-Provider zu einem Internet-Account zu gelangen:

- Bei *klassischen Internet-Service-Providern* sowie *Online-Diensten*, die als solcher auftreten, müssen Sie einen Internet-Account beantragen. Dazu geben Sie zum Beispiel Ihre Adresse, das gewünschte Preismodell (falls der Internet-Service-Provider mehrere offeriert, dazu gleich mehr) sowie Ihre Kontoverbindung oder Kreditkartennummer an. Die Beantragung kann dabei schriftlich, zum Teil aber auch online erfolgen. Daraufhin bekommen Sie von diesem Internet-Service-Provider einen Internet-Account zugeteilt, den Sie für Ihre Ausflüge durch das Internet nutzen können. Im Rahmen dessen erhalten Sie in der Regel auch eine E-Mail-Adresse zugeteilt, mit der Sie über diesen Internet-Service-Provider E-Mails versenden und empfangen können.
- Daneben offerieren immer mehr Anbieter das so genannte *Internet-by-Call*. Hierbei können Sie sich direkt mit Ihrem PC bei einer in der Regel bundesweit einheitlich verfügbaren Rufnummer dieses Internet-Service-Providers einwählen. Einen Internet-Account brauchen Sie in diesem Fall vorab nicht zu beantragen – dieser kommt sozusagen bei der Einwahl automatisch zustande. Somit entfallen größere Formalitäten, um zu einem Internet-Account zu gelangen. Abhängig vom jeweiligen Anbieter kann allerdings eine Registrierung erforderlich sein, durch die Sie dann beispielsweise in den

Genuss einer E-Mail-Adresse bei diesem Internet-Service-Provider kommen. Der Vorteil von Internet-by-Call liegt darin, dass Sie sich nicht vertraglich an den Anbieter binden und daher etwa bei Unzufriedenheit unmittelbar zu einem anderen Anbieter wechseln können: Beim nächsten Mal wählen Sie sich dann einfach bei einem anderen Internet-Service-Provider ein, der Internet-by-Call anbietet.

Achtung

Internet-Service-Provider, die das Verfahren Internet-by-Call anbieten, stellen Ihnen Gebühren – die sich im Bereich weniger Cents bewegen – in der Regel ausschließlich für die jeweils angefallene Verbindungszeit im Minuten-, Sekunden- oder einem anderen Takt in Rechnung. Bei einigen Anbietern erfolgt die Abrechnung automatisch über Ihre Telefonrechnung, während andere von Ihnen explizit eine einmalige (aber meist kostenlose) Registrierung zur Erteilung einer Abbuchungsvollmacht von Ihrem Bankkonto verlangen.

Wo erfahren Sie nun, welche Internet-Service-Provider es gibt? Da dieser Markt eine große Dynamik besitzt, ist jede Aufstellung unvollständig und schnell veraltet. An dieser Stelle möchte ich Sie auf entsprechende Fachzeitschriften verweisen, die sich dieser Thematik in schöner Regelmäßigkeit annehmen und dabei auch aktuelle Preis- sowie zunehmend auch Geschwindigkeitsvergleiche anstellen. Generell bleibt festzuhalten, dass sich die Kosten für die Nutzung des Internet kontinuierlich nach unten bewegen und alle Internet-Service-Provider ihre Kapazitäten zur Verbesserung der Geschwindigkeit deutlich ausbauen – auch wenn Letzteres durch den Massenandrang neuer Anwender häufig relativiert wird.

Sehen wir uns abschließend kurz die verschiedenen Arten von Internet-Service-Providern an.

2.4.1 Klassische Internet-Service-Provider: Uunet und Co.

Lange Zeit dominierten ausschließlich klassische Internet-Service-Provider die Landschaft, die sich auf dieses Geschäft konzentriert. Zu den ältesten und bekanntesten deutschen Internet-Service-Providern zählen *Uunet* und *Xlink*, die ihre Wurzeln in Projekten der Universitäten Dortmund und Karlsruhe haben. Inzwischen ist die Zahl der Internet-Service-Provider in Deutschland zwar stark gewachsen, erreicht aber bei weitem noch nicht die Anzahl und Vielfalt des Internet-Mutterlands USA. Dies zeigt sich auch in der Struktur der Anbindungen, die die Anbieter zum Internet unterhalten und die nur sehr langsame Übergänge – oftmals auf dem Umweg über Amerika – aufweisen.

Ursprünglich auf Firmenkunden ausgerichtet, bedienen fast alle deutschen Internet-Service-Provider gerne den großen Markt der Privatkunden. Für kommerzielle Anwender halten zahlreiche Anbieter zudem eine umfangreiche Palette von Dienstleitungen bereit, beispielsweise im Hinblick auf den Aufbau und Betrieb eines eigenen Webservers.

Achtung

In der Regel müssen Sie bei einem klassischen Internet-Service-Provider vorab einen Internet-Account beantragen. Es ist jedoch damit zu rechnen, dass immer mehr klassische Internet-Service-Provider auch das Verfahren Internet-by-Call offerieren, bei dem eine solche Beantragung entfällt (es kann dann aber eine einmalige Registrierung erforderlich sein).

Wenn Sie einen Internet-Account bei einem klassischen Internet-Service-Provider beantragen, erteilt Ihnen dieser in der Regel auch eine Ihnen eigene E-Mail-Adresse. Sie müssen sich also nicht selbst eine E-Mail-Adresse bei einem darauf spezialisierten Anbieter besorgen (können dies aber natürlich zusätzlichen machen). Außerdem unterhalten die meisten klassischen Internet-Service-Provider auch einen eigenen News-Server, sodass Sie problemlos auf Newsgroups zugreifen und hierfür nicht erst einen öffentlichen News-Server ausfindig machen müssen.

2.4.2 Internet-by-Call: Mobilcom und Co.

Seit der Öffnung des Telefonmonopols haben Deutschland und andere europäische Länder erlebt, welche Dynamik in diesem Markt stecken kann. Nicht nur, dass die Preise erheblich gefallen sind. Darüber hinaus haben sich auch neue Abrechnungsmodelle ergeben. In Deutschland hat es sich insbesondere durchgesetzt, bei Ferngesprächen vor der eigentlichen Rufnummer eine mit *010* beginnende Nummernfolge eines Telefonanbieters vorzuwählen und so das Verfahren *Call-by-Call* zu nutzen. Hierbei führen Sie das Gespräch dann über die mit dieser Nummernfolge verbundenen Telefongesellschaft – dessen Tarife häufig niedriger sind als die der Company, die Ihnen den Telefonanschluss in Wohnung oder Büro bereitstellt.

Was beim Telefonieren schon länger funktioniert, ist nun (in leicht abgewandelter Form, da ein paar Angaben erforderlich sind) – auch für das Internet möglich. Findige Anbieter – allen voran Telefongesellschaften wie Mobilcom oder Viag Interkom – bieten mit dem so genannten *Internet-by-Call* eine interessante Zugangsmöglichkeit: Anstatt einen Internet-Account bei einem klassischen Internet-Service-Provider oder Online-Dienst fest zu beantragen, wird der Internet-Account sozusagen bei der Einwahl ins Internet automatisch erstellt. Hierzu unterhalten Internet-Service-Provider, die das Verfahren Internet-by-Call offerieren, bundesweit in der Regel unter einer einheitlichen Rufnummer erreichbare Internet-Zugänge.

Das eigentliche Entgelt für die Internet-Nutzung über diesen Internet-Service-Provider wird mit den Telefongebühren kombiniert, sodass Sie sich nur noch einen einzigen Preis für die Internet-Nutzung zu merken brauchen. Es kann aber sein, dass die Einwahl zu unterschiedlichen Tageszeiten sich in unterschiedlichen Preisen niederschlägt. Die Abrechnung kann dabei im Minuten-, Sekunden- oder einem anderen Takt (etwa 3 Minuten oder 10 Sekunden) erfolgen.

Internet-by-Call weist die folgenden Merkmale auf:

- Sie zahlen lediglich Verbindungsgebühren (einschließlich der Kosten für die Telefon- und Internet-Verbindung über diesen Internet-Service-Provider). Dabei ergibt sich ein Preis, der im Bereich weniger Cents pro Minute liegt.
- Eine monatliche Grundgebühr fällt in der Regel nicht an, Mindestumsätze sind normalerweise nicht zu tätigen. Somit entstehen Kosten lediglich, wenn Sie online sind. Alles in allem ergeben sich beim Internet-by-Call sehr geringe Kosten für die Internet-Nutzung, die teils deutlich unter den Gebühren liegen, die Sie für einen Internet-Account bei einem klassischen Internet-Service-Provider oder Online-Dienst entrichten müssen.
- Die Beantragung eines Internet-Accounts ist nicht erforderlich. Dieser entsteht automatisch, sobald Sie sich über den betreffenden Internet-Service-Provider in das Internet eingewählt haben. Bei

manchen Anbietern von Internet-by-Call wählen Sie sich mit einem festen Benutzernamen und einem festen Kennwort ein, die Sie in der entsprechenden DFÜ-Netzwerk-Verbindung spezifizieren müssen (alle weiteren erforderlichen Angaben wie etwa die IP-Adresse Ihres PCs werden bei der Einwahl automatisch zugeteilt). Manche Internet-Service-Provider, die das Verfahren Internet-by-Call anbieten, verlangen dagegen eine einmalige Registrierung von Ihnen, bei der Sie dann beispielsweise Ihren Benutzernamen und Ihr Kennwort selbst festlegen können sowie eventuelle Angaben über die Abrechnungsmodalitäten vornehmen müssen.

- Die Abrechnung kann direkt über die Rechnung für Ihren Telefon- oder ISDN-Anschluss erfolgen. Mit dem Verfahren des Internet-by-Call getätigte Anrufe werden dabei separat genauso wie Telefongespräche aufgeführt, die Sie mittels Call-by-Call geführt haben. Dies ist der bequemste Weg – doch manche Internet-Service-Provider, die Internet-by-Call anbieten, wollen die entstandenen Kosten gleich von Ihrem Bankkonto einziehen, sodass Sie diesen eine Abbuchungsvollmacht einräumen müssen. Entscheiden Sie selbst, welches Vorgehen Ihnen eher zusagt.

Genau das können Sie auch – und zwar bei jeder Einwahl in das Internet von Neuem: Sie entscheiden selbst, bei welchem Internet-Service-Provider, der mit dem Verfahren Internet-by-Call arbeitet, Sie sich gerade einwählen können. Sagen Ihnen Geschwindigkeit, Kosten oder die sonstigen Leistungen dieses Internet-Service-Providers (etwa die fehlende Bereitstellung einer E-Mail-Adresse oder das Nichtvorhandensein eines News-Servers für den Zugriff auf Newsgroups) nicht zu, wechseln Sie einfach zu einem anderen Anbieter. Das geht problemlos, da Sie sich ja vertraglich nicht weiter gebunden haben. Um mit einem anderen Internet-Service-Provider zu arbeiten, der ebenfalls Internet-by-Call unterstützt, brauchen Sie lediglich eine neue DFÜ-Netzwerk-Verbindung zu erstellen, und schon kann es mit diesem auf Reisen durchs Internet gehen. Genauso gut können Sie natürlich auch jederzeit zu einem klassischen Internet-Service-Provider oder Online-Dienst wechseln, um sich künftig darüber ins Internet einzuwählen.

Internet-Provider, die das Verfahren Internet-by-Call offerieren, haben ihre Zugänge in der Regel darauf ausgelegt, dass Sie sich mit Windows 9x/Me problemlos einwählen können. Mitunter liefern diese kleine Programme, die Ihnen den Vorgang der manuellen Erstellung einer entsprechenden DFÜ-

Netzwerk-Verbindung abnehmen (obwohl dieses mithilfe des Internet-Setup-Assistenten auch selbst sehr schnell und leicht erledigt ist, wie Sie in Kapitel 7 nachlesen können). Dabei werden in den meisten Fällen Verbindungen sowohl mit schnellen 56k-Modems als auch über ISDN unterstützt.

Achtung

Manche Anbieter von Internet-by-Call erteilen Ihnen nur nach vorheriger Registrierung oder aber gar keine E-Mail-Adresse. In letzterem Fall müssen Sie sich selbst eine E-Mail-Adresse besorgen (etwa bei Hotmail oder GMX). Andere Internet-by-Call-Anbieter unterhalten keinen News-Server, sodass Sie zum Nutzen von Newsgroups auf einen öffentlichen News-Server ausweichen müssen.

2.4.3 T-Online für den Zugang zum Internet

Bereits seit den Achtzigerjahren kann auch die Deutsche Telekom auf einen eigenen Online-Dienst verweisen. *BTX* (eine Abkürzung für *Bildschirmtext*) lautete die erste Bezeichnung für diesen Online-Dienst, dem zunächst kein allzu großer Erfolg beschieden war. Nach einer Verjüngungskur im Januar 1993 wurde BTX in *Datex-J* umgetauft – mit der Folge steigender Mitgliederzahlen.

Nach einer weiteren Überarbeitung, die unter anderem eine vollkommen neue grafische Oberfläche à la WWW mit einschließt, trägt der Online-Dienst seit August 1995 die Bezeichnung *T-Online*. Da aufgrund des überragenden Erfolgs von Internet und World Wide Web die Bedeutung des eigentlichen Online-Dienstes T-Online stark zurückgegangen ist, wird T-Online heutzutage eher als Internet-Service-Provider denn als Online-Dienst angesehen. Unabhängig davon, welche Betrachtungsweise man dabei wählt: Mit mehreren Millionen Kunden handelt es sich bei *T-Online* um den größten deutschen Internet-Service-Provider.

Auch T-Online konnte sich dem durchschlagenden Erfolg des Internet nicht entziehen. Daher bietet der Online-Dienst neben der Nutzung der klassischen T-Online-Dienste (also dem ursprünglichen BTX) einen direkten Zugang zum Internet: Die Einwahl in das Internet über T-Online erfolgt heutzutage über das DFÜ-Netzwerk von Windows 9x/Me, sodass keine spezielle Routinen – wie noch in den Anfängen von T-Online üblich – erforderlich sind. Mehr noch: Die spezielle T-Online-Client-Software braucht nicht auf dem Windows 9x/Me-PC installiert zu werden, will man über T-Online lediglich ins Internet.

T-Online bietet neben dem reinen Internet-Zugang auch die Möglichkeit, den E-Mail-Verkehr via SMTP und POP3 über den Mail-Server von T-Online abzuwickeln sowie auch ohne E-Mail-Programm direkt aus einem Webbrowser heraus abzuwickeln (mithilfe des dafür von T-Online bereitgestellten Web-basierenden E-Mail-Zugangs, für den sich der Anwender allerdings explizit freischalten lassen muss). Ein eigener Newsgroup-Server steht ebenfalls zur Verfügung.

2.4.4 CompuServe als Internet-Service-Provider

Der Online-Dienst *CompuServe* wartete ursprünglich lediglich mit Übergängen zu den Internet-Diensten Telnet sowie FTP auf und unterstützte darüber hinaus den Austausch von Internet-E-Mails sowie den Zugriff auf Newsgroups.

Seit 1995 bietet dieser Anbieter aber PPP-Zugänge für den direkten Zugang zum Internet – alle Einwahlknoten für den Online-Dienst wurden mit dieser Fähigkeit ausgestattet, sodass die Telefonnummern der Einwahlknoten für den Online-Dienst CompuServe denen des Internet-Zugangs dieses Anbieters entsprechen.

Seit Ende 1997 unterstützt CompuServe zudem die Abwicklung des E-Mail-Austauschs direkt über SMTP und POP3 (sowie die Web-basierende E-Mail), sodass die CompuServe-Client-Software hierzu nicht mehr benötigt wird. CompuServe stellt somit ähnlich wie T-Online längst nicht mehr einen reinen Online-Dienst, sondern gleichzeitig auch einen Internet-Service-Provider dar.

Der große Vorteil von CompuServe ist seine weltweite Verfügbarkeit: So unterhält dieser Online-Dienst vor allem in den USA, aber auch in zahlreichen anderen Ländern Einwahlknoten. Für Benutzer, die sich häufig auf Reisen befinden, kann dieser Anbieter also interessant sein.

Hinweis

Die Einwahl in das Internet vom Ausland aus ist auch bei vielen klassischen Internet-Service-Providern und Online-Diensten möglich, ohne dafür eine teure Fernverbindung nach Deutschland aufbauen zu müssen. Allerdings fallen bei diesem *Roaming* genannten Verfahren meist auch zusätzliche Gebühren an – bei CompuServe dagegen nicht.

2.4.5 Besonderheiten beim Internet-Zugang über AOL

An dieser Stelle möchte ich nicht versäumen, ein paar Worte über einen weiteren Online-Dienst zu verlieren, der sich in Deutschland wie auch weltweit einer sehr großen Beliebtheit erfreut: Die Rede ist von *AOL*.

Bei AOL handelt es sich um einen Online-Dienst, der schon seit vielen Jahren existiert. Das Besondere an AOL ist die grafisch gestaltete Benutzerführung der AOL-Client-Software, die insbesondere Einsteigern zu leichtfüßigen Gehversuchen in der Online-Welt verhilft. Hierzu stehen innerhalb des Online-Dienstes eine Vielzahl an Informationen für die unterschiedlichsten Bereiche zur Verfügung.

Darüber hinaus erlaubt AOL auch den Zugriff auf die Inhalte und Dienste des Internet, allerdings – und genau darum geht es hier – primär aus der eigenen Oberfläche respektive der AOL-eigenen Software heraus. So müssen Sie beispielsweise zum Versand und Empfang von E-Mails die AOL-eigene Software benutzen, und deren Möglichkeiten sind doch relativ stark begrenzt. Die Abwicklung des E-Mail-Verkehrs über POP3 ist nicht vorgesehen (zumindest nicht bei Drucklegung dieses Buchs). Ähnlich verhält es sich beim Zugriff auf Newsgroups: Auch das geht nur aus der AOL-eigenen Software heraus.

Hinweis

Wenn Sie als AOL-Kunde aber eine E-Mail-Adresse bei einem darauf spezialisierten E-Mail-Anbieter (wie zum Beispiel *Hotmail*) beantragen oder aber auf einen öffentlichen News-Server zugreifen, können Sie zur Nutzung dieser Internet-Dienste dann eine beliebige andere Software auf Ihrem Windows 9x/Me-PC verwenden und müssen hierzu nicht auf die in der AOL-Client-Software eingebauten Mechanismen zurückgreifen.

Diese Geschlossenheit von AOL läuft dem eigentlichen Charakter des Internet – also auch seiner Offenheit – entgegen. Immerhin: Zum Surfen im Web können Sie auch bei AOL einen beliebigen Webbrowser wie zum Beispiel den Internet Explorer heranziehen. Um diesen allerdings zur Erkundung der schönen weiten Welt des Internet benutzen zu können, müssen Sie sich zuvor in AOL eingewählt haben.

Dies liegt darin begründet, dass AOL sich nicht in die Architektur des DFÜ-Netzwerks von Windows 9x/Me einpasst. Die Einwahlknoten von AOL stellen vielmehr keine standardisierten PPP-Zugänge zur direkten Kontaktaufnahme mit dem Internet dar, sondern setzen zusätzliche, AOL-eigene Software voraus. Aus dieser Unflexibilität resultiert zum Beispiel Folgendes:

- Wenn Sie den Internet Explorer starten, erkennt Windows 9x/Me normalerweise automatisch, ob Sie eine Online-Verbindung zum Internet besitzen – und baut diese gegebenenfalls automatisch auf. Aus dieser Verhaltensweise des Betriebssystems heraus ergibt sich unter Windows 9x/Me ein sehr bequemer Umgang mit dem Internet.
- Bei Verwendung von AOL müssen Sie sich zunächst mit Windows 9x/Me in AOL einwählen. Erst anschließend können Sie dann Applikationen wie zum Beispiel einen Webbrowser öffnen, um durchs Internet zu surfen.

Dieses Verhalten muss zwar kein Nachteil sein, entspricht aber nicht der übrigen Nutzung von AOL, bei der eine einfache Bedienung im Vordergrund steht. Für Einsteiger mag genau dieses Vorgehen das richtige sein. Für den fortgeschritteneren AOL-Kunden ist es jedoch häufig sehr störend, nicht direkt ins Internet zu gelangen, sondern hierfür immer den Umweg zunächst über AOL wählen zu müssen.

Des Weiteren ist ein hohes Entwicklungstempo im Internet zu beobachten – was sich dementsprechend auch in entsprechender Software niederschlägt. Leider ist es jedoch nicht möglich, einzelne Programme (etwa zur Bearbeitung von E-Mails) in der AOL-Client-Software zu deaktivieren und hierfür auf eine andere Applikation wie zum Beispiel Outlook Express zurückzugreifen. So handelt es sich bei dem der AOL-Software beiliegenden Internet Explorer um eine speziell von AOL angepasste Variante, mit der sich so manches Zusatzprogramm nicht recht verträgt und die möglicherweise Probleme auf dem Windows 9x/Me-PC beim Aufspielen einer neueren (unveränderten) Version des Internet Explorers verursacht.

Um aber keinen falschen Eindruck entstehen zu lassen: Auch mit AOL können Sie selbstverständlich durchs Internet surfen und Dienste wie E-Mail oder Newsgroups nutzen – nur, dass Sie dabei primär auf die Vorgaben von AOL respektive die in der AOL-Client-Software enthaltenen Möglichkeiten angewiesen sind.

Achtung

Aus diesem Grund findet AOL keine weitere Betrachtung in diesem Buch.

Kapitel 3
Sicherheitsempfehlungen für Reisen durch das Internet

So schön die bunte Welt des Internet auch sein kann: Mit einer vollkommen gedankenlosen Nutzung können unter Umständen aber auch Risiken verbunden sein. An dieser Stelle geht es ganz und gar nicht um Panikmache, sondern vielmehr darum, Sie für einen nicht zu vernachlässigenden Aspekt für Ihre online unternommenen Ausflüge zu sensibilisieren: Die Rede ist von der Sicherheit bei der Internet-Nutzung.

> **Achtung**
>
> Wer beispielsweise häufig Programme von unbekannten Quellen aus dem Internet herunterlädt und diese ausführt, ohne dass ein – möglichst aktuelles ! – Anti-Virus-Programm im Hintergrund seines PCs läuft und die Software auf unerwünschte Plagegeister hin untersucht, braucht sich nicht zu wundern, wenn er sich früher oder später einen Virus einfängt. Wohlgemerkt: Computer-Viren sind keine »Erfindung«, die erst mit dem Internet aufgetaucht ist. Vielmehr gestattet das Internet eine wesentlich leichtere Verbreitung von Viren, als es vorher auf traditionellem Wege (Versand eines Datenträgers etwa per Post) möglich war. Zudem gibt es Viren, die sich Verfahren des Internet zunutze machen und sich beispielsweise an E-Mails anhängen oder selbst infizierte E-Mails generieren, um diese an die in Ihrem Adressbuch hinterlegten Einträge zu versenden. Weitere Informationen zu Anti-Virus-Programmen hält der Abschnitt 10.4 in Kapitel 10 bereit.

Wie bereits erwähnt, handelt es sich hier nicht um Schwarzseherei. Stattdessen kommt es darauf an, Sie mit einigen der potenziellen Risiken vertraut zu machen – denn nur, wenn Sie wissen, wo Gefahren lauern, können Sie diese auch wirkungsvoll bekämpfen oder umgehen. An dieser Stelle sei auch die Website `www.sicherheit-im-internet.de` empfohlen, die vom Bundesministerium für Wirtschaft und Technologie (BMWI) unterhalten wird.

Achtung

Generell stellt sich natürlich die Frage, warum gerade *Sie* das Opfer eines Angriffs etwa von einem Virus einer Hintertür-Software sein sollten. Die Wahrscheinlichkeit für solch ein Ereignis mag gering erscheinen – doch auch Wohnungen werden am helllichten Tag von Einbrechern leergeräumt, ohne dass ein erkennbarer Grund dafür zu bestehen scheint. Und auch hier stellen sich die Bewohner häufig die Frage, warum gerade sie betroffen sind und der Nachbar von gegenüber unbehelligt davon kam. Dabei kann gerade sträflicher Leichtsinn wie ein offen stehendes Fenster der Grund gewesen sein. Machen Sie sich deshalb mit den zur Verfügung stehenden Maßnahmen vertraut und wenden Sie diese an.

3.1 Verschlüsselung sensibler Informationen

Das Internet ist ein offenes System. Das bedeutet: Wenn Sie eine Übertragung von Informationen über das Internet vornehmen, lassen sich die Daten von einer anderen Person mit ein wenig Sachkenntnis protokollieren, also einsehen. Eine Verschlüsselung, die ein bloßes »Mitlesen« unterbindet, findet in den meisten Fällen nicht statt. Dies erlangt zum Beispiel dann Bedeutung, wenn Sie persönliche Angaben über das Internet versenden und nicht möchten, dass diese in die Hände eines Dritten fallen. Nehmen Sie eine Bestellung über das Internet vor und geben zur Zahlungsabwicklung Ihre Kreditkartennummer (mitsamt Ablaufdatum und Namen des Karteninhabers) ein, könnten diese Informationen von einem Unbefugten dazu verwendet werden, Bestellungen auf Ihre Kosten zu tätigen.

Aus diesem Grunde findet bei solchen Vorgängen in der Regel eine Verschlüsselung statt – beispielsweise über *SSL* (*Secure Socket Layer*). Dazu baut der Webserver eines Unternehmens, bei dem Sie online eine Shopping-Tour vornehmen oder Internet-Banking betreiben, mit Ihrem Webbrowser eine *sichere Verbindung* auf – zu erkennen am `https://` (*http secure*) zu Beginn der URL sowie an einem Schlüssel-Symbol in der Statuszeile des Webbrowsers. Dies stellt zwar keine absolute Sicherheit dar, doch sorgt zumindest für ein gehöriges Maß an Schutz. Je größer dabei die Verschlüsselungsstärke (am besten nicht unter 128 Bit), desto sicherer werden die ins Internet übertragenen Informationen davor bewahrt, von jemand anderem als dem avisierten Empfänger eingesehen werden zu können. Bewegen Sie den Mauszeiger auf das Schlüssel-Symbol, bekommen Sie die aktuelle Verschlüsselungsstärke eingeblendet (siehe Bild 3.1).

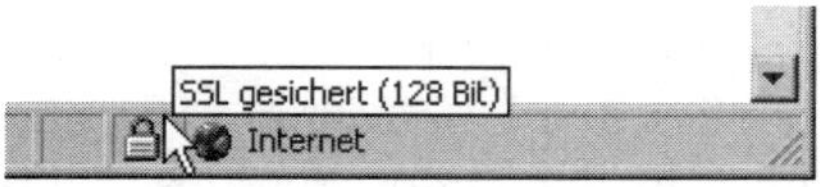

Bild 3.1: Bei einer SSL-verschlüsselten Übertragung wird in der Statusleiste ein Schlüsselsymbol eingeblendet

Die anfänglich mit 40 Bit und später mit 56 Bit durchgeführte Verschlüsselung kann dabei nicht mehr als sicher gelten. Nach Möglichkeit sollten Sie darauf achten, dass eine Verschlüsselung mit 128 Bit stattfindet, was eine Entschlüsselung mit heutigen technischen Mitteln (so gut wie) unmöglich macht. Generell gilt also: Je größer der Schlüssel, mit der eine Information verschlüsselt wird, desto höher und zeitaufwändiger ist es, diese Verschlüsselung zu knacken.

Achtung

Auch im realen Leben kann natürlich jemand an Ihre Kreditkarteninformationen gelangen – etwa, wenn Sie den beim Tanken Ihres Autos erhaltenen Beleg achtlos in einen Mülleimer an der Tankstelle werfen und jemand anders dieses Stück Papier herausfischt. Über das Internet geht es halt nur viel einfacher. Aus diesem Grund sollten Sie nur Websites ansteuern, die mit einer sicheren Verbindung arbeiten, wenn Sie Geldgeschäfte online durchführen.

Für die Stärke der Verschlüsselung von Informationen, die über das Internet übertragen werden, spielen folgende Faktoren eine Rolle:

- Der Webbrowser sollte mit einer 128-Bit-Verschlüsselung arbeiten. Dies lässt sich leicht verifizieren, indem Sie beispielsweise im Internet Explorer aus dem Hilfe-Menü ? den Eintrag INFO auswählen. Im sodann angezeigten Dialogfeld wird Ihnen sodann die *Verschlüsselungsstärke* angezeigt, mit denen der auf Ihrem PC laufende Webbrowser arbeitet.

- Der Betreiber einer Website, die die Übertragung von Informationen verschlüsselt vornimmt, muss ebenfalls mit einer 128-Bit-Verschlüsselung arbeiten.
- Welche Verschlüsselungsstärke bei einer bestimmten Webseite zum Tragen gelangt, lässt sich in Erfahrung bringen, indem Sie den Mauszeiger auf das (bei einer verschlüsselten Übertragung automatisch erscheinende) Schlüssel-Symbol in der Statuszeile des Webbrowsers bewegen. Sodann bekommen Sie eingeblendet, ob eine Verschlüsselung mit 128 Bit stattfindet.

Das World Wide Web stellt aber keineswegs das einzige Medium dar, das Berücksichtigung verdient: Beispielsweise ist eine E-Mail, die Sie über das Internet verschicken, mit denselben Merkmalen wie eine Postkarte versehen: Jeder, der die Botschaft in die Hände bekommt, kann diese auch einsehen. Das Öffnen eines Umschlags ist hierzu nicht erforderlich, sodass im Zweifelsfalle weder Sie als Absender noch der Empfänger davon etwas mitbekommen, dass der Inhalt Ihrer E-Mail mitgelesen wird. Wenn Sie also auf Privatsphäre auch im Internet Wert legen und nicht nur vertrauliche, sondern auch andere Informationen sicher per E-Mail übertragen wollen, müssen Sie Ihre elektronischen Nachrichten zuvor verschlüsseln. Dazu stehen verschiedene Verfahren bereit, wobei *PGP* (*Pretty Good Privacy*) zu den bekanntesten zählt – eine Software, die zudem für Privatanwender kostenlos nutzbar ist.

3.2 Cookies

Bei einem *Cookie* (zu Deutsch *Keks*) handelt es sich um Textinformationen, die ein Betreiber einer Website auf der Festplatte Ihres PCs ablegt. Nur gering im Umfang, dienen Cookies in der Regel dazu, dass Sie beim erneuten Besuch der betreffenden Website automatisch wiedererkannt werden können. Auf diese Weise ist es beispielsweise denkbar, dass Sie mit einer individuellen Begrüßung empfangen werden oder die Webseite entsprechend Ihren (bei einem Ihrer letzten Besuche festgelegten) persönlichen Vorstellungen gestaltet ist.

Normalerweise sollten Cookies nur von der Website wieder ausgelesen werden können, die diese auf Ihrem PC auch hinterlassen haben. Immer wieder geistern jedoch Meldungen über mögliche Sicherheitsrisiken durch die Medien. Wenn es beispielsweise möglich ist, die auf Ihrer Festplatte zu findenden Cookies auch von dritter Seite her auszulesen, lässt sich daraus möglicherweise Ihr Nutzungsverhalten im Internet ableiten. Dies würde nicht nur Marketingstrategen interessante Einblicke in Ihre Interessen und Vorlieben, sondern generell in Ihre Privatsphäre eröffnen – was wohl kaum als wünschenswert zu erachten ist.

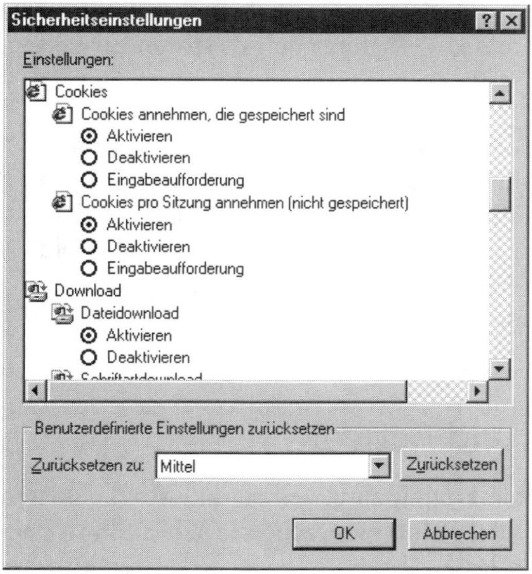

Bild 3.2: Wie der Internet Explorer mit Cookies umgehen soll, lässt sich festlegen

Programmierfehler in einigen frühen Versionen von Webbrowsern haben dazu geführt, dass tatsächlich die eine oder andere ungewollte Information dank Cookies übertragen werden konnte. Zwar sind diese (bekannten) Fehler in den aktuellen Versionen heutiger Webbrowser behoben, die kleinen Kekse sind jedoch prinzipiell ins Gerede geraten. Aus diesem Grund erlaubt es beispielsweise der Internet Explorer, die Annahme von Cookies generell zu verweigern, wenn Sie keine dieser Kekse auf Ihrem PC wünschen – worunter allerdings der Komfort beim Surfen durchs Internet beeinträchtigt werden kann: Häufig von Ihnen aufgesuchte Websites erkennen Sie ja nicht automatisch wieder, sodass Sie sich jedes Mal von Neuem etwa mit einem speziellen Benutzernamen identifizieren müssen (genau dem versuchen einige Websites durch die Ablage von Cookies auf Ihrem PC abzuhelfen, denn anhand eines Cookies kann beispielsweise festgestellt werden, dass Sie die betreffende Website bereits besucht haben). Daher können Sie den Internet Explorer auch so konfigurieren, dass Sie jedesmal, wenn eine Website einen Cookie auf Ihrem PC hinterlassen möchte, eine entsprechende Meldung mitsamt einer Aufforderung angezeigt bekommen. Somit können Sie selbst entscheiden, ob Sie den Keks einer Website annehmen oder doch lieber annehmen möchten. Wenn Sie allerdings viele Websites aufsuchen, die mit Cookies operieren, kann sich dieses Verhalten auch als störend erweisen.

Hinweis

Wie der Internet Explorer mit permanenten und temporären Cookies umgehen soll, legen Sie bei den Sicherheitseinstellungen fest. Hierzu wählen Sie den Befehl INTERNETOPTIONEN aus dem Menü EXTRAS aus, begeben sich im sodann angezeigten Dialogfeld auf die Registerkarte *Sicherheit* und klicken nach Auswahl der gewünschten Zone die Schaltfläche *Stufe anpassen* an.

3.3 Java, JavaScript und ActiveX

Mit dem Ziel, Webseiten mehr Interaktivität zu verleihen und Möglichkeiten zu bieten, die sich mit der Seitenbeschreibungssprache HTML und mit dem Webbrowser alleine nicht erfüllen lassen, hat es so manche Entwicklungen gegeben. Allen voran sind in diesem Zusammenhang *Java* sowie *ActiveX* zu nennen – zwei Programmierverfahren bzw. -techniken, die sozusagen das Ausführen von Programmen aus Webseiten heraus ermöglichen. Lassen Sie uns kurz aufzeigen, was es damit auf sich hat und welche Sicherheitsbedenken daraus möglicherweise resultieren.

Bei Java handelt es sich um eine relativ einfache Programmiersprache, die von dem Unternehmen Sun entwickelt wurde. Besonderen Wert legten die Schöpfer auf eine Plattformunabhängigkeit der daraus resultierenden Programme, die sich somit unabhängig von einem bestimmten Betriebssystem oder Webbrowser erstellen lassen und auf einer Vielzahl von Umgebungen lauffähig sind. Zentrales Element für die Ausführung stellt die *Java Virtual Machine* (kurz *JVM*) dar: Überall, wo diese zur Verfügung steht, ist eine Ausführung von Java-Programmen möglich. Hiervon gibt es generell zwei verschiedene Arten: Eine *Java-Applikation* entspricht einem vollständigen Programm, das sich direkt unter einem Betriebssystem starten und ausführen lässt – was uns an dieser Stelle nicht weiter interessieren soll. *Java-Applets* dagegen sind (meist kleinere) Programme, die direkt aus einem Webbrowser heraus aufgerufen werden. Generell bleibt festzuhalten, dass Java eine interpretierte Sprache darstellt, sodass Java-Programme zur Laufzeit interpretiert und erst dann ausgeführt werden, was einen relativ langsamen Ablauf zur Folge haben kann.

> Hinweis
>
> Häufig taucht im Zusammenhang mit Java auch der Begriff *JavaScript* auf. JavaScript ist eine von Netscape kreierte (und an Java angelehnte) HTML-Erweiterung, die Elementen in Webseiten ein dynamisches Verhalten verleiht. Javascript-Programme werden als Quelltext direkt in das HTML-Dokument einer Webseite eingefügt.

Bei *ActiveX* dagegen handelt es sich um eine auf Software-Komponenten basierende Technologie von Microsoft, die nicht zuletzt als Alternative zu Java entwickelt worden ist. Hierbei stand im Vordergrund, einige Funktionen des Betriebssystems auch für das Web nutzbar zu machen. Die daraus resultierenden ActiveX-Elemente (Programme werden *ActiveX-Controls* genannt – eine Unterscheidung zwischen Applikation und Applet findet nicht statt) bilden einen Bestandteil des Betriebssystems. Somit besitzen ActiveX-Elemente zwar eine hohe Ausführungsgeschwindigkeit, sind jedoch auch an das Betriebssystem gebunden: ActiveX-Elemente laufen nur unter Windows (zum Beispiel Windows 9x/Me), nicht aber auf anderen Plattformen.

Wann immer über das Internet Programme auf einem PC automatisch gestartet werden können, ergibt sich daraus ein potenzielles Sicherheitsrisiko: Schließlich weiß der Benutzer ja nicht exakt, was das jeweilige Programm macht – respektive, welche Möglichkeiten die zugrunde liegende Technologie eröffnet, um Daten auszuspähen oder der Konfiguration des Rechners einen Schaden zuzufügen.

Java-Applets können nur solche Operationen durchführen, die die Laufzeitumgebung (die *Java Runtime Environment*, kurz *JRE*) ihnen zugesteht. Diese ist aber nicht direkter Bestandteil des Betriebssystems, sondern – schematisch betrachtet – sozusagen oberhalb davon zu finden. Auf diese Weise koppelt JRE die für die Ausführung von Java-Programmen benötigte Umgebung von dem eigentlichen Betriebssystem ab und lässt keine bzw. nur sehr restriktive Zugriffe auf dieses zu. Somit können Java-Applets weder auf den Inhalt von Arbeitsspeichern oder Festplatten zugreifen noch Betriebssystemfunktionen (wie etwa das Löschen von Dateien) aufrufen, wodurch sie relativ sicher sind.

Im Falle von JavaScript sieht die Sache anders aus: Als HTML-Erweiterung konzipiert, sind die einzelnen Befehle in den Quelltext einer Webseite eingebunden – und damit auch für jedermann sichtbar. Würde sich hier eine Gefahr verbergen, ließe sich diese kaum verstecken, denn sie wäre von jedem, der das (keineswegs komplizierte) JavaScript versteht, ja direkt erkennbar. Oftmals wird JavaScript aber auch dazu eingesetzt, den Aufruf von Programmen zu veranlassen, und genau darin liegt die größte Gefahrenquelle von JavaScript (natürlich auch von anderen Skript-Sprachen).

> Achtung
>
> Programmierfehler in frühen Versionen von Webbrowsern haben dazu geführt, dass bei Java-Applets und JavaScript Zugriffe auf Teile des Betriebssystems oder das Dateisystem dennoch möglich waren. Diese (bekannt gewordenen) Fehler sind inzwischen behoben.

Bei ActiveX dagegen sieht es anders aus: ActiveX-Elemente dürfen alles, was auch dem Benutzer eines mit Windows 9x/Me arbeitenden PCs in seinem Sicherheitskontext möglich ist. Somit kann sich ein ActiveX-Element wie jedes Programm verhalten, das auf Ihrem PC läuft. Mit anderen Worten: Ein ActiveX-Element kann auf alle Ressourcen des Rechners zugreifen, auf die auch Sie als Benutzer zugreifen dürfen.

Unter Windows 9x/Me existiert kein Sicherheitsmodell, das es gestattet, den Zugriff auf bestimmte Ressourcen einzugrenzen. Herkömmlichen Benutzern ist nur das Arbeiten mit den Ressourcen des PCs, nicht aber beispielsweise Konfigurationsänderungen, das Löschen wichtiger Systemdateien oder Dateien anderer Benutzer, die Installation neuer Geräte oder das Formatieren der gesamten Festplatte gestattet. Jeder Benutzer eines PCs, der mit Windows 9x/Me arbeitet, kann vielmehr alle Funktionen ausführen, die das Betriebssystem bietet – und somit auch ein ActiveX-Element, das auf dem PC zu Werke geht.

Bei ActiveX ist also der Zugriff auf alle Ressourcen des Rechners möglich, auf die der Benutzer des PCs auch zugreifen kann. Handelt es sich um einen Benutzer, der auf alle Ressourcen des PC zugreifen darf (bei Windows 9x/ Me trifft dies auf alle Benutzer zu), steht einem ActiveX-Element also nicht nur der Arbeitsspeicher Ihres PCs offen, sondern auch seine Festplatte – sowie die Betriebssystemfunktionen, die Microsoft zur Ausführung »echter« Windows-Applikationen eigens darin integriert hat. Kritiker ziehen gerade deshalb ihre Augenbraue hoch, wenn es um ActiveX geht: Das Risiko, dass ein ActiveX-Element sich destruktiv auf Betriebssystemebene verhält, ist – zumindest theoretisch – existent.

Aus diesem Grund hat Microsoft die Technologie *Authenticode* entwickelt. Hierbei findet die Überprüfung statt, ob beispielsweise ein ActiveX-Element über ein gültiges Zertifikat verfügt – vom Herausgeber der Software also mit einem solchen signiert worden ist. Ein solches offizielles Zertifikat wird zum Beispiel von Institutionen wie *Verisign* erteilt.

Achtung

Auf diese Weise wird die Identität des Software-Herausgebers überprüft, wenn ein Programm über das Internet geladen und auf Ihrem PC ausgeführt werden soll. Eine Verifizierung, ob sich ein mit einem Zertifikat signiertes Programm böswillig verhält und Schaden anrichten kann, ist darin aber nicht impliziert. Aussagen über den Inhalt oder die Güte etwa eines ActiveX-Elements sind mit einem Zertifikat also nicht möglich. Die Signierung mit einem Zertifikat erlaubt aber zumindest zu erfahren, aus welcher Quelle das Programm stammt – und das gibt zumindest ein kleines Gefühl von Sicherheit.

Da Java, JavaScript und ActiveX-Elemente immer wieder Gegenstand von Sicherheitsbedenken sind, hat Microsoft seinen Webbrowser mit umfangreichen Konfigurationsmöglichkeiten ausgestattet: Der Internet Explorer klassifiziert Websites nach *Zonen*, denen zum leichteren Umgang jeweils unterschiedliche, *vordefinierte Sicherheitsstufen* zugewiesen sind. Mit jeder Sicherheitsstufe sind nun wiederum zahlreiche *Sicherheitseinstellungen* verbunden. Über diese Sicherheitseinstellungen können Sie nun unter anderem festlegen, wie der Internet Explorer mit Java-Applets und JavaScript verfahren soll. Weitere Einstellungen gestatten, den Umgang mit ActiveX-Elementen festzulegen (siehe Bild 3.3). Um die Sicherheitseinstellungen des Internet Explorers einzusehen und bei Bedarf zu verändern, benutzen Sie den Befehl INTERNETOPTIONEN aus dem Menü EXTRAS. Im daraufhin angezeigten Dialogfeld begeben Sie sich auf die Registerkarte *Sicherheit*, wo Sie zunächst die gewünschte Zone auswählen und anschließend die Schaltfläche *Stufe anpassen* anklicken müssen. Weitere sicherheitsrelevante Einstellungen für den Internet Explorer im Hinblick auf den Umgang mit möglicherweise ungültigen Zertifikaten sind über die Registerkarte *Erweitert* (im Bereich *Sicherheit*) vorhanden.

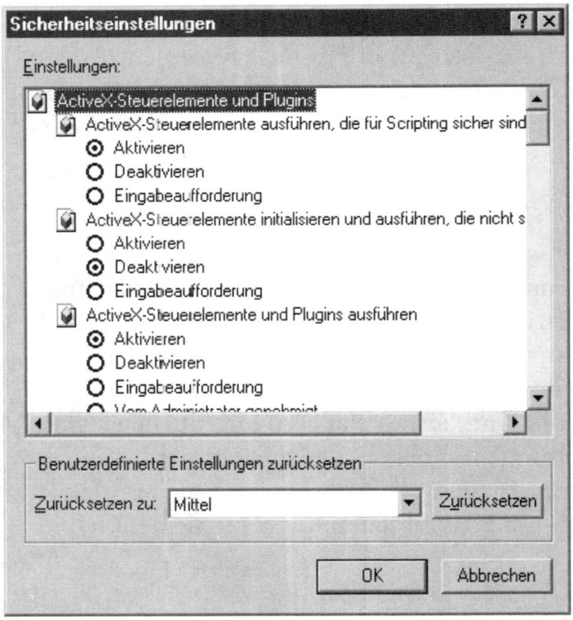

Bild 3.3: Über die Sicherheitseinstellungen einer Zone lässt sich beim Internet Explorer festlegen, wie der Webbrowser mit Java-Applets, JavaScripts und ActiveX-Elementen verfahren soll

Achtung

Wenn Sie auf größtmögliche Sicherheit Wert legen, müssen Sie die Ausführung von Java-Applets, JavaScript und ActiveX-Elementen für die Zone *Internet* unter Verwendung der entsprechenden Sicherheitseinstellungen konsequent deaktivieren. Wenn Sie diese Funktionen aber abschalten, kann darunter der Komfort beim Surfen durchs Web leiden: Ist es beispielsweise nicht mehr möglich, ein zur menügesteuerten Benutzerführung einer Website gedachtes ActiveX-Element zu laden, können Sie eventuell auf der jeweiligen Webseite keine Navigation mehr durchführen. Hier müssen Sie selbst für ein vernünftiges Mittelmaß sorgen und einen Kompromiss zwischen Sicherheit und Komfort finden.

3.4 Trojaner und Hintertüren: BackOrifice und Co.

Seit 1998 macht eine neue Art der Bedrohung die Runde, bei der Angriffe auf die PCs ahnungsloser Benutzer direkt über das Internet stattfinden. Die Art der Angriffe besitzt ein breites Spektrum: Geben sich einige Hacker damit zufrieden, den Mauszeiger zu verstecken, die Schublade des CD-ROM-Laufwerks aus- und einzufahren oder den PC neu zu booten, protokollieren andere alle Ihre Tastatureingaben (also auch Benutzernamen und Passwörter) mit und lassen sich dabei den Inhalt Ihres Bildschirms anzeigen. Doch auch der direkte Zugriff auf das Dateisystem ist möglich: Somit stellt es für einen Hacker kein Problem mehr dar, Dateien von Ihrem PC herunterzuladen, um diese möglicherweise nach Passwörtern hin zu durchforsten. Auch das Heraufladen von Dateien (wie wäre es mit einem Programm, das einen zerstörerischen Virus enthält?) und deren anschließende Ausführung auf Ihrem PC ist denkbar.

Sie als Benutzer merken von all dem meist nichts: Dass im Hintergrund plötzlich Übertragungen stattfinden, die gar nicht von Ihnen gewollt und initiiert sind, lässt sich kaum feststellen – Webseiten beispielsweise bestehen häufig aus mehreren Elementen, die nacheinander geladen werden, und dass zusätzlich ein Backdoor-Utility für Übertragungen sorgt, ist nahezu nicht erkennbar. Allenfalls, wenn Sie Dateien aus dem Internet herunterladen, kann die Performance etwas nachlassen – wenn ein Hacker ebenfalls Übertragungen von oder zu Ihrem PC vornimmt. Doch dass die Performance auch bei regulären Internet-Übertragungen schwankt, ist nichts Ungewöhnliches, sondern (abhängig von Faktoren wie Internet-Service-Provider und Tageszeit) gang und gäbe.

Achtung

Die Gefahr existiert dabei vor allem, solange Sie mit dem Internet verbunden sind, Ihr Rechner also online erreichbar ist. Allerdings gilt das keineswegs immer: Vorgänge wie beispielsweise Ihre Tastatureingaben lassen sich auch offline protokollieren und lassen sich von einem Hacker dann bei Ihrer nächsten Internet-Verbindung auswerten.

Wie bereits bei den vorangegangenen Abschnitten steht auch hier keine Panikmache, sondern vielmehr Aufklärung im Vordergrund. Wissen ist Macht, und genau das machen sich die Programmierer von solchen Hacker-Utilities zunutze. Daher sollten auch Sie zumindest wissen, welche potenziellen Gefahren existieren, um entsprechend gegensteuern zu können.

Die neue Gattung von Hacker-Utilities, von der hier die Rede ist, wird vielfach als *Trojanisches Pferd* (oder kurz *Trojaner*) bezeichnet. Einmal auf Ihren PC gelangt, versucht solche Software beispielsweise, Ihren PC lahmzulegen. Ein solches Verhalten an sich ist nicht neu: Bei so manchem Virus handelt es sich um einen Trojaner. Aus diesem Grund stufen viele Hersteller von Anti-Virus-Programmen auch die Hacker-Utilities der neuen Gattung als Trojaner ein – obwohl dies nur bedingt zutrifft, da es sich um keinen Virus im klassischen Sinne handelt, der eigenständig Schaden auf Ihrem PC anzurichten imstande ist. Vielmehr öffnen die neuartigen Tools eine Art »Hintertür« auf Ihrem PC, durch die ein Hacker dann ein- und auszugehen imstande ist. Aus diesem Grund scheint die Klassifizierung als *Backdoor* geeigneter zu sein.

Aus rechtlichen Gründen oder um eine gewisse Schlagzeilen-Trächtigkeit zu erzielen, sprechen die Programmierer von Backdoor-Utilities dagegen gerne von einer *Remote-Control-Software* zur Fernsteuerung von Anwendungen oder des gesamten Desktops Ihres PCs. Diese Software aber mit dafür eigens konzipierten Lösung wie zum Beispiel *pcAnyWhere* von Symantec gleichzusetzen, darf aber doch als recht verwegen gelten.

Hinweis

Ein Backdoor-Utility öffnet sozusagen eine Hintertüre, durch die ein Hacker über das Internet Zugang zu Ihrem PC erlangt. Das Gefährliche an ihnen ist eine grafische Benutzeroberfläche, mit der Backdoor-Utilities in der Regel aufwarten und die es somit auch Amateuren ermöglicht, sich auf Ihrem PC nach Lust und Laune »auszutoben«.

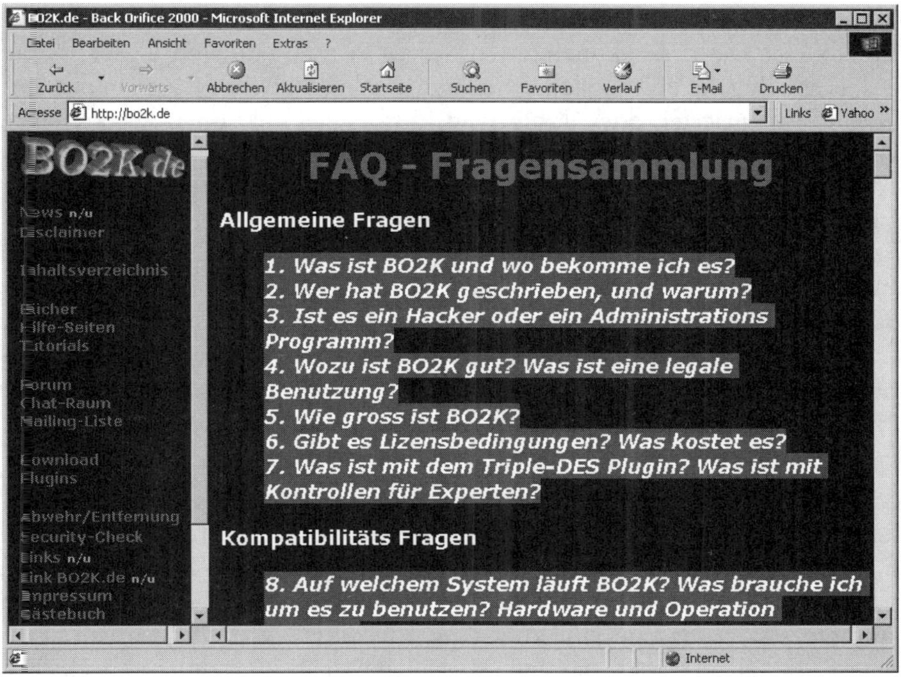

Bild 3.4: Back Orifice wird vielfach als Vater aller Backdoor-Utilities bezeichnet

Sehen wir uns nun die Arbeitsweise von Backdoor-Utilities ein wenig genauer an. Diese bauen im Wesentlichen auf zwei Komponenten auf: Einem Server und einem Client – ganz ähnlich, wie das World Wide Web Webserver zur Bereitstellung von Informationen und den Webbrowser kennt, der als Client agierend auf Ihrem PC läuft und mit dem Sie Informationen von Webservern abrufen. Bei einem Backdoor-Utility kehrt sich allerdings dieses Verhältnis genau um: Hierbei fungiert nun Ihr PC als Server, und ein Client in Form einer speziellen Software gestattet es, mit diesem in Kontakt zu treten. Der Client kann dabei alle diese Informationen abrufen, die ihm der Server bereitstellt (etwa eine Datei von der Festplatte Ihres PCs zu liefern). Zudem kann er den Server auch anweisen, eine bestimmte Betriebssystemfunktion wie beispielsweise das Vertauschen von sekundärer und primärer Maustaste zu initiieren.

Während es im World Wide Web sehr eingeschränkte Möglichkeiten zum »Missbrauchen« eines Webservers gibt, sieht das bei Backdoor-Utilities anders aus. Die dafür konzipierten Server-Programme sind eigens darauf ausgelegt, Zugang zu möglichst vielen in das lokale Betriebssystem des Server-PCs integrierten oder darüber ausführbaren Funktionen zu erreichen. Die Konzeption des Windows-Betriebssystem kommt diesem »Anliegen« entgegen: So hat Microsoft zahlreiche Funktionen im Betriebssystem eingebaut, um (seriösen) Programmierern eine möglichst leichte, gleichwohl leistungsfähige Erstellung von Applikationen zu erlauben. Die Kombination aus tiefgehender Kenntnis der Betriebssystem-Interna von Windows sowie der Möglichkeit, unzählige – und meist mit Windows arbeitende – PCs über das Internet zu erreichen, hat bei so manchem echten Hacker sowie bei zahlreichen »Möchtegern«- oder Hobby-Hackern die Lust geweckt, in dieser Hinsicht tätig zu werden.

Konkret werden dabei die Windows-eigenen Funktionen so missbraucht, dass Sie von der Ferne aus durchführbar sind – was Microsoft bei der Erstellung des Betriebssystems so gar nicht im Sinn hatte. Im Grunde genommen führen Backdoor-Utilities also keine phantastisch neue Technologie ein, sondern sie machen sich vielmehr die in Windows integrierten Funktionen zunutze – allerdings auf eine zuvor nicht bekannte Weise und in ein grafisches Gewand verpackt, das auch den Nicht-Profi zum munteren Hacken einlädt.

> **Hinweis**
>
> In dieser Hinsicht können sich Benutzer anderer Betriebssysteme glücklich schätzen – sie sind von den meist auf Windows zugeschnittenen Backdoor-Utilities nicht betroffen.

Als eines der ersten Backdoor-Utilities machte *Back Orifice* oder kurz *BO* von sich reden, was im Deutschen »Hintere Öffnung« bedeutet (nicht zuletzt daher stammt auch die Bezeichnung »Backdoor«). Diese Software wurde am 3. August 1998 auf einer Hacker-Konferenz in Las Vegas von der amerikanischen Gruppierung *Cult of the dead cow* (kurz *cDc*, zu Deutsch »Kult der toten Kuh«) medienwirksam vorgestellt, die über das Internet über die Webseite `www.cultdeadcow.com` zu erreichen ist. Beherrscht die erste Version lediglich den Umgang mit Windows 9x/Me, kann die am 10. Juli 1999 knapp ein Jahr später vorgestellte Version Back Orifice 2000 (kurz *BO2k* genannt) darüber hinaus auch mit Windows NT/2000 umgehen und über Plug-Ins erweitert werden, um den Hacker zum Beispiel mit einer Windows-Explorer-artigen Oberfläche zum komfortableren Zugriff auf die Festplatte Ihres PCs über das Internet auszustatten.

Pikant an Back Orifice ist nicht nur sein Funktionsumfang, sondern auch der Umstand, dass die Schöpfer ihre Software inzwischen im Quelltext offengelegt und für jedermann frei verfügbar gemacht haben. Idealisten mögen darin die Absicht erkennen, dieses Backdoor-Utility zu Lehrzwecken heranzuziehen und für Interessierten die Vorgänge im Einzelnen nachvollziehbar zu machen. So mancher Zeitgenosse empfindet das aber als Aufforderung, sich selbst einzubringen und eine geänderte oder erweiterte – also mutierte – Ausführung eigenständig zu entwerfen und in Umlauf zu bringen. Genau darin liegt die Gefahr: Schützende Erkennungs-Software für Backdoor-Utilities kann in der Regel nur solche Vertreter aufspüren, die bekannt geworden sind, kaum aber daraus hervorgegangene Mutanten.

Achtung

Vom Einsatz spezieller Erkennungs-Software zur Überprüfung, ob auf Ihrem PC ein Backdoor-Utility sein Unwesen bereits treibt, sollten Sie eher absehen – erst recht, wenn diese Software eine dubiose Herkunft besitzt. Nicht selten entstammt solche Software selbst einschlägigen Hacker-Kreisen und agiert als Trojaner, der ein bekanntes oder mutiertes Backdoor-Utility vielmehr explizit auf Ihren PC transportiert und dort aktiviert!

Back Orifice markierte jedoch lediglich den Anfang. Längst bereichern weitere Backdoor-Utilities wie zum Beispiel *Deep Throat* oder *SubSeven* die Szenerie. Die Entwicklung bleibt dabei keineswegs stehen, sondern schreitet fort. Einige Backdoor-Utilities etwa warten mit integrierten Mini-FTP-Servern auf, um das Herunter- und Heraufladen zu vereinfachen.

Auch einem anderen Aspekt nehmen sich moderne Vertreter von Backdoor-Utilities inzwischen an: Der Art und Weise, wie ein Hacker erkennt, dass er nun über das Client-Programm mit dem komplementären Server-Teil eines infizierten PCs über das Internet Kontakt aufnehmen kann, weil der Benutzer gerade online ist. Anfängliche Lösungen durchsuchten einen – vom Hacker frei definierbaren – Bereich von IP-Adressen und Ports (das sind interne Anlaufstellen von TCP/IP-Diensten, die auf Anforderung reagieren) – in der Hoffung, dass gegenwärtig ein oder mehrere infizierte PCs über eine Internet-Verbindung verfügen und eine dieser IP-Adressen verwenden. Moderne Backdoor-Utilities geben sich da weitaus komfortabler: Der Server-Part meldet sich automatisch beim Hacker, indem er ihm beispielsweise eine E-Mail schickt, sobald ein infizierter PC über eine Internet-Verbindung verfügt. Ebenfalls zu finden sind Lösungen, bei denen sich der Server-Part in Chat-Räumen meldet – sodass Hacker dort nur zu »warten« brauchen, um zu erfahren, dass sich gerade ein weiteres »Opfer« dazugesellt hat.

Keinesfalls sollten Sie denken, es handele sich bei Backdoor-Utilities um eine sporadische Erscheinung, die wie ein schlechter Spuk nach kurzer Zeit von sich aus wieder verschwindet. Im Gegenteil: Es ist eher damit zu rechnen, dass deren Verbreitung zunehmen wird. Umso wichtiger ist es daher, sich – zumindest, soweit das möglich ist – vor ihnen zu schützen. Das ist nicht zuletzt deshalb wichtig, weil sich Backdoor-Utilities meist ohne großen Aufwand im Internet auffinden und herunterladen lassen, während ihre grafische Oberfläche für eine einfache Bedienung sorgt und somit auch Laien regelrecht dazu einlädt, sich als Hacker auf Streifzug durchs Internet zu begeben.

Backdoor-Utilities verbreiten sich wie Trojaner und Viren über Dateien, die auf Ihren PC gelangen und dort von Ihnen ausgeführt werden. Aus diesem Grund sollten Sie ein paar Regeln befolgen:

- Führen Sie nicht einfach Dateien aus, deren Herkunft Ihnen zweifelhaft erscheint. Backdoor-Utilities müssen nämlich in der Regel einmal ausgeführt werden, um den Server-Part auf Ihrem PC zu installieren respektive diesen zu aktivieren: Erst, nachdem diese Voraussetzung erfüllt ist, kann ein Hacker den zugehörigen Client-Part heranziehen, um Ihren PC aufzusuchen. Und da Backdoor-Utilities mit meist nur rund 100 KByte recht klein sind, lässt sich unter normalen Umständen kaum erkennen, dass mit dem PC etwas »nicht stimmt« und eine Datei, die Sie sich in gutem Glauben auf Ihren PC holen, als Trojaner für ein Backdoor-Utility dient.

- Eine gute Maßnahme, sich vor ungebetenen Gästen zu schützen, besteht beispielsweise darin, keine an E-Mails als Attachment angehängte Dateien zu öffnen, wenn der Absender der elektronischen Nachricht unbekannter Herkunft ist. Das gilt auch und erst recht, wenn der Betreff der Nachricht eine besondere Wichtigkeit zum Ausdruck bringen will!
- Doch das alleine reicht bei weitem nicht aus: Es gibt E-Mail-Viren, die das Adressbuch des Opfers verwenden und unter dessen Namen elektronische Botschaften verschicken. Meist sind diese jedoch mit einem bestimmten Betreff versehen, etwa in englischer Sprache – sodass Sie in einem solchen Fall Vorsicht im Hinblick auf ein eventuelles Attachment walten lassen sollten.
- Selbst, wenn eine Datei – die Sie nicht nur via E-Mail, sondern beispielsweise auch auf Diskette oder als Download von einer Website erhalten können – tatsächlich von einem Bekannten, Freund oder Arbeitskollegen stammt, ist das noch kein Garant dafür, dass diese nicht mit einem Virus verseucht ist oder ein Backdoor-Utility transportiert. Natürlich, der Trojaner kann sich unbemerkt in die Datei eingeschlichen haben, ohne dass der Absender davon etwas weiß. Die Praxis zeigt jedoch leider, dass Sie ein Backdoor-Utility auch von Mitmenschen untergejubelt bekommen, die wissen oder zumindest vermuten, dass es auf Ihrem PC etwas zu holen gibt. Ein gesundes Misstrauen ist also immer angebracht.
- Gehen Sie keinen häufig regelrecht reißerisch aufgemachten Einladungen zum Herunterladen des neuesten, schönsten, tollsten, einzigartigsten Bildschirm-Schoners oder kostenlosen Spiels auf den Leim. Nicht selten handelt es sich gerade hierbei um ein beliebtes Transportverfahren für Trojaner.
- Last but not least sollten Sie sich durch den Einsatz eines im Hintergrund von Windows 9x/Me laufenden Anti-Virus-Programms davor schützen, dass sich ungebetene Gäste auf Ihrem PC einnisten. Obgleich es sich bei Backdoor-Utilities nicht um Viren im klassi-

schen Sinne handelt, sind moderne Anti-Virus-Programme durchaus dazu in der Lage (zumindest teilweise), auch diesen Gespenstern auf Ihrem PC den Garaus zu bereiten.

Achtung

Das gilt natürlich nur für solche Backdoor-Utilities, die bereits bekannt geworden sind. Aus diesem Grund sollten Sie Ihr Anti-Virus-Programm immer wieder auf dem neuesten Stand halten und entsprechende Updates regelmäßig auf Ihrem PC einspielen.

3.5 Persönliche Firewall

Insbesondere Backdoor-Utilities offenbaren, dass es für den Benutzer eines PCs quasi nicht möglich ist festzustellen, wer oder was aus dem Internet Kontakt mit dem PC aufzunehmen versucht bzw. welche auf dem PC laufenden Programme Daten ins Internet übertragen möchten. Erstaunlich dabei ist zudem, dass es einige Programme gibt, die ab und an getreu dem Prinzip »nach Hause telefonieren« zu verfahren scheinen und Informationen etwa an den Hersteller der Software oder eine andere Website übertragen – und zwar ungefragt, ohne dass Sie darüber in Kenntnis gesetzt werden.

Vereinzelt kann es sich dabei um »reguläre« Zugriffe handeln, wenn etwa eine Programm automatisch nach Aktualisierungen auf der Website des Herstellers sucht, was ja den Komfort beim Umgang mit dem PC steigern soll und durchaus beabsichtigt sein kann. In der Regel lässt sich dieses Verfahren jedoch in der jeweiligen Software konfigurieren (somit auch explizit abschalten) oder manuell anstoßen, indem Sie beispielsweise einen entsprechenden Menüeintrag oder eine Schaltfläche *Aktualisieren* anklicken. Doch zeigt manche Software auch ein recht merkwürdiges Verhalten, das den Verdacht nahelegt, dass hier beispielsweise statistische Informationen über Ihre Internet-Nutzung an eine Website übertragen werden.

Dabei sollte es doch eigentlich recht simpel sein. Nehmen wir einen einfachen Fall: Sie surfen mit dem Internet Explorer im Internet und verwenden Outlook Express als E-Mail-Programm. Somit sollten auch lediglich diese beiden Programme Zugriffe auf das Internet vornehmen – sowie die auf dem PC laufende Software, die für den Umgang der Namensauflösung von DNS-

Namen in IP-Adressen unter Verwendung des DNS-Servers Ihres Internet-Service-Providers verantwortlich zeichnet.

Wie lässt sich nun ereichen, dass ausschließlich die Software, die Sie bewusst und gezielt in Verbindung mit dem Internet einsetzen, auf das Internet zugreift – nicht aber andere Software (wie zum Beispiel Backdoor-Utilities), die eventuell unbemerkt im Hintergrund des PC ihre zweifelhaften Dienste versieht? Ganz einfach, im Einsatz einer *persönlichen Firewall*.

Eine *Firewall* ist eine Software, die aus- sowie eingehende Zugriffe von und zu Rechnern überwachen und kontrollieren kann. Viele Unternehmen setzen eine solche Firewall ein, um Zugriffe aus ihrem Intranet auf bestimmte Websites des Internet mit unerwünschten Inhalten (pornografische Inhalte, Börsen-Kurse etc.) zu blockieren. Genauso ist es denkbar, dass ein Unternehmen mithilfe einer Firewall nur bestimmte Anwendungen zulässt, so zum Beispiel verhindert, dass ihre Mitarbeiter ihre Arbeitszeit damit verbringen, Spiele über das Internet zu spielen und sich mit anderen Surfern aus anderen Kontinenten zu messen.

Firewall-Lösungen für Unternehmen sind in der Regel überaus komplex, schließlich gilt es, die unterschiedlichsten Anforderungen für alle relevanten betrieblichen Anwendungen zu erfüllen und die Internet-Anbindung des Unternehmensnetzwerks – durch die das Unternehmen ja weder Interna im Internet exponieren noch Hacker einladen möchte, sich aus der Ferne über das Internet hier mal so richtig »auszulassen« – so sicher wie nur irgend möglich zu gestalten.

Es gibt jedoch auch wesentlich einfacher strukturierte Firewall-Lösungen, die eigens für den Einsatz auf Arbeitsplatz- oder heimischen PCs bestimmt sind. Ihre Aufgabe liegt darin, den PC vor unerwünschten Zugriffen zu schützen. Ein solches Programm, das sich überaus großer Beliebtheit erfreut, stellt die Software *ZoneAlarm* des Herstellers *ZoneLabs* (`www.zonelabs.com`) dar. Diese Personal-Firewall bietet nicht nur einen guten grundlegenden Schutz, sondern ist zudem recht einfach zu bedienen und überdies für die private Nutzung kostenlos.

ZoneAlarm verfährt dabei nach einem simplen, einleuchtenden und recht effektiven Prinzip: Nur Programme, denen Sie den Zugriff auf das Internet explizit gestattet haben, können auch auf das Internet zugreifen. Andere Programme sind dazu nicht in der Lage. Eine persönliche Firewall schaltet sich zwischen Ihren PC und das Internet und entscheidet, welche Zugriffe stattfinden dürfen und welche nicht.

Hinweis

Eine auf einem Internet-PC laufende Firewall-Lösung wird als *persönliche Firewall* (englisch *Personal-Firewall*) oder auch als *Desktop-Firewall* bezeichnet.

Eine persönliche Firewall auf dem PC realisiert also einen Schutzwall, der unerwünschte oder gar destruktive Zugriffe vom PC auf das Internet abwehrt, indem es diese blockiert. Doch auch das umgekehrte Szenario ist möglich: Zugriffe aus dem Internet auf den eigenen PC werden abgewehrt, wenn Sie gerade online sind.

So ist es beispielsweise merkwürdig, warum manche Websites (selbst namhafter Hersteller), die Sie besuchen, ihren PC mit einem »Ping« einfach mal zu kontaktieren versuchen. Daran ist an sich nichts Schlimmes, doch antwortet Ihr PC darauf, könnte eine im Internet laufende, destruktive Software einfach mal ausprobieren, wie es um die Sicherheit Ihres PCs eigentlich bestellt ist. Dies erlangt umso mehr Bedeutung, da frühere Windows-Versionen (falls nicht entsprechend konfiguriert) den Zugriff auf freigegebene Ressourcen des PCs auch über das Internet offenbaren können. Ist der Internet-PC in ein lokales Netzwerk eingebunden, wären hierüber theoretisch gar Zugriffe auf die freigegebenen Ressourcen anderer PCs in Ihrem lokalen Netzwerk möglich. Was innerhalb des lokalen Netzwerks aus Gründen der komfortablen Nutzung freigegebener Ressourcen (einzelne Ordner, ganze Laufwerke, Drucker etc.) sinnvoll ist, kann in Verbindung mit dem Internet zu »unerwünschten« Effekten wie Datenklau oder Manipulationen führen.

Auch dieses Aspekts kann sich eine persönliche Firewall annehmen, indem Zugriffe auf Ihren PC aus dem Internet abgewiesen werden (siehe Bild 3.8). Davon ausgenommen sind nur solche Zugriffe, die als Antwort auf eine von Ihnen initiierte Aktion stattfinden: Besuchen Sie beispielsweise mit dem Internet Explorer eine Website, muss diese natürlich Daten an Ihren PC zurückübertragen. Andere Zugriffe, die ja möglicherweise auch in Attacken auf Ihren Rechner sowie die auf den Festplatten gespeicherten Informationen stattfinden können, kann eine persönliche Firewall in der Regel abwehren (wie es bei besagtem ZoneAlarm der Fall ist).

Je nach Hersteller weisen persönliche Firewalls unterschiedliche Ausprägungen auf, anhand derer sich ihr Einsatzzweck orientiert: Windows 9x/Me kommt serienmäßig gänzlich ohne persönliche Firewall daher. Hier empfiehlt sich der Einsatz einer entsprechenden Zusatz-Software (wie zum Beispiel ZoneAlarm), um den PC vor unerwünschten aus- sowie eingehenden Internet-Zugriffen abzusichern und eine Art Schutzwall zwischen privatem PC und öffentlichem Internet zu errichten.

Bild 3.5: ZoneAlarm meldet, wenn jemand über das Internet Ihren Windows 9x/Me-PC zu kontaktieren versucht und dieses keine Antwort auf eine Anfrage von Ihnen darstellt

3.6 Lokaler Proxy-Server

Im realen Leben nimmt die Privatsphäre einen hohen Stellenwert ein. Mit der Schreckensvision des »gläsernen Menschen« vor Augen soll verhindert werden, dass personenbezogene, private Daten in die Hände Dritter fallen, die damit möglicherweise Unfug anstellen könnten. In Deutschland gibt es eigens hierfür Datenschutzgesetze, um die Weitergabe relevanter Informationen an andere möglichst zuverlässig zu verhindern.

In der virtuellen Computerwelt sieht es ein wenig anders aus: Die Ansprüche an die eigene Privatsphäre existieren hier zwar ebenso wie im realen Leben, doch sind die technischen Möglichkeiten zur elektronischen Bearbeitung von personenbezogenen Informationen hier wesentlich leichter vorzunehmen.

Stellen Sie sich nur einmal Folgendes vor: Ihr Mobilfunk-Provider kann problemlos ermitteln, von wo aus Sie Anrufe tätigen oder angerufen werden, und ähnlich ist es mit oder Kreditkarten-Unternehmen, die ebenfalls erkennen können, wann Sie sich wo aufgehalten haben. Wenn Sie häufiger verreisen, ließe sich aus diesen Informationen eine Art persönliches Reiseprofil erstellen. Vermeintlich findige Köpfe könnten diese Informationen versuchen zu »verwerten«, um Ihnen in bester Werbemanier auf Sie persönlich zugeschnittene Reiseangebote zukommen zu lassen – obgleich Sie diesem Anbieter niemals ihre Reisegewohnheiten mitgeteilt haben. In Verbindung mit anderen über Sie gesammelten technischen Informationen ist all dies mit kaum nennenswertem Aufwand realisierbar. Gesetzliche Bestimmungen sowie das ethische Selbstverständnis seriöser Mobilfunk-, Kreditkarten- und anderer Anbieter verhindert, dass dies heute bereits geschieht.

Doch es kann auch rein virtuell stattfinden: So offenbart der Webbrowser bereits Zahlreiches an Informationen – etwa, welche Sprache Sie eingestellt haben oder wie es um die prinzipielle Software-Ausstattung Ihres PCs bestellt ist. Genauso kann eine Webseite ermitteln, mit welcher IP-Adresse Sie arbeiten, oder welche Webseiten Sie bereits besucht haben. Daraus wären viele Rückschlüsse denkbar, die sich beispielsweise zu Werbezwecken (»Nun gibt es etwas besseres als das, was Sie noch verwenden!«) missbrauchen ließen. Ihre Privatsphäre wird in jedem Fall zumindest in Frage gestellt. Denkbar ist beispielsweise, dass jemand anhand der von Ihnen besuchten Webseiten ein Nutzungsprofil über Sie erstellt und dies nach Gutdünken »auswertet«.

Doch Sie sind diesem Treiben nicht schutzlos ausgeliefert, denn es gibt Lösungen, die dafür sorgen, dass Sie weit weniger »Spuren« im Internet hinterlassen als dies normalerweise der Fall ist, sodass Ihre Privatsphäre also auch im Internet besser gewahrt bleibt. Der Trick besteht darin, nicht den Webbrowser direkt auf Webseiten zugreifen zu lassen, sondern eine andere Einheit mit dem Abrufen der Informationen sozusagen zu beauftragen – also einen Mittler einzuschalten, über den Sie Webseiten nur noch indirekt abrufen.

Das Prinzip eines Mittlers zwischen Benutzer und Internet wird bereits an anderer Stelle genutzt, und zwar bei *Proxy-Servern*: Bei größeren Unternehmen beispielsweise findet das Abrufen von Webseiten aus dem Internet über einen Proxy-Server statt. Hat dieser die gewünschten Daten bereits zuvor einmal heruntergeladen, braucht er die Informationen nicht erneut zeitintensiv aus dem Internet abzurufen, sondern kann diese dem Benutzer direkt aus seinem lokalen Cache-Speicher bereitstellen.

Hoch entwickelte Proxy-Server lassen sich jedoch auch dazu nutzen, um Websites nur rudimentärste oder aussagelose Informationen beim Abruf von Webseiten zu übermitteln – was eine Weiterverwertung oftmals nutzlos gestaltet. Genauso kann ein Proxy-Server den Inhalt von aus dem Internet heruntergeladenen Webseiten zunächst analysieren und nicht gewünschte Inhalte herausfiltern, bevor diese zu dem Benutzer übertragen werden, der den Abruf der Webseite initiiert hat.

Diese Funktionen dienen dem Schutz der Privatsphäre bei Reisen durch das Internet und sind keineswegs großen Unternehmen vorbehalten. Vielmehr gibt es zahlreiche kleine Software-Utilities, die genau diese Funktion für PCs realisieren, die mit dem Internet verbunden sind. Ein solches Programm wird als *lokaler Proxy-Server* bezeichnet, da es auf dem eigenen PC läuft.

> Hinweis
>
> Ein lokaler Proxy-Server ist eine Software, die einen Proxy-Server auf Ihrem eigenen PC realisiert. Mehr über Proxy-Server im Allgemeinen finden Sie in Abschnitt 2.3.1 des Kapitels 2.

Bei Verwendung eines lokalen Proxy-Servers findet das Surfen im Web also wie folgt statt:

- Der Webbrowser leitet den Wunsch des Anwenders, eine bestimmte Website abzurufen, nicht direkt an die betreffende Website, sondern vielmehr nur an den lokalen Proxy-Server weiter.
- Der lokale Proxy-Server zeichnet für das eigentliche Abrufen der gewünschten Webseite verantwortlich. Das bedeutet:
  - Informationen, die der Webbrowser normalerweise beim Abruf einer Webseite an den Webserver übermittelt (Webbrowser-Version, akzeptierte Sprache etc.), können vom lokalen Proxy-Server gänzlich anders an die Website übermittelt werden – falls dies entsprechend eingestellt ist.
  - Rückfragen der Website nach den technischen Möglichkeiten des Webbrowsers (Annahme von Cookies etc.) laufen ins Leere, denn beim Programm, das die Webseite abruft, handelt es sich ja nicht um einen Webbrowser, sondern um eine ganz andere Software (nämlich den lokalen Proxy-Server), der diese Informationen nicht bietet.

- Des Weiteren kann der lokale Proxy-Server mit Intelligenz versehen sein und die abgerufenen Webseiten verändert an den Webbrowser weitergeben. Diese Änderungen können sich zum Beispiel darin widerspiegeln, dass keine nervenden Popup-Fenster mehr automatisch geöffnet oder Werbebanner ausgeblendet werden – und die Webseite dem Benutzer befreit von diesen Effekten im Webbrowser angezeigt wird. Nach diesem Prinzip verfährt beispielsweise die Software *WebWasher* des gleichnamigen deutschen Herstellers (`www.webwasher.de`), die als lokaler Proxy-Server realisiert ist: Dieses kleine Programm filtert unerwünschte Werbeinhalte aus Webseiten heraus, sodass der Benutzer davon ungestört im Internet surfen kann.

Obgleich sich all dies kompliziert anhört, lassen sich einige lokale Proxy-Server (wie zum Beispiel der besagte WebWasher) recht leicht benutzen. Die eigentliche Hürde besteht darin, den Webbrowser so zu konfigurieren, dass er Zugriffe auf das World Wide Web nicht mehr standardmäßig direkt, sondern vielmehr über einen lokalen Proxy-Server abwickelt. Dazu muss im Internet Explorer bei den Einstellungen einer LAN- oder DFÜ-Verbindung lediglich festgelegt werden, dass ein (lokaler) Proxy-Server zu verwenden ist. Um Zugriffe über einen Proxy-Server abzuwickeln, muss dem Internet Explorer bekannt gegeben werden, um welchen es sich dabei handelt – also über welche IP-Adresse dieser erreichbar ist.

Lokale Proxy-Server bedienen sich hierbei eines einfachen Grundsatzes: Der eigene PC ist gemäß TCP/IP-Konvention immer unter der IP-Adresse *127.0.0.1* sowie alternativ dem symbolischen Namen *localhost* erreichbar. Zudem »hört« jede auf dem PC laufende Software – wie etwa ein Webbrowser oder eben auch ein lokaler Proxy-Server – auf einen bestimmten *Port* (im Deutschen auch *Anschluss* genannt), der der IP-Adresse gefolgt von einem Doppelpunkt angestellt werden muss. Welcher Proxy-Server dabei welchen Port verwendet, ist abhängig von der jeweiligen Software: WebWasher beispielsweise benutzt den Port 8080, sodass *127.0.0.1:8080* als IP-Adresse des lokalen Proxy-Servers im Internet Explorer einzutragen ist. Dank der Port-Anschlüsse können sogar mehrere lokale Proxy-Server auf ein und demselben PC ihre Dienste versehen. Genauso ist es möglich, den PC so zu konfigurieren, dass er Web-Zugriffe über einen lokalen Proxy-Server abwickelt, der seinerseits auf den Proxy-Server eines Internet-Service-Providers zugreift.

Hinweis

TCP/IP bedient sich Ports, um die Kommunikation zwischen verschiedenen Programmen und Diensten abzuwickeln, beispielsweise bedient sich ein Webbrowser des Ports 80, um die ausgehende Kommunikation mit Webservern (über das Protokoll HTTP) durchzuführen.

Kapitel 4
Effiziente Nutzung von Diensten und Dienstleistungen im Internet

Bevor wir uns mit den einzelnen Funktionen des Internet beschäftigen, wollen wir uns zunächst einmal ansehen, welche Möglichkeiten sich hinter diesem Medium überhaupt verbergen – oder anders ausgedrückt, welche Internet-Dienste und Dienstleistungen dieses Medium überhaupt bereithält. Genau genommen stellt das Internet lediglich eine Struktur von etlichen Millionen Rechnern dar, die untereinander über Kommunikationsstrecken wie Telefonleitungen, ISDN, Satelliten etc. miteinander verbunden sind. Doch hierbei handelt es sich nur um die reine Verbindung, mit der Sie für sich genommen noch nicht viel anfangen können. Das Salz in der Suppe bilden daher die Dienste, die im Internet verfügbar und erst mithilfe der darauf zugeschnittenen Software nutzbar sind – genauso, wie Sie sich mit einem CD-Player zwar Musik anhören können, hierfür jedoch die gewünschte Musik-CD einlegen müssen.

Achtung

Wenn Sie häufiger Dateien aus dem Internet beziehen (sei es durch den Download über das World Wide Web respektive von einem FTP-Server oder als Attachment einer E-Mail), die Sie anschließend zu öffnen, starten oder an Bekannte weiterzugeben gedenken, sollten Sie zuvor ein Anti-Virus-Programm auf Ihrem Rechner aktiviert haben! So lässt sich (zumindest in vielen Fällen) verhindern, dass sich ein ungeliebter, störender oder gar zerstörerischer Plagegeist auf Ihren PC »einschleicht«. Weitere Informationen hierzu finden Sie in Abschnitt 10.4 des Kapitels 10.

4.1 E-Mail und Mailing-Listen

Zu den klassischen Diensten im Internet zählt der Austausch elektronischer Nachrichten in Form von *E-Mails*. Das rührt nicht von ungefähr: Der Einsatz von E-Mail ist nur dann sinnvoll, wenn möglichst viele Anwender in möglichst vielen Teilen der Welt auch tatsächlich erreichbar sind. Und da die meisten Länder auf der Welt Verbindungen zum Internet besitzen, können Sie nicht nur beispielsweise dem amerikanischen Präsidenten eine E-Mail schicken, sondern auch einem Geschäftskollegen in Russland oder Ihrem Freund (vielleicht ein ehemaliger Brieffreund?) in Neuseeland. Dies geht nicht nur bedeutend schneller als das Verschicken eines traditionellen Briefs, sondern ist zudem meist billiger.

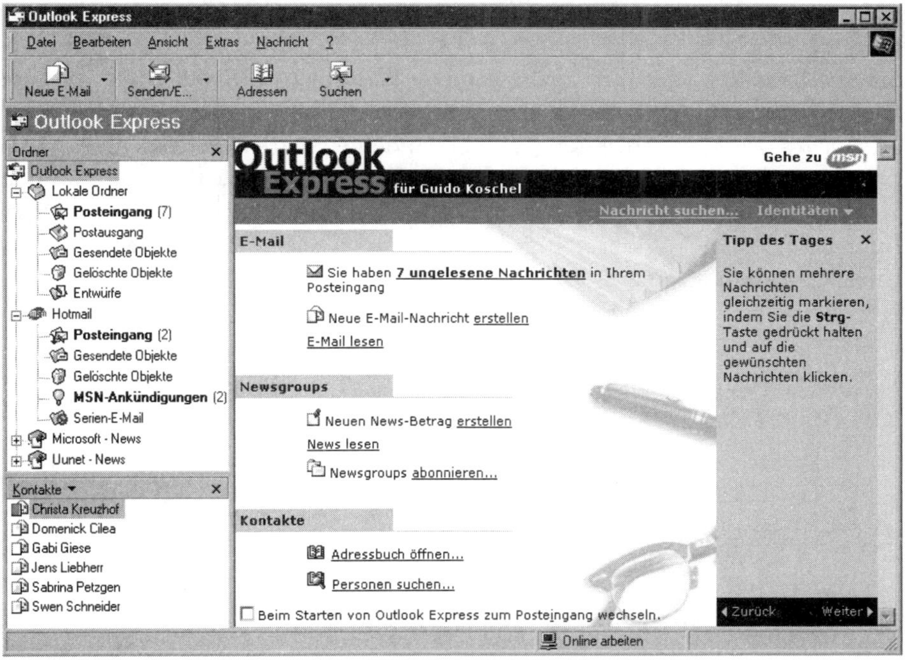

Bild 4.1: E-Mails sind elektronische Nachrichten, die Sie empfangen und verschicken können

Die *E-Mail-Adresse*, unter der Sie erreichbar sind, bekommen Sie in der Regel von Ihrem Internet-Service-Provider mitgeteilt. Teilen Sie Ihre E-Mail-Adresse Ihren Freunden, Bekannten und Geschäftskollegen mit, können Ihnen diese von nun an elektronische Nachrichten über das Internet schicken.

> **Hinweis**
>
> Um E-Mail überhaupt einsetzen zu können, müssen Sie eine *E-Mail-Adresse* besitzen. Diese identifiziert Sie eindeutig, wenn es um E-Mails geht – so, wie eine Telefonnummer Sie eindeutig für diesen Dienst identifiziert.

Jede E-Mail-Adresse besitzt dabei einen festen Aufbau: Zunächst einen oder mehrere Namen, gefolgt vom dem Zeichen @ – gesprochen »ät«, was auf Deutsch so viel wie »bei« bedeutet – und der Domäne, die Ihren Internet-Service-Provider oder Ihre Firma kennzeichnet (siehe Bild 4.2). So kann Ihre E-Mail-Adresse zum Beispiel `klaus-berenz@t-online.de`, `gkoschel@t-online.de` oder `pohl38@hotmail.com` lauten (hierbei handelt es sich um erfundene E-Mail-Adressen). In Abhängigkeit von Ihrem Internet-Service-Provider können Sie einen Teil Ihrer E-Mail-Adresse unter Umständen frei wählen. Andere Internet-Service-Provider dagegen weisen Ihnen nach der Beantragung eines Internet-Accounts eine E-Mail-Adresse mit festem Inhalt zu.

Bild 4.2: Jede E-Mail-Adresse besitzt einen festen Aufbau

Darüber hinaus können Sie sich bei einem der zahlreichen Anbieter (etwa *Hotmail*) eine kostenlose E-Mail-Adresse besorgen. Eine solche E-Mail-Adresse bleibt auch dann erhalten, wenn Sie den Internet-Service-Provider wechseln. Allerdings erfolgt die Bearbeitung von E-Mails dann meist aus einem Webbrowser heraus, sodass man auch von Web-basierender E-Mail) spricht. In diesem Fall können Sie Ihre E-Mails meist nicht mit einem komfortablen E-Mail-Programm wie zum Beispiel Outlook Express bearbeiten (eine Ausnahme davon bildet Hotmail), da der Anbieter keinen SMTP-basierenden Mail-Server unterhält.

Hinweis

Nichtsdestotrotz können sich auch daraus Vorteile für Sie ergeben: Wenn Sie sich bei einem der Anbieter von Web-basierender E-Mail registrieren lassen, bekommen Sie meist eine weitere E-Mail-Adresse zugeteilt – und zwar kostenlos. Auf diese Weise gelangen Sie sehr leicht zu mehreren E-Mail-Adressen, die sich gut für unterschiedliche Aspekte einsetzen lassen. Dies erlangt Bedeutung, da der Handel mit E-Mail-Adressen inzwischen sehr floriert: Eine Maßnahme, um zu verhindern, dass Sie schon nach kurzer Zeit mit Werbe-E-Mails »zugeschüttet« werden, besteht in der Nutzung unterschiedlicher E-Mail-Adressen. Wird zum Beispiel auf einer Webseite von Ihnen die Angabe einer E-Mail-Adresse verlangt, können Sie hierfür eine dieser zusätzlichen E-Mail-Adressen angeben – während Sie ihre eigentlich genutzte E-Mail-Adresse primär an Freunde weitergeben.

Außerdem können Sie neben Textinformationen auch beliebige Dateien als *Attachment* (zu Deutsch *Anlage* oder *Anhang*) versenden. Dabei spielt es keine Rolle, ob es sich bei der angehängten Datei zum Beispiel um einen kurzen Text, ein Word-Dokument, eine Excel-Tabelle, ein Bild oder eine musikalische Komposition in Gestalt einer Sound-Datei handelt.

Achtung

Abhängig davon, welchen Internet-Service-Provider Sie zum Versand von E-Mails benutzen, kann die Größe einer solchen elektronischen Botschaft (und unter Umständen auch die Anzahl der monatlich verschickbaren E-Mails) begrenzt sein. Das erlangt vor allem in Verbindung mit Attachments Bedeutung, die schnell einige Hundert KByte oder mehrere MByte groß sein können. Setzen Sie sich im Zweifelsfall oder bei wiederholten Fehlern mit Ihrem Internet-Service-Provider in Verbindung.

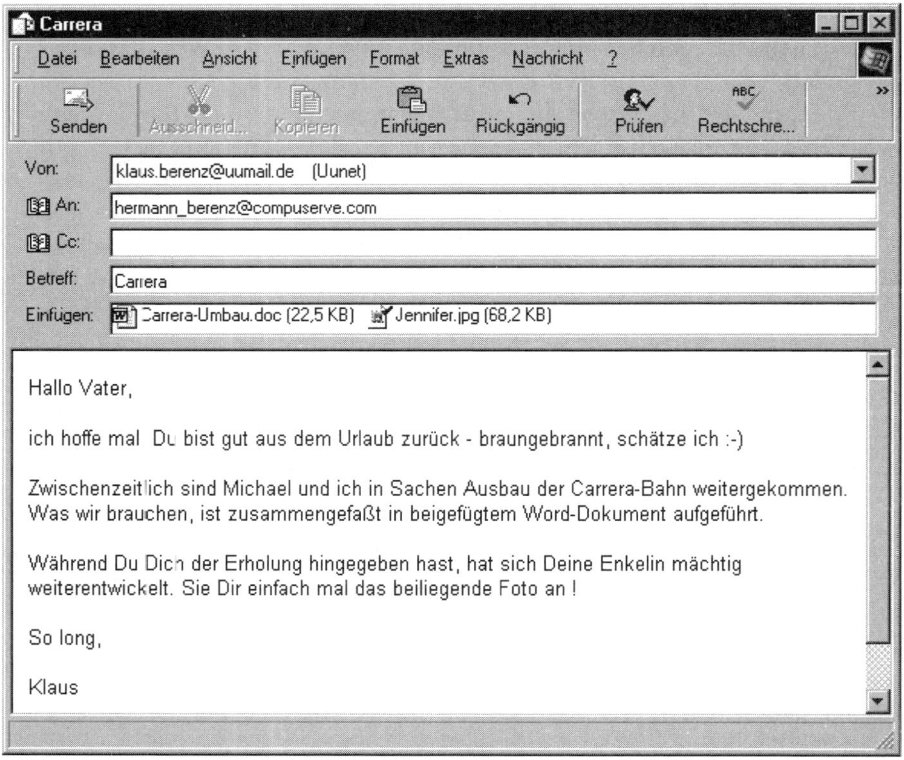

Bild 4.3: E-Mails erlauben nicht nur die Übermittlung von Textbotschaften, sondern auch das Anhängen einer (oder mehrerer) Datei(en) als Attachment

Im Zusammenhang mit E-Mail müssen auch *Mailing-Listen* (englisch *Mailing Lists*) erwähnt werden. Hierbei handelt es sich letztlich um eine zu einer Gruppe zusammengefassten Liste von Empfängern, an die Organisationen oder Unternehmen gemeinsam E-Mails versenden können. Eine E-Mail an eine Mailing-List wird automatisch allen dort eingetragenen Empfängern zugestellt. Wie werden Sie Mitglied einer solchen Mailing-List? Ganz einfach: Sie abonnieren diese durch Verschicken einer E-Mail an den Betreiber der Mailing-List, wobei es allerdings bestimmte Regel einzuhalten gilt. Mailing-Listen stellen also lediglich eine weitere Nutzung von E-Mails dar und sind nicht unbedingt als eigener Dienst zu betrachten.

> **Hinweis**
>
> Neugierig geworden? Mit einer Mailing-Liste können auch Sie Freunden und Bekannten sowie generell allen Interessierten zu einem bestimmten Thema schnell und gezielt Informationen via E-Mail zukommen lassen. Anbieter wie zum Beispiel eGroups (`www.egroups.com`) erlauben es dabei auch Privatanwendern, sehr kostengünstig eine eigene Mailing-Liste zu realisieren.

Damit die Zustellung von E-Mails funktionieren kann, gibt es im Internet spezielle Host-Rechner, die als Mail-Server agieren. Jeder Internet-Service-Provider betreibt in der Regel einen solchen Mail-Server, über den er den E-Mail-Verkehr seiner Kunden abwickelt. Über das Domain Name System (DNS) des Internet weiß ein Mail-Server, wohin er eine ausgehende E-Mail weiterreichen muss, sodass diese zum Mail-Server des Empfängers gelangt.

> **Hinweis**
>
> Host-Rechner, die sich dem Versand und Empfang der elektronischen Nachrichten widmen, werden *Mail-Server* genannt.

Voraussetzung dafür, dass ein Mail-Server seiner Aufgabe nachgehen kann, sind Regeln in Form entsprechender Protokolle: In diesem Zusammenhang erlangen SMTP, POP3 und IMAP4 Bedeutung. Mit ihrer Unterstützung erfolgt die Kommunikation mit dem Mail-Server des Internet-Service-Providers. Als Anwender müssen Sie daher den Namen oder die IP-Adresse des Mail-Servers Ihres Internet-Service-Providers kennen.

Hinweis

SMTP wird für den Versand von E-Mails eingesetzt. *POP3* erlaubt es dem Anwender, neue E-Mails vom Mail-Server seines Internet-Service-Providers abzuholen. Ein relativ neues Verfahren, das POP3 ersetzt, stellt *IMAP4* dar. Dies wird aber nur von einigen Internet-Service-Providern unterstützt.

Um E-Mails durchs Internet zu jagen, benötigen Sie ein Programm, über das Sie E-Mails (via POP3 oder IMAP4) empfangen und umgekehrt wieder (via SMTP) versenden können: Ein solches Programm wird *E-Mail-Programm* genannt – oder auch *E-Mail-Client*, da es sich eines Mail-Servers bedient, der den eigentlichen Versand der elektronischen Nachrichten über das Internet abwickelt. Die Aufgaben, die an ein E-Mail-Programm gestellt werden, erfüllt zum Beispiel Outlook Express – und zwar sehr gut, da diese Software mit zahlreichen leistungsfähigen Funktionen aufwartet. Dem E-Mail-Programm müssen Sie dabei lediglich den Namen oder die IP-Adresse des Mail-Servers sowie Ihre E-Mail-Adresse angeben, mehr ist nicht erforderlich.

Hinweis

Das E-Mail-Programm bzw. der E-Mail-Client kommuniziert mit dem Mail-Server Ihres Internet-Service-Providers.

Outlook Express ist dabei nicht fest an einen bestimmten Internet-Service-Provider gebunden. Vielmehr arbeitet Outlook Express mit den Mail-Servern aller Internet-Service-Provider zusammen, die die Internet-Standards SMTP und POP3 bzw. IMAP4 unterstützen, was auf viele Internet-Service-Provider zutrifft. Praktischerweise verwendet Outlook Express immer ein Konto zur Definition, auf welche Weise die Kommunikation mit einem Mail-Server zu erfolgen hat. Dabei beherrscht die Software auch den Umgang mit mehreren Konten: So können Sie sich in Outlook Express für jeden Mail-Server eines Internet-Service-Providers ein eigenes Konto erstellen, um so alle Ihre E-Mail-Adressen einheitlich mit nur einer einzigen Software zu verwenden.

4.2 Web-basierende E-Mail: Kein E-Mail-Programm erforderlich

Beim herkömmlichen Umgang mit E-Mails erfolgt die Bearbeitung der elektronischen Nachrichten mit einem E-Mail-Programm, dem E-Mail-Client: Dieser prüft einerseits, ob beim Mail-Server des Internet-Service-Providers neue E-Mails eingegangen sind, und überstellt andererseits die neu kreierten E-Mails an den Mail-Server, sodass dieser den Versand im Internet durchführen kann.

Neben dieser klassischen Art, mit E-Mails umzugehen, erfreut sich noch eine weitere Form einer Popularität: Die Rede ist von *Web-basierender E-Mail*. Hierbei findet das Lesen eingegangener und die Erstellung neuer E-Mails sowie deren Versand direkt über einen Webbrowser statt. Das bedeutet:

- Sobald Sie Zugang zu einem Webbrowser besitzen, können Sie darüber Ihre E-Mails bearbeiten. Hierbei spielt es keine Rolle, wo Sie sich gegenwärtig befinden – zu Hause am heimischen PC, im Büro am Arbeitsplatz-Rechner oder im Urlaub irgendwo auf der Welt, wo Sie zum Beispiel an einem speziellen Internet-Computer im Hotel oder Cappuccino-schlürfend in einem Internet-Café Zugang zum Internet erhalten. Wenn Sie es wünschen, können Sie auf diese Weise also überall per E-Mail erreichbar sein.
- Welche Rechnerplattform – PC, Macintosh, spezielles Web-Terminal oder gar eine Spiele-Konsole mit integrierten Internet-Funktionen – Sie dabei verwenden, ist ebenfalls unerheblich, solange auf dieser ein einigermaßen moderner Webbrowser seinen Dienst versieht. Da auf dem jeweiligen Rechner kein spezielles E-Mail-Programm installiert sein braucht, müssen Sie sich um weitere technische Details (Läuft Software X auf der Plattform Y? Wie spiele ich den E-Mail-Client dort ein oder konfiguriere ich ihn?) auch keine Gedanken machen.
- Meist erhalten Sie von einem Web-basierenden E-Mail-Anbieter auch eine kostenlose E-Mail-Adresse zugeteilt, mit der Sie dann in diesem Falle arbeiten müssen. Abhängig vom Anbieter kann es aber möglich sein, dass dieser Ihre eventuellen anderen E-Mail-Adressen abfragt und an das Postfach Ihrer Web-basierenden E-Mail weiter-

leitet. Voraussetzung dazu ist aber in der Regel, dass sich elektronische Nachrichten aus Ihren anderen E-Mail-Konten über POP3 abrufen lassen.

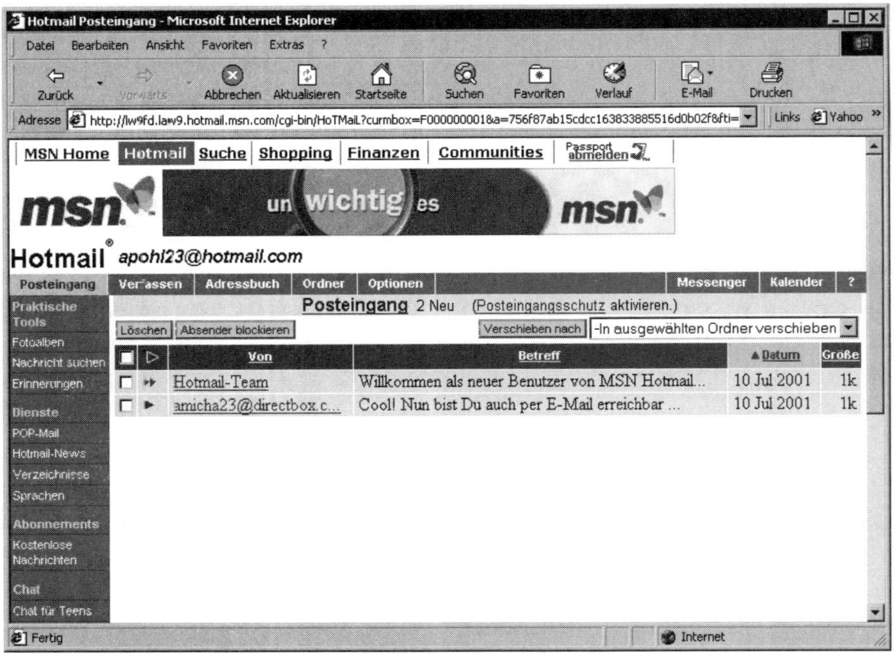

Bild 4.4: Bei der Web-basierenden E-Mail müssen Sie E-Mails in der Regel direkt aus einem Webbrowser heraus bearbeiten (obgleich das hier gezeigte Hotmail *die E-Mail-Bearbeitung auch über Outlook Express gestattet)*

Anbieter von Web-basierender E-Mail finanzieren sich über Werbung, sodass die Nutzung für Sie meist kostenlos ist (es kann allerdings möglich sein, dass Sie für eine erweiterte Nutzung eine kleine Gebühr zu entrichten haben). Damit sich aber für den Anbieter der mit Werbung gewünschte Nutzen-Aspekt ergibt, erfolgt der Umgang mit Web-basierender E-Mail – in vielen Fällen zumindest – ausschließlich über einen Webbrowser: Ziel dabei ist es, dass Sie als Nutzer die in Webseiten eingebundene Werbung auch (wenigstens optisch) erreicht, wenn Sie Ihre E-Mail über den Webbrowser bearbeiten.

Die alternative (oder ausschließliche) Verwendung eines eigenen E-Mail-Programms zur Bearbeitung Ihrer E-Mails ist in diesem Zusammenhang häufig nicht möglich. Somit müssen Sie auf den Komfort und die Funktionalität verzichten, die Ihnen ein eigens auf den Umgang mit E-Mails hin ausgelegtes Programm wie zum Beispiel Outlook Express offeriert.

Hinweis

Eine Ausnahme von dieser Regel bildet *Hotmail* – ein Anbieter von Web-basierender E-Mail, der Microsoft gehört. Hierbei können Sie Ihre E-Mails auch mit dem zum Internet Explorer 5 gehörenden E-Mail-Programm *Outlook Express* bearbeiten. Zu diesem Zweck beherrscht Outlook Express den Empfang und Versand von E-Mails über den Mail-Server eines Web-basierenden E-Mail-Anbieters über HTTP, also das im World Wide Web benutzte Protokoll.

4.3 Verzeichnisdienste: Personen finden

Das Internet stellt die am schnellsten wachsende Gemeinde dar, die es jemals gab. Die Zahl der Internet-Teilnehmer verdoppelt sich ständig innerhalb weniger Monate. Ein großes Problem von vielen Teilnehmern ist: Wie kann man jemanden anderen finden – etwa, um die E-Mail-Adresse eines alten Freundes herauszubekommen und ihm dann eine E-Mail zu schreiben?

Genau diesem Problem nehmen sich *Internet-Verzeichnisdienste* an. Hierbei handelt es sich um spezielle Verzeichnisse, die zu dem Namen eines bestimmten Teilnehmers vor allem seine E-Mail-Adresse verzeichnet haben. Darüber hinaus können Internet-Verzeichnisdienste weitere Angaben zu einer Person gespeichert haben – etwa das Land, in dem diese sich befindet. Um ein möglichst umfassendes Verzeichnis zu bekommen, fragen Internet-Verzeichnisdienste beispielsweise Online-Dienste ab, um die E-Mail-Adressen der dortigen Mitglieder zu erfahren und diese in ihren Internet-Verzeichnisdienst zu integrieren. Darüber hinaus können Sie sich auch selbst bei einem Internet-Verzeichnisdienst eintragen.

Achtung

Hierbei geht es nicht darum, den gläsernen Menschen zu schaffen. Vielmehr erfüllen Internet-Verzeichnisdienste die nützliche Aufgabe, die E-Mail-Adresse einer bestimmten Person herauszubekommen – falls Sie diese Information nicht zur Hand haben.

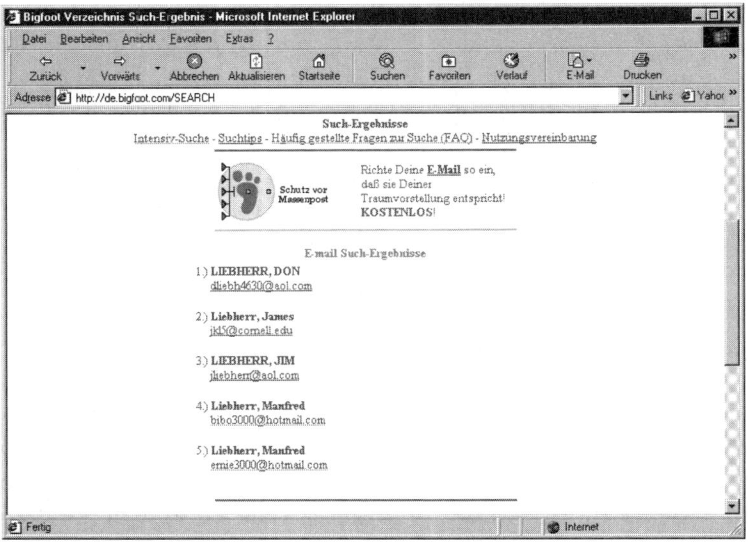

Bild 4.5: Sie können versuchen, fehlende E-Mail-Adressen von Freunden, Bekannten und sonstigen Internet-Benutzern über einen Internet-Verzeichnisdienst entweder aus einem Webbrowser heraus ...

Um auf einen Internet-Verzeichnisdienst zuzugreifen, gibt es verschiedene Verfahren. So können Sie beispielsweise über das World Wide Web einen entsprechenden Anbieter – zum Beispiel *Bigfoot* (siehe Bild 4.5) oder *WhoWhere* – auf dessen Website besuchen, um aus Ihrem Webbrowser heraus eine entsprechende Anfrage zu stellen.

Ein anderes Verfahren – und dank Internet Explorer stärker in Windows 9x/Me integriertes – für den Zugriff auf einen Internet-Verzeichnisdienst stellt das Protokoll *LDAP* dar. Dieses Verfahren macht sich beispielsweise das *Adressbuch* des Internet Explorers respektive das dazu gehörende E-Mail-

Programm Outlook Express zunutze (siehe Bild 4.6): Suchen Sie eine Person im Internet, können Sie den Suchvorgang in einem bestimmten – mit LDAP arbeitenden – Internet-Verzeichnisdienst durchführen.

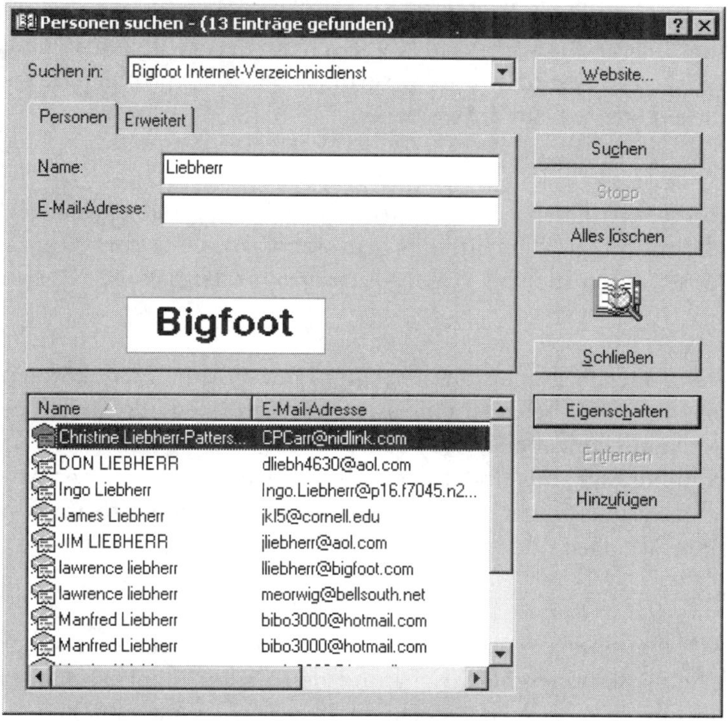

Bild 4.6: ... oder aus dem Adressbuch des Internet Explorers direkt aus Windows 9x/Me heraus in Erfahrung zu bringen

4.4 Newsgroups: Schwarze Bretter zum Diskutieren

Die Nutzung von E-Mail setzt voraus, dass Sie mit einem bestimmten Empfänger zu kommunizieren gedenken, dessen E-Mail-Adresse Sie zuvor zwingend kennen müssen. Andere Informationen, die Sie über das Internet beispielsweise im World Wide Web erhalten, können Jahre oder nur einen Tag alt und dennoch bereits veraltet sein.

Anders verhält es sich mit *Newsgroups*, die mehr oder weniger elektronischen Diskussionsbereichen zu einem bestimmten Thema in Form eines schwarzen Bretts entsprechen. Im Unterschied zu einer E-Mail an einen bestimmten Empfänger oder dem Abruf relativ statischer Informationen über FTP oder das World Wide Web können Sie über Newsgroups neueste Informationen und Nachrichten abrufen sowie selbst zur Verfügung stellen. Andere Benutzer, die die betreffende Newsgroup ebenfalls verfolgen, können diese sofort lesen oder darauf antworten.

> **Hinweis** Newsgroups entsprechen elektronischen Diskussionsbereichen zu bestimmten Themen in Form schwarzer Bretter. Die Newsgroups werden auch als *Usenet-Newsgroups* bezeichnet.

Stellen Sie eine elektronische Nachrichten in einer Newsgroup bereit, können diese alle anderen Anwender bei ihrem nächsten Durchforsten der betreffenden Newsgroup sehen – und bei Bedarf sofort darauf Bezug nehmen. Die Kommunikation in Newsgroups findet demzufolge offline statt – der Absender einer Nachricht muss nicht online sein, sondern kann die Information vor Stunden, Tagen, Wochen oder gar Monaten hinterlassen haben.

> **Hinweis** Die Nachrichten in einer Newsgroup werden auch als *Artikel* bezeichnet. Bei einer Nachricht und den darauf eingehenden Antworten spricht man auch von einem *Thread*. Das Bereitstellen von Nachrichten in einer Newsgroup wird *posten* genannt.

Oftmals beinhalten elektronische Nachrichten Kürzel und sonstige Zeichenkombinationen wie *IMO* oder *:-)*. Dabei handelt es sich um *Akronyme* und die so genannten *Smileys*, bei denen jeder Buchstabe für ein einzelnes (englisches) Wort steht oder die Buchstaben um 90 Grad im Uhrzeigersinn gedreht ein Gesicht ergeben, das einen Gemütszustand ausdrückt.

> **Hinweis** Eine Auflistung gebräuchlicher Akronyme und Smileys samt einer deutschen Erklärung finden Sie im Anhang dieses Buchs.

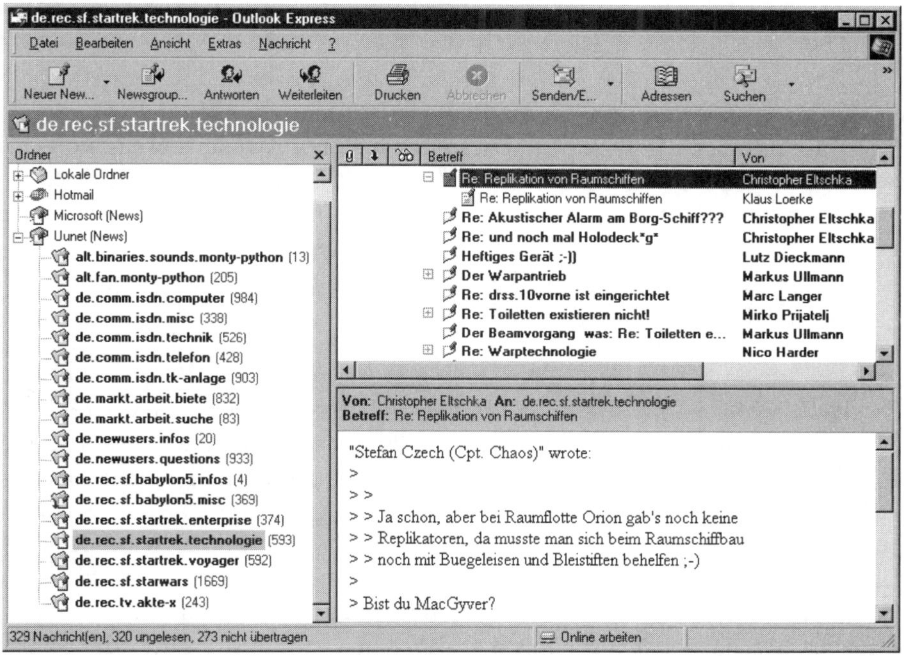

Bild 4.7: Newsgroups stellen eine Art schwarzer Bretter dar und erlauben Diskussionen zu allem Möglichem (und Unmöglichem)

Aus Gründen der Übersichtlichkeit sind die einzelnen Diskussionsbereiche – also die Newsgroups – in eine hierarchische Struktur nach verschiedenen Themen unterteilt. Dabei trennt ein Punkt die jeweiligen Hierarchie-Ebenen voneinander. Alle Newsgroups besitzen also eine hierarchische Strukturierung in Baumstruktur ähnlich der Verzeichnisstruktur einer Festplatte, wobei die einzelnen Teilbereiche im Namen einer Newsgroup Abkürzungen des jeweiligen Themas – in Englisch – entsprechen und voneinander jeweils durch Punkte getrennt sind. Mit welchem Thema sich eine Newsgroup beschäftigt, ist vielfach – aber keineswegs immer – aus ihrem vollständigen Namen zu ersehen: Newsgroups zum Thema »Recreation« (zu Deutsch »Erholung«) beispielsweise beginnen zum Beispiel mit `rec`, während Newsgroups rund um Microsoft mit `microsoft` beginnen.

Hinweis

Der vordere Bestandteil des Namens einer Newsgroup wird als *Top-Level-Hierarchie* bezeichnet. Beim nächsten, durch einen Punkt abgetrennten, Bestandteil des Namens spricht man von der *Second-Level-Hierarchie*. Diese beinhalten entweder bereits konkrete Newsgroups oder sind tiefergehend unterteilt. Alle weiteren untergeordneten Hierarchieebenen nennt man dann *Third-Level-* oder *Sub-Hierarchien*. Eine Auflistung der gebräuchlichen Top-Level-Hierarchien und der daraus resultierenden Newsgroup-Bereiche finden Sie in Tabelle 4.1.

Da das Internet und damit auch Newsgroups weltweit verfügbar sind, stoßen Sie in der Regel auf etliche hundert oder gar tausend Gleichgesinnte, die ebenfalls an einem Thema interessiert sind. Aufgrund der Tatsache, dass es weltweit mehrere Zehntausend Newsgroups gibt (die alle hierarchisch geordnet sind), wird hier sicher auch etwas für Sie zu finden sein. Computer-relevante Diskussionen finden unterhalb von `comp` statt – Beiträge in `comp.os.ms-windows` etwa gehen auf allgemeine Aspekte von Windows ein. Dagegen beschäftigt sich `rec` mit den Bereichen Hobbys, Kunst oder Sport. Informationen rund um das Spielzeug von Lego beispielsweise sind in `rec.toys.lego` zu finden. Newsgroups unterhalb von `alt` gehen auf alternative Themen ein. Fans der britischen Comedy-Truppe »Monty Python« beispielsweise kommen in der Newsgroup `alt.fan.monty-python` auf ihre Kosten. Wie Sie selbst an diesen wenigen Beispielen erkennen können, ist für jeden Geschmack etwas dabei.

Top-Level-Hierarchie von Newsgroups	Bedeutung
alt	Alternative Themen, die sich mit allem beschäftigen (einschließlich privaten Vorlieben oder Pornographie) und daher einen Hauch von Anarchie besitzen
biz	Geschäftlich orientierte, kommerzielle Themen
comp	Computer-bezogene Themen

Tabelle 4.1: Top-Level-Hierarchien von Newsgroups

Top-Level-Hierarchie von Newsgroups	Bedeutung
de	Deutschsprachige Informationen
misc	Sonstiges wie Stellengesuche oder Verkaufsofferten, die nicht in andere Bereiche passen
news	Neue Informationen über Newsgroups und die dafür relevante Software
rec	Hobbys und Freizeitgestaltung
sci	Forschung und Wissenschaft
soc	Soziale Themen
talk	Diskussionen über Politik, Religion etc.

Tabelle 4.1: Top-Level-Hierarchien von Newsgroups (Forts.)

Aber es gibt nicht nur englische, sondern auch zahlreiche deutsche Newsgroups (siehe Tabelle 4.2). So finden Sie beispielsweise unterhalb von `de.rec.reisen` deutsche Informationen zum Thema Reisen. Deutsche Informationen für Anwender, die gerade erst mit der Nutzung von Newsgroups beginnen, finden sich zum Beispiel in der Newsgroup `de.newusers.infos`. Daran lässt sich gut ersehen, dass in vielen Bezeichnungen von Newsgroups eine gemischt deutsche und englische Benennung vorherrscht – ein Umstand, der historisch gewachsen ist.

Hinweis

Als Neueinsteiger ist es empfehlenswert, sich in den Newsgroups `de.answers`, `de.newusers.infos` und `de.newusers.questions` umzusehen und dort bei Bedarf Fragen zu stellen. Die Newsgroup `de.test` dient zum Probieren, ob Sie Ihre Newsreader-Software korrekt installiert und konfiguriert haben.

Second-Level-Domänen unterhalb von de	Bedeutung
de.admin	Administrations-Newsgroups
de.alt	Alternative Themen
de.comm	Rund um Kommunikation
de.comp	Computerbezogene Newsgroups
de.etc	Newsgroups, die sich anderweitig nicht einordnen lassen
de.markt	Kaufen und Verkaufen, Jobbörse
de.org	Organisationen und Vereine
de.rec	Erholung (Freizeit, Hobby, Musik, Sport)
de.sci	Wissenschaftliche Themen
de.soc	Gesellschaft, Politik, Soziales
de.talk	Diskussionen über einzelne Lebensbereiche

Tabelle 4.2: Auswahl deutscher Newsgroups unterhalb der Second-Level-Hierarchie de

Jeder Internet-Service-Provider unterhält in der Regel einen News-Server. Die News-Server der einzelnen Internet-Service-Provider sind dabei in den weltweiten Verbindung der Newsgroups eingebunden, sodass sie neue Nachrichten untereinander austauschen. Auf diese Weise verbreitet sich eine in einer Newsgroup gepostete Nachricht auf mehr oder weniger alle News-Server weltweit.

Hinweis

Der Inhalt der einzelnen Newsgroups wird von einem *News-Server* gespeichert. Da hierbei das Protokoll *Net News Transport Protocol*, kurz *NNTP*, zum Einsatz gelangt, spricht man mitunter auch von einem *NNTP-Server*.

Nicht jeder Internet-Service-Provider bietet über seinen News-Server Zugriff auf wirklich alle existierenden Newsgroups. Stattdessen blenden viele Internet-Service-Provider Newsgroups mit anstößigem Charakter aus und beziehen vielmehr in das über ihren News-Server verfügbare Angebot Newsgroups mit regionalem Charakter mit ein. So beschäftigen sich die Newsgroups der Top-Level-Hierarchie »de« mit deutschen Themen, und ob ein Internet-Service-Provider in Neuseeland diese Newsgroups auf seinem News-Server führt, ist zweifelhaft. Zudem unterhalten nicht alle Internet-Service-Provider eigene News-Server oder nur solche News-Server, die mit veraltetem Inhalt aufwarten oder sehr langsam zugänglich sind. In diesem Fall müssen Sie auf andere, öffentliche News-Server zugreifen.

Achtung

In der Regel steht der News-Server eines Internet-Service-Providers nur seinen eigenen Kunden offen, die sich dort unter Umständen mit ihrem Benutzernamen und Passwort legitimieren müssen. Daneben gibt es aber auch *öffentliche News-Server* (auch *Public NNTP Sites* genannt), auf die jedermann zugreifen kann und die nicht selten auch Zugriff auf ansonsten eher verpönte Newsgroups bieten. Diese Art von News-Server ist jedoch häufig nur wenige Wochen oder gar nur Tage erreichbar. Eine aktuelle Liste mit öffentlichen News-Servern erhalten Sie am besten, indem Sie beispielsweise den Internet-Suchdienst Yahoo nach dem Begriff *News-Server* suchen lassen.

Es gibt sowohl unmoderierte als auch moderierte Newsgroups. In unmoderierten Newsgroups kann jeder seine Meinung äußern, wie ihm der Schnabel gewachsen ist, sodass hier mitunter ein rüder Ton herrschen kann. Bei einer moderierten Newsgroup hingegen sieht ein Gruppenmoderator zunächst alle neuen Beiträge durch und gibt nur solche frei, die sich tatsächlich mit dem Thema dieser Newsgroup befassen und zudem eine gewisse Contenance wahren. Die Netiquette setzt auch hier den Maßstab für den guten Ton in Beiträgen.

Zur Teilnahme an Newsgroups benötigen Sie einen *Newsgroup-Reader*. Diese Funktion ist in *Outlook Express* gleich integriert. Damit ein Newsgroup-Reader weiß, von welchem News-Server er seine Informationen beziehen kann, müssen Sie in der entsprechenden Applikation den Namen des betreffenden NNTP-Servers Ihres Internet-Service-Providers angeben. Sodann sollten Sie im Newsgroup-Reader eine Liste der verfügbaren Diskussionsgruppen erhalten, um daraufhin die für Sie interessanten zu abonnieren (*subscribe*) und auf diese Weise am Geschehen der betreffenden Newsgroups teilzuhaben. Nur so ist es möglich, den Überblick zu behalten und im Dschungel Tausender von Newsgroups rasch zu von Ihnen häufig besuchten Newsgroups zu gelangen.

> Hinweis
>
> Ein *Newsgroup-Reader* ist ein Programm, das in Newsgroups den Abruf vorhandener und die Bereitstellung von Ihnen erstellter Nachrichten ermöglicht.

4.5 FTP: Dateien übertragen

Seit den ersten Tagen des Internet ist das *File Transfer Protocol* (zu Deutsch *Dateiübertragungs-Protokoll*) oder kurz *FTP* mit dabei. FTP stellt die Möglichkeit bereit, Dateien von einem so genannten *FTP-Server* abzurufen oder dort für den Abruf durch andere bereitzustellen. Ähnlich wie auf der Festplatte Ihres PCs existieren auf einem FTP-Server dabei in aller Regel Ordner bzw. Verzeichnisse, um Dateien thematisch ordnen und so eine bessere Übersicht über die dort vorhandenen Dateien bewahren zu können. Neueste Treiber, Beta-Software oder auch einfach nur Bilder sind typische Dateien, die mittels FTP relativ schnell, sicher und gerne übertragen werden. Aus diesem Grund unterhalten zahlreiche Institutionen und Unternehmen (beispielsweise Microsoft) auch heute noch – parallel zu einer Präsenz im World Wide Web – einen oder mehrere FTP-Server.

> Hinweis
>
> Das Herunterladen von Dateien beispielsweise von einem FTP-Server bezeichnet man als *Download*. Umgekehrt wird das Heraufladen von Dateien *Upload* genannt.

FTP wird normalerweise mit kryptischen Kommandos bedient, gegenüber denen sich DOS-Befehle meist noch als relativ einfach ausnehmen. Diese Kommandos lassen sich in einem *FTP-Client* genannten Programm eintippen. Wie so etwas aussehen kann, lässt sich mit dem von Microsoft bei Windows 9x/Me mitgelieferten, allerdings DOS-basierenden FTP-Client in Form des Programms `FTP.EXE` erfahren. Inzwischen sind aber auch grafische FTP-Client-Programme – wie der *FTP Explorer* (siehe Bild 4.8) oder *WS_FTP Pro* – erhältlich, um den Filetransfer etwa aus Windows 9x/Me heraus mit der Maus zu erledigen. Außerdem haben die meisten der gängigen Webbrowser wie zum Beispiel der Internet Explorer zumindest grundlegende Funktionen zur Nutzung von FTP bereits eingebaut.

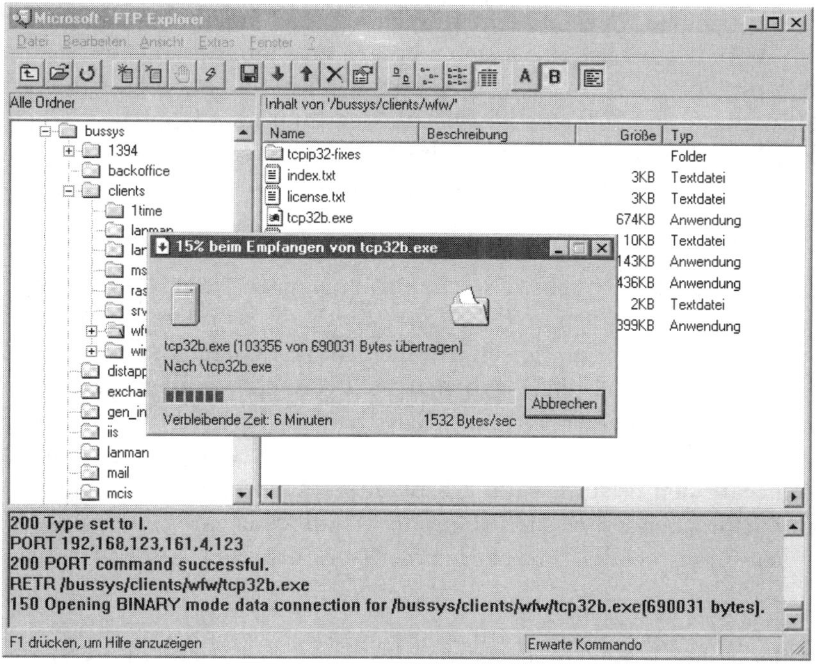

Bild 4.8: Ein gezieltes Herunter- und Heraufladen von Dateien über das Internet erlaubt der Dienst FTP (hier unter Verwendung des Utilities FTP Explorer)

4.6 Surfen durchs Internet: World Wide Web

Bis Anfang der Neunzigerjahre besaßen alle Internet-Dienste eine zeichenorientierte Struktur. Während eingefleischte Liebhaber vor allem aus dem Unix-Lager sich hiermit nach entsprechender Einübung relativ leicht zurechtfanden, blieb dem unbedarften Anwender so der Einstieg in die nicht selten kompliziert erscheinende Materie meist verwehrt. Aus dieser Zeit rührt denn auch der Ruf des Internet her, mitunter recht schwer zu bedienen zu sein.

Mit der Verbreitung des *World Wide Web* – auch als *WWW* oder kurz nur als *Web* bezeichnet – hat sich das inzwischen aber weitestgehend geändert: Das World Wide Web besitzt ein grafisches Outfit und lässt sich daher bequem mit der Maus bedienen. Komplizierte Befehle zur Navigation durch das Internet gehören damit der Vergangenheit an. Vielmehr reicht es aus, die Internet-Adresse einer Website einzutippen, um Informationen von dieser abzurufen. Von da aus klicken Sie sich mit der Maus munter von einem zum nächsten Link, sodass Sie – auch ohne Fachkenntnisse zu besitzen – nach Herzenslust durch die Informationsvielfalt des Internet »zappen« können. Oder Sie geben einfach die Internet-Adresse einer anderen Website ein, um die dort abgelegten Informationen einzusehen.

Hinweis

Hinter jeder Website steckt ein *Webserver*. Jeder Webserver besitzt zahlreiche *Seiten* (englisch *Pages*), die vom zuständigen Betreiber erstellt und grafisch mit mehr oder weniger Liebe sowie Einbezug von Grafiken, Tabellen etc. verziert werden. Zudem kann ein Betreiber Inhalte aus Datenbanken in seine Webseiten einfließen lassen, was beispielsweise eine Katalogisierung von Informationen erlaubt. Zum Abruf dieser Webseiten ist lediglich ein entsprechendes Client-Programm – und zwar ein *Webbrowser* wie zum Beispiel der Internet Explorer – erforderlich.

Als einer der ersten Webbrowser wurde *Mosaic* bekannt (siehe Bild 4.9), der am *National Center for Supercomputing Applications*, besser bekannt als *NCSA*, an der Universität Illinois entwickelt wurde. Obwohl Mosaic in entscheidendem Maße zur Popularität vom World Wide Web und damit des Internet generell beigetragen hat, gibt diese Applikation schon längst nicht mehr den Ton bei Webbrowsern an – diese Führungsrolle haben Internet-Spezialisten wie Microsoft und Netscape übernommen. Microsoft hat seinen Webbrowser zum Surfen durch das Internet auf den Namen *Internet Explorer* getauft – in Anlehnung an den in Windows 9x/Me enthaltenen Windows Explorer, der die Bearbeitung der auf einer Diskette oder Festplatte enthaltenen Ordner und Dateien gestattet. Netscape hat seinen Webbrowser auf den Namen *Navigator* getauft. Mitgründer von Netscape war übrigens einer der früheren Entwickler von Mosaic.

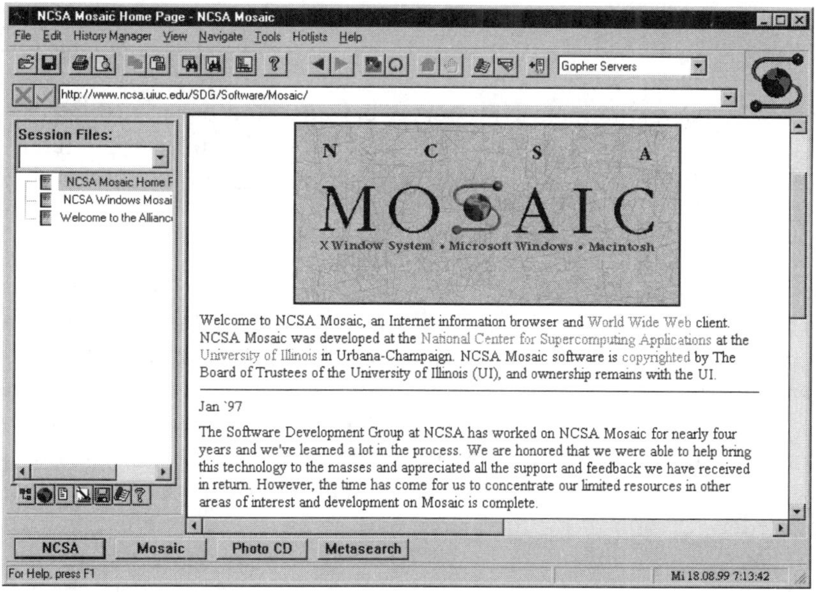

Bild 4.9: Mosaic *stellte einen der ersten Webbrowser dar – ist aus heutiger Sicht aber veraltet und kann mit modernen Vertretern wie dem* Internet Explorer *von Microsoft nicht mithalten*

Das World Wide Web stellt aber nicht nur eine neue Oberfläche, sondern auch einen neuen Internet-Dienst dar: In der Vergangenheit bestand keine Möglichkeit, Informationen miteinander zu verknüpfen. Genau dies bietet nun das Web: Anstatt lediglich Texte und Grafiken auf einer Seite abzubilden, können dort auch Verweise enthalten sein – auf eine andere Stelle derselben Seite, eine andere Seite oder gar einen anderen FTP- oder Webserver. Das Web lässt Ihnen als Anwender somit freie Hand, sich durch simples Anklicken eines Verweises – auch *Hyperlink* oder auch nur kurz *Link* genannt – zu einer anderen Stelle im Internet zu begeben, ohne sich dafür Nummernkürzel oder sonstige Abkürzungs-Ungetüme merken und eintippen zu müssen.

Hinweis

Die Verweise, die eine Webseite beinhalten kann, werden *Hyperlink* oder nur kurz *Link* genannt.

Wie bereits angedeutet, bezieht WWW dabei andere Internet-Dienste mit ein: Ein Hyperlink auf einer Webseite kann daher zum Beispiel einer Datei entsprechen, die sich auf einem FTP-Server befindet und per Mausklick auf Ihren PC heruntergeladen wird. Die meisten Webbrowser unterstützen darüber hinaus den direkten Zugriff auch auf andere populäre Internet-Dienste – beispielsweise auf FTP.

Um sicherzustellen, dass es keine Verwechslungen gibt und ein bestimmtes Element zweifels- und fehlerfrei ansprechbar ist, besitzt eine Internet-Adresse deshalb ein genau definiertes Format. Hierüber können Sie zum Beispiel die Website eines Unternehmens, eine Webseite innerhalb dieser oder aber auch eine mit FTP zu übertragende Datei eindeutig ansprechen. Das World Wide Web kann aber nicht nur Text-, sondern auch Informationen anderer Art mit einbeziehen – worin nicht zuletzt auch das Geheimnis des Web-Erfolgs liegt. Und auch das schlägt sich im Format einer Internet-Adresse wieder: Technisch gesehen wird eine Internet-Adresse nämlich als *Universal Resource Locator* oder kurz *URL* bezeichnet, was die Universalität der im Internet enthaltenen Ressourcen recht gut zum Ausdruck bringt.

Hinweis

Bei einer *URL* handelt es sich um eine Internet-Adresse, die Sie beispielsweise in Ihren Webbrowser eingeben können. Handelt es sich um eine Webseite, brauchen Sie dabei das einleitende *http://* meist nicht mit anzuführen.

Das Web bietet also dem Anwender eine grafische Oberfläche zur Navigation durch das Internet. Der Schüssel dazu heißt *Hypertext*: Während sich normale Textdateien nur linear – also der Reihe nach – bearbeiten lassen, enthält ein Hypertext-Dokument zudem Hyperlinks zu anderen Dokumenten. Auf diese Weise kann ein Anwender in beliebiger Reihenfolge von einer Seite aus zur nächsten springen, von dort aus wieder zurück, um einem anderen Hyperlink nachzugehen und so weiter und so fort. Hypertext bezieht dabei nicht nur Text, sondern auch Grafiken, Laufbilder, Sounddateien und Videos mit ein. Text- und bildliche sowie akustische und Video-Informationen werden somit zu einem Hypertext-Dokument, das von einem anderen Dokument aus per Hyperlink bequem mit der Maus zu erreichen ist.

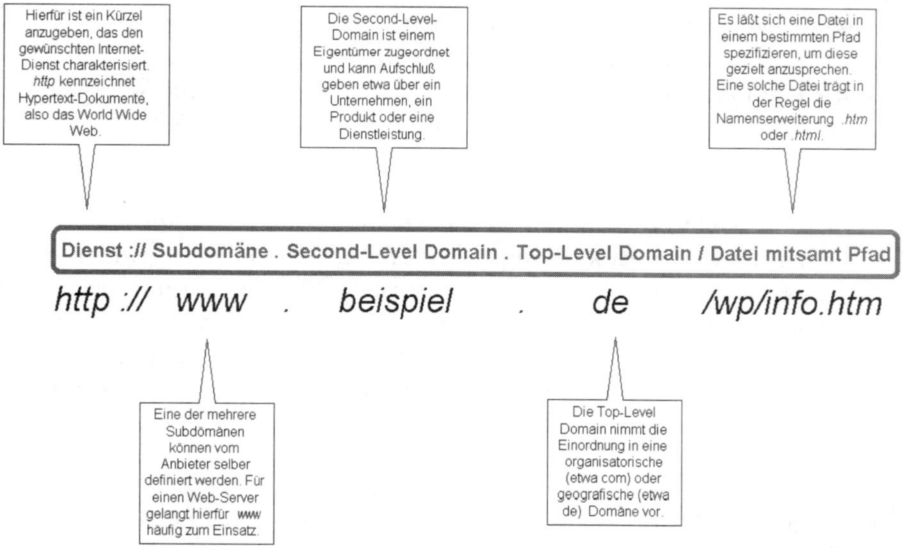

Bild 4.10: Eine als Internet-Adresse zu verwendende URL *besitzt einen festgelegten Aufbau*

Hinweis

Webseiten, sprich Hypertext-Dokumente, liegen im *HTML*-Format vor, was nichts anderes bedeutet als *Hypertext Markup Language*.

Ursprünglich als einfache Seitenbeschreibungssprache zur plattformunabhängigen Formatierung von Textinformationen konzipiert, ist HTML inzwischen um zahlreiche Befehle zur Berücksichtigung von Grafiken, Hintergrundbildern, Tabellen, Sounds und Videos erweitert worden. Die rasche Kommerzialisierung des World Wide Web hat allerdings dafür gesorgt, dass nicht mehr nur internationale Organisationen wie das *World Wide Web*

Consortium (im Internet zu erreichen unter `www.w3.org`), sondern auch Unternehmen wie Microsoft oder Netscape eine Fortentwicklung von HTML betreiben.

Im Dezember 1997 hat das World Wide Web Consortium *HTML 4.0* offiziell verabschiedet, das eine Erweiterung zum früheren Standard HTML 3.2 darstellt. Die wichtigsten Neuerungen der Vierer-Version beziehen sich auf stilistische Elemente und Attribute. Zudem erlaubt diese Version mehr Flexibilität beim Aufbau von Formularen und Tabellen. Moderne Webbrowser wie der Internet Explorer 5 und höher unterstützen HTML 4.0.

> Achtung
>
> Nicht zu verwechseln mit HTML 4.0 ist *Dynamic HTML*, auch unter der Abkürzung *DHTML* bekannt. Hierbei handelt es sich um Funktionen, die die dynamische Änderung von angezeigten Informationen erlauben. So lassen sich beispielsweise Animationen anhand der Mausbewegung bzw. -position vornehmen oder ein News-Ticker erstellen, der seinen Inhalt (Börsenkurse, Wetter etc.) automatisch aktualisiert.

Die Zukunft im World Wide Web dürfte aber weniger bei HTML, sondern vor allem bei *XML* (*Extensible Markup Language*) liegen. Hierbei handelt es sich um einen vom World Wide Web Consortium verabschiedeten Standard, der eine wesentlich freiere Gestaltung von Webseiten erlaubt. Der Schlüssel liegt dabei in der Flexibilität, mit der XML aufwartet: HTML ist als Seitenbeschreibungssprache konzipiert, die mit feststehenden Befehlen arbeitet. Diese erlauben zwar eine ansprechende Aufbereitung von zu veröffentlichen Informationen und eine attraktive Gestaltung von Webseiten, sind jedoch für weitergehende Ansprüche nur bedingt geeignet. An dieser Stelle hat XML deutlich mehr zu bieten, denn mithilfe von XML kann man selbst neue Sprachen »erfinden«. Diese Möglichkeit, kombiniert mit der Fähigkeit von XML, dass der Aufbau von Dokumenten gewissen Grundmustern folgt, erlaubt es beispielsweise Unternehmen, verschiedene Applikationen darauf abzustimmen und diesen relativ problemlos relativ problemlos Zugriff zu gestatten.

Da es sich bei XML um ein textbasierendes Format handelt, lässt sich dieses genauso wie HTML über das Web übertragen. Dieser Umstand sowie die Konzeption des Formats bieten ein hohes Maß an Flexibilität, um eine einheitliche Struktur bei Dokumenten zu realisieren. Microsoft unterstützt XML nicht nur in seinem Webbrowser Internet Explorer 5 und höher, sondern auch in Office 2000 sowie bei Office XP.

> Achtung
>
> Ausdrücklich betont das für die Standardisierung sowohl von HTML als auch XML verantwortlich zeichnende World Wide Web Consortium, dass XML nicht als direkter Nachfolger und Ablösung für HTML gedacht ist. Vielmehr ist geplant, beide Standards parallel zueinander weiterzuentwickeln. Aus diesem Grund wird HTML seine Bedeutung bei der herkömmlichen Gestaltung von Webseiten auch auf längere Sicht nicht verlieren.

4.7 Suchen – und erfolgreiches Finden – von Informationen

Seit 1995 hat der Boom des World Wide Webs so richtig eingesetzt. Unzählige Webserver und Homepages sind seitdem wie Pilze aus dem Boden geschossen. Eine Auflistung, die dem verfügbaren Angebot auch nur annähernd gerecht wird, grenzt daher an die Unmöglichkeit – zumal sich die Technologie mit rasender Geschwindigkeit entwickelt und findige Köpfe immer ausgefeiltere Features in das World Wide Web und die darin verfügbaren Webseiten hineinpacken. Daher ist es hilfreich zu wissen, auf welche Art und Weise Sie überhaupt eine bestimmte Website finden oder zu den von Ihnen gewünschten Informationen gelangen.

Zunächst einmal können Sie natürlich den manuellen Ansatz wählen, um zu erfahren, ob es eine Website zu einem bestimmten Begriff gibt. Hierzu fügen Sie zunächst dem gesuchten Begriff als Suffix eine geeignete Domäne an. Abhängig davon, nach was Sie suchen, greifen Sie hierfür auf eine organisatorische Domäne (wie zum Beispiel `.com`, `.net` oder `.org`) oder eine geographische Domäne (etwa `.de` für Deutschland oder `.at` für Österreich) zurück. Wenn Sie dabei als Begriff den Namen eines Unternehmens oder eines Produktes wählen, haben Sie relativ gute Chancen – denn das Internet besitzt inzwischen eine solch starke Bedeutung, dass etliche Firmen über sich und ihre Angebote im Web informieren. Des Weiteren stellen Sie dem gesuchten

Begriff das für Webserver übliche Kürzel www voran. Somit erhalten Sie eine URL, die Sie als Adresse einfach mal im dafür vorgesehenen Eingabefeld des Webbrowsers eintippen können.

> **Achtung**
>
> Bei manchen Websites können Sie das einleitende *www* weglassen. Dies trifft zum Beispiel auf das Nachrichtenmagazin Focus zu, dessen Website im Internet unter der URL focus.de erreichbar ist. Meist können Sie in solchen Fällen der Adresse aber auch das www voranstellen und gelangen trotzdem zur betreffenden Website, ohne im Nirwana zu landen oder eine Fehlermeldung zu erhalten.

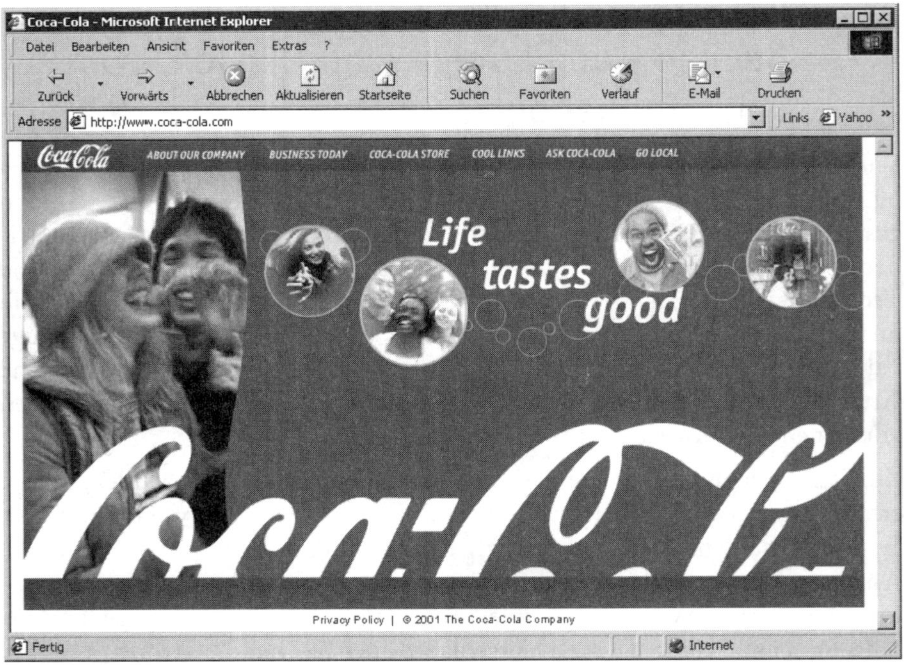

Bild 4.11: Ob www.coca-cola.com, www.cocacola.com *oder* www.coke.com *– alle diese Adressen führen zur Website des Getränkeherstellers*

Nehmen wir einmal an, Sie möchten im Internet die Website von Coca-Cola besuchen. Dann können Sie beispielsweise versuchen, als URL `www.coca-cola.de` in der Adressleiste des Internet Explorers einzutippen. In Fällen, wo Sie sich nicht sicher sind, ob Bindestriche innerhalb der URL auftauchen oder nicht, können Sie aber auch einen Versuch ohne Bindestrich starten – in unserem Beispiel also `www.cocacola.de`.

Sollte Ihr Vorgehen, eine deutsche Website eines Herstellers oder einer Organisation zu besuchen, nicht vom gewünschten Erfolg gekrönt sein, können Sie die Strategie einschlagen, statt der deutschen eine andere Domäne in der URL zu versuchen. Bezogen auf unser Beispiel könnten Sie also probieren, die geographische Domäne `.de` durch die organisatorische Domäne `.com` zu ersetzen – in der Hoffung, mit der URL

`www.coca-cola.com`

auf die amerikanische Website von Coca-Cola zu gelangen. Und siehe da, dies klappt: Der Internet Explorer stellt die Homepage des Brauseproduzenten aus Atlanta dar. Spaßeshalber probieren wir, was bei Eingabe der URL `www.cocacola.com` geschieht. Auch in diesem Fall begrüßt uns die Coca-Cola-Company. Sie sehen also: Viele Wege können nach Rom führen, oder anders ausgedrückt: Manche Unternehmen sind unter verschiedenen URLs erreichbar (`www.coke.com` führt uns auf dieselbe Homepage wie zuvor `www.coca-cola.com`).

> **Achtung**
>
> Der Namensraum im Internet sieht keine Verwendung von Umlauten wie »ä«, »ö« oder »ü« sowie Sonderzeichen (beispielsweise »ß«) vor. Die Benutzung solcher Zeichen innerhalb einer URL führt daher zu einem Fehler. Wenn Sie also versuchen, den Namen eines Unternehmens oder Produkts als Adresse einzutippen, das solche Zeichen enthält (etwa für die Restaurant/Hotel-Kette *Mövenpick* oder die Kaffeesorte *Jacobs-Krönung*), setzen Sie diese in der URL entsprechend um (beispielsweise mit `www.moevenpick.de` oder `www.jacobs-kroenung.de`).

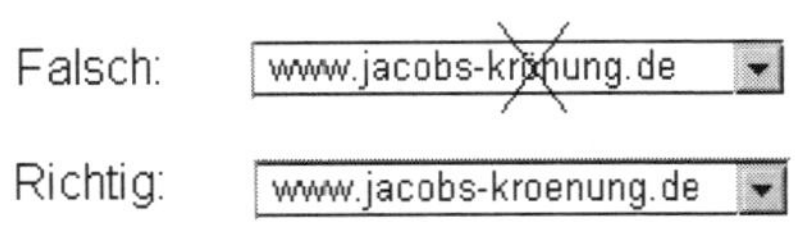

Bild 4.12: Umlaute in Internet-Adressen sind tabu ...

Bild 4.13: ... und müssen daher in der URL entsprechend umgesetzt werden

Letztlich liegt genau in der Informationsvielfalt, die das Internet offeriert, auch ein Nachteil dieses Mediums: Solange Sie keinen Anhaltspunkt haben, wo Sie suchen können (oder müssen), gestalten sich Gehversuche im Internet recht hilflos. Kritiker beschreiben diesen Sachverhalt des Internet so: »Stell dir vor, du stehst inmitten einer riesigen Bücherei – und jemand schaltet das Licht aus. Von nun an tappst Du im Dunkeln und hast keine Ahnung, was du wo finden kannst.«

Für diese Herausforderung gibt es jedoch Lösungen oder zumindest Ansätze: Wenn Sie bei der Fahndung nach Informationen gar nicht weiter kommen, stehen zahlreiche Websites bereit, die ein Durchsuchen des Internet ermöglichen – die *Suchdienste*. Da diese durch Werbung finanziert werden (kleine Grafiken – so genannte Werbebanner – zieren die Webseiten solcher Suchdienste), ist ihre Benutzung kostenlos. Grundsätzlich unterscheidet man zwei Arten von Suchdiensten:

- *Suchmaschinen* durchforsten den Inhalt des Internet, um aus den automatisch erfassten Webseiten und ihrem Inhalt einen Suchindex zu bilden. Zu diesem Zweck durchkämmt eine spezielle Suchroboter-Software regelmäßig das Internet, oder zumindest bestimmte Teile davon. Auf diese Weise können Sie die – von diesem Internet-Suchdienst erfassten – Webseiten nach einem von Ihnen vorgegebenen Stichwort durchsuchen. Jede Webseite, die der Suchmaschine bekannt ist und das von Ihnen spezifizierte Stichwort enthält, wird von der Suchmaschine als so genannter *Treffer* (englisch *Hit*) in Form eines Suchergebnisses zurückgeliefert.
- *Internet-Kataloge* ordnen Webseiten in Kategorien ein, die thematisch, geografisch oder nach Sachgebieten unterteilt sind. Auf diese Weise lassen sich Webseiten durch die gezielte Suche in den zur Verfügung stehenden Bereichen suchen. Bei einem Internet-Katalog nimmt sich in der Regel ein redaktionelles Team den ihm bekannten Verweisen auf Webseiten an, um diese zu kategorisieren. Im in einem Internet-Katalog zu erscheinen, muss der Interessierte dem Dienst die URL seiner Webseite mitteilen. In der Regel findet die Einordnung in eine passende (oder auch die Schöpfung einer neuen) Kategorie durch das redaktionelle Team statt – obgleich manche Dienste es auch gestatten, dass der Anwender dies selbst erledigt.

> **Hinweis**
> Ein Internet-Katalog wird auch als *Web-Index* bezeichnet.

Grundsätzlich stellt sich die Frage, welche Art von Suchdienst am ehesten zum Erfolg führt. Eine allgemein verbindliche Antwort dafür gibt es nicht. Sie können sich allerdings an einer Faustregel orientieren: Bei einem allgemeineren Thema erweist sich meist in die Suche im Internet-Katalog als aus-

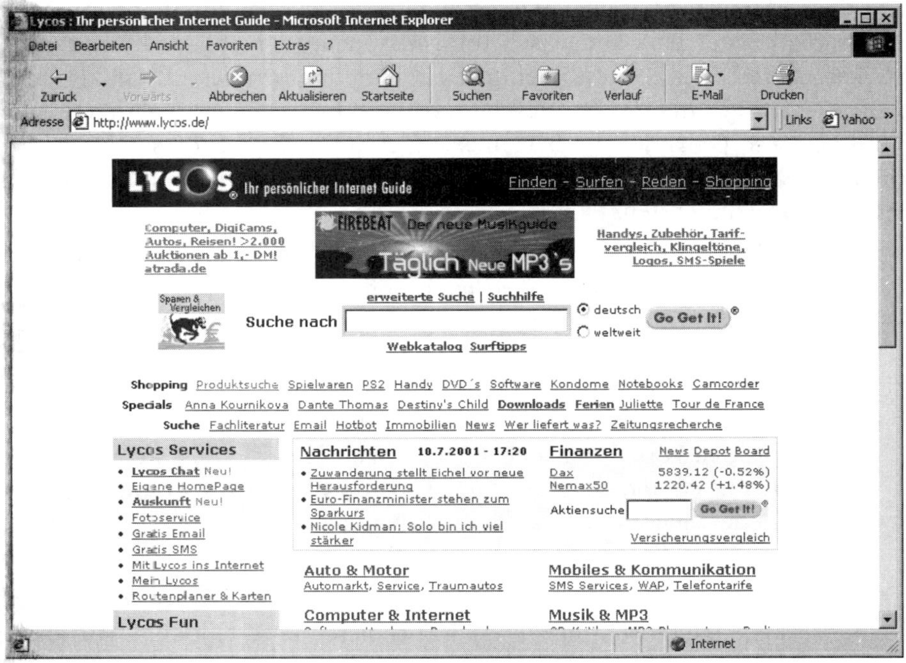

Bild 4.14: Lycos *stellt eine klassische Suchmaschine dar*

sichtsreich, während beim Aufspüren von Webseiten mit speziellen Begriffe eher eine Suchmaschine nützlich ist. Entscheiden Sie selbst, welche Art von Suchdienst Ihnen jeweils eher zusagt und welchen Suchdienst Sie bevorzugt verwenden – in der Hoffnung, dadurch die Informationen zu finden, nach denen Sie gerade Ausschau halten.

> **Hinweis**
>
> Für Suchdienste, auf die Sie häufig zurückgreifen, können Sie im Internet Explorer Favoriten erstellen. Platzieren Sie diese gar im Ordner *Links*, sind die betreffenden Suchdienste im Programmfenster dieses Webbrowsers über die Linkleiste direkt mit einem Mausklick erreichbar.

Die Wurzeln des Internet liegen in den USA. Aus diesem Grund verwundert es auch nicht weiter, dass dort die ersten Suchmaschinen entstanden. Viele von ihnen sind jedoch nicht nur mit einer deutschen Oberfläche verfügbar, sondern erlauben auch das gezielte Durchsuchen der ihnen bekannten deutschen Bereiche. Eine der meist genutzten Suchmaschinen stellt *Lycos* dar, die über `www.lycos.de` im deutschsprachigen Gewand erreichbar ist (siehe Bild 4.20). Der bekannteste Internet-Katalog dürfte wohl *Yahoo* sein, dessen deutsche Ausgabe unter `www.yahoo.de` zur Verfügung steht (siehe Bild 4.21). Daneben gibt es aber auch reine deutsche Suchdienste – wie zum Beispiel die Suchmaschine *Aladin* (`www.aladin.de`) oder den Internet-Katalog *web.de* (`www.web.de`).

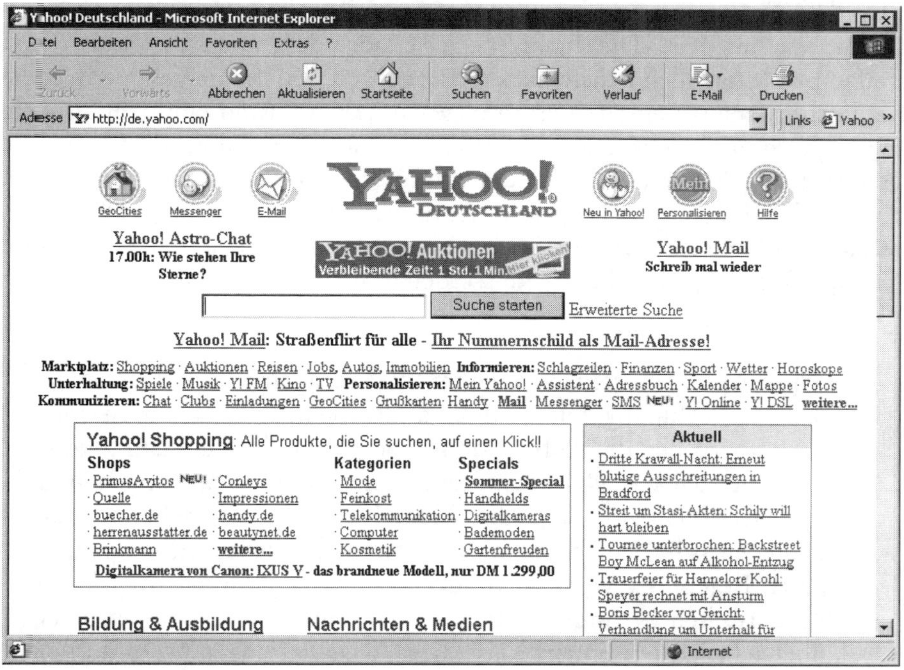

Bild 4.15: Den wohl bekanntesten Internet-Katalog stellt Yahoo *dar*

Hinweis

Erfolg versprechend ist die Kombination beider Arten von Suchdiensten. Dies müssen Sie gegebenenfalls noch nicht mal selbst erledigen: So führt der Internet-Katalog Yahoo von sich aus eine Volltextsuche in den vom ihm erfassten Webseiten durch (der Anbieter spricht hier von »Web-weiter Suche«), wenn keine Kategorie respektive eine darin eingeordnete Webseite zum Sucherfolg führt. Zudem können Sie meist von der gerade von Ihnen benutzten Suchmaschine aus auch andere Suchmaschinen heranziehen, um zu besseren oder brauchbareren Ergebnissen zu gelangen.

Damit ein Suchdienst operieren kann, müssen ihm die entsprechenden Webseiten bekannt sein. Die Praxis zeigt jedoch, dass auch die besten und umfangreichsten Suchdienste nur einen geringen Teil der im gesamten Internet vorhandenen Webseiten erfassen. Aus diesem Grund empfiehlt es sich, nicht gleich aufzugeben, wenn ein Suchdienst unbefriedigende Ergebnisse liefert: Keine Suchmaschine und kein Internet-Katalog kann für sich in Anspruch nehmen, das riesige Internet flächendeckend zu kennen. Wechseln Sie also im Falle eines Falles zu einem der zahlreichen anderen Suchdienste – in der Hoffnung, dort fündig zu werden.

Hinweis

Alternativ stehen Ihnen im Internet auch *Meta-Suchmaschinen* zur Verfügung. Diese führen die Suche nicht selbst durch, sondern übergeben die Anfrage an mehrere Suchdienste. Häufig können Sie dabei selbst festlegen, welchen Suchmaschinen und Internet-Katalogen sich die Meta-Suchmaschine dabei gerade bedienen soll. Die von den einzelnen Suchdiensten zurückgemeldeten Ergebnisse werden von der Suchmaschine in der Regel von wiederholten Nennungen befreit und Ihnen mehr oder weniger übersichtlich präsentiert. Auf diese Weise gelangen Sie mitunter wesentlich schneller (also in kürzerer Zeit) zum Ziel und müssen nicht mehr mehrere Suchdienste selbst – vor allem einzeln respektive nacheinander – bemühen. Bekannte Meta-Suchmaschinen sind die deutsche *MetaGer* (erreichbar unter `meta.rrzn.uni-hannover.de`) und der amerikanische *MetaCrawler* (steht unter der URL `www.metacrawler.com` bereit).

Die Vielzahl der im Internet bereitstehenden Informationen führt aber nicht selten zu einer übermäßig hohen Anzahl von Treffern – was das Auffinden der gesuchten Informationen recht langwierig gestalten kann. In diesem Fall ist es hilfreich, die Suche nach einem Stichwort zu verfeinern, um nutzlose Suchergebnisse zu vermeiden und zügig zu dem von Ihnen Gesuchten zu gelangen. Konkret stehen mehrere Verfahren zur Verfügung, die es Ihnen erlauben, die Suche nach bestimmten Kriterien zu verfeinern. Obgleich diese von Suchdienst zu Suchdienst variieren können, haben sich die folgenden grundlegenden Kriterien bei fast allen eingebürgert (im Einzelfall oder bei Fehlern sollten Sie unter dem Link *Hilfe* nachschlagen, der auf der Homepage eines Suchdienstes normalerweise zu finden ist):

- Und-Verknüpfung
  Wenn Sie zum Beispiel nach den beiden Begriffen »`afri`« sowie »`cola`« forschen lassen (also `afri cola`), liefert der Suchdienst alle Webseiten zurück, in denen einer dieser Begriffe auftaucht. Die Anzahl der gefundenen Treffer ist in diesem Fall also sehr groß – das Suchergebnis nicht selten unbrauchbar. Wenn Sie dagegen beide Begriffe über *UND* (englisch *AND*) miteinander verknüpfen und den Suchdienst nach `afri AND cola` suchen lassen, stöbert dieser nur solche Webseiten auf, in denen beide Begriffe enthalten sind. In der Regel lässt sich das reservierte Wort *AND* auch durch ein Pluszeichen »+« ersetzen, was dann für den zu suchenden Ausdruck in `afri+cola` resultiert.

- Exakte Suche nach einer Zeichenfolge
  Möchten Sie dagegen exakt nach der von Ihnen gewünschten Zeichenfolge suchen lassen, müssen Sie diese in Anführungszeichen setzen. Soll der Suchdienst also beispielsweise alle Webseiten ermitteln, in denen die Zeichenfolge `mercedes slk` enthalten ist, geben Sie `"mercedes slk"` als Suchausdruck an.

- Ausschließen spezieller Begriffe
  Genauso gut ist es möglich, einzelne Begriffe von der Suche auszuschließen. Dies ist mit dem Operator *NICHT* (englisch *NOT*) möglich. Soll der Suchdienst nur Webseiten zurückmelden, die »`bayer`« beinhalten, nicht aber »`bayer leverkusen`«, ist als zu suchender Ausdruck `bayer NOT leverkusen` anzugeben. Das reservierte Wort *NOT* darf bei dem meisten Suchdiensten auch durch das Minuszeichen – substituiert werden, sodass man alternativ auch `bayer -leverkusen`

verwenden kann. Geben Sie dabei vor dem Minuszeichen ein Leerzeichen ein, da der Suchdienst ansonsten das Minuszeichen als Bindestrich fehlinterpretiert.

- Oder-Verknüpfung
  Häufig ist die Schreibweise für einen zu suchenden Begriff nicht eindeutig. Anstatt den Suchdienst nacheinander nach den verschiedenen Schreibweisen des Begriffs herumspüren zu lassen, können Sie die verschiedenen Schreibweisen auch gleich parallel als Suchausdruck angeben. So wird etwa der Schauspieler Nicholas Cage des öfteren auch lediglich als Nick Cage bezeichnet. Zu diesem Zweck existiert der Operator *ODER* (englisch *OR*). Geben Sie somit `"nicholas cage" OR "nick cage"` als Suchausdruck ein, meldet der Suchdienst alle Webseiten als Treffer zurück, auf denen der Name dieses Hollywood-Darstellers in einer der beiden angegebenen Schreibweisen vorkommt. An diesem Beispiel können Sie übrigens recht schön erkennen, dass sich verschiedene Operationen miteinander kombinieren lassen (in diesem Falle die exakte Suche mit der Oder-Verknüpfung).

> **Hinweis**
> Das Vorgehen, die Suche zu verfeinern, bezeichnet man als *Suchstrategie*. Je effizienter diese ist, desto eher gelangen Sie zu einem Ergebnis.

Kapitel 5
Kommunikationsgeräte für die Einwahl ins Internet

Ohne ein Modem oder einen ISDN-Adapter – in diesem Buch der Einfachheit halber unter dem Oberbegriff *Kommunikationsgerät* zusammengefasst – kann Windows 9x/Me nicht zu kommunikativer Hochform auflaufen und Sie nicht mit dem Internet verbinden. Daher benötigen Sie zunächst ein geeignetes Modem oder aber einen entsprechenden ISDN-Adapter.

Hinweis

Abgesehen von der in diesem Buch besprochenen Möglichkeit, sich über Modem oder ISDN-Adapter ins Internet einzuwählen, kann der Windows 9x/Me-PC auch (mithilfe eines Netzwerkadapters) in ein lokales Netzwerk (LAN) eingebunden sein und über dieses Intranet dann die Verbindung zum Internet herstellen. Hierzu muss im Intranet-LAN ein entsprechendes Gerät existieren, das die Einwahl ins Internet etwa über Modem oder ISDN-Adapter abwickelt. Bei diesem Gerät kann es sich auch um einen Windows 9x/Me-PC handeln, auf dem die so genannte *Internetverbindungsfreigabe* aktiviert ist, die ab Windows 98 Zweite Ausgabe zum Bestandteil des Betriebssystems zählt. Mit dem Thema der Vernetzung mehrerer PCs sowie den sich daraus eröffnenden Optionen zur gemeinsamen Nutzung von Ressourcen (wie etwa einer Internet-Verbindung) wollen wir uns in diesem Buch jedoch nicht weiter beschäftigen. Gleiches trifft auf alternative Verfahren der Internet-Anbindung etwa über Satellit zu, da diese bislang nur sehr wenig genutzt werden. Der Fokus dieses Buchs liegt auf der Internet-Nutzung eines PCs, der per Modem oder ISDN-Adapter Verbindung mit dem Internet aufnimmt.

Was wählen Sie nun am besten, um komfortabel durchs Internet zu reisen? Modem oder ISDN-Adapter – und worauf müssen Sie achten, wenn Sie sich mit dem Gedanken tragen, sich ein solches Kommunikationsgerät neu zuzulegen?

5.1 Modem oder ISDN-Adapter?

Verfügen Sie bereits über einen ISDN-Anschluss, stellt sich diese Frage eigentlich nicht mehr. Vielmehr ist es in diesem Fall empfehlenswert, zu einem ISDN-Adapter zu greifen, den Sie direkt mit dem ISDN-Anschluss verbinden können. So stehen Ihnen die Vorzüge von ISDN wie den schnellen Verbindungsaufbau binnen Sekunden oder die Möglichkeit zur Kanalbündelung vollständig zur Verfügung. Insbesondere die kurzen Zeiten beim Verbindungsaufbau erweisen sich dabei interessant: Zusatz-Tools wie zum Beispiel *Fritz!web* von AVM machen sich genau dies zunutze, um nach Verstreichen von beispielsweise 60 Sekunden, in denen keine Übertragung stattgefunden hat, die Internet-Verbindung automatisch zu trennen (um so Verbindungskosten zu sparen). Sobald wieder Zugriffe auf das Internet stattfinden sollen, wird die Internet-Verbindung sofort wieder aufgebaut – was dank ISDN binnen typischerweise 2 Sekunden und so mit einer kaum merklichen Verzögerung beim Surfen vonstatten geht. Somit wird die Internet-Verbindung bei Inaktivität automatisch getrennt und bei erneuter Aktivität automatisch wieder hergestellt, was Internet-Gebühren sparen helfen kann.

Hinweis

Gleichwohl ist es aber auch möglich, ein analoges Modem an einem ISDN-Anschluss zu betreiben – und zwar unter Verwendung eines Terminaladapters (wie oben beschrieben). Allerdings können von dann einige der ISDN-Vorzüge wie zum Beispiel der schnelle Verbindungsaufbau in typischerweise 2 Sekunden nicht von dem analogen Modem genutzt werden. In jedem Fall aber sollten Sie darauf achten, dass der Terminaladapter dazu in der Lage ist, die analoge Datenübertragung auch tatsächlich so schnell durchzuführen, wie das Modem es beherrscht. Einige (meist ältere) Terminaladapter nämlich kommen mit schneller 56 KBit/s-Modems nicht zurecht, sondern können Daten nur mit langsameren 28,8 KBit/s übertragen.

5.2 Welches Modem nehme ich am besten?

Je kürzer die Übertragungszeiten, desto höher ist nicht nur der Spaß-Faktor bei Online-Reisen: Fallen Verbindungsgebühren an, erweist es sich als nützlich, wenn die Verbindungsdauer kurz gehalten werden kann – denn dies hilft, Kosten zu sparen. Aus diesem Grund sollten Sie nach Möglichkeit zu einem schnellen V.92-Modem greifen. Im Vergleich zu einem V.90-Modem bietet dieses unter anderem die Möglichkeit, Daten mit bis zu 48 KBit/s ins Internet (etwa beim Versand von E-Mails oder Bildern) zu übertragen – während V.90 hier nur mit 33,6 KBit/s zu Werke geht. Die effizientere Komprimierung von V.92-Modems bietet zudem weiteres Potenzial, um die Gesamtübertragungszeiten zu verkürzen.

Hinweis

Einige Hersteller bieten für Ihre V.90-Modems eine kostenlose Umrüstung auf V.92 an (am besten kontaktieren Sie hierzu den Hersteller, etwa über seine Website). Besitzen Sie bereits ein V.90-Modem, können Sie so in den Genuss der V.92-Features gelangen, ohne sich dafür ein neues Modem kaufen zu müssen.

5.3 Was ist besser: Internes oder externes Kommunikationsgerät?

Hierauf gibt es keine allumfassende Antwort. Folgende Aspekte sind allerdings hilfreich zu berücksichtigen:

- Interne Kommunikationsgeräte- ein internes Modem oder ein interner ISDN-Adapter – sind meist preiswerter als ihre externen Kollegen, benötigen kein eigenes Netzteil und verschwinden vollständig im Gehäuse des PCs (was sehr angenehm ist, wenn man den Computer des öfteren zwischen mehreren Standorten hin- und her transportiert). Allerdings sind ein internes Modem oder ein interner ISDN-Adapter als PC-Steckkarte realisiert, und das heißt: Das Gehäuse des Computers muss geöffnet werden, ein noch freier Steckplatz auf der Hauptplatine lokalisiert und die PC-Steckkarte dort eingebaut werden. Unter Umständen müssen zudem noch

Jumper oder DIP-Schalter auf der PC-Steckkarte verändert werden, damit das interne Modem respektive der interne ISDN-Adapter korrekt in diesem PC läuft.

- Wesentlich bequemer geht es mit einem externen Modem oder einem externen ISDN-Adapter vonstatten: In die passende Buchse am PC einstecken, Gerät anschalten, fertig. Ein Aufschrauben des Computer-Gehäuses entfällt hierbei völlig. Dafür finden Sie nun allerdings auch ein Gerät vor, das es etwa auf dem Schreibtisch unterzubringen gilt und das unter Umständen über ein eigenes Netzteil mit Strom versorgt werden will. Aus diesem Grund sind externe Modems und ISDN-Adapter auch meist etwas teurer als die entsprechenden interne Kommunikationsgeräte.

5.4 Externes Kommunikationsgerät: Seriell oder USB?

Bei dieser Frage ist zu bedenken:

- Ein externes Modem sowie ein externer ISDN-Adapter wird in der Regel mit einer seriellen Schnittstelle des PCs (COM1, COM2 etc.) verbunden. Falls dies nicht bereits vor dem Hochfahren von Windows 9x/Me geschehen und das Kommunikationsgerät eingeschaltet gewesen ist, muss nun manuell die Hardware-Erkennung von Windows 9x/Me gestartet werden, um die neue Komponente ins Betriebssystem einzubinden – was beispielsweise mithilfe des Applets *Hardware* der Systemsteuerung geschehen kann. Abhängig von der Anschlussart des externen Kommunikationsgeräts muss nun lediglich die Hardware-Erkennung von Windows 9x/Me gestartet werden, um die neue Komponente ins Betriebssystem einzubinden (bei einem internen Modem wird dies beim Hochfahren von Windows 9x/Me automatisch erledigt).
- Dank des Plug-and-Play-Mechanismus bei USB kann ein USB-Gerät auch im laufenden Betrieb des PCs eingesteckt werden. Windows 9x/Me erkennt das neue USB-Gerät automatisch und bindet es dynamisch ein. Alle neueren PCs verfügen in der Regel über zwei USB-Anschlüsse, die den Anschluss auch eines USB-Modems erlauben. Mitunter verfügen auch Monitore oder Tastaturen über einen

so genannten *USB-Hub* und somit über die Möglichkeit, ein USB-Gerät einzustecken – was einen noch bequemeren Umgang mit einem USB-Kommunikationsgerät eröffnet.

5.5 Gleichzeitiger Anschluss mehrerer Kommunikationsgeräte

Solange es noch genügend freie Steckplätze und Schnittstellen gibt, lassen sich durchaus auch mehrere Kommunikationsgeräte gleichzeitig an den PC anschließen. Selbst, wenn sich von beispielsweise zwei Modems immer nur eins an einer einzigen analogen Telefonleitung verwenden lässt oder es kaum Sinn macht, sich über unterschiedliche ISDN-Adapter mehrfach ins Internet einzuwählen, bietet dies doch ein gewisses Maß an Flexibilität. So ist es problemlos möglich, ein älteres internes Modem (das auch nicht per Software-Upgrade auf einen schnellen Übertragungsstandard umgerüstet werden kann) im PC installiert zu lassen, um zusätzlich ein neues USB-Modem an den Computer anzuschließen und künftig dieses zu verwenden. Genauso ist denkbar, einen Modem sowie einen ISDN-Adapter an den PC anzuschließen respektive in diesen einzubauen – und zwar dann, wenn der Computer (etwa ein Notebook) des öfteren zwischen verschiedenen Lokationen hin- und her transportiert wird, wo unterschiedliche Verbindungsmöglichkeiten existieren.

5.6 Telefongesellschaft: Freiheit von der Deutschen Telekom

Einige Anwender haben dem ehemaligen Monopolisten Deutsche Telekom den Rücken gekehrt (und sind mit ihrem analogen Telefon- oder digitalen ISDN-Anschluss zu einer anderen, privaten Telefongesellschaft gewechselt. Technisch gesehen ergibt sich hieraus kein Problem, da sich alle Anbieter an dieselben Standards halten. Probleme kann es jedoch geben, wenn Sie Kunde einer solchen Telefongesellschaft sind und die »Vor-Vorwahl« eines Internet-Service-Provider nutzen wollen (oder müssen), um sich in dessen Einwahlknoten und darüber ins Internet einzuwählen. Denn: Einige Telefongesellschaften sehen die Verwendung solcher Call-by-Call-Vor-Vorwahlen sowie entsprechender Internet-by-Call-Telefonnummern nicht vor und gestatten deren Verwendung schlichtweg nicht. Im Einzelfall setzen Sie sich diesbezüglich mit Ihrer Telefongesellschaft in Verbindung, um entsprechende Details zu klären. Spielen Sie mit dem Gedanken, zu einer anderen Telefongesellschaft zu wechseln, sollten Sie dies bereits im Vorfeld durchführen – um im Nachhinein keine Überraschung zu erleben, was die Verwendung von Call-by-Call sowie Internet-by-Call betrifft.

Kapitel 6
Modem oder ISDN-Adapter in Windows 9x/Me einbinden

Sie haben sich ein neues Kommunikationsgerät – Modem oder ISDN-Adapter – zugelegt und wollen dieses nun unter Windows 9x/Me in Betrieb nehmen? Dann sind Sie hier genau richtig: In diesem Kapitel beschäftigen wir uns mit der Einbindung eines Modems oder eines ISDN-Adapters in Windows 9x/Me, um sich anschließend darüber ins Internet einwählen zu können. Ist dies geschehen, können Sie den Assistent für den Internet-Zugang zum Leben erwecken, um mit seiner Hilfe die DFÜ-Netzwerk-Verbindung(en) zu definieren, über die dann die Einwahl bei einem Einwahlknoten Ihres Internet-Service-Provider erfolgt.

6.1 Schnittstellen-Konfiguration

Der PC ist darauf angewiesen, dass die Schnittstelle, mit der das Modem – intern oder extern – verbunden ist, einwandfrei funktioniert. Am besten überprüfen Sie diese Voraussetzung: Schalten Sie Ihren PC ein und starten Windows 9x/Me, um zur *Systemsteuerung* respektive zum *Geräte-Manager* zu gelangen. Dazu bestehen mehrere Möglichkeiten, die wir uns an dieser Stelle einmal ausführlich ansehen:

- Menü START
  Klicken Sie auf die Schaltfläche START in der Taskleiste von Windows 9x/Me, die in der Regel an unteren linken Bildschirmrand zu finden ist. In dem daraufhin erscheinenden Startmenü wählen Sie den Befehl EINSTELLUNGEN, um in dem daraufhin aufklappenden Menü (siehe Bild 6.1) den Befehl SYSTEMSTEUERUNG anzuklicken. In der Systemsteuerung (siehe Bild 6.2) sind – abhängig von der Konfiguration Ihres Windows 9x/Me-PCs – verschiedene so genannte »Applets« enthalten, unter anderem das Applet *System*. Selektieren Sie dieses und wählen im sodann angezeigten Dialogfeld die Registerkarte *Geräte-Manager* (siehe Bild 6.3) aus.

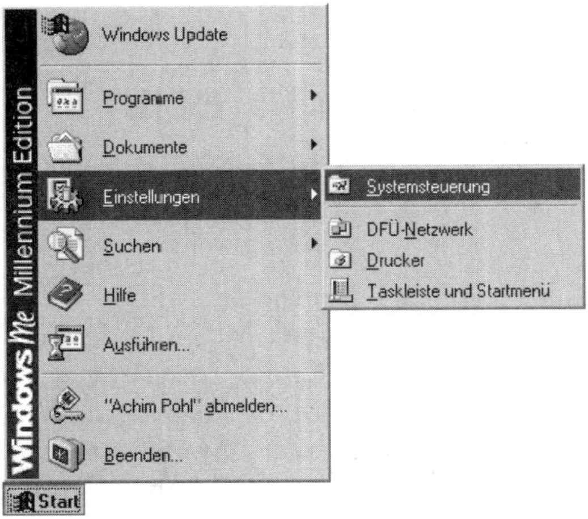

Bild 6.1: Zur Systemsteuerung *von Windows 9x/Me gelangen sie beispielsweise über das Startmenü*

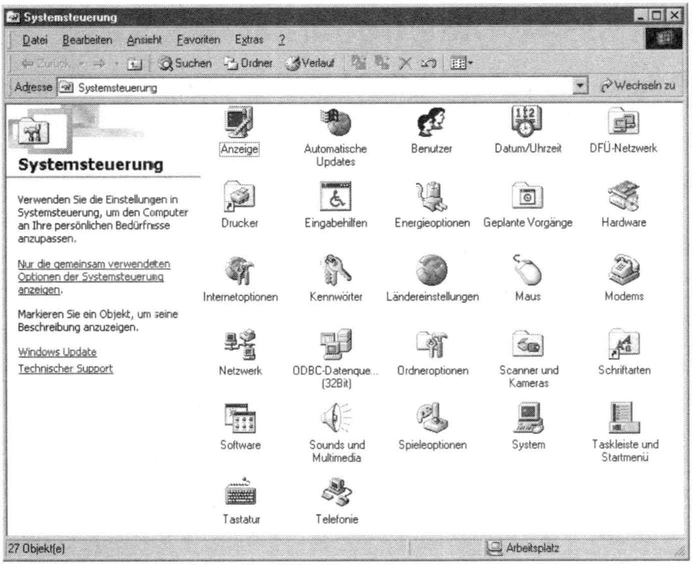

Bild 6.2: Über die Systemsteuerung (hier: von Windows Me) lassen sich zahlreiche Einstellungen für das Verhalten des Betriebssystems vornehmen

- Objekt *Arbeitsplatz*
  Öffnen Sie auf das auf Ihrem Desktop befindliche Objekt *Arbeitsplatz*, um zur *Systemsteuerung* von Windows 9x/Me zu gelangen. In dem sich nun öffnenden Fenster ist dazu ein entsprechendes Objekt *Systemsteuerung* enthalten, das nach Anklicken den darin befindlichen Inhalt wiedergibt. Öffnen Sie dort wie bekannt das Applet *System* und begeben sich im daraufhin erscheinenden Dialogfeld *Eigenschaften von System* auf die Registerkarte *Geräte-Manager.*

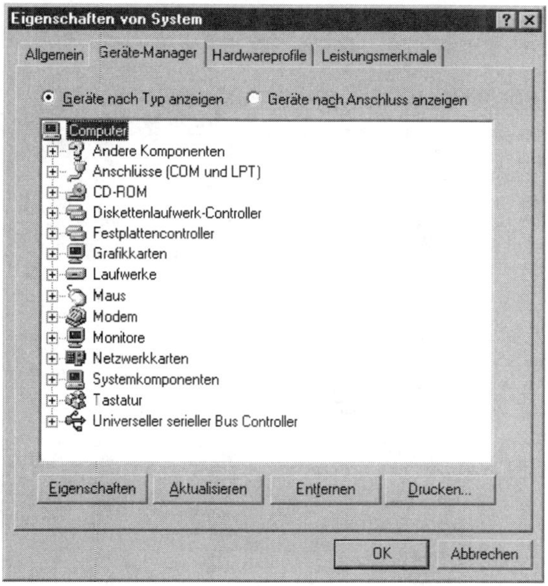

Bild 6.3: Der Geräte-Manager *gewährt Einblick in die Hardware-Konfiguration Ihres Windows 9x/Me-PCs*

- *Windows-Explorer*
  Eine anderer Weg, zum Geräte-Manager mithilfe der Systemsteuerung zu gelangen, führt über den *Windows-Explorer* (siehe Bild 6.4). Diesen können Sie beispielsweise durch Auswahl des entsprechenden Befehls aus dem Menü PROGRAMME – respektive den darin enthaltenen Menü ZUBEHÖR (ab Windows Me) – aus dem Startmenü aktivieren. Alternativ klicken Sie mit der primären Maustaste auf das auf Ihrem Windows 9x/Me-Desktop befindliche Objekt *Arbeits-*

platz und wählen im sodann aufklappenden Kontextmenü den Befehl WINDOWS-EXPLORER aus. Dieses Programm enthält in seinem linken Fenster eine Auflistung der zur Verfügung stehenden Ressourcen einschließlich Laufwerken und besonderen Objekten. Wenn Sie hier das Objekt *Systemsteuerung* aktivieren, zeigt Ihnen der Windows-Explorer in seinem rechten Fenster die darüber erreichbaren Programme an. Dort können Sie jetzt wie gehabt das Applet *System* selektieren und im anschließenden Dialogfeld zur Registerkarte *Geräte-Manager* wechseln.

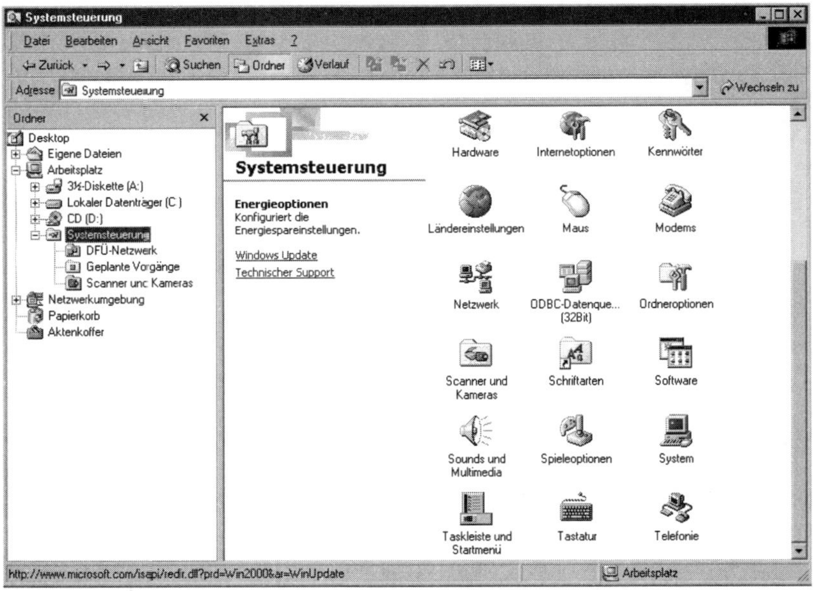

Bild 6.4: Zugang zur Systemsteuerung bietet auch der Windows-Explorer von Windows 9x/Me

▶ Objekt *Arbeitsplatz* mit primärer Maustaste anklicken

Eine andere Methode, die Sie unter Vermeidung des »Umwegs« über die Systemsteuerung direkt zum Applet *System* und so zum Geräte-Manager von Windows 9x/Me bringt, besteht durch Anklicken des Objekts *Arbeitsplatz* mit der rechten Maustaste sowie Auswahl des Befehls EIGENSCHAFTEN im anschließenden Kontextmenü (siehe Bild 6.5).

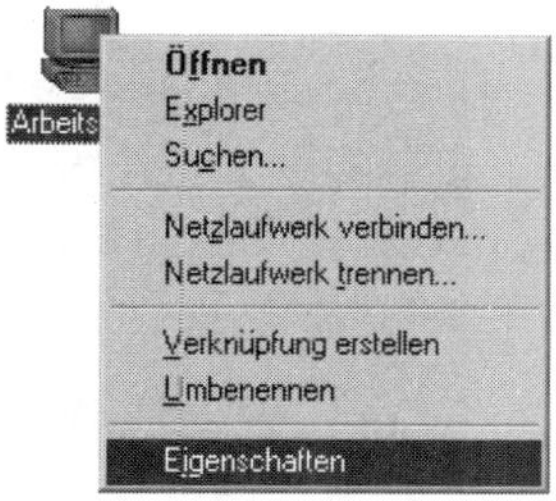

Bild 6.5: Auch über die Eigenschaften des Arbeitsplatz-*Objekts können Sie zum Geräte-Manager von Windows 9x/Me gelangen*

> Hinweis
>
> Wenn Sie die Taste [Alt] gedrückt halten und dann das auf Ihrem Desktop befindliche Objekt *Arbeitsplatz* doppelt anklicken, gelangen Sie direkt zum Dialogfeld *Eigenschaften von System* (und dessen Registerkarten wie zum Beispiel *Geräte-Manager*).

Im Geräte-Manager schließlich klappen Sie den Zweig *Anschlüsse (COM und LPT)* durch Anklicken des davor stehenden Pluszeichens auf, um sich über die in Ihrem PC installierten seriellen COM-Schnittstellen sowie parallelen LPT-Schnittstellen zu informieren. Über den Status eventueller USB-Schnittstellen des PCs informiert dagegen der Bereich *Universeller serieller Bus Controller*.

> Hinweis
>
> Im Folgenden wollen wir die Konfiguration einer seriellen Schnittstelle beleuchten.

Bei einem seriellen Modem können Sie jetzt die Eigenschaften der seriellen Schnittstelle, an der Ihr externes Modem angeschlossen oder die auf der Steckkarte des internen Modems implementiert ist, leicht verifizieren: Zunächst erhalten Sie in dem Dialogfeld *Eigenschaften von COM-Anschluss <serielle Schnittstelle>* auf der Registerkarte *Allgemein* allgemeine Informationen zur ausgewählten seriellen Schnittstelle anzeigt, um im Bereich *Gerätestatus* zu erfahren, ob diese Komponente von Windows 9x/Me als betriebsbereit erkannt wird (siehe Bild 6.6). Sollte die serielle Schnittstelle eines internen Modems hier nicht angezeigt werden, erledigen Sie deren Bekanntgabe im Rahmen der Einbindung des Modems (siehe Abschnitt 6.5 Modem-Eigenschaften«).

> **Achtung**
>
> Erscheint auf der Registerkarte *Allgemein* nicht die Meldung *Dieses Gerät ist betriebsbereit*, liegt ein Fehler vor und Windows 9x/Me versucht, mögliche Lösungswege aufzuzeigen. In diesem Fall sollten Sie zur Registerkarte *Ressourcen* (siehe Bild 6.7) wechseln, die Aufschluss darüber gibt, welche Ressourcen – Interrupt, I/O-Adresse bzw. E/A-Bereich etc. – die betreffende Komponente belegt.

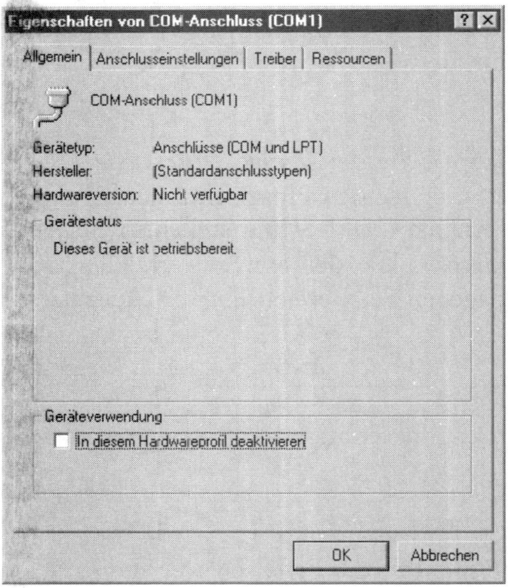

Bild 6.6: Allgemeine Informationen über den Status einer seriellen Schnittstelle

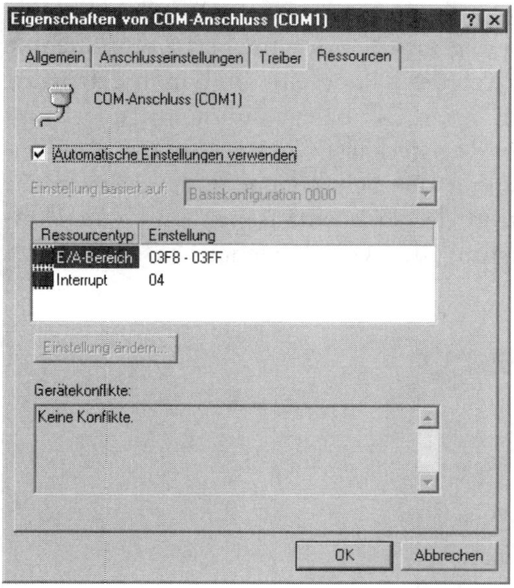

Bild 6.7: Von einer seriellen Schnittstelle belegte Ressourcen (hier: COM1)

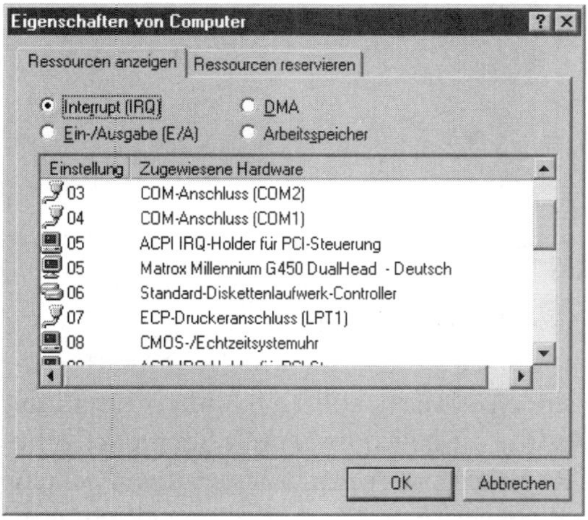

Bild 6.8: Der Geräte-Manager liefert auch eine Übersicht der belegten und noch freien Hardware-Ressourcen Ihres PCs

Wählen Sie einen Eintrag in der Liste *Ressourcentyp*, zeigt Windows 9x/Me Ihnen mögliche Konflikte mit anderen im PC vorhandenen Komponenten bei *Gerätekonflikte* im unteren Bereich des Dialogfelds an. Um in Erfahrung zu bringen, welche Ressourcen in Ihrem PC belegt und somit überhaupt noch frei sind, markieren Sie auf der Registerkarte *Geräte-Manager* den Eintrag *Computer*, um durch Betätigung der Schaltfläche *Eigenschaften* die Hardware-Ressourcen-Konfiguration des PCs einzusehen und von Windows 9x/Me eine sortierte Auflistung der verschiedenen Ressourcen zu erhalten (siehe Bild 6.8).

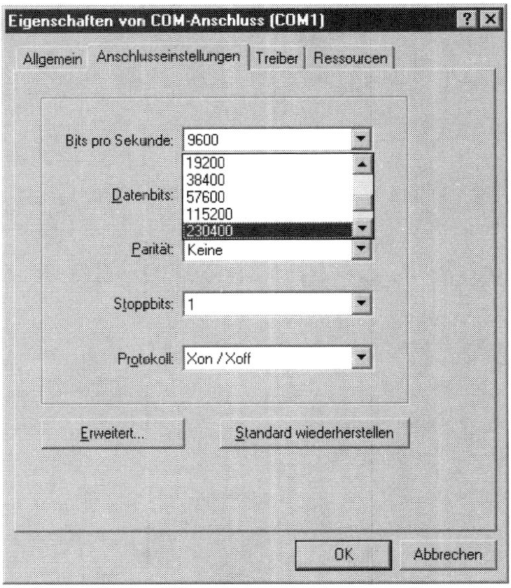

Bild 6.9: Anschlusseinstellungen einer seriellen Schnittstelle

Bevor Sie den Geräte-Manager wieder verlassen, sollten Sie überprüfen, mit welchen Einstellungen Windows 9x/Me die gewählte serielle Schnittstelle betreibt. Wechseln Sie hierzu auf die Registerkarte *Anschlusseinstellungen* (siehe Bild 6.9). Während die meisten der dort zu findenden Einstellungen standardmäßig in Ordnung sind und somit unverändert bleiben können, verdient das Listenfeld *Bits pro Sekunde* Ihre Aufmerksamkeit. Hier müssen Sie eintragen, mit welcher maximalen Geschwindigkeit die serielle Schnittstelle mit dem Modem Daten auszutauschen in der Lage ist. *9600*, entsprechend 9,6 KBit/s, bedeutet beispielsweise, dass ein an dieser Schnittstelle angeschlossenes, mit 56 KBit/s arbeitendes Modem ausgebremst würde. Auf welchen Wert Sie diese Einstellung setzen müssen, hängt vor allem von Ihrem Modem ab. Welche Einstellung die richtige ist, lässt sich anhand einer einfachen Faustregel ermitteln: Multiplizieren Sie die tatsächliche Übertragungsgeschwindigkeit Ihres Modems mit vier – da die von den meisten Modems beherrschte Datenkomprimierung V.42bis die zwischen serielle Schnittstelle und Modem auszutauschende Informationsmenge um maximal das Vierfache erhöhen kann. Bei 14,4er Modems kommt somit im Listenfeld *Bits pro Sekunde* die Vorgabe *57600*, für ein 28,8er Modem entsprechend *115200* in Betracht.

Achtung

Für ein mit 56 KBit/s arbeitendes Modem sollten Sie in diesem Listenfeld nach Möglichkeit *230000* einstellen (erst recht, wenn es sich um ein V.92-Modem handelt, dessen V.44-Komprimierung noch effizienter als das noch bei V.90 verwendete V.42bis-Verfahren arbeitet, was noch höhere effektive Übertragungsraten zwischen Modem und PC gestattet). Falls Ihnen das Listenfeld *Bits pro Sekunde* diesen Wert für Ihren PC respektive die betreffende serielle Schnittstelle nicht anbietet, verwenden Sie die höchste Einstellung, die an dieser Stelle möglich ist.

Speichern Sie Ihre Vorgaben durch zweifaches Anklicken der Schaltfläche *OK*, um die Konfiguration der ausgewählten seriellen Schnittstelle sowie den Geräte-Manager wieder zu beenden.

6.2 Mechanismus der automatischen Hardware-Erkennung

Was nun geschieht, ist abhängig davon, ob Windows 9x/Me das neue Kommunikationsgerät von sich aus erkennt. Dafür spielen folgende Faktoren eine Rolle:

- Ein internes Kommunikationsgerät ist durch das Einschalten des PCs bereits aktiv und sollte (muss aber nicht) beim Hochfahren von Windows 9x/Me automatisch vom Betriebssystem erkannt sowie eingebunden werden.

- Genauso verhält es sich mit einem externen Kommunikationsgerät (Modem oder ISDN-Adapter), falls dieses bereits eingeschaltet ist, wenn Windows 9x/Me hochfährt.
- Windows 9x/Me kann ein externes Kommunikationsgerät, das mit dem PC über eine serielle Schnittstelle verbunden ist, nur dann erkennen, wenn dieses auch angeschaltet ist. Ist der Windows 9x/Me-PC jedoch bereits hochgefahren und schalten Sie beispielsweise ein neu an den PC angeschlossenes externes Modem erst jetzt an, greifen Sie auf die Dienste des *Modem-Assistenten* zurück. Dieser bindet ein neues Modem korrekt in Windows 9x/Me ein.
- Hat Windows 9x/Me die Existenz eines (meist älteren) internen Modems respektive ISDN-Adapters – oder aber eines externes Kommunikationsgeräts, das beim Hochfahren des Betriebssystems noch nicht eingeschaltet war – nicht von sich aus automatisch erkannt, sollten Sie Windows 9x/Me manuell »auf die Sprünge helfen«. Hierzu starten Sie über die Systemsteuerung den *Hardware-Assistent* von Windows 9x/Me, um diesen explizit nach bislang nicht erkannten Komponenten (dazu zählt auch ein Modem oder ein ISDN-Adapter) suchen zu lassen.
- Handelt es sich bei dem Modem oder dem ISDN-Adapter um eine PC-Card oder ein USB-Gerät, kommt der Plug-and-Play-Mechanismus von USB zum Tragen: Sobald Sie das Kommunikationsgerät in einen PC-Card-Steckplatz einschieben oder mit einer USB-Schnittstelle des PCs verbinden, erkennt Windows 9x/Me dessen Existenz automatisch:
  - Wird das Modem oder der ISDN-Adapter das erste Mal an den PC angeschlossen, führt Windows 9x/Me alle erforderlichen Einrichtungsaufgaben durch (und fordert Sie gegebenenfalls auf, die vom Hersteller mitgelieferte CD-ROM in das entsprechende Laufwerk einzulegen), sodass der zugehörige Treiber unter Windows 9x/Me installiert wird.
  - Wenn Sie nun zu einem späteren Zeitpunkt das Kommunikationsgerät wieder mit dem PC verbinden, verfügt Windows 9x/Me bereits über den passenden Treiber – und braucht diesen lediglich zu aktivieren. Dies geschieht binnen Sekunden automatisch, sodass Sie das Modem oder den ISDN-Adapter anschließend direkt verwenden können.

6.3 Einbindung eines Modems

Wie Sie zuvor erfahren haben, kann die Einbindung eines neuen Modems also entweder automatisch durch die Plug-and-Play-Mechanismen von Windows 9x/Me oder aber auf Ihre explizite Veranlassung hin mithilfe des Modem-Assistenten erfolgen. Lassen Sie uns nachfolgend im Einzelnen betrachten, was es mit diesem dienstbaren Geist auf sich hat.

Hinweis

Handelt es sich um ein externes Modem, schalten Sie das Gerät – falls erforderlich – jetzt ein (ein internes Modem wird ja vom Computer automatisch mit Strom versorgt).

Öffnen Sie in der Systemsteuerung von Windows 9x/Me das Applet *Modem.* Wurde bisher noch kein Modem installiert, geht Windows 9x/Me davon aus, dass Sie diesen Schritt nun ausführen möchten. Daher schließen Sie nun direkt Bekanntschaft mit dem *Modem-Assistenten*, sodass Sie das Dialogfeld *Neues Modem installieren* in Empfang nimmt (siehe Bild 6.10).

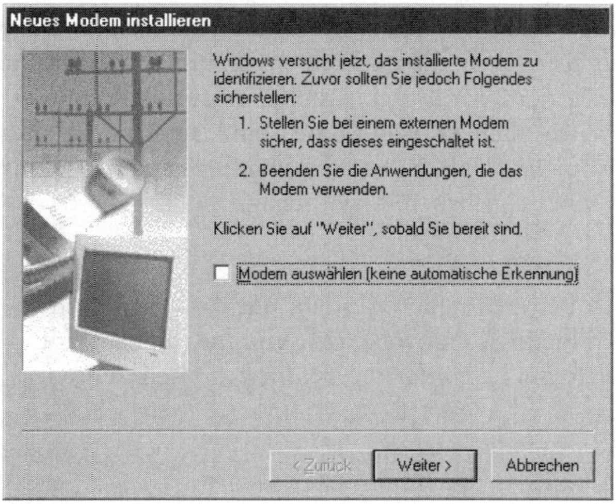

Bild 6.10: Der Modem-Assistent zur Einbindung eines neuen Modems in Windows 9x/Me

Hinweis

Installieren Sie im Nachhinein ein weiteres Modem, führt Sie das Öffnen des Applets *Modem* nicht mehr gleich zum Modem-Assistenten, sondern zum Dialogfeld *Eigenschaften von Modems*. Dort werden alle bereits in Windows 9x/Me eingebundenen Modems aufgelistet. Um nun ein zusätzliches Modem in Windows 9x/Me einzubinden, klicken Sie auf der dortigen Registerkarte *Allgemein* die Schaltfläche *Hinzufügen* an – und voilà, der Modem-Assistent nimmt Sie erneut im Empfang.

Belassen Sie das Kontrollkästchen *Modem auswählen (Keine automatische Erkennung)* deaktiviert, versucht Windows 9x/Me nachfolgend, die an den einzelnen Schnittstellen angeschlossenen (sowie eingeschalteten!) Modems mit Hersteller und Modell zu identifizieren, zumindest aber die Existenz des Modems festzustellen:

- Handelt es sich dabei um ein neueres Gerät, greift möglicherweise schon der Plug-and-Play-Mechanismus von Windows 9x/Me. In diesem Fall erscheint das dafür übliche Fenster *Neue Hardwarekomponente gefunden* (siehe Bild 6.11), und Windows 9x/Me sucht nach dem passenden Treiber für das neue Gerät. Unter Umständen kann es dabei erforderlich sein, diesen Treiber von der Windows 9x/Me- oder aber einer vom Modem-Hersteller mitgelieferten CD-ROM (möglicherweise auch eine Diskette) einzuspielen. Ist dies vollzogen, hat Windows 9x/Me die Einbindung des neuen Modems abgeschlossen, das nun betriebsbereit ist – fertig.

Hinweis

Handelt es sich bei dem neuen Modem um das erste Kommunikationsgerät, das Sie in Windows 9x/Me einbinden, erscheint nun einmalig das Dialogfeld *Standortinformationen* (siehe unten, Abschnitt 6.6).

Bild 6.11: Kann der Plug-and-Play-Mechanismus von Windows 9x/Me das neue Modem erkennen, wird dieses automatisch in Windows 9x/Me eingebunden und der Modem-Assistent beendet

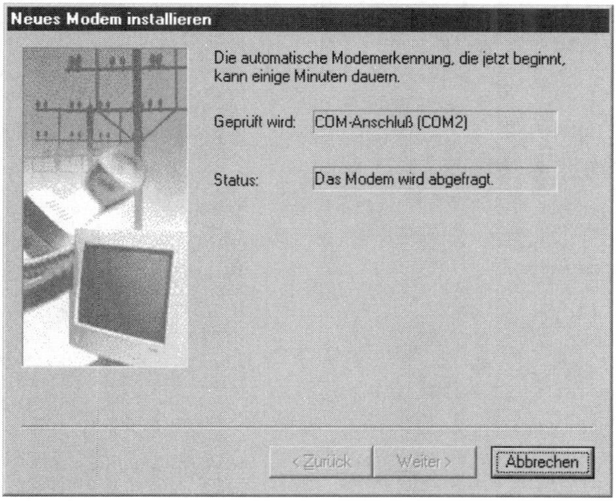

Bild 6.12: Bei einem Nicht-Plug-and-Play-fähigen Modem fragt der Modem-Assistent die einzelnen Schnittstellen der Reihe nach ab

- Handelt es sich bei dem Modem um ein älteres, noch nicht Plug-and-Play-fähiges Gerät, nimmt sich der Modem-Assistent von Windows 9x/Me nun nacheinander die einzelnen Schnittstellen vor und prüft, ob an dieser gegenwärtig ein Modem angeschlossen ist (siehe Bild 6.12). Besitzen Sie ein gängiges Modem, wird dieses in der Regel von Windows 9x/Me korrekt identifiziert. Befindet sich zudem im Lieferumfang von Windows 9x/Me bereits ein passender Treiber für das ermittelte Modem, wird dieser automatisch in Windows 9x/Me eingebunden.

Hinweis

Kann Windows 9x/Me kein Modem an der Schnittstelle ermitteln, an der das Gerät angeschlossen ist, haben Sie das Modem wahrscheinlich nicht eingeschaltet. Brechen Sie den Vorgang ab, um die einzelnen Schritte – diesmal mit eingeschaltetem Modem – zu wiederholen.

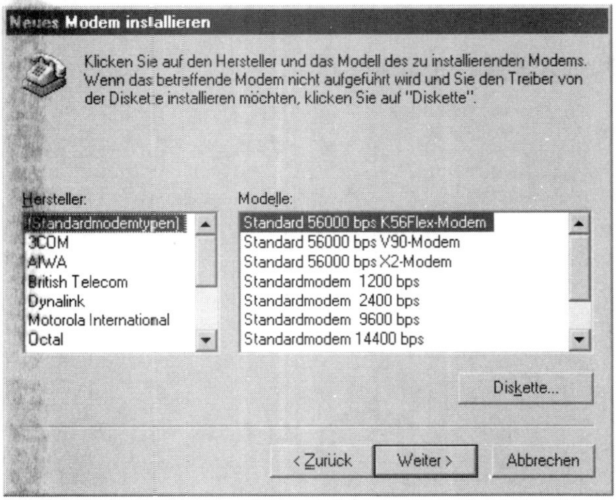

Bild 6.13: Das gewünschte Modem kann auch manuell ausgewählt werden

- Hat Windows 9x/Me das Modem nicht korrekt ermitteln können oder haben Sie im Modem-Assistenten das Kontrollkästchen *Modem auswählen (Keine automatische Erkennung)* aktiviert, können Sie Hersteller und Modell des Modems selbst angeben (siehe Bild 6.13):
  - Falls Sie dort keinen passenden Eintrag finden, können Sie nach Anklicken der Schaltfläche *Diskette* den Modem-Treiber für Windows 9x/Me auch von einem vom Hersteller des Modems bereitgestellten Datenträger (Diskette, CD-ROM etc.) installieren.

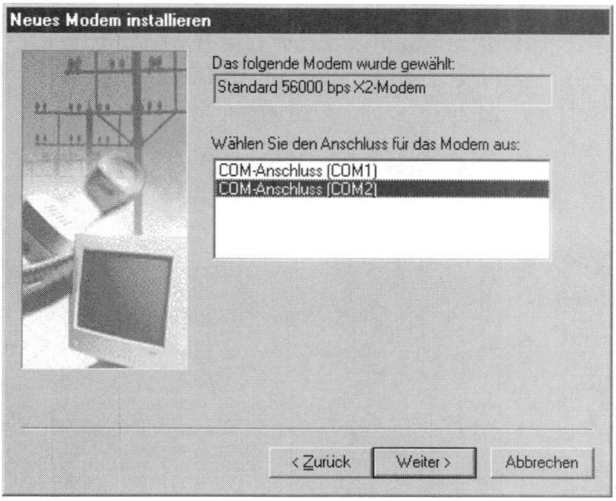

Bild 6.14: Manuelle Festlegung der Schnittstelle des PCs, an der das zuvor angegebene Modem angeschlossen ist

- Verfügen Sie für Ihr Modem über keinen vom Hersteller mitgelieferten Treiber, können Sie *(Standardmodemtypen)* im Listenfeld *Hersteller* markieren und daraufhin aus dem Listenfeld *Modelle* einen Eintrag auswählen, der Ihrem Modem am nächsten kommt. Hier sind Einträge etwa für Modems vorhanden, die gemäß der 56 KBit/s-Verfahren X2, K56flex und V.90 mit 28,8 KBit/s und anderen Geschwindigkeiten operieren. Durch die Auswahl eines dieser Einträge greift Windows 9x/Me dann auf einen *Standardmodem-Treiber* zurück, der entsprechend des jeweiligen Verfahrens oder der gewählten Geschwindigkeit zu Werke geht.

Klicken Sie auf *Weiter*, um auf der folgenden Seite des Modem-Assistenten die Schnittstelle festzulegen, an der das Modem angeschlossen ist (siehe Bild 6.14). Daraufhin ist die Einbindung des Modems in Windows 9x/Me – mitsamt des für Windows 9x/Me erforderlichen Modem-Treibers – abgeschlossen, und das Kommunikationsgerät ist nun betriebsbereit. Der Modem-Assistent kann nun durch Anklicken der Schaltfläche *Fertig stellen* beendet werden.

Hinweis

Handelt es sich bei dem manuell ausgewählten Modem um das erste in Windows 9x/Me eingebundene Kommunikationsgerät, werden Sie automatisch aufgefordert, Standortinformationen einmalig zu definieren (siehe Abschnitt 6.6).

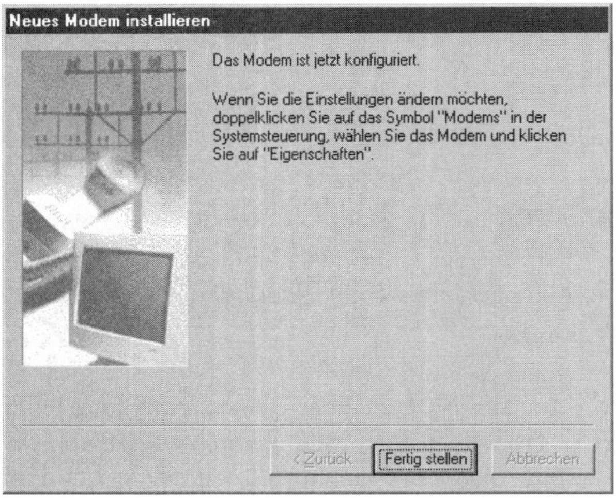

Bild 6.15: Ist das Modem in Windows 9x/Me eingebunden, ist dieses Kommunikationsgerät betriebsbereit

6.4 Modem-Eigenschaften

Haben Sie das Modem erfolgreich in Windows 9x/Me eingebunden, können Sie dessen Eigenschaften überprüfen, indem Sie in der Systemsteuerung das Applet *Modem* öffnen. Ist mindestens ein Modem in Windows 9x/Me eingebunden, gelangen Sie sodann zum Dialogfeld *Eigenschaften für Modems*, das alle installierten Modems auflistet (siehe Bild 6.16).

Verwenden Sie auf der Registerkarte *Allgemein* die Schaltfläche *Hinzufügen*, um mithilfe des bereits bekannten Modem-Assistenten ein weiteres Modem einzubinden (siehe oben, Abschnitt 6.3). Analog dazu erlaubt die Schaltfläche *Entfernen*, das zuvor in der auf dieser Registerkarte zu findenden Modem-Auflistung markierte Gerät aus Windows 9x/Me zu entfernen.

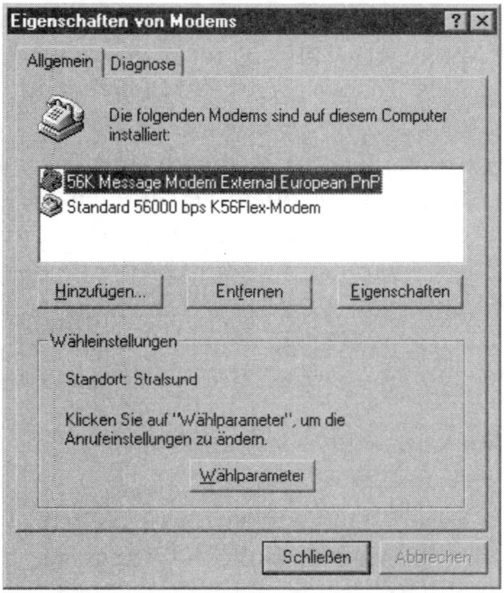

Bild 6.16: Bearbeitung der Modems, die auf Ihrem PC eingebunden sind

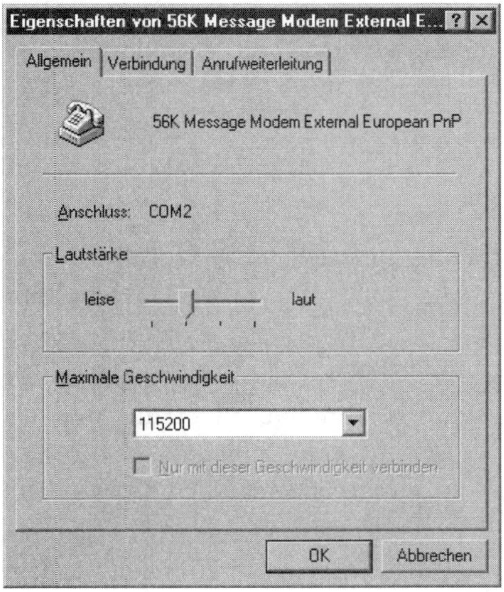

Bild 6.17: Eigenschaften eines bestimmten Modems bearbeiten

Um sich über die Konfiguration eines Modems zu informieren, markieren Sie das gewünschte Gerät in der auf der Registerkarte *Allgemein* angezeigten Modem-Auflistung und betätigen die Schaltfläche *Eigenschaften*. Sodann erscheint das Dialogfeld *Eigenschaften für <Modem>* (siehe Bild 6.17). Nehmen Sie im Folgenden Änderungen vor, betätigen Sie in diesem Dialogfeld abschließend die Schaltfläche *OK*, um die für das Modem getroffenen Einstellungen zu speichern und wieder zum Dialogfeld *Eigenschaften für Modems* zu gelangen. Dort stehen für jedes Modem mindestens die beiden Registerkarten *Allgemein* sowie *Verbindung* zur Verfügung (abhängig von Art und Modell des Modems können weitere, gerätespezifische Registerkarten existieren, deren Bedeutung Sie der Dokumentation des Geräts entnehmen).

Hinweis

Alle Angaben, die Sie in diesem Dialogfeld treffen, gelten sozusagen als Standard für Windows 9x/Me und somit als Grundlage für alle Verbindungen, die Sie beispielsweise über das DFÜ-Netzwerk erstellen. Bei jeder Verbindung können Sie jedoch hiervon abweichende Einstellungen definieren, die aber die Standardeinstellungen nicht beeinflussen. Geben Sie im vorliegenden Dialogfeld also Einstellungen vor, die für möglichst viele Ihrer Verbindungen Gültigkeit erlangen können.

6.4.1 Allgemeine Einstellungen

Das Feld *Anschluss* weist aus, an welcher Schnittstelle (COM1, COM2 etc.) das ausgewählte Kommunikationsgerät angeschlossen ist. In der Regel können Sie diese Einstellung nicht verändern.

Bei *Lautstärke* können Sie mithilfe eines Schiebereglers die Lautstärke des auf dem Modem integrierten Lautsprechers bestimmen. Nicht alle Modems gestatten es jedoch, diese Einstellung zu modifizieren. Sollte also die Veränderung der Lautstärke Ihres Modems an dieser Stelle nicht möglich sein, handelt es sich nicht um einen Fehler des Betriebssystems.

Die Geschwindigkeit, in der Windows 9x/Me mit dem betreffenden Modem Daten austauscht und die somit der Übertragungsleistung der Schnittstelle sowie des Modems unter Einbezug der Datenkomprimierung entspricht, lässt sich im Listenfeld *Maximale Geschwindigkeit* festlegen. Für V.32bis-

Modems, die mit 14,4 KBit/s arbeiten und aufgrund V.42bis eine vierfache Datenkomprimierung erreichen, sollten Sie hier nicht mehr als *57600* vorgeben. 28,8er und 33,6er Modems hingegen erreichen Übertragungsraten von bis zu 115 KBit/s entsprechend *115200*. Bei einem Modem, das mit 56 KBit/s arbeitet, lässt sich allein mit V.42bis eine Übertragungsrate von 230 KBit/s erzielen (bei Verwendung der mit V.92 eingeführten V.44-Komprimierung gar noch mehr). In diesem Fall sollten Sie *230000* im Listenfeld *Maximale Geschwindigkeit* vorgeben – vorausgesetzt, Windows 9x/Me gestattet es, diesen Wert auszuwählen (andernfalls tragen Sie den höchstmöglichen Wert, etwa *115000*, für ein 56 KBit/s-Modem im diesem Listenfeld ein).

Achtung

Treten während Datenübertragungen häufig Fehler auf, sollten Sie den im Listenfeld *Maximale Geschwindigkeit* eingetragenen Wert sukzessive verringern, bis sich die Anzahl der Fehler verringert. Der Grund dafür ist einfach: Eine große Anzahl von Fehlern wirkt sich nachteilig auf die Performance aus, da Windows 9x/Me immer wieder erneute Übertragungen vornehmen muss, um fehlerfreie Informationen zu erhalten.

Abhängig von dem jeweiligen Modem ist ferner das Kontrollkästchen *Nur mit dieser Geschwindigkeit verbinden* zugänglich. Ist dieses deaktiviert und konnte das Modem eine Verbindung nicht mit der höchstmöglichen Geschwindigkeit aufbauen, versucht das Modem automatisch, sich mit der Gegenstelle auf eine langsamere Geschwindigkeit zu einigen, um die Verbindung dadurch erfolgreich herzustellen. Aktivieren Sie hingegen dieses Kontrollkästchen, stellt das Modem ausschließlich Verbindungen mit höchstmöglicher Geschwindigkeit her. Für welches Verfahren Sie sich entscheiden, hängt davon ab, ob Sie ausschließlich schnelle (und damit letztlich kostengünstigere, da kürzere) Verbindungen wünschen oder nicht.

Achtung

Bedenken Sie immer, dass ein Modem seine höchstmögliche Geschwindigkeit nur dann erzielen kann, wenn die Telefonleitung von optimaler Qualität ist – und dies ist keineswegs überall der Fall.

6.4.2 Verbindungstechnische Einstellungen

Weitere Angaben, die die einwandfreie Verständigung eines Kommunikationsgeräts bei Verbindungen betreffen, hält die Registerkarte *Einstellungen* bereit (siehe Bild 6.18). Die im Bereich *Verbindungseinstellungen* zu findenden Vorgaben sind abhängig von den auf der Gegenseite verwendeten Einstellungen. Die meisten Verbindungen werden heutzutage mit acht Datenbits, ohne Parität und einem Stopbit aufgebaut. Tragen Sie hier die Einstellungen ein, mit denen die meisten Ihrer Gegenseiten zurechtkommen. Bei jeder Verbindung können Sie später bei Bedarf Einstellungen vornehmen, die von den hier getroffenen, für alle aufzubauenden Verbindungen gültigen abweichen.

Achtung

Wie beim Telefonieren muss auch ein Modem beim Abheben der Leitung normalerweise erst ein Freizeichen bekommen, bevor es eine Gegenseite anwählen kann. Ergeben sich hiermit in Ihrer Konfiguration Schwierigkeiten, weil das Modem beispielsweise an einer Telefonanlage und nicht direkt am Telefonnetz Ihrer Telefongesellschaft angeschlossen ist, deaktivieren Sie das Kontrollkästchen *Vor dem Wählen auf Freizeichen warten*, sodass Windows 9x/Me den Wahlvorgang quasi »blind« vornimmt. In diesem Fall sollten Sie unter den Wahlparametern Ihres Standorts (siehe Bild 6.34) zudem die Ziffer angeben, die zum Erhalten einer Amtsleitung vorzuwählen ist.

Bei manchen Verbindungen kann es sehr lange dauern, bis der Wahlvorgang abgeschlossen ist oder die Gegenseite erstmalig antwortet. Sollte die bei *Wahlvorgang abbrechen nach* vorgegebene Zeit nicht ausreichen, um Verbindungen erfolgreich aufzubauen, erhöhen Sie den Wert im Eingabefeld *Sekunden*.

Eine nützliche Vorgabe zum Sparen unnötiger Internet-Gebühren ist die Option *Trennen nach Leerlauf von*. Aktivieren Sie dieses Kontrollkästchen, trennt Windows 9x/Me von sich aus Verbindungen, für die während der im Eingabefeld *Minuten* angegebenen Zeit keine Übertragungsaktivitäten mehr stattgefunden haben.

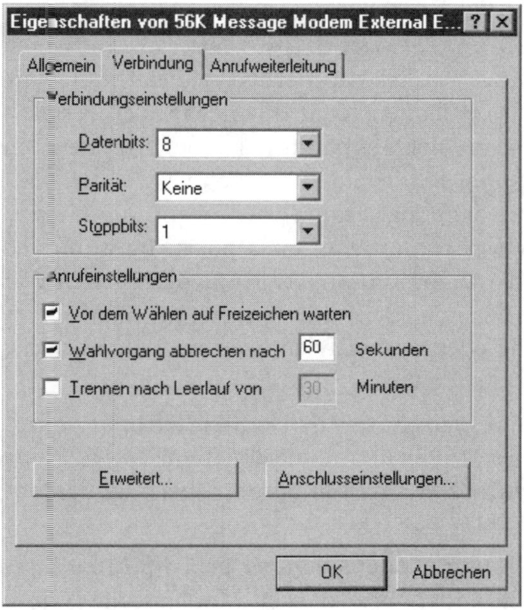

Bild 6.18: Verbindungstechnische Einstellungen eines Modems

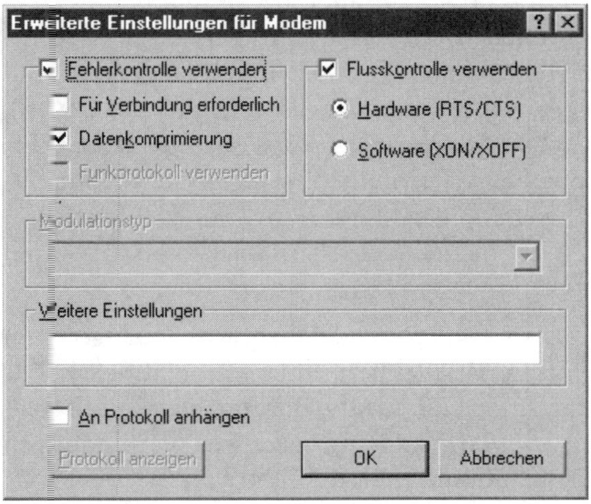

Bild 6.19: Erweiterte Verbindungseinstellungen eines Modems

Weiter gehende Vorgaben lassen sich im Anschluss an das Anklicken der Schaltfläche *Erweitert* erscheinenden Dialogfeld *Erweiterte Einstellungen für Modem* bearbeiten (siehe Bild 6.19). Ist beispielsweise die Fehlerkontrolle durch die Markierung des betreffenden Kontrollkästchens eingeschaltet, versucht das Modem, Fehler von sich aus zu korrigieren. Alle neueren Modems beherrschen diese Methode, sodass Sie diese auch verwenden sollten. Ob diese zwingend oder nur dann ausgeführt wird, wenn die Gegenstelle ebenfalls mit demselben Verfahren arbeitet (was zum Funktionieren der Fehlerkorrektur erforderlich ist), bestimmt das Kontrollkästchen *Für Verbindung erforderlich*. Ob die von den meisten heutigen Modems beherrschte Datenkomprimierung ebenfalls aktiviert werden soll, legen Sie über das gleichnamige Kontrollkästchen fest.

Abhängig von dem verwendeten Modem ist das Kontrollkästchen *Funkprotokoll verwenden* aktivierbar, über das Sie die standardmäßige Verwendung eines auf die Übertragung in Funknetzen hin optimierten Übertragungsprotokolls vorgeben können.

Um Übertragungen zwischen PC und Modem sicherer gegen Störeinflüsse zu machen, empfiehlt es sich insbesondere bei externen Modems, die ja über ein potentiell störanfälliges Kabel mit dem Rechner verbunden sind, das Kontrollkästchen und damit die Funktion der *Flusskontrolle* zu aktivieren. Falls alle Adern Ihres Modem-Kabels oder zumindest *RTS* und *CTS* – jeder Pin einer Buchse bzw. eines Steckers eines seriellen Kabels trägt Bezeichnungen, unter anderem die hier genannten – miteinander verdrahtet sind (hierzu sollte der Lieferant Ihres Kabels genaue Auskunft geben können), aktivieren Sie das Kontrollkästchen *Hardware (RTS/CTS)* zur Durchführung einer Hardware-Flusskontrolle. Andernfalls versehen Sie das Kontrollkästchen *Software (XON/XOFF)* mit einer Markierung, um eine Software-Flusskontrolle durch Austausch der beiden speziellen Zeichen »XON« und »XOFF« vorzunehmen.

Über das Listenfeld *Modulationstyp* – sofern zugänglich, was abhängig vom jeweiligen Modem ist – haben Sie die Möglichkeit, einen Modulationstyp für langsame Verbindungen (300 Bit/s oder 1,2 KBit/s) vorzugeben. In unserem Breiten gelangt normalerweise *Standard* zum Einsatz, was Verbindungen gemäß der gebräuchlichen ITU-Standards entspricht. Stoßen Sie auf Probleme bei Verbindungen mit Gegenstellen in Amerika, ändern Sie diese Einstellung auf *Nicht Standard (Bell, HST)* ab.

Über das im Bereich *Weitere Einstellungen* enthaltene Eingabefeld können Sie die Initialisierungssequenz um spezielle Befehle erweitern.

> **Hinweis**
>
> Die in der Initialisierungssequenz enthaltenen Befehle schickt Windows 9x/Me zu Beginn eines jeden Verbindungsaufbaus zum ausgewählten Kommunikationsgerät. Daher müssen diese Befehle exakt dem von Ihrem Kommunikationsgerät beherrschten Befehlssatz entsprechen. Auf diese Weise lassen sich Modem-Befehle etwa entsprechend des *AT-Befehlssatzes* an ein Modem senden, um dort einen bestimmten Zustand herzustellen, der sich nicht direkt mithilfe eines Kontrollkästchens über ein Dialogfeld aus Windows 9x/Me heraus aktivieren lässt. Um aber keinen falschen Zustand am Kommunikationsgerät einzustellen, sollte die Initialisierungssequenz zur Lösung spezieller Aufgaben nur von erfahrenen Anwendern modifiziert werden.

Treten bei der Arbeit Probleme mit dem Modem auf, empfiehlt es sich, das Kontrollkästchen *An Protokoll anhängen* zu aktivieren. Windows 9x/Me hält daraufhin die zwischen PC und Modem ausgetauschten Daten in der Protokolldatei *MODEMLOG.TXT* fest, die sich unmittelbar in Ihrem Windows 9x/Me-Ordner (beispielsweise *C:\Windows*) befindet und eine Einsichtnahme beispielsweise mit den bei Windows 9x/Me mitgelieferten Programmen *Notepad* und *WordPad* oder aber durch Anklicken der nebenstehenden Schaltfläche *Protokoll anzeigen* gestattet. Allerdings wird der Inhalt dieser Protokolldatei für den normalen Anwender wenig aussagen – ein zu Hilfe gezogener Profi kann damit aber (hoffentlich) in der Regel etwas anfangen.

> **Achtung**
>
> Haben Sie das Problem, aufgrund dessen Sie die Protokollierung aktiviert hatten, schließlich in den Griff bekommen, deaktivieren Sie dieses Kontrollkästchen wieder, um nicht unnötig Speicherplatz auf Ihrer Festplatte zu belegen.

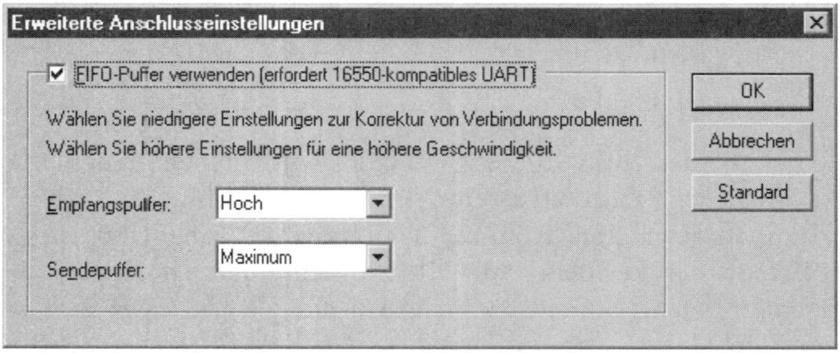

Bild 6.20: Erweiterte Anschlusseinstellungen für die serielle Schnittstelle, an der ein Modem angeschlossen ist

Sind alle Vorgaben im Dialogfeld *Erweiterte Einstellungen für Modem* getroffen, drücken Sie *OK*, um diese zu speichern und zur Registerkarte *Einstellungen* des Dialogfelds *Eigenschaften für <Modem>* zurückzukehren. Dort steht des Weiteren die Schaltfläche *Anschlusseinstellungen* zur Verfügung. Ein Klick darauf bringt das Dialogfeld *Erweiterte Anschlusseinstellungen* hervor (siehe Bild 6.20), das die Festlegung der Größe des Empfangs- und Sendepuffers der seriellen Schnittstelle erlaubt, an der das serielle Modem angeschlossen ist (sofern diese mit dem 16550-Chip arbeitet, was aber bei allen neueren PCs der Fall ist). In der Regel sollten Sie diese Einstellungen unverändert lassen.

6.4.3 Optionen bei einer DFÜ-Netzwerk-Verbindung

Konfigurieren Sie ein Modem nicht an dieser Stelle, sondern aktivieren das Dialogfeld *Eigenschaften von <Modem>* beispielsweise aus dem DFÜ-Netzwerk heraus, verfügt dieses Dialogfeld über die zusätzliche Registerkarte *Optionen* (siehe Bild 6.21). Dort können Sie verschiedene Optionen einstellen, die den Verbindungsaufbau sowie eine Anzeige über den Status einer Verbindung betreffen.

Falls Sie vor oder nach dem Aufbau einer Verbindung manuelle Eingaben vornehmen möchten oder müssen, um beispielsweise einen Benutzernamen oder Ihr Passwort einzugeben, aktivieren Sie die im Bereich *Verbindungsoptionen* zu findenden Kontrollkästchen *Terminalfenster vor dem Wählen einblenden* respektive *Terminalfenster nach dem Wählen einblenden.*

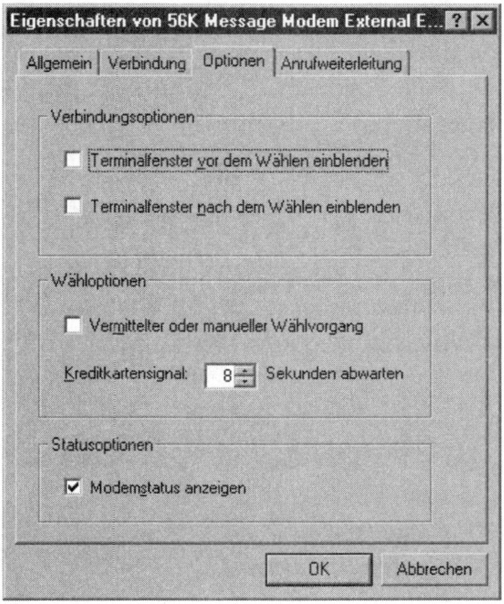

Bild 6.21: Bearbeiten Sie die Eigenschaften eines Modems aus dem DFÜ-Netzwerk heraus, existiert zusätzlich die Registerkarte OPTIONEN

Der Bereich *Wähloptionen* besitzt zwei Einstellungen, mit denen sich eine manuelle Wahl steuern lässt. Falls Sie beispielsweise Schwierigkeiten bei der Anwahl einer Gegenstelle haben oder zuvor erst mit einem Operator der Telefongesellschaft oder eines Hotels sprechen müssen, aktivieren Sie das Kontrollkästchen *Vermittelter oder manueller Wählvorgang*. Auf diese Weise können Sie die Verbindung selbst herstellen, um diese sodann an das Modem zu übergeben. Sofern zugänglich und erforderlich, können Sie bei *Kreditkartensignal <Zeit> Sekunden abwarten* zudem spezifizieren, wie viele Sekunden Windows 9x/Me auf ein Kreditkartensignal warten soll, ehe der Wahlvorgang fortgesetzt wird.

Sind diese Einstellungen für normale Verbindungen in de Regel nicht erforderlich, ist das Kontrollkästchen *Modemstatus anzeigen* überaus nützlich und sollte nach Möglichkeit immer aktiviert sein. Sobald das DFÜ-Netzwerk dann eine Verbindung über das betreffende Kommunikationsgerät aufgebaut hat, erscheint im Statusbereich der Taskleiste von Windows 9x/Me – normalerweise am rechten unteren Bildschirmrand links neben der Uhr – ein kleines *Verbindungssymbol*. Dieses in Form zweier miteinander verbundener Rechner gehaltene Symbol signalisiert durch das Leuchten der stilisierten kleinen Rechnerbildschirme die gegenwärtigen Übertragungsaktivitäten: Der linke Teil informiert Sie über Sende-, der rechte über Empfangsvorgänge. Wenn Sie den Mauszeiger auf dieses Symbol bewegen, wird Ihnen oberhalb des Verbindungssymbols angezeigt, wie viele Byte seit Zustandekommen der Verbindung empfangen und versandt worden sind und mit welcher Geschwindigkeit die Verbindung zu Werke geht (siehe Bild 6.22). Eine Selektion des Verbindungssymbols ruft zudem ein Fenster hervor, das nicht nur diese Informationen, sondern auch Angaben über die verwendete Übertragungsgeschwindigkeit und Dauer der Verbindung in Minuten ausweist (siehe Bild 6.23).

Bild 6.22: Das Verbindungssymbol im Statusbereich der Taskleiste von Windows 9x/Me signalisiert Übertragungsaktivitäten

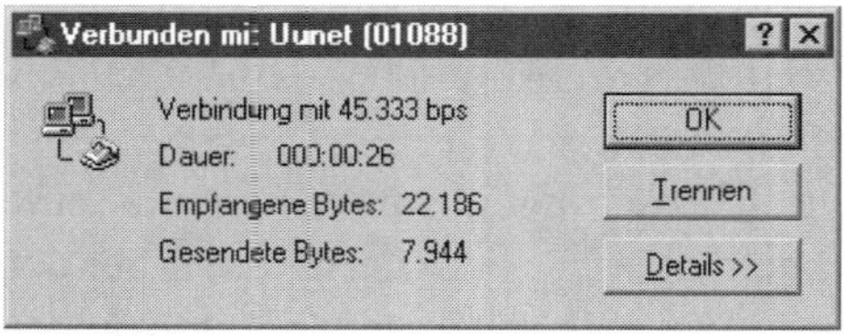

Bild 6.23: Weitere Informationen über den Status einer Verbindung

6.4.4 Diagnosemöglichkeiten

Klicken Sie die Registerkarte *Diagnose* im Dialogfeld *Eigenschaften für Modems* an, erhalten Sie eine Auflistung der relevanten Schnittstellen und können sich über die dafür verwendeten Treiber sowie die daran angeschlossenen Geräte informieren (siehe Bild 6.24). Markieren Sie einen Anschluss und klicken daraufhin auf die Schaltfläche *Treiber*, zeigt Ihnen Windows 9x/Me die derzeit für diese Schnittstelle verwendeten Treiber samt Name, Größe und Zeitpunkt der Erstellung bzw. letzten Änderung an. Sollten Schwierigkeiten auftreten, die auf einen falschen oder fehlerhaften Treiber für die ausgewählte Schnittstelle hinweisen, können Sie an dieser Stelle Angaben über den aktuell verwendeten Treiber in Erfahrung bringen.

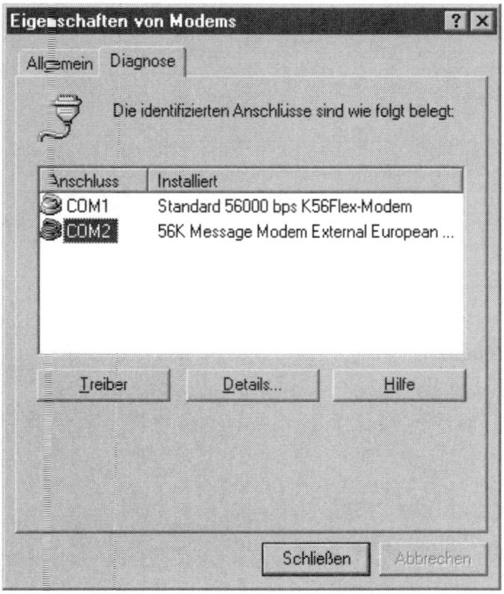

Bild 6.24: Windows 9x/Me gestattet eine grundlegende Diagnose von Schnittstellen sowie der daran angeschlossenen Kommunikationsgeräte

Haben Sie auf der Registerkarte *Diagnose* eine Schnittstelle markiert, mit der ein Modem verbunden ist, und klicken auf die Schaltfläche *Details*, versucht Windows 9x/Me, Daten zu diesem Modem zu übertragen und dadurch eine Diagnose durchzuführen. Das Dialogfeld *Details...* (siehe Bild 6.25) weist daraufhin zahlreiche Informationen zur Schnittstelle sowie dem daran angeschlossenen Modem aus.

> **Hinweis**
>
> Auf diese Weise besitzen Sie eine gute Möglichkeit, die Kombination aus Schnittstelle und Modem einem Funktionstest zu unterziehen. Läuft alles wie gewünscht, können Sie dem Bereich *Anschlussinformationen* Hinweise über Hardware und Konfiguration der verwendeten Schnittstelle einschließlich des auf dieser zum Einsatz gelangenden Chips entnehmen.

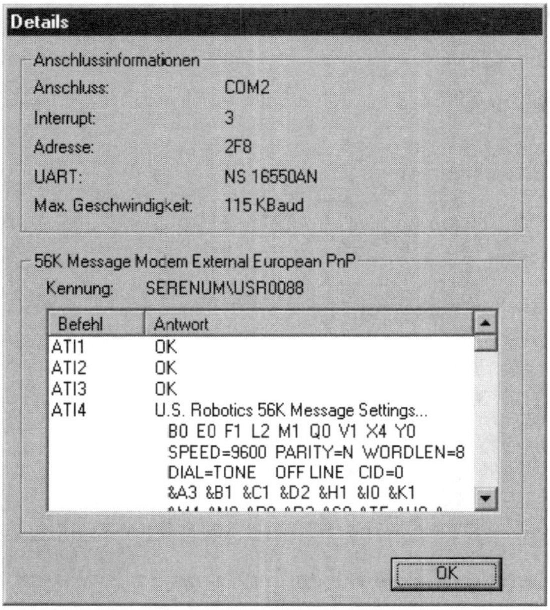

Bild 6.25: Diagnose eines Modems

Handelt es sich bei dem an der betreffenden Schnittstelle angeschlossenen Gerät um ein Modem, erhalten Sie außerdem Einblicke darin, welche Befehle Windows 9x/Me zu diesem gesandt und wie das Modem darauf geantwortet hat. Die hier angezeigten Informationen sind im täglichen Betrieb nicht weiter von Bedeutung, können aber bei der Eingrenzung von Schwierigkeiten hilfreich sein und indizieren zudem, dass die Kommunikation von Windows 9x/Me mit dem Modem einwandfrei funktioniert.

Verläuft der Funktionstest positiv, steht Ihrem Eintritt in die Online-Welt nichts mehr im Wege. Erhalten Sie ein anderes Ergebnis, beispielsweise in Form der Fehlermeldung `Anschluss konnte nicht geöffnet werden`, sollten Sie die betreffende Schnittstelle überprüfen und dabei auf die Hilfestellungen zurückgreifen, die Ihnen Windows 9x/Me nach Anklicken der im vorigen Dialogfeld zu findenden Schaltfläche *Hilfe* zur Problemlösung vorschlägt.

6.5 Einbindung eines ISDN-Adapters

Verfügen Sie über einen ISDN-Anschluss, erlaubt Ihnen die Verwendung eines ISDN-Adapters eine direkte Auffahrt auf den Daten-Highway. Mithilfe passender Treiber lässt sich ein ISDN-Adapter nahtlos in die Kommunikationsarchitektur von Windows 9x/Me integrieren.

> Hinweis
>
> Handelt es sich um einen externen ISDN-Adapter (ein interner ISDN-Adapter wird ja immer vom Computer mit Strom versorgt), schalten Sie diesen jetzt ein – sofern dies erforderlich ist und es sich nicht beispielsweise um ein externes USB-Gerät handelt, das seinen Strom direkt vom PC bezieht.

Die Einbindung eines ISDN-Adapters in Windows 9x/Me geschieht durch Installation der vom Hersteller bei seinem Produkt in aller Regel mitgelieferten Treiber. Auf diese Weise ist zum Beispiel sichergestellt, dass der ISDN-Adapter einwandfrei im DFÜ-Netzwerk von Windows 9x/Me zur Verfügung steht – über das anschließend die Einwahl in das Internet abgewickelt wird.

Die meisten Hersteller von ISDN-Adaptern statten ihre Produkte mit eigenen Treibern für Windows 9x/Me sowie einer darauf abgestimmten CAPI-Implementation aus. Aus diesem Grund installieren Sie am besten die bei dem ISDN-Adapter vom Hersteller für Windows 9x/Me gleich mitgelieferten Treiber und CAPI-Implementation.

> Hinweis
>
> Microsoft liefert bei Windows 9x/Me keine CAPI-Implementation mit. Vielmehr obliegt es dem Hersteller eines ISDN-Adapters, seinem Produkt eine entsprechende Software beizulegen, die es dann auf dem PC zu installieren gilt.

Mit dem *Assistent für die ISDN-Konfiguration* bietet Microsoft selbst ebenfalls eine ISDN-Unterstützung für Windows 9x/Me. Hierbei handelt es sich allerdings nicht etwa um ISDN-Treiber für ISDN-Adapter. Vielmehr erlaubt es der Assistent für die ISDN-Konfiguration, einem ISDN-Adapter das

ISDN-Steuerprotokoll für den D-Kanal (früher 1TR6, seit Januar 1994 DSS1) des ISDN-Anschlusses sowie Rufnummern für die einzelnen B-Kanäle zuzuteilen.

Viele Hersteller (unter anderem AVM) können eine solche Konfiguration aus ihrem eigenen Setup-Programm heraus erledigen – sodass der Assistent für die ISDN-Konfiguration dann automatisch aufgerufen oder seine sichtbare Präsenz nicht benötigt wird. Details sollten Sie im Handbuch Ihres ISDN-Adapters nachlesen.

> **Achtung**
>
> Eine CAPI-Unterstützung ist im Microsoft-Assistenten für die ISDN-Konfiguration nicht enthalten. Wie bereits erwähnt, benötigt das DFÜ-Netzwerk von Windows 9x/Me diese auch nicht, um eine Verbindung zum Internet aufzubauen – sodass Microsoft sich dem Aspekt der CAPI-Unterstützung nicht weiter annimmt. Dies fällt vielmehr in den Aufgabenbereich der Hersteller von ISDN-Adaptern, die die CAPI-Funktionalität für Windows 9x/Me über entsprechende Treiber bereitstellen müssen.

Voraussetzung für die Verwendung des Microsoft-Assistenten für die ISDN-Konfiguration ist jedoch, dass der ISDN-Adapter mithilfe von NDIS (Network Driver Interface Specification) – einer Treiberspezifikation für Netzwerkadapter – bereits in das Netzwerk von Windows 9x/Me eingebunden ist, um die Nutzung des ISDN-Adapters als Netzwerkadapter für das DFÜ-Netzwerk zu erlauben.

> **Hinweis**
>
> Da die NDIS-Architektur eigentlich für Netzwerkadapter in Verbindung mit lokalen Netzwerken (LANs) gedacht war, ein ISDN-Adapter jedoch Wählverbindungen vornimmt und somit für Weitverkehrsnetzwerke (WANs) gedacht ist, spricht Microsoft im Zusammenhang mit der Einbindung von Netzwerkadapter-Treibern für ISDN-Adapter in Windows 9x/Me von *NDISWAN*.

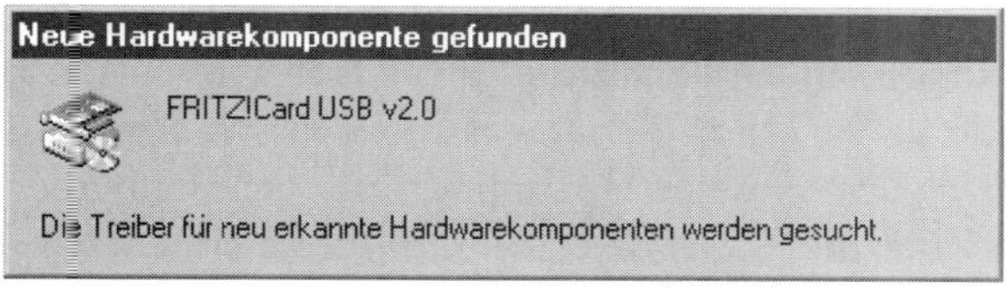

Bild 6.26: ISDN-Adapter, die Plug-and-Play beherrschen (wie es hier bei der Fritz!Card USB v2.0 *von* AVM *der Fall ist), erkennt Windows 9x/Me in der Regel automatisch*

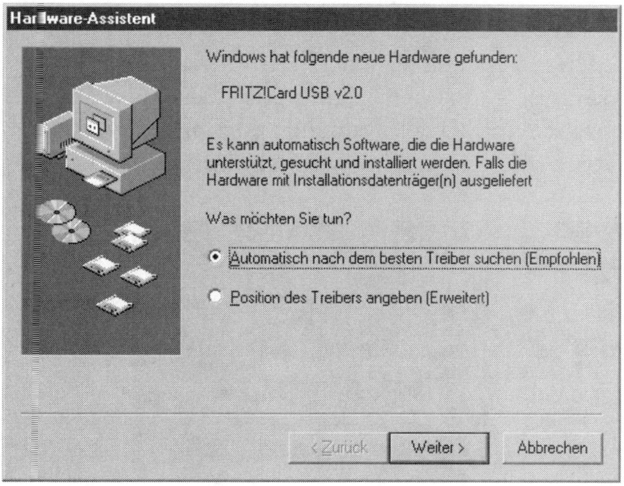

Bild 6.27: Nach der Erkennung des ISDN-Adapters müssen Sie den vom Hersteller dafür vorgesehenen Treiber in Windows 9x/Me einbinden

Da die einzelnen Schritte zur Einbindung eines ISDN-Adapters unter Windows 9x/Me von Hersteller zu Hersteller verschieden ausfallen, gibt es auch keinen allgemeingültigen »Fahrplan«, wie ein ISDN-Adapter unter Windows 9x/Me zu installieren und in Betrieb zu nehmen ist. In der Regel sollten Sie das bei dem ISDN-Adapter auf Diskette oder CD-ROM vom Hersteller mitgelieferte Setup-Programm verwenden und seinen respektive den im Handbuch zu findenden Anweisungen folgen.

Abhängig davon, um welche Art von ISDN-Adapter es sich handelt (etwa einen Plug-and-Play-Adapter für den ISA-Bus, eine PCI-Steckkarte, ein externes USB-Gerät etc.), wird dieser automatisch von Windows 9x/Me erkannt (siehe Bild 6.26). Haben Sie den Computer mit einer internen PC-Steckkarte erweitert oder an diesen ein externes Gerät (etwa über USB) angeschlossen, erlangt Windows 9x/Me in der Regel automatisch Kenntnis von der Existenz des ISDN-Adapters beim Hochfahren oder im laufenden Betrieb und fordert Sie dazu auf, die passenden Treiber von einem entsprechenden Datenträger einzubinden (siehe Bild 6.27).

Im Falle von AVM wird sogleich automatisch das Setup-Programm für den ISDN-Adapter aufgerufen (siehe Bild 6.28) , über das sich das ISDN-Steuerprotokoll für den D-Kanal (heutzutage DSS1, nur frühere ISDN-Anschlüsse der Deutschen Telekom verwenden das ältere Protokoll 1TR6) einstellen lässt. Zudem ist es anschließend möglich, die Fritz!-Software von AVM gleich mit zu installieren. Diese verwandelt den Windows 9x/Me-PC in eine ISDN-Kommunikationszentrale, um den Computer beispielsweise als Anrufbeantworter zu betreiben und Fax-Dokumente empfangen, versenden (auch an analoge, so genannte »G3«-Faxgeräte) oder abzurufen.

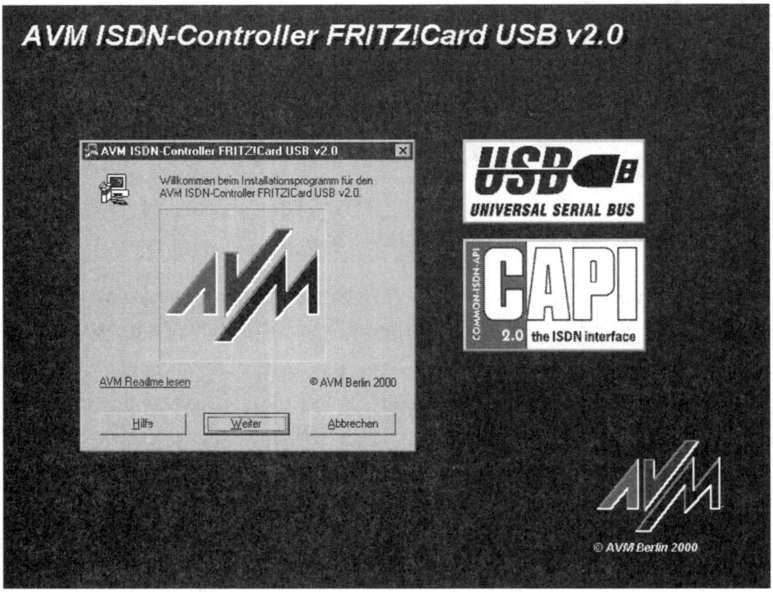

Bild 6.28: Im Anschluss an die Einbindung des ISDN-Adapters in Windows 9x/Me wird bei AVM automatisch ein Setup-Programm aufgerufen

Aufgrund der überragenden Bedeutung der ISDN-Adapter von AVM sowie des breit gefächerten Funktionsumfangs sowohl der Windows 9x/Me-Treiber als auch der Fritz!-Programme dieses Herstellers erscheint es sinnvoll, sich kurz vor Augen zu führen, welches für Windows 9x/Me und dessen DFÜ-Netzwerk sowie die Einwahl ins Internet relevante Feature sich mit welcher Software-Komponente von AVM realisieren lässt:

- Der Windows 9x/Me-Treiber von AVM bindet den ISDN-Adapter als eigenständige Instanz in Windows 9x/Me ein. Zudem stellt er die CAPI-Funktionalität (sowohl CAPI 2.0 als auch CAPI 1.1 – also Dual-CAPI) bereit.
- Um den ISDN-Adapter im DFÜ-Netzwerk verwenden und darüber die Einwahl ins Internet vornehmen zu können, sind weitere Schritte erforderlich. Das DFÜ-Netzwerk von Windows 9x/Me kann neben Modems nämlich nur solche ISDN-Adapter verwenden, für die ein NDISWAN-Treiber existiert – der dafür verantwortlich zeichnet, dass der ISDN-Adapter als Netzwerkadapter unter Windows 9x/Me geführt wird. Um also einen ISDN-Adapter von AVM dem DFÜ-Netzwerk in Windows 9x/Me zugänglich zu machen, bestehen folgende Möglichkeiten:
    - Virtuelle Modems
      Der *AVM ISDN CAPI-Port-Treiber* stellt Windows 9x/Me mehrere virtuelle Modems bereit (siehe Bild 6.29). So können Applikationen wie zum Beispiel das DFÜ-Netzwerk von Windows 9x/Me, die ein analoges Modem erwarten, einfach auf ein Modem zurückgreifen – um darüber die Einwahl ins Internet durchzuführen. Die eigentliche Abwicklung von Komunikationsvorgängen über ein solches virtuelles Modem wird tatsächlich vom ISDN-Adapter durchgeführt – doch hiervon bekommt die Applikation ebenso wenig etwas mit wie davon, dass es sich bei dem vermeintlichen Modem um gar kein »echtes«, sondern nur ein virtuelles Modem handelt.

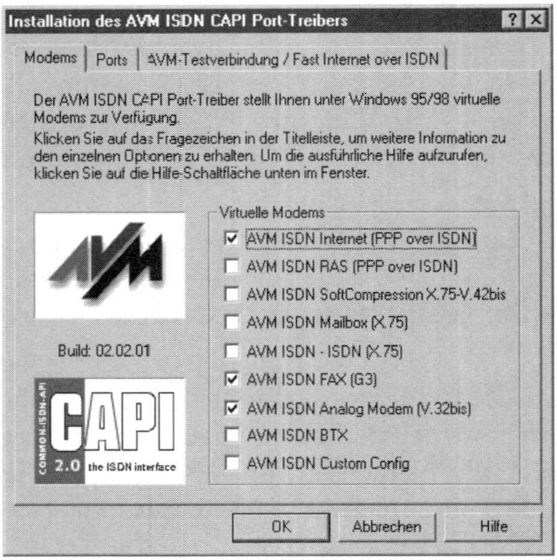

Bild 6.29: Über den CAPI-Port-Treiber von AVM lassen sich virtuelle Modems für einen ISDN-Adapter unter Windows 9x/Me emulieren

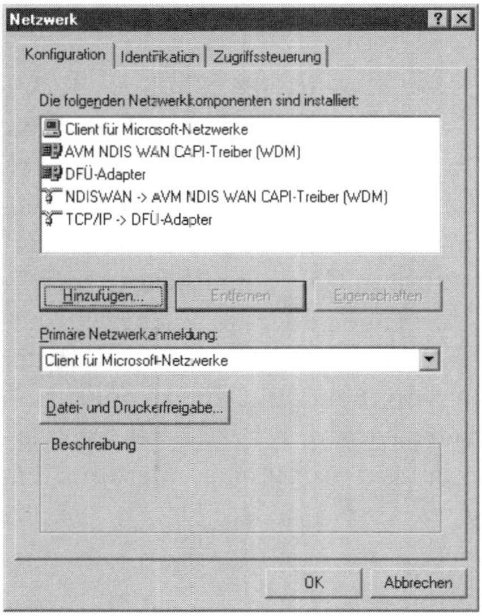

Bild 6.30: Der NDISWAN CAPI-Treiber bindet den AVM-ISDN-Adapter als Netzwerkadapter in Windows 9x/Me ein, der vom DFÜ-Netzwerk genutzt werden kann

   - NDISWAN CAPI-Treiber
     Alternativ dazu bindet der *AVM NDIS WAN CAPI-Treiber* den ISDN-Adapter als Netzwerkadapter in die Windows 9x/Me-Architektur ein. So steht der ISDN-Adapter nicht nur als Netzwerkadapter im Netzwerk von Windows 9x/Me zur Verfügung: Zudem kann der dabei verwendete NDISWAN-Treibers vom DFÜ-Netzwerk direkt angesprochen werden (siehe Bild 6.30), um darüber die Einwahl ins Internet abzuwickeln.

- Darüber hinaus hat AVM mit der in der Fritz!-Software enthaltenen Komponente *Fritz!web* eine Alternative zum DFÜ-Netzwerk von Windows 9x/Me entwickelt. Wird Fritz!web unter Windows 9x/Me installiert und aktiviert, kann die Einwahl ins Internet gänzlich autark von dieser Komponente gesteuert werden, ohne das DFÜ-Netzwerk dafür zu involvieren. Der große Vorteil von Fritz!web liegt dabei in seinen speziell auf den Internet-Zugang über ISDN zugeschnittenen Features, die dank des übersichtlichen Outfits sehr einfach zu benutzen sind:

   - Die Kanalbündelung der beiden ISDN-Übertragungskanäle (auch *Multilink* genannt) kann per Mausklick aktiviert und deaktiviert werden.

Hinweis

Nicht alle Internet-Service-Provider unterstützen die Datenkomprimierung. Um diese Funktion nutzen zu können, muss der Einwahlknoten des Internet-Service-Providers aber ebenfalls mit einer Datenkomprimierung arbeiten. Im Zweifelsfall sollten Sie sich bei Ihrem Internet-Service-Provider erkundigen, wie es um die Datenkomprimierung bei der Einwahl über ISDN bestellt ist.

   - Dank der Möglichkeit, eine Datenkomprimierung zu verwenden, kann die Übertragungseffizienz bei unkomprimierten Daten teils deutlich erhöht werden. Auf diese Weise werden beispielsweise Webseiten wesentlich schneller geladen als ohne Verwendung der Komprimierung. Per Mausklick kann die Datenkomprimierung ein- und ausgeschaltet werden, sodass sich daraus ergebende Performance-Unterschiede sofort sichtbar werden.

- Internet-Gebühren sparen hilft der so genannte Short-Hold-Modus von Fritz!web. Findet für eine gewisse Zeit (standardmäßig 60 Sekunden) keine Übertragung statt, wird die Internet-Verbindung automatisch abgebaut. Sobald erneute Zugriffe vom PC auf das Internet stattfinden sollen, sorgt Fritz!web für eine erneute Einwahl ins Internet – was dank ISDN in typischerweise 2 Sekunden und daher mit kaum merklicher Verzögerung vonstatten geht.

Hinweis

Diese von Fritz!web bereitgestellten Features lassen sich theoretisch auch mit dem DFÜ-Netzwerk von Windows 9x/Me realisieren. Allerdings sind hierzu entsprechende Einstellungen an unterschiedlichen Stellen vorzunehmen, da das DFÜ-Netzwerk den ISDN-Adapter als Netzwerkadapter oder aber (virtuelles) Modem benutzt, was bei der direkten Verwendung ISDN-spezifischer Features nicht vollends überzeugt. Anstatt Erweiterungen am DFÜ-Netzwerk-Konzept von Windows 9x/Me vorzunehmen, hat sich AVM offensichtlich dafür entschieden, mit Fritz!web eine Alternative zum DFÜ-Netzwerk bereitzustellen, die vollends auf die Nutzung von ISDN zur Einwahl ins Internet abgestimmt ist. Weiter wollen wir an dieser Stelle jedoch nicht auf Fritz!web eingehen, da sich dieses Buch der Einheitlichkeit halber (nicht alle Anwender nennen einen ISDN-Adapter ihr Eigen, sondern viele wählen sich auch per Modem ins Internet ein – und hierfür kann Fritz!web nicht herangezogen werden) auf das von Microsoft gelieferte, in Windows 9x/Me vorinstallierte DFÜ-Netzwerk konzentriert.

Es gibt also prinzipielle Unterschiede, wie die Einbindung eines ISDN-Adapters in Windows 9x/Me erfolgt. Während manche Lösungen den ISDN-Adapter standardmäßig lediglich als eigenständiges Gerät in Windows 9x/Me einbinden (wie zum Beispiel AVM, siehe Bild 6.31), integrieren andere Hersteller den ISDN-Adapter direkt als NDISWAN-Netzwerkadapter im Netzwerk von Windows 9x/Me (etwa Eicon-Diehl). Meist liefert jeder Hersteller sein eigenes Programm zum Funktionstest des ISDN-Adapters mit (siehe Bild 6.32) – das Sie im Falle grundlegender ISDN-Verbindungsprobleme heranziehen sollten.

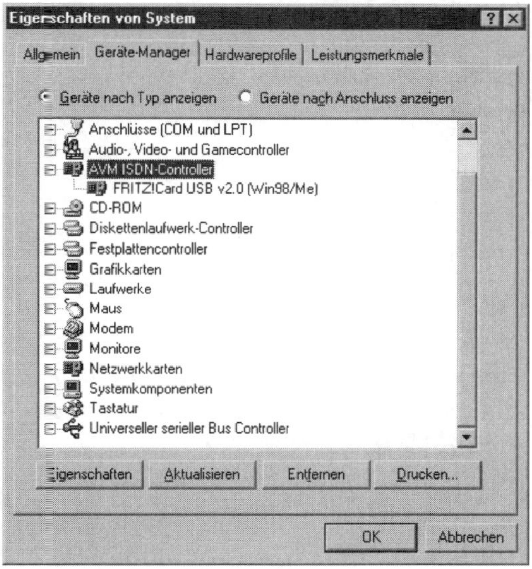

Bild 6.31: ISDN-Adapter können als eigenständiges Gerät in Windows 9x/Me eingebunden werden.

> **Hinweis**
>
> Bei manchen ISDN-Adaptern ist es erforderlich, mehrere Komponenten der Reihe nach zu installieren. Hierbei kann es sich zum Beispiel um Routinen und Treiber handeln, um die CAPI-Implementation für den ISDN-Adapter zu realisieren, eine Emulation analoger Daten- oder Fax-Modems für den ISDN-Adapter vorzunehmen oder den ISDN-Adapter im DFÜ-Netzwerk von Windows 9x/Me bereitzustellen. Die Dokumentation des ISDN-Adapters sollte Sie über Art und Reihenfolge der einzelnen Schritte informieren.

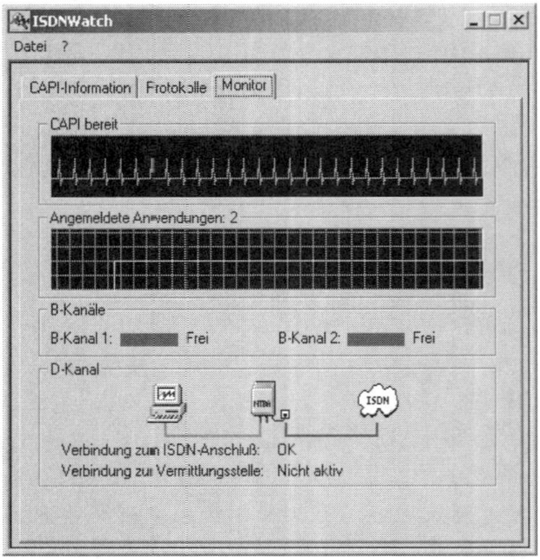

Bild 6.32: Die meisten Hersteller liefern ein kleines Utility mit, das einen Funktionstest des ISDN-Adapters und seiner Funktionen ermöglicht (hier: »ISDNWatch« von AVM)

Aus diesem Grund möchte ich es damit an dieser Stelle auch bewenden lassen und Sie für die Einbindung des ISDN-Adapters unter Windows 9x/Me auf die Dokumentation des Herstellers verweisen. Der Anleitung entnehmen Sie auch, ob zuerst die Treiber-Software unter Windows 9x/Me und anschließend der ISDN-Adapter im PC installiert werden muss oder ob Sie genau umgekehrt vorgehen müssen.

6.6 Umgang mit Standorten und Wählparametern

Besitzt Windows 9x/Me Kenntnis davon, in welchem Land sich der PC befindet und wie Ihre Ortsvorwahl lautet, kann das DFÜ-Netzwerk bei der Einwahl ins Internet automatisch eine Vorwahlnummer vorschlagen. Und nicht nur das: Bewegen Sie den PC zwischen mehreren Standorten hin und her, brauchen Sie Windows 9x/Me nur die Vorwahlnummer des neuen Standorts mitzuteilen und diesen zu aktivieren. Wie daraufhin die Telefonnummer lautet, die das DFÜ-Netzwerk zur Einwahl in einen Einwahlknoten Ihres Internet-Service-Provider wählen soll, kann dabei ebenfalls ermittelt werden. Darin eingeschlossen ist auch ein eventuelles Wahlpräfix – falls das Modem an einer Nebenstellen- bzw. Telefonanlage angeschlossen ist, wo zum Beispiel zuerst eine 0 gewählt werden muss, um eine Amtsleitung zu erhalten.

6.6.1 Standortinformationen festlegen

Falls es sich bei dem zuvor eingebundenen Modem oder ISDN-Adapter um das erste Kommunikationsgerät handelt, erwartet Windows 9x/Me Angaben von Ihnen, wo sich der PC befindet, auf welche Weise eine Amtsleitung zu erhalten ist und welche Wahlverfahren Verwendung findet. Diese Informationen gelten für alle Modems oder ISDN-Adapters, die an den PC angeschlossen sind.

Die entsprechenden Angaben müssen Sie einmalig im Dialogfeld *Standortinformationen* eintragen (siehe Bild 6.33). Wann dieses Dialogfeld erscheint, hängt davon ab, auf welche Art und Weise Sie welches Kommunikationsgerät in Windows 9x/Me einbinden:

- Wird ein Modem von dem Plug-and-Play-Mechanismus, über den Modem-Assistent oder den Hardware-Assistent in Windows 9x/Me eingebunden, erscheint dieses Dialogfeld in der Regel automatisch gegen Ende der Modem-Installation oder unmittelbar im Anschluss daran.
- Ist dies nicht der Fall (wie es etwa bei der Einbindung eines ISDN-Adapters in Windows 9x/Me vorkommen kann), tritt das Dialogfeld *Standortinformationen* automatisch in Erscheinung, wenn Sie das erste Mal ein Modem verwenden möchten – etwa, indem Sie eine DFÜ-Netzwerk-Verbindung bearbeiten.

Im Dialogfeld *Standortinformationen* gilt es, Informationen über den Standort des Windows 9x/Me-PCs einzutragen. Dabei handelt es sich insbesondere um das Land (beispielsweise Deutschland) und die Vorwahl Ihres Ortsbereichs ohne führende *0* (etwa *30* für Berlin). Falls das Modem an einer Nebenstellenanlage angeschlossen ist, die zur Amtsholung zum Beispiel das Wahlpräfix *0* oder *9* erfordert, tragen Sie den entsprechenden Wert in dem dafür vorgesehenen Eingabefeld ein – andernfalls lassen Sie dieses einfach leer. Abhängig davon, ob Ihre Telefonleitung mit Puls- oder Tonwahl (Impuls- oder Mehrfrequenzwahlverfahren) arbeitet, wählen Sie eine der beiden Optionen aus. Das Impulswahlverfahren wird abgekürzt auch als *IWV* bezeichnet. Die Abkürzung für das Mehrfrequenzwahlverfahren lautet *MFV*.

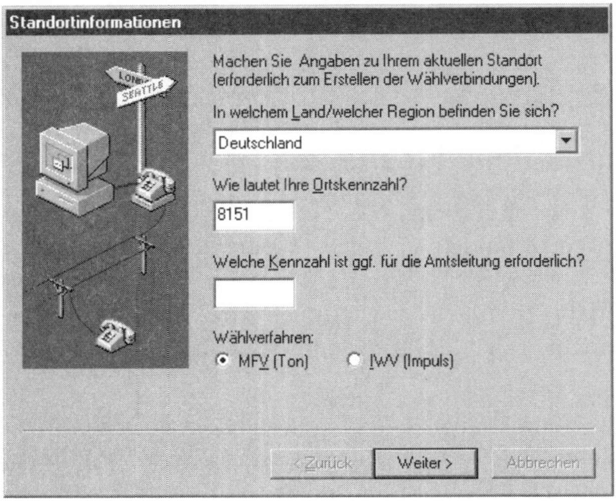

Bild 6.33: Bekanntgabe der Standortinformationen beim ersten in Windows 9x/Me eingebundenen Kommunikationsgerät

Hinweis

Verwenden Sie beispielsweise bei Ihrem Telefon das ältere Impulswahlverfahren, hören Sie für jede gewählte Ziffer ein deutliches Klackern (von einem Relais stammend, das jede Ziffer in die entsprechende Anzahl kurzer Signale umsetzt). Unterstützt Ihre Telefonleitung das Mehrfrequenzwahlverfahren, entspricht jede Ziffer einem Ton in einer festgelegten Höhe (beim Wählen einer Telefonnummer hören Sie deshalb eine Folge von Tönen). Da sich die Ziffern einer Telefonnummer schneller durch Töne als durch Relais-Signale ausdrücken lassen, sollten Sie versuchen, Ihr Modem mit Mehrfrequenzwahlverfahren zu betreiben. Voraussetzung dafür ist, dass Ihre analoge Telefonleitung mit einer digitalen Vermittlungsstelle verbunden ist – was in Deutschland aber inzwischen flächendeckend üblich ist.

Die Definition der Standortinformationen wird durch Betätigung der Schaltfläche *Weiter* abgeschlossen. Künftig erscheint das Dialogfeld *Standortinformationen* dann nicht mehr, sein Erscheinen ist einmalig.

6.6.2 Bearbeitung von Standortinformationen

Bei Bedarf können Sie die für Ihren bei der Einbindung des ersten Kommunikationsgeräts eingerichteten Standorts getroffenen Vorgaben bearbeiten. Da das Dialogfeld Standortinformationen aber nur einmalig erscheint, stellt sich die Frage, wo dies in Windows 9x/Me geschieht. Hierfür bestehen mehrere Möglichkeiten:

1. Begeben Sie sich in die Systemsteuerung und öffnen dort das Applet *Modems*, um das Dialogfeld *Eigenschaften von Modems* zu erhalten. Dort klicken Sie die im Bereich *Wahleinstellungen* auf der Registerkarte *Allgemein* enthaltene Schaltfläche *Wählparameter* an. Daraufhin bekommen Sie ein gleichnamiges Dialogfeld angezeigt, das auf der Registerkarte *Standorte* die entsprechenden Informationen bereithält (siehe Bild 6.34).
2. Alternativ können Sie das Applet *Telefonie* in der Systemsteuerung von Windows 9x/Me öffnen, um zu diesem Dialogfeld zu gelangen.

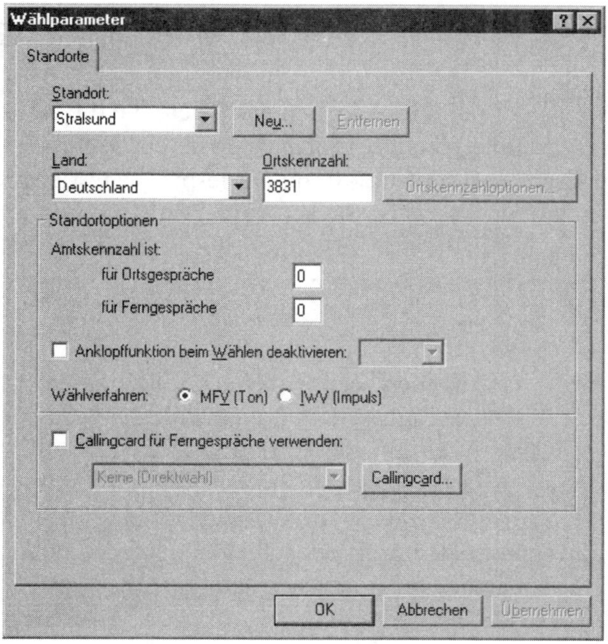

Bild 6.34: Standorte und ihre Wählparameter bearbeiten

Auf der Registerkarte *Standorte* werden alle Angaben zu Ihrem gegenwärtig eingestellten Standort ausgewiesen. Für jeden Standort sind neben seinem Namen seine Vorwahlnummer ohne führende Null sowie das zugehörige Land vermerkt. Welchen Standort Windows 9x/Me gegenwärtig verwendet, ist dem gleichnamigen Kombinationsfeld zu entnehmen. Falls Sie Ihren PC mit auf Reisen nehmen, was wohl in erster Linie für Besitzer eines tragbaren Rechners von Bedeutung ist, können Sie in diesem Kombinationsfeld einen anderen Standort auswählen. Voraussetzung dafür ist, dass Sie diesen zuvor über die Schaltfläche *Neu* hinzugefügt haben. Über die Schaltfläche *Entfernen* können Sie zudem einen definierten Standort löschen.

Hinweis

Die im Dialogfeld *Standortinformationen* eingetragenen Daten werden standardmäßig im Standort *Neuer Standort* hinterlegt. Diese Bezeichnung können Sie aber auch entfernen, um dem Standort umzubenennen und mit einem für Sie aussagekräftigen Namen zu versehen.

Im Bereich *Standortoptionen* sind mehrere Angaben enthalten, die die technische Bedingungen des ausgewählten Standorts charakterisieren. So können Sie beispielsweise eine Amtskennzahl für Orts- und Ferngespräche festlegen. Dies ist unter anderem von Bedeutung, wenn Sie Ihr Modem nicht direkt an das öffentliche Telefonnetz, sondern an eine Telefonanlage anschließen, bei der Sie Ziffern wie 0 oder 9 vorwählen müssen, um ein Amt zu bekommen.

Hinweis

Haben Sie Ihr Modem an einer Telefonanlage angeschlossen, empfiehlt es sich ferner, bei den Eigenschaften dieses Modems das Kontrollkästchen *Vor dem Wählen auf Freizeichen warten* zu deaktivieren (siehe oben, Bild 6.18). So verhindern Sie, dass das Modem vor der Durchführung eines Wahlvorgangs auf das vom öffentlichen Telefonnetz her bekannte Freizeichen wartet, das bei Verwendung einer Telefonanlage nicht zur Verfügung steht.

Wenn Sie mit Windows 98 oder Windows 98 Zweite Ausgabe arbeiten, enthält die Registerkarte *Standorte* das Kontrollkästchen *Wartefunktion beim Wählen deaktivieren*. Dieses erlaubt es, eine eventuelle Wartefunktion der verwendeten Telefonleitung zu beeinflussen. Folgen Sie hierzu den Anweisungen der Telefongesellschaft, welche die Telefonleitung im angegebenen Standort bereitstellt. In Deutschland ist dieses Verfahren nicht üblich.

Bei Windows Me hält die Registerkarte *Standorte* dagegen das Kontrollkästchen *Anklopffunktion beim Wählen deaktivieren* bereit. Hierüber können Sie sicherstellen, dass das Leistungsmerkmal »Anklopfen« für Ihre Telefonleitung deaktiviert wird, wenn Sie sich mit dem Modem in den Einwahlknoten Ihres Internet-Service-Providers einwählen. Denn das bei einem aktiven Telefongespräch ansonsten im Hintergrund zu hörende Klopfgeräusch – das Ihnen während des Telefonats signalisiert, dass Sie jemand anzurufen versucht – kann die Datenübertragung Ihres Modems stören. Haben Sie das Kontrollkästchen mit einer Markierung versehen, können Sie im nebenstehenden Listenfeld die Kombination eintragen, mit der sich die Anklopfen-Funktion bei der entsprechenden Telefonleitung temporär (also nicht dauerhaft) ausschalten lässt. Auf diese Weise deaktiviert Windows Me zunächst die Anklopf-Funktion der Telefonleitung, an der ein Kommunikationsgerät angeschlossen ist, um erst anschließend den Wahlvorgang vorzunehmen. Bei der deutschen Telekom ist hierfür die Kombination *#43#* zu verwenden (mit **43#* schalten Sie die Anklopfen-Funktion bei der Deutschen Telekom wieder ein).

Die beiden Optionen im Feld *Wählverfahren* schließlich legen fest, ob die verwendete Telefonleitung in diesem Standort Puls- oder Tonwahl (Impulswahlverfahren oder Mehrfrequenzwahlverfahren) benutzt.

Entsprechen alle Einstellungen Ihres Standortes Ihren Vorstellungen, betätigen Sie die Schaltfläche *OK*, um die Vorgaben zu speichern. Daraufhin kehren Sie entweder wieder zur Registerkarte *Allgemein* des Dialogfelds *Eigenschaften für Modems* oder aber wieder zur Systemsteuerung zurück – abhängig davon, von wo aus Sie die Standortinformationen bearbeitet haben.

Kapitel 7
Mit Windows 9x/Me ins Internet

Online auf dem Information-Highway – dies verbinden viele Anwender mit dem *Internet*. Obgleich das Internet nicht die einzige Möglichkeit darstellt, online zu gehen, ist dies ist im Großen und Ganzen richtig, denn zweifelsohne hat das Internet den Online-Boom kräftig beflügelt. Einer der Hauptgründe dafür ist das *World Wide Web*, ein Internet-Dienst, der ein grafisches Durchforsten der im Internet gebotenen Informationsflut gestattet und durch seine Organisation, sprich die Hyperlinks, die »Zapping«-Mentalität des modernen TV-Konsumenten auch in das Internet hineinträgt.

> **Achtung**
>
> Das Internet ist ein weltumspannendes Netz. Somit liegen die meisten der hierüber erreichbaren Informationen in Englisch vor. Doch lassen Sie sich davon nicht abhalten: In vielen Bereichen spricht man auch Deutsch.

Um sich mit dem Windows 9x/Me-PC im Internet nach Herzenslust zu bewegen und dort zu stöbern (man spricht hier neudeutsch vom *Surfen*), bedarf es Mechanismen, die es ermöglichen, sich bei einem Einwahlknoten eines Internet-Service-Providern einwählen zu können. Die dementsprechenden Funktionen sind bei Windows 9x/Me im *DFÜ-Netzwerk* untergebracht. Was es damit auf sich hat, wie Sie mit dem DFÜ-Netzwerk einfach und flexibel umgehen können, um entsprechende Verbindungen zur Einwahl ins Internet bequem zu erstellen und zu bearbeiten – damit beschäftigen sich die nachfolgenden Seiten in diesem Kapitel.

Hinweis

Je besser Sie die Möglichkeiten des DFÜ-Netzwerks kennen, über das Windows 9x/Me den Zugang Ihres PCs zum Internet abwickelt, desto flexibler können Sie die daraus resultierenden Verfahren nutzen. Bereits wenn Sie nur ein wenig mit dem DFÜ-Netzwerk umzugehen verstehen, stellt es beispielsweise kein Problem mehr dar, zwischen verschiedenen Zugangsknoten eines Internet-Service-Providers oder gar zwischen mehreren Internet-Service-Providern bei Bedarf hin- und herzuwechseln, um kostengünstige Internet-by-Call-Tarife auszuschöpfen. Für all dies benötigen Sie kein Profiwissen: Unterstützt von einem Assistenten können auch Einsteiger die entsprechenden Einstellungen relativ mühelos vornehmen.

7.1 Die Verbindung ins Internet: DFÜ-Netzwerk

Über das *DFÜ-Netzwerk* hat Microsoft umfangreiche Routinen in Windows 9x/Me implementiert, die dem PC einen komfortablen Zugriff auf entfernte Rechner oder Netze erlauben. Das DFÜ-Netzwerk fasst dabei sozusagen alle Funktionen unter einem Dach zusammen, um zum Beispiel per Modem oder ISDN-Adapter eine Verbindung zu entfernten Netzwerken herzustellen und mit diesen Datenfernübertragung zu betreiben – sprich, Daten per DFÜ auszutauschen. Auf diese Weise können Sie sich »aus der Ferne« – zum Beispiel von zu Hause oder unterwegs – mit dem Netzwerk Ihrer Firma (genau genommen also dem lokalen Netzwerk, LAN) verbinden, ohne »vor Ort« sein zu müssen. Das mit dem PC verbundene Kommunikationsgerät fungiert dabei sozusagen als Netzwerkadapter, über den Windows 9x/Me den gesamten Datenaustausch abwickelt.

Das DFÜ-Netzwerk kommt aber keineswegs nur mit der Einwahl in ein entferntes Unternehmensnetzwerk zurecht. Genauso zeichnet das DFÜ-Netzwerk auch für die Einwahl ins Internet verantwortlich – bei dem es sich, wie der Name bereits zum Ausdruck bringt, ja ebenfalls um ein Netzwerk handelt (wenn das Internet auch zugegebenermaßen ein überaus großes Netzwerk darstellt).

> **Hinweis** Sich in ein Netzwerk einwählen bezeichnet man auch als *Fernzugriff* oder *Remote Access*. Der entsprechende Dienst, der auf einem Computer läuft, trägt dabei die Bezeichnung *Remote Access Service* oder kurz *RAS*.

Zur Flexibilität des DFÜ-Netzwerks trägt zudem bei, dass es daher mit einer Unterstützung für alle verbreiteten Netzwerkprotokolle und Rechnersysteme versehen wurde – und das ermöglicht nicht nur die wahlweise Verbindungsaufnahme mit einem lokalen Netzwerk Ihrer Firma oder dem Internet, sondern auch einer Kombination von beidem (wobei spezielle Verfahren dafür sorgen, dass die Sicherheit bei der Übertragung möglicherweise sensitiver Unternehmensdaten über das öffentliche Internet gewahrt bleibt).

Sind die technischen Voraussetzungen in Ihrer Firma gegeben, können Sie nun auch von zu Hause aus arbeiten. »Was, noch mehr arbeiten?«, werden Sie jetzt vielleicht fragen. Aber dazu braucht es gar nicht zu kommen, im Gegenteil: Das DFÜ-Netzwerk gestattet es, die Lebensqualität zu steigern. Lassen Sie mich dies an einem einfachen Beispiel demonstrieren: Anstatt sich zu Stoßzeiten wie Montag morgens oder Freitag nachmittags durch den Berufsverkehr zu quälen und dabei etliche Zeit im Stau zu verbringen, verlegen Sie einen Teil Ihrer Arbeit einfach nach Hause. Stecken Ihre Kollegen im Stau, sitzen Sie gemütlich etwa bei einer Tasse Kaffee vor Windows 9x/Me und haben sich über das DFÜ-Netzwerk mit dem Internet verbunden, um darüber Ihre Firmen-E-Mails zu versenden und zu empfangen. Somit sind Sie am morgen in der Lage, später loszufahren, die typische Rush-hour zu vermeiden und nur wenig später als Ihre Kollegen im Büro einzutreffen – allerdings wesentlich entspannter als diese. Bei Bedarf können Sie sich umgekehrt am Nachmittag bereits vor Einsetzen der Rush-hour auf den Nachhauseweg machen, um später beispielsweise noch ein wenig von zu Hause aus zu arbeiten – wiederum über das DFÜ-Netzwerk von Windows 9x/Me sowie das Internet. Voraussetzung hierfür ist lediglich, dass in Ihrer Firma die technischen Möglichkeiten existieren, Ihre E-Mails über das Internet abrufen und neue E-Mails über das Internet zu verschicken.

Sind die technischen Gegebenheiten Ihrer Firma im Hinblick auf das Internet stärker ausgeprägt, braucht es bei dem E-Mail-Zugriff aus der Ferne nicht zu bleiben: Falls in der IT-Umgebung des Unternehmens vorgesehen, können Sie sich mithilfe des DFÜ-Netzwerks von Windows 9x/Me zunächst mit dem Internet und darüber schließlich mit dem lokalen Netzwerk in Ihrem Unternehmen zu verbinden (das Stichwort in diesem Zusammenhang lautet *VPN*, was als Abkürzung für *Virtual Private Networking* oder zu Deutsch *virtuelles privates Netzwerk* steht). Alsdann können Sie von zu Hause oder unterwegs aus genau wie mit einem PC arbeiten, der direkt in das lokale Firmennetzwerk eingebunden ist – nur eben etwas langsamer, nämlich zum Beispiel per Modem oder ISDN-Adapter. Sind in Ihrer Firma gar Lösungen wie zum Beispiel die so genannten *Terminaldienste* von Windows 2000 Server im Einsatz, können Sie darüber Ihren Windows-Desktop aus der Firma auf Ihren entfernten Windows 9x/Me-PC »holen«. Dabei steuern Sie Ihren aus der Firma her bekannten Windows-Desktop quasi fern, was auch in Verbindung mit Modem oder ISDN-Adapter ein recht flüssiges Arbeiten mit all den Applikationen und Dateien gestattet, auf die Sie von Ihrem Firmen-PC am Schreibtisch auch Zugriff haben.

Achtung

Wohlgemerkt, für diese Funktionalitäten muss die IT-Umgebung Ihres Unternehmens mit entsprechenden Produkten und Lösungen ausgestattet sein – das DFÜ-Netzwerk von Windows 9x/Me allein kann dies nicht. Allerdings ist das DFÜ-Netzwerk von Windows 9x/Me dazu in der Lage, Ihren entfernten PC komfortabel und leistungsfähig mit dem Internet sowie dem lokalen Netzwerk Ihrer Firma zu verbinden und so die Verbindung zu knüpfen, die überhaupt erst die Nutzung der beschriebene Funktionalität ermöglicht.

7.1.1 Installation des DFÜ-Netzwerks

Um die mit dem DFÜ-Netzwerk verbundenen Funktionen einsetzen zu können, muss es unter Windows 9x/Me installiert sein. In der Regel sollte dies automatisch geschehen – spätestens dann, wenn Sie ein Kommunikationsgerät in Windows 9x/Me einbinden.

Hinweis

Weist der Windows-Explorer von Windows 9x/Me im *Arbeitsplatz* bereits den Ordner *DFÜ-Netzwerk* aus, ist dieses ordnungsgemäß installiert.

Für den Fall der Fälle können Sie das DFÜ-Netzwerk aber auch manuell unter Windows 9x/Me installieren. Hierzu öffnen Sie das Applet *Software* in der Systemsteuerung, um sich im darauf folgenden Dialogfeld *Eigenschaften von Software* auf die Registerkarte *Windows Setup* zu begeben. In der dortigen Auflistung ist der Eintrag *Verbindungen* zu markieren und die Schaltfläche *Details* zu betätigen. Sodann erscheint das Dialogfeld *Verbindungen* (siehe Bild 7.1). Dort ist auch ein Eintrag für die Komponente *DFÜ-Netzwerk* vorhanden. Ist das davor stehende Kästchen aktiviert, wurde das DFÜ-Netzwerk bereits auf Ihrem Windows 9x/Me-PC installiert. Andernfalls können Sie dies jetzt nachholen.

Hinweis

Das DFÜ-Netzwerk sollte zudem automatisch installiert werden, wenn Sie ein Modem oder einen ISDN-Adapter in die Kommunikationsarchitektur von Windows 9x/Me einbinden.

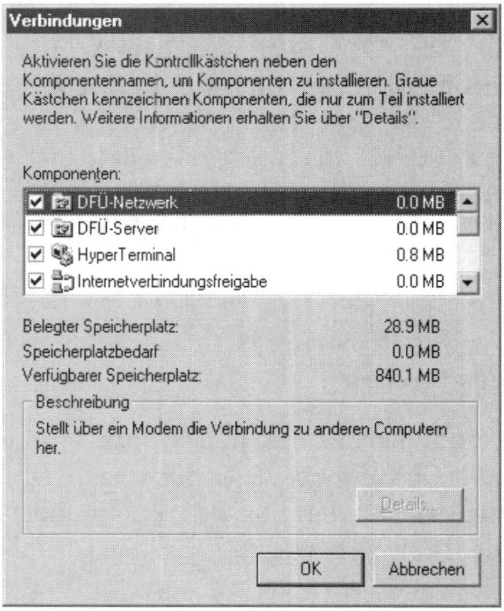

Bild 7.1: Das DFÜ-Netzwerk ist eine Verbindungskomponente von Windows 9x/Me und lässt sich über das Windows-Setup gezielt installieren

Sicherheitshalber können Sie prüfen, ob die vom DFÜ-Netzwerk benötigten Netzwerkkomponenten zur Verfügung stehen. Ist das DFÜ-Netzwerk installiert, sollte sich auf Ihrem Desktop das Objekt *Netzwerkumgebung* befinden. Klicken Sie dieses mit der primären Maustaste an und wählen aus dem anschließenden Kontextmenü den Befehl EIGENSCHAFTEN aus, sollten in der auf der Registerkarte *Konfiguration* zu findenden Auflistung mehrere Komponenten enthalten sein (siehe Bild 7.2). Um sich über das DFÜ-Netzwerk ins Internet einwählen zu können, müssen hier mindestens die folgenden Komponenten erscheinen:

1. *Client für Microsoft-Netzwerke*
   Diese Komponente ermöglicht es, dass der Windows 9x/Me-PC auf die Ressourcen eines Netzwerks zugreifen kann.
2. *DFÜ-Adapter*
   Dieser Netzwerkadapter symbolisiert ein Modem und abstrahiert dabei, welches Modem tatsächlich vom DFÜ-Netzwerk zur Einwahl verwendet wird. Die für den Betrieb des DFÜ-Netzwerks benötigten Netzwerkprotokolle lassen sich mithilfe des DFÜ-Adapters sehr einfach verwenden.
3. *TCP/IP* (gebunden an den DFÜ-Adapter)
   Diese Protokoll-Komponente ermöglicht es dem PC, sich mit anderen Geräten im Internet zu verständigen, um deren Dienste zu nutzen und Informationen austauschen zu können.

Ist ein ISDN-Adapter an den PC angeschlossen und über einen NDISWAN-Treiber (siehe Abschnitt 6.6) in die Kommunikationsarchitektur von Windows 9x/Me eingebunden, steht hier zudem eine weitere Netzwerkadapter-Komponente zur Verfügung. Diese ermöglicht es Windows 9x/Me, den ISDN-Adapter über NDISWAN anzusprechen, sodass dieser im DFÜ-Netzwerk als Kommunikationsgerät zur Verfügung steht.

Hinweis

Darüber hinaus können – abhängig von der Konfiguration des Computers – weitere Komponenten im Netzwerk Ihres Windows 9x/Me-PCs installiert sein. Dies ist beispielsweise der Fall, wenn der Computer in ein lokales Netzwerk eingebunden ist.

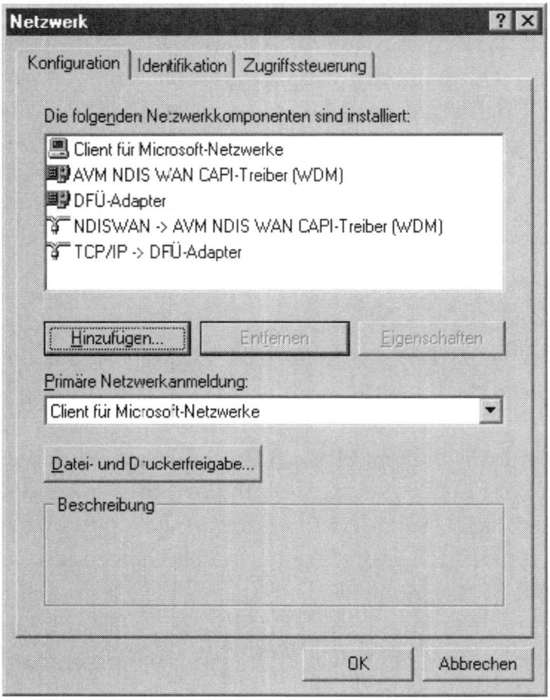

Bild 7.2: Das Netzwerk von Windows 9x/Me benötigt grundlegende Komponenten, damit der PC per Modem oder ISDN-Adapter über das DFÜ-Netzwerk ins Internet gelangt und dort kommunizieren kann

7.1.2 Öffnen des DFÜ-Netzwerks

Um sich zum DFÜ-Netzwerk von Windows 9x/Me zu begeben, stehen mehrere Möglichkeiten zur Verfügung:

- Objekt *Arbeitsplatz*
  Öffnen Sie das auf Ihrem Desktop befindliche Objekt *Arbeitsplatz*. In dem darauf folgenden Fenster ist nun das Objekt *DFÜ-Netzwerk* respektive ein Link dazu enthalten. Hierüber gelangen Sie direkt zum Fenster *DFÜ-Netzwerk*.

- *Windows-Explorer*
  Natürlich können Sie auch den Windows-Explorer heranziehen, um zum DFÜ-Netzwerk von Windows 9x/Me zu gelangen. Über das Startmenü können Sie den Windows-Explorer beispielsweise durch Auswahl des entsprechenden Befehls aus dem Menü PROGRAMME – oder dem darin enthaltenen Menü ZUBEHÖR – aufrufen. Alternativ klicken Sie mit der primären Maustaste auf das Objekt *Arbeitsplatz* auf Ihrem Desktop und wählen im daraufhin erscheinenden Kontextmenü den Befehl WINDOWS-EXPLORER aus. Dieser beinhaltet in seinem linken Fenster unter anderem das Objekt *DFÜ-Netzwerk*, deren Inhalt Sie nach einem einfachen Anklicken im rechten Fenster des Windows-Explorers einsehen können.
- *Zubehör*
  Eine weiterer Weg führt über das Zubehör von Windows 9x/Me. Wählen Sie aus dem Startmenü zunächst den Befehl PROGRAMME/ ZUBEHÖR /KOMMUNIKATION aus. Das jetzt angezeigte Menü enthält unter anderem den Befehl DFÜ-NETZWERK, dessen Auswahl Sie ebenfalls zum DFÜ-Netzwerk von Windows 9x/Me bringt.

Hinweis

Beim erstmaligen Aufruf weist das Programmfenster *DFÜ-Netzwerk* lediglich das Objekt *Neue Verbindung erstellen* aus (siehe Bild 7.3). Dies ändert sich jedoch: Alle DFÜ-Netzwerk-Verbindungen, die Sie im Laufe der Zeit erstellen, werden dann an dieser Stelle ebenfalls angezeigt.

Hinter dem Objekt *Neue Verbindung erstellen* verbirgt sich nichts anderes als der *Assistent zum Hinzufügen einer Verbindung*. Mit seiner Hilfe ist es möglich, eine neue DFÜ-Netzwerk-Verbindung zu erstellen, über die sich Ihr Windows 9x/Me-PC in ein entferntes Netzwerk – wie zum Beispiel das Internet oder aber das lokale Netzwerk Ihrer Firma – einzuwählen imstande ist.

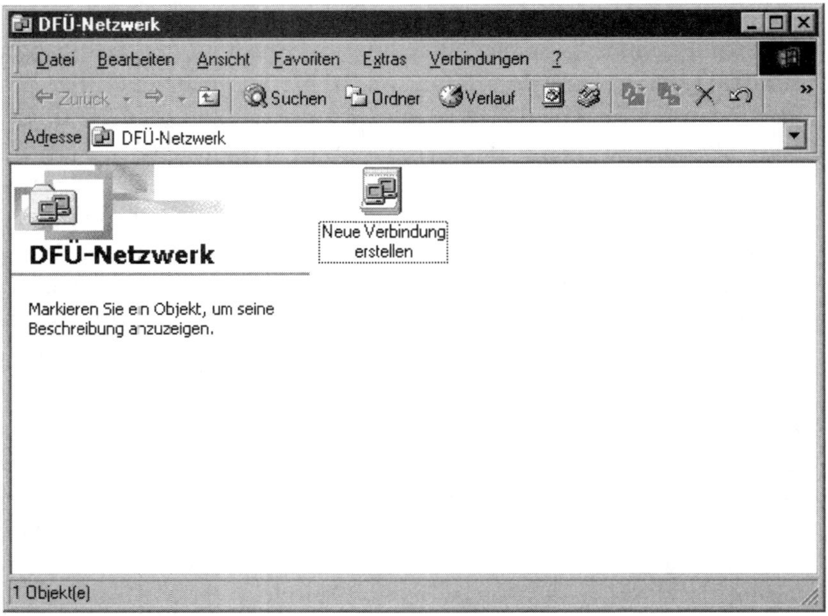

Bild 7.3: Das jungfräuliche DFÜ-Netzwerk (hier: Windows Me)

7.1.3 Bedeutung von DFÜ-Netzwerk-Verbindungen

Zur Kontaktaufnahme mit einem Einwahlknoten Ihres Internet-Service-Providers über Modem oder einen ISDN-Adapter bedarf es also einer geeigneten *DFÜ-Netzwerk-Verbindung*. Der Assistent zum Hinzufügen einer Verbindung stellt allerdings nicht die einzige Möglichkeit dar, eine entsprechende DFÜ-Netzwerk-Verbindung zur Einwahl ins Internet auf Ihrem Windows 9x/Me-PC zu erstellen. Sehen wir uns dies der besseren Übersichtlichkeit halber einmal kurz an:

- *Assistent zum Hinzufügen einer Verbindung*
  Der Assistent zum Hinzufügen einer Verbindung gestattet die Erstellung einer neuen DFÜ-Netzwerk-Verbindung, ist dabei allerdings sehr universell gehalten. Er fokussiert sich nicht auf das Internet, sondern gestattet auch die Erstellung einer DFÜ-Netzwerk-Verbindung, mit der Sie Ihren Windows 9x/Me-PC auch mit anderen entfernten Netzwerken verbinden können. Aus diesem Grund erstellt der Assistent zum Hinzufügen einer Verbindung in erster

Linie auch nur die eigentliche DFÜ-Netzwerk-Verbindung und versieht ihre Eigenschaften lediglich mit Standardwerten. Gerade die Eigenschaften einer DFÜ-Netzwerk-Verbindung legen jedoch das Verhalten für bestimmte Netzwerke (wie das Internet) fest. Kurzum: Erstellen Sie mit dem Assistent zum Hinzufügen einer Verbindung eine DFÜ-Netzwerk-Verbindung, über die sich Ihr Windows 9x/Me-PC per Modem oder ISDN-Adapter mit dem Einwahlknoten eines Internet-Service-Providers verbinden kann, sollten Sie die Eigenschaften der betreffenden DFÜ-Netzwerk-Verbindung einsehen und anschließend im Hinblick auf das Internet manuell anpassen – und zwar, bevor Sie sich über die DFÜ-Netzwerk-Verbindung in das Internet einwählen.

- *Assistent für den Internet-Zugang*
  Wesentlich komfortabler – da direkt auf die Bedürfnisse des Internet abgestimmt – gestaltet sich dagegen die Verwendung des Assistent für den Internet-Zugang. Der Assistent für den Internet-Zugang fragt alle für die Einwahl ins Internet per Modem oder ISDN-Adapter relevanten Informationen ab und erstellt daraus eine neue DFÜ-Netzwerk-Verbindung, deren Eigenschaften bereits auf ihren Zweck – die Einwahl ins Internet – abgestimmt sind.

Hinweis

Ferner offerieren manche Internet-Service-Provider kleine Utilities, die eine entsprechende DFÜ-Netzwerk-Verbindung zur Einwahl in einen ihrer Einwahlknoten im DFÜ-Netzwerk Ihres Windows 9x/Me-PCs erstellen.

Einige Profis mögen es zwar vorziehen, eine neue DFÜ-Netzwerk-Verbindung zur Einwahl ins Internet über den Assistenten zum Hinzufügen einer Verbindung zu erstellen und die Eigenschaften der darüber erstellten DFÜ-Netzwerk-Verbindung manuell anzupassen – doch erweist sich der Assistent für den Internet-Zugang (nicht nur für Einsteiger) als wesentlich bequemer, da er alle relevanten Einstellungen in den Eigenschaften der neuen DFÜ-Netzwerk-Verbindung bereits von sich aus vornimmt. Wenn Sie den Assistenten für den Internet-Zugang einsetzen, können Sie die von diesem erstellte DFÜ-Netzwerk-Verbindung zur Einwahl ins Internet in der Regel direkt verwenden, um erfolgreich ins Internet zu gelangen – während bei

Verwendung des Assistenten zum Hinzufügen einer Verbindung hier häufig noch etwas »Handarbeit« erforderlich ist.

Da der Assistent für den Internet-Zugang also direkt eine neue, für die Einwahl ins Internet passende, fertig konfigurierte DFÜ-Netzwerk-Verbindung erstellt, wollen wir uns also vor allem diesen dienstbaren Geist ansehen.

7.2 Assistent für den Internet-Zugang

Am einfachsten lässt sich ein Windows 9x/Me-PC zur Kontaktaufnahme mit dem Internet über den *Assistent für den Internet-Zugang* konfigurieren. Dieses Programm fragt alle erforderlichen Angaben der Reihe nach ab und nimmt anschließend die daraus resultierenden Einstellungen in Windows 9x/Me vor, sodass Sie nur die absolut notwendigen Angaben vornehmen müssen. Außerdem führt der Assistent für den Internet-Zugang alle Vorgaben für TCP/IP durch, sodass Sie sich um die konkrete Einbindung und Konfiguration der dazu zählenden Komponenten keine Sorgen zu machen brauchen.

Hinweis

Der Assistent für den Internet-Zugang von Microsoft wird (ebenso wie das E-Mail-Programm Outlook Express) zusammen mit dem Internet Explorer geliefert.

Zwingend erforderlich ist der Assistent für den Internet-Zugang jedoch nicht: Genauso gut können Sie alle Schritte, die für die Verbindung zum Internet erforderlich sind, auch zu Fuß (oder besser gesagt, »per Hand«) durch die Konfiguration der betreffenden Komponenten ohne weitere Hilfe einzeln durchführen – doch warum schwierig, wenn es auch einfach geht und Ihnen ein menügeführter Assistent diese Aufgabe erleichtert?

Hinweis

Wie Sie eine DFÜ-Netzwerk-Verbindung zur Kontaktaufnahme mit dem Internet über Modem oder ISDN-Adapter nicht mit dem Assistenten für den Internet-Zugang, sondern mit dem Assistenten zum Hinzufügen einer Verbindung erstellen (und konfigurieren), ist im Abschnitt 7.3 beschrieben.

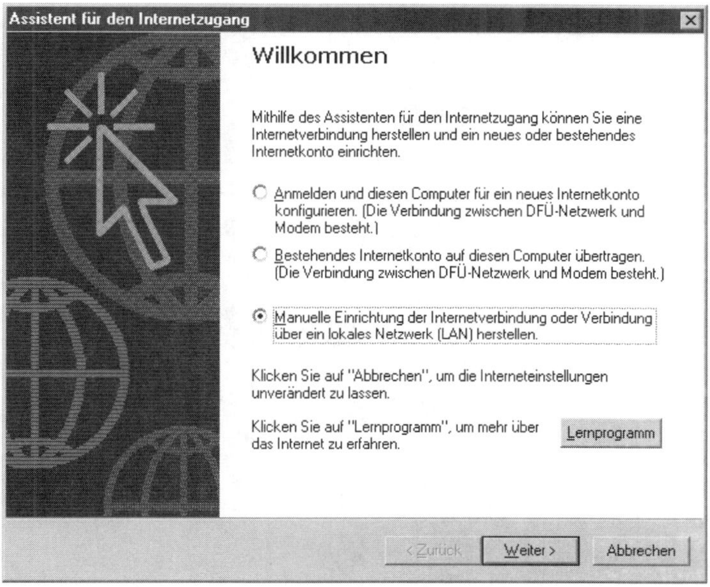

Bild 7.4: Der bequeme Assistent für den Internet-Zugang *nimmt alle erforderlichen Einstellungen vor und erstellt eine neue DFÜ-Netzwerk-Verbindung für den Internet-Zugang*

Um den Assistenten für den Internet-Zugang zum Leben zu erwecken, bestehen mehrere Möglichkeiten: Wenn Sie das nun auf Ihrem Windows 9x/Me-Desktop befindliche Objekt *Internet Explorer* zum ersten Mal öffnen, wird automatisch der Assistent für den Internet-Zugang gestartet und das Dialogfeld *Assistent für den Internet-Zugang* (siehe Bild 7.4) erscheint. Führen Sie diesen zu Ende, nimmt Sie dann bei allen späteren Aufrufen des Internet Explorer direkt der Webbrowser in Empfang.

Doch der Assistent für den Internet-Zugang lässt sich auch noch anders starten: Klicken Sie dazu das auf dem Desktop befindliche Symbol *Internet* mit der primären Maustaste an und wählen im daraufhin erscheinenden Kontextmenü den Befehl EIGENSCHAFTEN aus. Sie erhalten sodann das Dialogfeld *Eigenschaften von Internet* angezeigt (siehe Bild 7.5) – das auch erscheint, wenn Sie das Applet *Internet* in der Systemsteuerung von Windows 9x/Me öffnen. Dort begeben Sie sich auf die Registerkarte *Verbindungen*: Nach Anklicken der Schaltfläche *Setup* schließen Sie nun ebenfalls Bekanntschaft mit dem Assistenten für den Internet-Zugang.

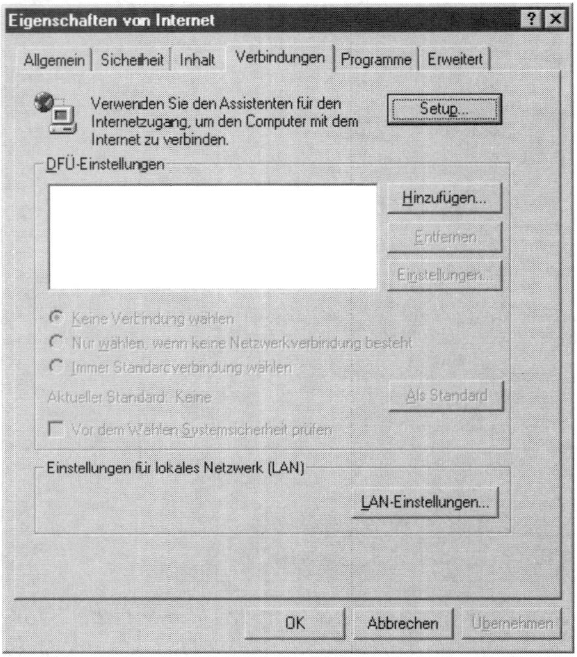

Bild 7.5: Alternativ lässt sich der Assistent für den Internet-Zugang auch über die Registerkarte Verbindungen des Dialogfelds Eigenschaften von Internet...

Genauso gut können Sie das Objekt *Verbindung mit dem Internet herstellen* öffnen, falls sich dieses auf Ihrem Desktop befindet (siehe Bild 7.6). Auch dann gelangen Sie zum Assistenten für den Internet-Zugang.

Bild 7.6: ... oder mittels dieser Verknüpfung von Windows 9x/Me-Desktop aus starten

Last but not least können Sie sich auch zum Untermenü KOMMUNIKATION begeben, das sich im Menü ZUBEHÖR des Menüs PROGRAMME befindet.

Dort steht ein entsprechender Befehl zur Verfügung, über den sich der Assistent für den Internet-Zugang gleichfalls in Betrieb nehmen lässt.

Sobald Sie der Assistent für den Internet-Zugang in Empfang genommen hat, müssen Sie angeben, wie dieses Programm zu Werke gehen soll. Dabei stehen folgende Optionen zur Verfügung:

- Beantragung eines neuen Internet-Zugangs (nur bestimmte Internet-Service-Provider möglich)
  Besitzen Sie noch keinen Internet-Zugang bei einem Internet-Service-Provider, können Sie die Option *Anmelden und diesen Computer für ein neues Internet-Konto konfigurieren* auswählen. Der Assistent für den Internet-Zugang lädt sodann eine Liste möglicher Internet-Service-Provider (aber nicht aus dem Internet, sondern von einem speziellen *Microsoft-Referenzdienst*-Server), sodass Sie sich einen davon aussuchen können, der Ihnen zusagt. Im Verlauf seiner Tätigkeit richtet der Assistent für den Internet-Zugang dann für Sie einen Internet-Account zum Beispiel beim Internet-Service-Provider Uunet (aber natürlich nur nach Ihrer expliziten Bestätigung) ein. Der Assistent für den Internet-Zugang überprüft im Rahmen dessen auch, ob das Modem in der Systemsteuerung von Windows 9x/Me korrekt konfiguriert ist, Sie einen Standort mitsamt der entsprechenden Wahlparameter definiert haben, TCP/IP aktiviert und das DFÜ-Netzwerk mit allen erforderlichen Komponenten auf Ihrem Windows 9x/Me-PC installiert sind.
- Übertragung Ihres Internet-Zugangs (von bestimmten Internet-Service-Providern) auf den Windows 9x/Me-PC
  Verfügen Sie bereits über einen Internet-Account bei einem Internet-Service-Provider und gedenken Ihren Windows 9x/Me-PC zur Nutzung desselben zu konfigurieren, bietet sich die Option *Bestehendes Internetkonto auf diesen Computer übertragen* an. Der Assistent für den Internet-Zugang lädt sodann eine Liste in Frage kommender Internet-Service-Provider (aber nicht aus dem Internet, sondern von einem speziellen Server) herunter, aus der Sie den gewünschten dann bequem auswählen können. Des Weiteren wird geprüft, ob das Modem in der Systemsteuerung von Windows 9x/Me korrekt konfiguriert ist, Sie einen Standort mitsamt der entsprechenden Wahlparameter definiert haben, TCP/IP aktiviert und das DFÜ-Netzwerk mitsamt aller erforderlichen Komponenten auf dem PC installiert ist.

Achtung

Falls Sie bereits über einen Internet-Account verfügen und diesen jetzt auf dem Windows 9x/Me-PC zu benutzen gedenken, sollten Sie diese Option nicht verwenden. Selbst, wenn Sie noch über einen Internet-Zugang verfügen, brauchen Sie nicht auf diese Option des Assistent für den Internet-Zugang zurückzugreifen: Vielmehr können Sie die manuelle Einrichtungsoption (siehe unten) verwenden und dort Daten eines Internet-Service-Providers eintragen, der mit Internet-by-Call (siehe Abschnitt 2.4 in Kapitel 2) arbeitet. Dieser teilt Ihnen in der Regel lediglich eine Telefonnummer seines Einwahlknotens mit (eventuell auch einen Benutzernamen samt Kennwort, falls Sie diese Angaben nicht gar selbst wählen können). Wenn Sie dann die manuelle Einrichtungsoption des Assistent für den Internet-Zugang benutzen, brauchen Sie lediglich diese Daten einzutragen. Wählen Sie sich anschließend über die sodann vom Assistent für den Internet-Zugang erstellte DFÜ-Netzwerk-Verbindung in den Einwahlknoten dieses Internet-Service-Providers ein, kommt so automatisch ein Internet-Account zustande. Genauso können Sie die Daten, die Ihnen Ihr Internet-Service-Provider bei der schriftlichen Beantragung Ihres neuen Internet-Service-Provider mitgeteilt hat, angeben. Sie sehen: Obige Option stellt keineswegs die einzige Möglichkeit dar, an einen neuen Internet-Account zu gelangen.

- Einrichtung des Windows 9x/Me-PCs für den Internet-Zugang über einen beliebigen Internet-Service-Provider
  Falls Sie bereits einen Internet-Account bei einem beliebigen Internet-Service-Provider besitzen, empfiehlt es sich, auf die Option *Manuelle Einrichtung der Internetverbindung oder Verbindung über ein lokales Netzwerk (LAN) herstellen* zurückzugreifen. Der Assistent für den Internet-Zugang geleitet Sie dann durch die einzelnen Konfigurationsschritte, indem er grundlegende Informationen abfragt. Anhand der von Ihnen getroffenen Angaben generiert der Assistent für den Internet-Zugang daraufhin nicht nur eine entsprechende DFÜ-Netzwerk-Verbindung zur Einwahl in das Internet und zum Surfen im Internet über den Internet Explorer, sondern auch entsprechende Konten zur E-Mail-, Newsgroup- und Verzeichnisdienst-Nutzung mit Outlook Express.

Hinweis

Die Idee hinter dieser Option ist, dass Sie hierüber den Internet-Service-Provider einfach auswählen können, bei dem Sie bereits einen Internet-Account besitzen. Die entsprechenden Einstellungen (nächstgelegene Einwahlnummer etc.) werden vom Assistent für den Internet-Zugang dann automatisch in eine DFÜ-Netzwerk-Verbindung umgesetzt, sodass Sie außer Benutzername und Kennwort Ihres dortigen Internet-Accounts keine weiteren Angaben zu treffen brauchen. Die Praxis zeigt aber, dass diese Option nicht einwandfrei arbeitet – und Ihnen zum Beispiel keine oder aber Internet-Service-Provider anzeigt, bei denen Sie häufig noch keinen Internet-Account besitzen. In diesem Fall weichen Sie auf die Option zur manuellen Einrichtung Ihres Internet-Zugangs aus.

7.2.1 Beantragung eines neuen Internet-Accounts

Haben Sie die Option *Anmelden und diesen Computer für ein neues Internet-Konto konfigurieren* im Assistenten für den Internet-Zugang ausgewählt und auf *Weiter* geklickt, erscheint die nächste Seite des Dialogfelds, in dem Sie ebenfalls nur auf *Weiter* klicken brauchen, um den Assistenten für den Internet-Zugang seine Arbeit verrichten zu lassen. Haben Sie mehr als ein Modem in Ihrem PC oder aber zusätzlich zum Modem einen ISDN-Adapter installiert, erscheint sodann das Dialogfeld *Modem auswählen* (siehe Bild 7.7): Wählen Sie im Listenfeld das für die Internet-Verbindung gewünschte Kommunikationsgerät – Modem oder ISDN-Adapter – aus und betätigen mit der Schaltfläche *OK*. Sodann versucht der Assistent für den Internet-Zugang, sich bei dem *Microsoft-Referenzdienst* einzuwählen (und zwar über eine automatisch vom Assistent für den Internet-Zugang eigens zu diesem Zweck erzeugte DFÜ-Netzwerk-Verbindung).

Nach einem Klick auf *Weiter* führt der Assistent für den Internet-Zugang dann einen Verbindungsaufbau mit der Rufnummer des Microsoft-Referenzdienstes durch (siehe Bild 7.8). Betätigen Sie nun die Schaltfläche *Abbrechen* oder kommt keine Verbindung zustande, erscheint eine weitere Seite, auf der Sie das zu verwendende Kommunikationsgerät, die Wahlparameter oder die anzuwählende Rufnummer ändern können.

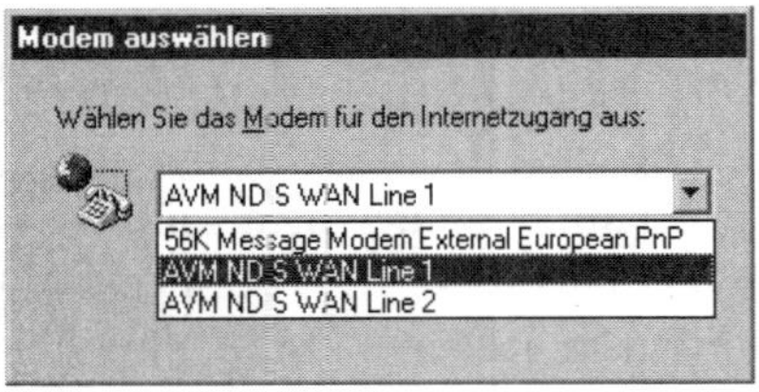

Bild 7.7: Auswahl des Modems bzw. des ISDN-Adapters für die Abwicklung der Internet-Verbindung bei der Beantragung eines neuen Internet-Accounts

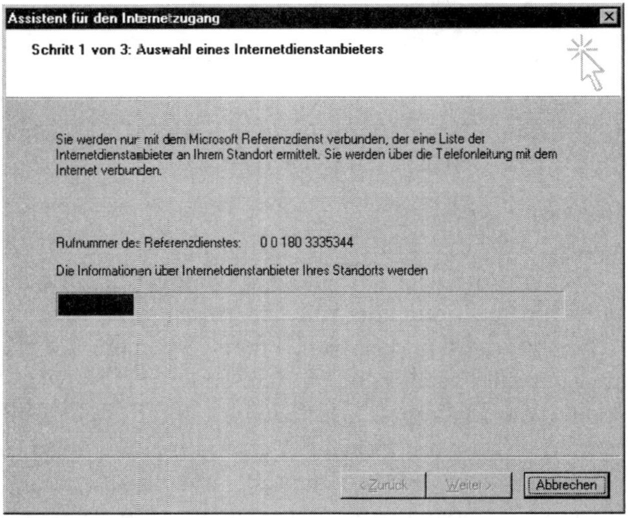

Bild 7.8: Verbindungsaufbau mit dem Microsoft-Referenzdienst-Server, der die Auswahl eines Internet-Service-Providers erlaubt, um sich bei diesem online einen neuen Internet-Account einzurichten

Kommt eine Verbindung erfolgreich zustande, werden Informationen auf Ihren PC übertragen und die Verbindung mit dem Microsoft-Referenzdienst wieder getrennt. Sie erhalten nach einer kurzen Wartezeit einen vollkommen neuen Bildschirm. Dieser bildet die Basis für Ihre Beantragung eines neuen Internet-Accounts bei einem Internet-Service-Provider (mitsamt der dazu passenden Einrichtung und Konfiguration Ihres Windows 9x/Me-PCs) und listet Internet-Service-Provider auf, die sich in Ihrer Nähe befinden oder/und gegenwärtig die Einrichtung eines Internet-Accounts über den Assistenten für den Internet-Zugang erlauben. In Deutschland trifft dies beispielsweise auf den Internet-Service-Provider Uunet zu (siehe Bild 7.9). Da keine Online-Verbindung mehr besteht, können Sie sich die angezeigten Informationen in Ruhe durchlesen. Haben Sie sich für ein Angebot entschieden, wählen Sie dieses aus und folgen den weiteren Anweisungen, um einen neuen Internet-Account beim gewählten Internet-Service-Provider einzurichten. Im Einzelnen müssen Sie dann zum Beispiel Angaben über Ihre Person (Name und Adresse) sowie zur Zahlungsweise tätigen. Anschließend kann ein erneuter Verbindungsaufbau stattfinden, um Ihre Informationen an den betreffenden Internet-Service-Provider zu übermitteln – der dann daraufhin einen Internet-Account für Sie erstellt, über den Sie sich von nun an in das Internet einwählen können.

Achtung

Da die Informationen aber von Internet-Service-Provider zu Internet-Service-Provider variieren können, wollen wir an dieser Stelle aber nicht weiter darauf eingehen.

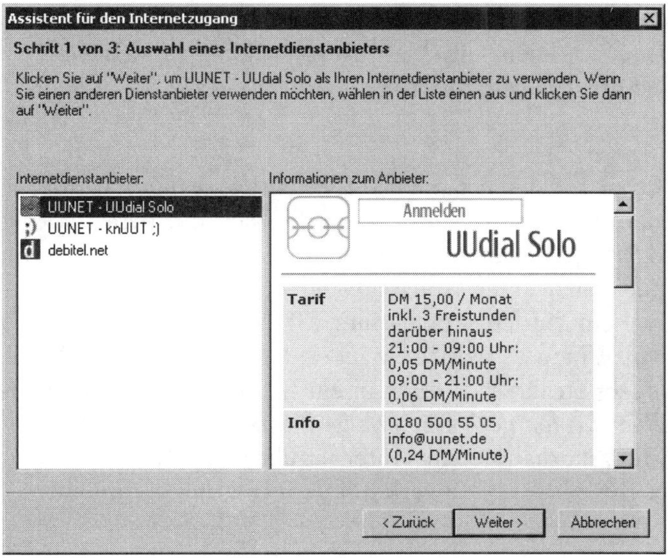

Bild 7.9: Beantragung eines neuen Internet-Accounts bei einem der vom Assistent für den Internet-Zugang aufgelisteten Internet-Service-Provider

7.2.2 Manuelle Einrichtung eines Internet-Accounts auf Ihrem Windows 9x/Me-PC

Um einen Internet-Account zu nutzen, dessen Zugangsdaten (Telefonnummer eines Einwahlknotens, Benutzername, Kennwort etc.) Sie bereits vollständig kennen, sollten Sie zu Beginn des Assistenten für den Internet-Zugang nicht das automatische, sondern das manuelle Installationsverfahren heranziehen und stattdessen die Option *Manuelle Einrichtung der Internetverbindung oder Verbindung über ein lokales Netzwerk (LAN) herstellen* auswählen. Im Folgenden müssen Sie dann zwar alle erforderlichen Angaben treffen. Doch keine Angst: Dies ist sehr einfach und Sie dürfen dabei auf die freundliche Unterstützung des Assistenten für den Internet-Zugang bauen.

Hinweis

Die Reihenfolge der einzelnen Dialogfelder hängt von der Konfiguration Ihres Windows 9x/Me-PCs ab und kann daher geringfügig von der nachfolgend beschriebenen Sequenz abweichen. Dabei spielt es vor allem eine Rolle, ob Sie neben dem Internet Explorer auch Outlook Express installiert haben – sodass der Assistent für den Internet-Zugang dann versucht, Ihren PC für die Nutzung der Internet-Dienste E-Mail, Newsgroups und Verzeichnisdienste gleich mit zu konfigurieren.

Nach Auswahl der Option klicken Sie auf die Schaltfläche *Weiter*, um die Festlegung zu treffen, auf welche Art und Weise Sie sich mit dem Internet verbinden (siehe Bild 7.10). Bei einem einzelnen PC sollten Sie die Option *Über Modem verbinden* auswählen, sodass Windows 9x/Me eine Verbindung zum Internet über ein Modem – oder einen ISDN-Adapter, für den ein NDISWAN-Treiber in Windows 9x/Me eingebunden ist – herstellt (Wähl-Internet-Account). Ist Ihr Rechner dagegen in ein LAN eingebunden, wählen Sie die Option *Über das lokale Netzwerk verbinden* aus. In diesem Fall geschieht die Verbindungsaufnahme zum Internet über einen im LAN vorhandenen Router, der Ihr lokales Netzwerk mit dem Internet verbindet.

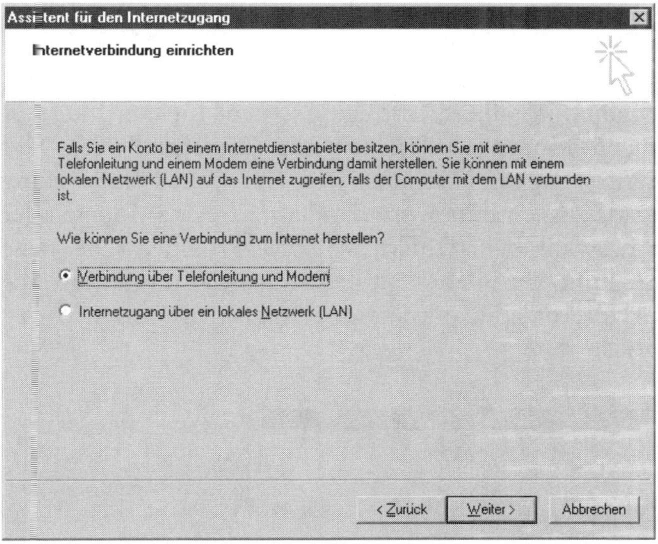

Bild 7.10: Art der Verbindung Ihres Windows 9x/Me-PCs zum Internet festlegen

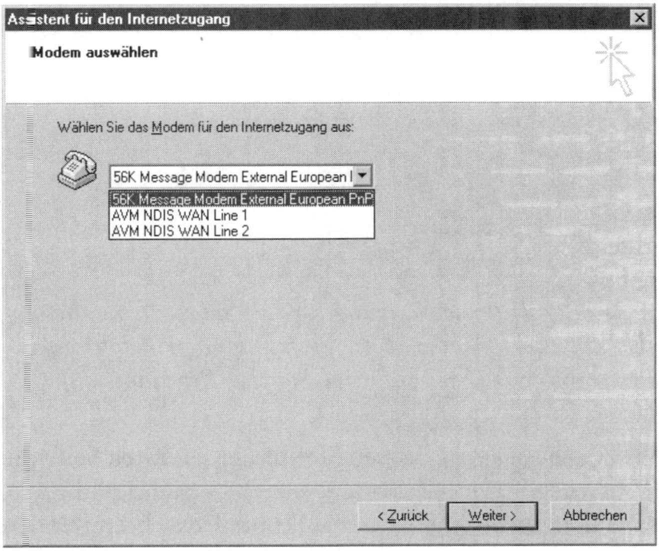

Bild 7.11: Auswahl, über welches Modem oder welcher ISDN-Adapter der PC die Internet-Verbindung aufbauen soll

Verbinden Sie sich über ein Modem mit dem Internet, müssen Sie anschließend das gewünschte Gerät auswählen, wenn Sie mehr als ein Modem oder einen ISDN-Adapter in Windows 9x/Me eingebunden haben (siehe Bild 7.11). Ist noch kein Modem installiert, ruft der Assistent für den Internet-Zugang automatisch den Modem-Assistenten auf. Andernfalls legt der Assistent für den Internet-Zugang eine neue DFÜ-Netzwerk-Verbindung an. Diese nutzt das gerade ausgewählte Kommunikationsgerät (Modem oder ISDN-Adapter) zur Einwahl beim Internet-Service-Provider. Die neue DFÜ-Netzwerk-Verbindung wird dabei mit den Angaben konfiguriert, die der Assistent für den Internet-Zugang auf den folgenden Seiten in den Schritten 1 bis 3 von Ihnen erfragt.

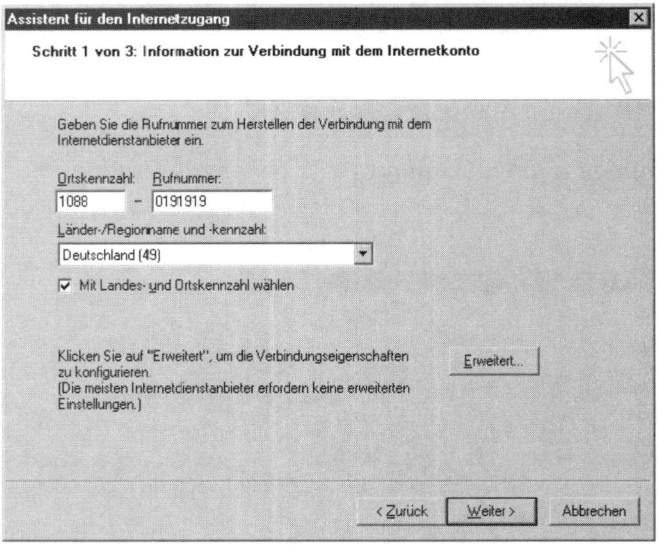

Bild 7.12: Der Assistent für den Internet-Zugang fordert Sie zur Eingabe der von der DFÜ-Netzwerk-Verbindung zu wählenden Telefonnummer des Einwahlknotens Ihres Internet-Service-Providers auf

Klicken Sie auf die Schaltfläche *Weiter*, müssen Sie auf der nächsten Seite die Telefonnummer Ihres Internet-Service-Providers eingeben (siehe Bild 7.12). Konkret handelt es sich dabei um einen Einwahlknoten des betreffenden Internet-Service-Providers. Im Einzelnen gilt es an dieser Stelle, die Landes-

und Ortsvorwahl sowie die Rufnummer des vom Internet-Service-Provider bereitgestellten Internet-Zugangs in den dafür vorgesehenen Feldern einzutragen.

Hinweis

Geben Sie dabei die Telefonnummer eines Einwahlknotens an, den Sie mit möglichst günstigen Telefon-Verbindungskosten erreichen können. Manche Internet-Service-Provider unterhalten zahlreiche regionale Internet-Zugänge, während andere die Einwahl unter einer deutschlandweit einheitlichen Rufnummer gestatten. Setzen Sie sich bei Bedarf mit Ihrem Internet-Service-Provider in Verbindung, um die für Sie günstigste Zugangsmöglichkeit herauszufinden.

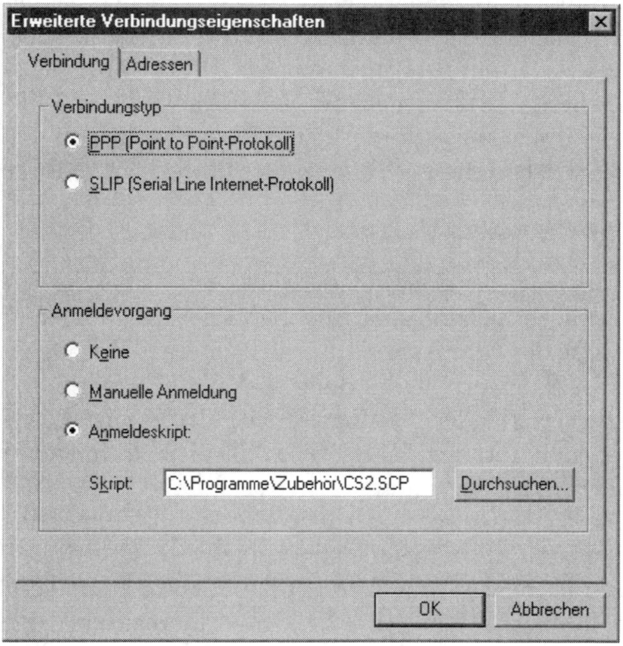

Bild 7.13: Auf Wunsch lassen sich erweiterte Einstellungen für die vom Assistent für den Internet-Zugang erstellte DFÜ-Netzwerk-Verbindung vorgeben

Des Weiteren hält diese Seite die Schaltfläche *Erweitert* bereit. Klicken Sie diese an, lassen sich die Eigenschaften der DFÜ-Netzwerk-Verbindung (die der Assistent für den Internet-Zugang ja gegenwärtig im Dialog mit Ihnen erstellt) manuell beeinflussen und erweiterte Vorgaben treffen (siehe Bild 7.13). Im Einzelnen handelt es sich dabei um:

- Verbindungsprotokoll
  Falls Ihr Internet-Service-Provider PPP nicht unterstützt, können Sie explizit für die vom Assistenten für den Internet-Zugang zu erstellende DFÜ-Netzwerk-Verbindung zum Beispiel das Verbindungsprotokoll SLIP vorgeben. Da die meisten Internet-Service-Provider ihre Einwahlknoten inzwischen auf PPP umgestellt haben, brauchen Sie diese Vorgabe nur in Ausnahmefällen zu treffen.
- Eingaben während des Verbindungsaufbaus
  Beherrscht der PPP-Zugang Ihres Internet-Service-Providers die Beglaubigungsprotokolle PAP oder CHAP (wie etwa bei Uunet der Fall), ist diese Vorgabe nicht erforderlich. Arbeitet Ihr Internet-Service-Provider aber weder mit PAP noch mit CHAP (trifft beispielsweise auf CompuServe zu), werden bei jeder Anwahl des PPP-Zugangs manuelle Eingaben erforderlich. Hier erweist sich ein *DFÜ-Skript* als hilfreich, nimmt es Ihnen diese auf die Dauer lästige Tipparbeit doch ab.
- Statische IP-Adresse
  Falls Ihnen der Internet-Service-Provider eine feste, statische IP-Adresse (gegebenenfalls auch mitsamt einer Subnet-Mask) mitgeteilt hat, müssen Sie diese der vom Assistent für den Internet-Zugang zu erstellenden DFÜ-Netzwerk-Verbindung bekanntgeben (hierzu wechseln Sie im betreffenden Dialogfeld auf die Registerkarte *Adressen*). Weist der Internet-Service-Provider Ihnen hingegen beim Aufbau einer jeden Verbindung eine dynamische IP-Adresse zu (was dem Regelfall entspricht), brauchen Sie sich hierum keine Gedanken zu machen: Sie besitzen dann keine feste IP-Adresse, sondern erhalten aus einem vom Internet-Service-Provider dafür bereitgehaltenen Bereich von IP-Adressen automatisch eine momentan nicht in Benutzung befindliche IP-Adresse zeitweise zugeteilt. Sobald Sie Ihre Internet-Sitzung beenden und die Verbindung treffen, wird diese IP-Adresse wieder freigegeben und steht dann einem anderen Benutzer zur Verfügung, der sich über Ihren Internet-Service-Provider in das Internet einwählt.

- IP-Adressen der DNS-Server
  Übermittelt Ihnen der Internet-Service-Provider bei der Einwahl die IP-Adressen seines primären und sekundären DNS-Servers nicht von sich aus automatisch, können Sie diese explizit angeben. Wenn Sie Ihre IP-Adresse dynamisch zugewiesen bekommen, erhalten Sie in der Regel automatisch auch die IP-Adressen dieser beiden Hosts mit übermittelt, sodass die manuelle Vorgabe der DNS-Server überflüssig wird.

> **Hinweis**
>
> Sollten Sie sich bei einer dieser Einstellung nicht sicher sein, setzen Sie sich zur Klärung dieser Frage im Zweifelsfall mit Ihrem Internet-Service-Provider in Verbindung. In den meisten Fällen brauchen Sie sich jedoch keine weiteren Gedanken um diese erweiterten Einstellungen zu machen.

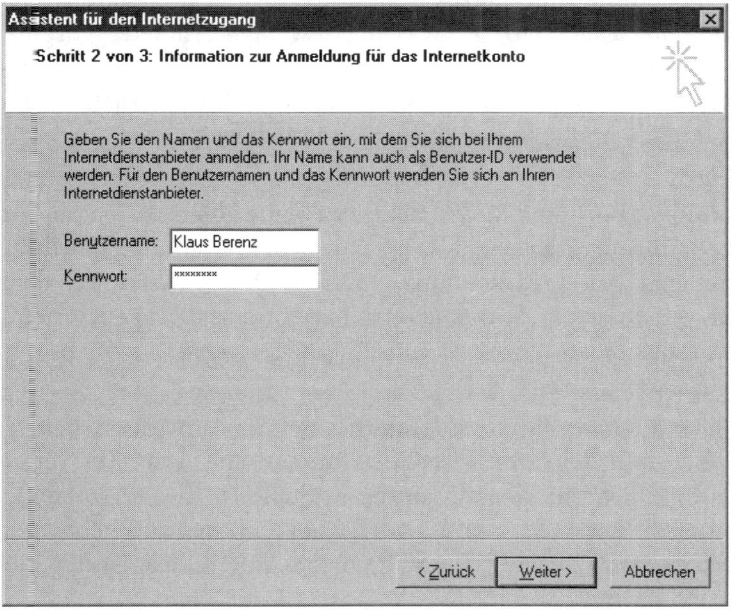

Bild 7.14: Der Assistent für den Internet-Zugang erwartet von Ihnen die Angabe von Benutzername und Passwort Ihres Internet-Accounts

Nach einem Klick auf die Schaltfläche *Weiter* müssen Sie in der daraufhin erscheinenden Seite des Dialogfelds den Benutzernamen und das zugehörige Passwort Ihres Internet-Accounts eintragen. Welche Beschaffenheit der an dieser Stelle anzugebende Benutzername aufzuweisen hat, hängt von Ihrem Internet-Service-Provider ab. Sehen wir uns das am Beispiel einiger typischer Internet-Service-Provider an:

- Uunet und Co.
  Verwenden Sie einen Internet-Account von einem der klassischen Internet-Service-Provider (wie etwa Uunet), geben Sie bei *Benutzername* die Folge von Buchstaben, Ziffern und sonstigen Zeichen des Benutzernamesn exakt so ein, wie Sie ihn von Ihrem Internet-Service-Provider vorgegeben bekommen haben (es sei denn, Sie müssen sich an spezielle Konventionen halten – was Ihnen dann Ihr Internet-Service-Provider ebenfalls mitteilt).
- Mobilcom und Co.
  Wenn Sie einen Internet-Service-Provider nutzen, der die Einwahl über das Verfahren Internet-by-Call unterstützt, halten Sie sich bei *Benutzername* exakt an das, was der jeweilige Anbieter vorgibt. Zum Beispiel tragen Sie bei Viag `anonymer` (das Passwort hierfür lautet `surfer`) ein, während Sie bei Mobilcom den Benutzernamen frei wählen können und kein Passwort erforderlich ist.
- T-Online
  Um sich über T-Online in das Internet einzuwählen, geben Sie für *Benutzername* eine Zeichenfolge an, die der Kombination Ihrer zwölfstelligen Anschlusskennung, Ihrer T-Online-Nummer, dem Zeichen »#« sowie der Mitbenutzernummer (meist `0001`) entspricht. So könnte sich beispielsweise `000076256088021044242 5#0001` lauten.
- CompuServe
  Falls Sie mit CompuServe als Internet-Service-Provider arbeiten, sollten Sie bei *Benutzername* Ihre numerische User-ID (etwa `100713,413`) eintragen. Wichtig an dieser Stelle ist die Verwendung des Kommas – denn die User-ID wird wie von Ihnen angegeben per DFÜ-Skript (zum Beispiel CIS.SCP) an den CompuServe-Einwahlknoten übermittelt.

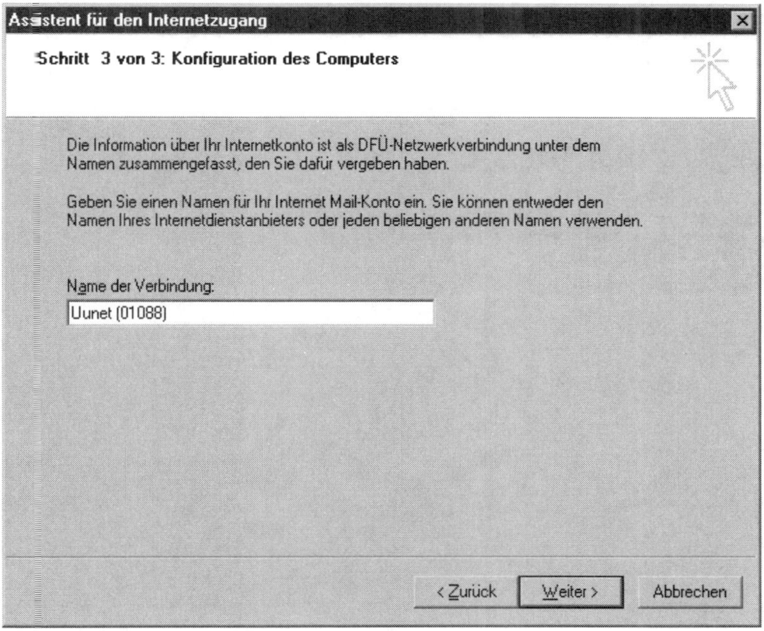

Bild 7.15: Benennung der vom Assistenten für den Internet-Zugang zu erstellenden DFÜ-Netzwerk-Verbindung

Klicken Sie schließlich auf die Schaltfläche *Weiter*, um im Eingabefeld *Name der Verbindung* einen Namen einzutragen (siehe Bild 7.15). Der Assistent für den Internet-Zugang legt dann unter diesem Namen eine neue DFÜ-Netzwerk-Verbindung an und hält dort alle Vorgaben zur Einwahl beim Internet-Service-Provider wie zuvor angegeben fest.

Ist Outlook Express auf Ihrem Windows 9x/Me-PC installiert, kann der Assistent für den Internet-Zugang für dieses Programm auch gleich ein E-Mail-Konto erstellen (siehe Bild 7.16). Auf diese Weise können Sie mit Outlook Express dann direkt ihre E-Mails bearbeiten – sofern Sie dies wünschen. Möchten Sie dies nicht, wählen Sie die Option *Nein*.

Hinweis

Mit der Erstellung eines E-Mail-Kontos für Outlook Express beschäftigt sich der Abschnitt 9.6 in Kapitel 9.

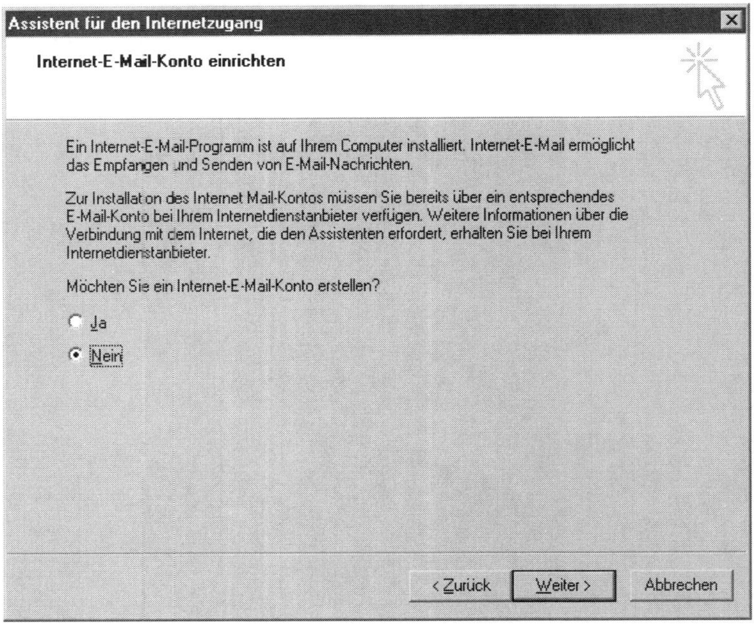

Bild 7.16: Auf Wunsch kann der Assistent für den Internet-Zugang auch gleich ein E-Mail-Konto auf dem PC erstellen, damit Sie Ihre Internet-E-Mails mit Outlook Express bearbeiten können

Das Anklicken der Schaltfläche *Weiter* führt Sie nun zu einer abschließenden Seite des Dialogfelds, in denen Ihnen das Programm mitteilt, dass alle Einstellungen vorgenommen sind (siehe Bild 7.17). Damit ist die Konfiguration Ihres Windows 9x/Me-PCs für die Kontaktaufnahme zum Internet mithilfe des Assistenten für den Internet-Zugang abgeschlossen. Klicken Sie jetzt ein letztes Mal die Schaltfläche *Fertig stellen* an, um den Assistent für den Internet-Zugang zu beenden.

Um sich von nun an in das Internet einzuwählen, aktivieren Sie im Folgenden einfach die entsprechende DFÜ-Netzwerk-Verbindung – über das DFÜ-Netzwerk von Windows 9x/Me – oder, oftmals bequemer, bedienen sich der dafür vorgesehenen Automatisierungsmöglichkeiten (siehe Abschnitt »Automatische Verbindungsaufbauten« in Abschnitt 7.5).

Hinweis

Möchten Sie die neue DFÜ-Netzwerk-Verbindung gleich testen, versehen Sie das entsprechende Kontrollkästchen mit einer Markierung. Treten Fehler auf, die dazu führen, dass Sie sich nicht erfolgreich ins Internet einwählen oder aber zwar sich einwählen, aber nicht im Internet surfen können, verifizieren Sie die Einstellungen der zugehörigen DFÜ-Netzwerk-Verbindung im DFÜ-Netzwerk von Windows 9x/Me.

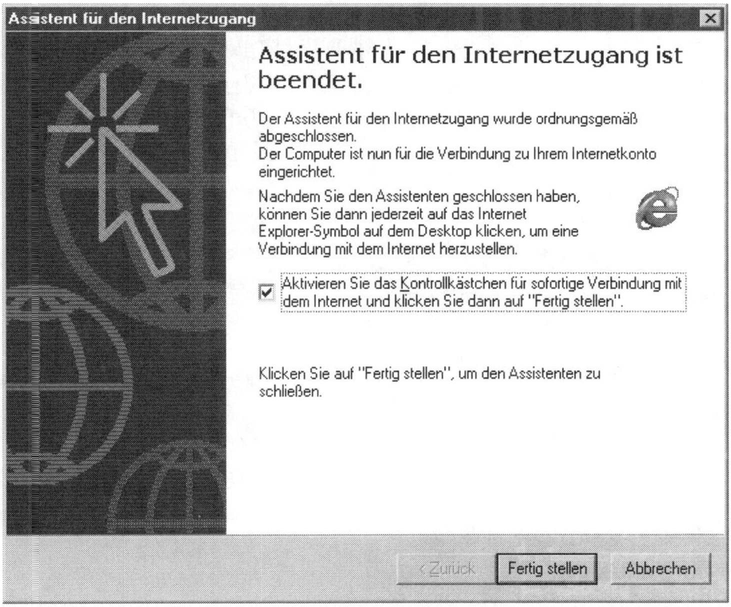

Bild 7.17: Der Assistent für den Internet-Zugang hat seine Arbeit getan; eine neue DFÜ-Netzwerk-Verbindung zur Kontaktaufnahme in den Internet-Service-Provider ist erstellt

7.3 Erstellung einer neuen DFÜ-Netzwerk-Verbindung: Assistent zum Hinzufügen einer Verbindung

Auch ohne den Assistenten für den Internet-Zugang können Sie Windows 9x/Me für die Kontaktaufnahme mit dem Internet konfigurieren – nur, dass hierbei alle Schritte, die dieses Programm sonst vornimmt, zu Fuß zu erledigen sind. Doch keine Sorge: Die nachfolgende Beschreibung geben Ihnen hierzu ausführliche Unterstützung an die Hand.

Als Nächstes erstellen Sie für die Einwahl in einen Einwahlknoten Ihres Internet-Service-Providers eine entsprechende *DFÜ-Netzwerk-Verbindung*. Hierzu öffnen Sie im Programmfenster *DFÜ-Netzwerk* das Objekt *Neue Verbindung erstellen*, um den *Assistenten zum Hinzufügen einer Verbindung* zu aktivieren und darüber eine neue DFÜ-Netzwerk-Verbindung zu kreieren.

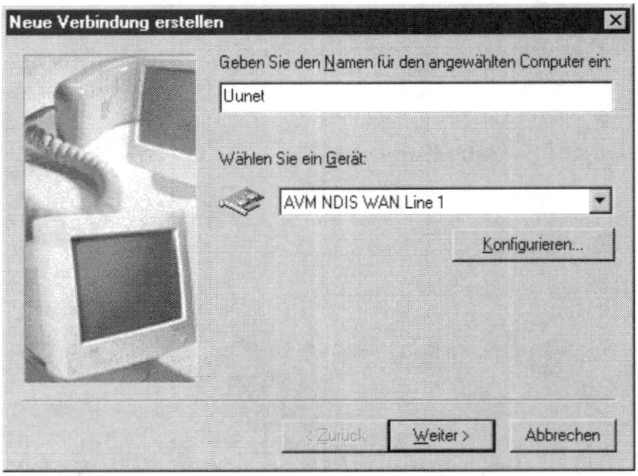

Bild 7.18: Mit dem Assistenten zum Hinzufügen einer Verbindung *erstellen Sie eine neue DFÜ-Netzwerk-Verbindung zur Kontaktaufnahme mit einem entfernten Netzwerk*

Im Dialogfeld *Neue Verbindung erstellen* können Sie zunächst die Verbindung benennen (siehe Bild 7.18). Die standardmäßig vorgeschlagene Bezeichnung `Eigene Verbindung` ist wenig aussagekräftig.

Haben Sie mehr als ein Kommunikationsgerät – zum Beispiel ein Modem und einen ISDN-Adapter – in Ihren Windows 9x/Me-PC eingebunden, müssen Sie nun das von dieser DFÜ-Netzwerk-Verbindung zu verwendende in dem dafür vorhandenen Listenfeld auswählen. Falls erforderlich, erlaubt es die Schaltfläche *Konfigurieren*, die Konfiguration dieses Kommunikationsgeräts über das daraufhin erscheinenden Dialogfeld *Eigenschaften von <Kommunikationsgerät>* einzusehen und bei Bedarf zu verändern.

Hinweis

An dieser Stelle macht es keinen Unterschied, ob Sie ein Modem oder einen ISDN-Adapter verwenden. Somit brauchen Sie DFÜ-Netzwerk-Verbindungen über ISDN keine besondere Aufmerksamkeit zukommen zu lassen – mit Ausnahme der anzuwählenden Gegenstelle, die natürlich ebenfalls mit ISDN arbeiten muss. Verbindungen zwischen Kommunikationsgeräten aber, von denen das eine ein Modem (an einer analogen Telefonleitung) und das andere einen ISDN-Adapter (im digitalen ISDN-Netz) verwendet, sind ohne Weiteres nicht möglich.

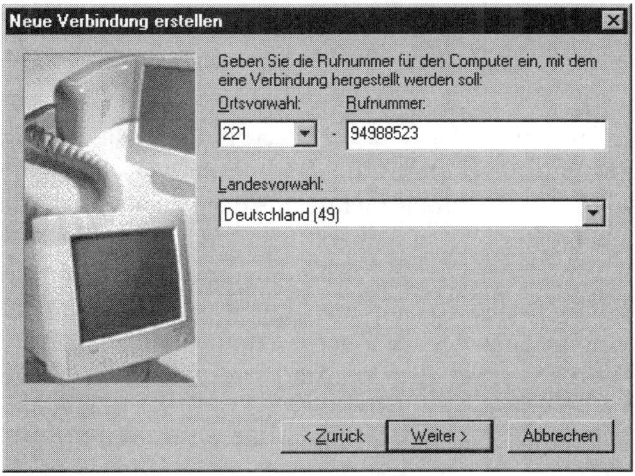

Bild 7.19: Angabe der zu wählenden Telefonnummer einer neuen DFÜ-Netzwerk-Verbindung

Klicken Sie nun auf *Weiter*, um die Telefonnummer der anzuwählenden Gegenstelle mit Landes- sowie Ortsvorwahl sowie eigentlicher Nummer in die dafür vorgesehenen Fehler einzutragen (siehe Bild 7.19). Ein erneuter Klick auf *Weiter* zeigt noch einmal den Namen der DFÜ-Netzwerk-Verbindung, die dann wiederum über die Schaltfläche *Weiter* schließlich erstellt wird und sodann im Programmfenster *DFÜ-Netzwerk* erscheint (siehe Bild 7.20).

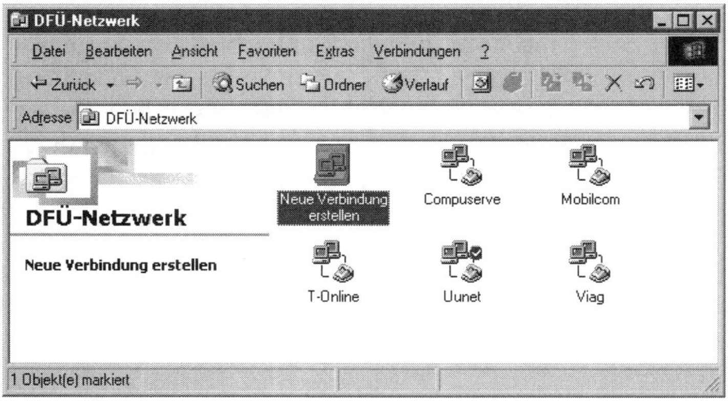

Bild 7.20: Alle erstellten DFÜ-Netzwerk-Verbindungen werden als Objekte im DFÜ-Netzwerk von Windows 9x/Me hinterlegt

Nach der Erstellung der neuen DFÜ-Netzwerk-Verbindung müssen Sie diese nun mit den geeigneten Einstellungen für das Internet versehen. Klicken Sie die DFÜ-Netzwerk-Verbindung hierzu mit der primären Maustaste an und wählen aus dem angezeigten Kontextmenü den Befehl EIGENSCHAFTEN aus, um die Eigenschaften dieser Verbindung in einem daraufhin erscheinenden Dialogfeld bearbeiten zu können. Für die Einwahl in das Internet sind dort nicht nur die zu wählende Telefonnummer wie das zu verwendende Kommunikationsgerät auf der Registerkarte *Allgemein* (siehe Bild 7.21) von Bedeutung. Ebenso relevant für eine erfolgreiche Kontaktaufnahme mit dem Internet sind die über die Registerkarte *Servertypen* (bis einschließlich Windows 98 Zweite Ausgabe) respektive die Registerkarte *Netzwerk* (ab Windows Me, siehe Bild 7.22) zu findenden Vorgaben.

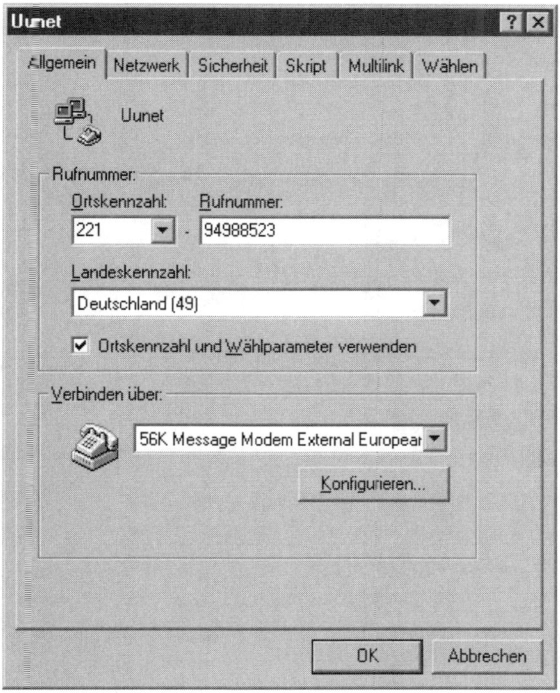

Bild 7.21: Eigenschaften einer DFÜ-Netzwerk-Verbindung bearbeiten

Achten Sie darauf, dass im Listenfeld *Typ des DFÜ-Servers*, der die Art der Gegenstelle angibt, bei der Sie sich einwählen möchten – in diesem Fall also den Internet-Zugang Ihres Internet-Service-Providers –, *PPP: Internet...* eingetragen ist. Arbeitet der Einwahlknoten Ihres Internet-Service-Providers dagegen mit SLIP oder CSLIP, wählen Sie stattdessen in diesem Listenfeld den für diese Verbindungsprotokolle vorgesehenen Eintrag aus.

Bei den meisten Internet-Service-Providern müssen die im Bereich *Erweiterte Optionen* zu findenden Kontrollkästchen – bei Windows Me zählen hierzu auch die auf der Registerkarte *Sicherheit* im Bereich *Erweiterte Sicherheitsoptionen* enthaltenen Kontrollkästchen auf der Registerkarte – deaktiviert sein. Um den Durchsatz bei Übertragungen zu steigern, können Sie das Kontrollkästchen *Softwarekomprimierung aktivieren* mit einer Markierung versehen.

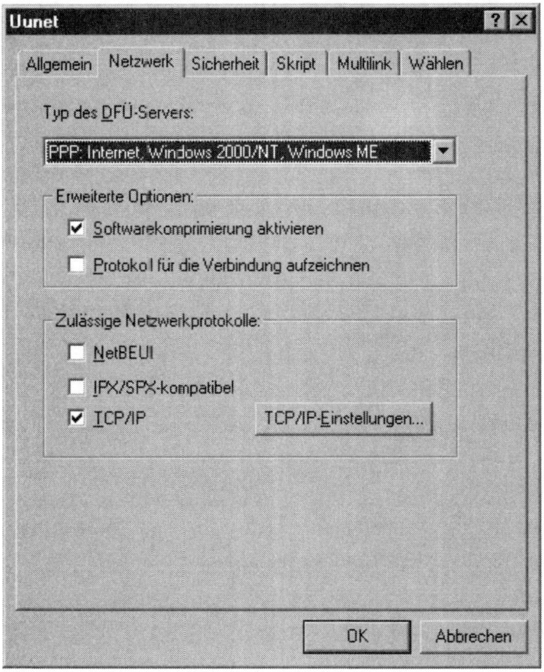

Bild 7.22: Manuelle Konfiguration der Eigenschaften einer DFÜ-Netzwerk-Verbindung zur Einwahl in das Internet

> **Hinweis**
>
> Nicht alle Internet-Service-Provider unterstützen die dadurch eingeschaltete Datenkomprimierung oder kommen problemlos damit zurecht.

Entfernen Sie im Bereich *Zulässige Netzwerkprotokolle* die Markierung der Kontrollkästchen *NetBEUI* sowie *IPX/SPX-kompatibel* und aktivieren lediglich TCP/IP. Die Konfiguration der TCP/IP-Einstellungen der ausgewählten DFÜ-Netzwerk-Verbindung erfolgt, indem Sie die Schaltfläche *TCP/IP-Einstellungen* anklicken, die ein gleichnamiges Dialogfeld hervorruft (siehe Bild 7.23).

Verfügen Sie über einen Internet-Account mit dynamischer IP-Adresse, behalten Sie die Aktivierung der Option *Vom Server zugewiesene IP-Adresse* bei. Besitzen Sie für Ihren Internet-Zugang allerdings eine feste, statische IP-Adresse, müssen Sie die Option *IP-Adresse festlegen* aktivieren und die entsprechende IP-Adresse in dem darunter befindlichen Eingabefeld eintragen.

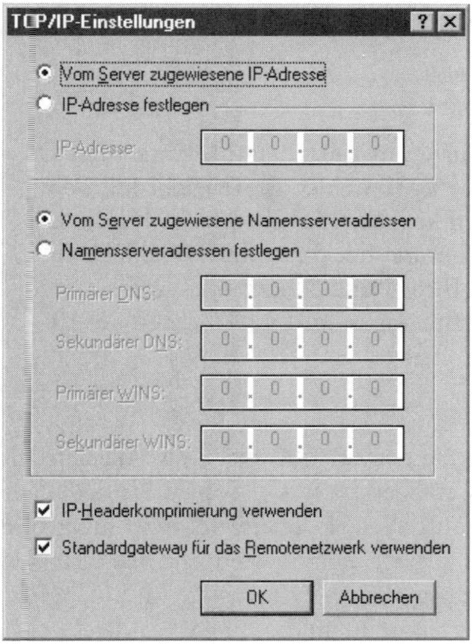

Bild 7.23: Manuelle TCP/IP-Konfiguration einer DFÜ-Netzwerk-Verbindung

Hinweis

Welche IP-Adresse Ihr PC bei einer aktiven DFÜ-Netzwerk-Verbindung besitzt und auf welche DNS-Server er dabei zurückgreift, können Sie unter Windows 9x/Me jederzeit mit dem Utility *WINIPCFG* überprüfen.

Arbeitet Ihr Internet-Service-Provider mit einer dynamischen Zuordnung der IP-Adresse des DNS-Servers (was bei den meisten Internet-Service-Providern der Fall ist), belassen Sie die Option *Vom Server zugewiesene Namensserveradressen* aktiviert. Hat Ihnen Ihr Internet-Service-Provider dagegen die IP-Adresse seines primären DNS-Servers mitgeteilt, aktivieren

Sie stattdessen die Option *Namensserveradressen festlegen* und tragen diese im Eingabefeld *Primärer DNS* ein. Die IP-Adresse eines möglichen sekundären DNS-Servers vermerken Sie analog dazu im Eingabefeld *Sekundärer DNS*. Die Kontrollkästchen *IP-Headerkomprimierung verwenden* sowie *Standardgateway für das Remotenetzwerk verwenden* können in der Regel eingeschaltet bleiben.

> Achtung
>
> Treten Probleme beim Surfen im Internet auf, kann Ihr PC möglicherweise keinen DNS-Server finden (was Sie leicht mit dem WINIPCFG-Utility verifizieren können). Im Zweifelsfall kontaktieren Sie am besten Ihren Internet-Service-Provider, welche DNS-Server-Einstellungen Sie für Ihre DFÜ-Netzwerk-Verbindung treffen müssen, damit die Auflösung von DNS-Namen in IP-Adressen wie gewünscht funktioniert.

Klicken Sie alsdann mehrmals hintereinander auf *OK*, bis Sie wieder zurück im Programmfenster des DFÜ-Netzwerks sind – fertig! Sobald Sie die zugehörige DFÜ-Netzwerk-Verbindung aufbauen, können Sie jetzt auf große Online-Reise gehen. Ist die Festlegung der Eigenschaften der betreffenden DFÜ-Netzwerk-Verbindung abgeschlossen, öffnen Sie diese. Im Dialogfeld *Verbinden mit* (siehe Bild 7.24) sind jetzt vor allem die Eingabefelder *Benutzername* und *Kennwort* von Bedeutung: Falls Ihr Internet-Service-Provider das Beglaubigungsprotokoll PAP oder CHAP unterstützt, sollten Sie dort den Benutzernamen und das Passwort Ihres Internet-Accounts eintragen. Manuelle Eingaben bei der Verbindungsaufnahme mit dem Internet sind dann nicht erforderlich.

> Achtung
>
> Um sicherzustellen, dass Windows 9x/Me diese beiden Angaben nicht vergisst, können Sie das Kontrollkästchen *Kennwort speichern* aktivieren. Allerdings reicht dann auch das bloße Betätigen von *OK* aus, um die betreffende DFÜ-Netzwerk-Verbindung herzustellen – sodass jedermann, der Zugang zu Ihrem Windows 9x/Me-PC besitzt, über die entsprechende Verbindung im Internet zu surfen imstande ist.

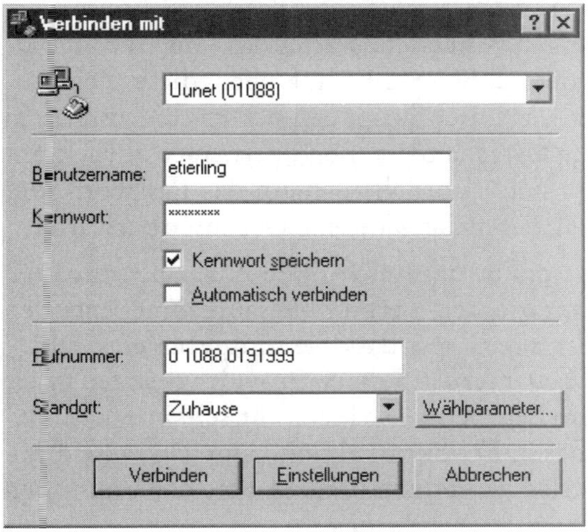

Bild 7.24: Aufbau einer DFÜ-Netzwerk-Verbindung

7.4 DFÜ-Skript verwenden

Besitzt die Gegenstelle keine PAP- oder CHAP-Unterstützung, wie dies beispielsweise bei den internationalen PPP-Zugängen von CompuServe der Fall ist, sollten Sie die DFÜ-Netzwerk-Verbindung so konfigurieren, dass ein DFÜ-Skript Verwendung findet. Unterstützt der Einwahlknoten Ihres Internet-Service-Providers PAP oder CAP, kann die DFÜ-Netzwerk-Verbindung diese Angaben automatisch übermitteln. Finden diese Verfahren jedoch keine Unterstützung, müssen Benutzername und Passwort bei jedem Verbindungsaufbau in einem Terminalfenster eingetippt werden, um manuell an den Einwahlknoten übermittelt werden zu können. Ein entsprechendes *DFÜ-Skript* zeichnet dafür verantwortlich, dass Sie beim Aufbau einer Verbindung eben keine manuellen Eingaben im einem Terminalfenster vorzunehmen brauchen: Vielmehr kann das passende DFÜ-Skript Ihren bei der DFÜ-Netzwerk-Verbindung hinterlegten Benutzernamen samt Passwort abrufen und dem Einwahlknoten genau dann mitteilen, wenn dieser die entsprechenden Angaben erwartet. Im DFÜ-Skript ist dabei hinterlegt, auf welche vom Einwahlknoten stammenden Meldungen gewartet werden und welche Angabe – Benutzername, Passwort etc. – dann als Antwort darauf an diesen übermittelt werden soll.

Gibt die Gegenseite zum Beispiel im Terminalfenster `User Name:` aus, sodass Sie nun Ihren Benutzername eingeben müssen, wartet das von einer DFÜ-Netzwerk-Verbindung verwendete DFÜ-Skript auf eben diese Zeichenfolge. Sobald diese eintrifft, kann das DFÜ-Skript den bei den Eigenschaften der DFÜ-Netzwerk-Verbindung festgehaltenen Benutzernamen zurücksenden. Das gleiche Verfahren lässt sich natürlich auch auf das Passwort oder andere Informationen übertragen, deren Eingabe eine Gegenseite erwartet.

Kurzum: Ein DFÜ-Skript sorgt dafür, dass auch ohne Nutzung von PAP und CHAP manuelle Eingaben bei der Verbindungsaufnahme entfallen können. Voraussetzung dazu ist allerdings, dass Sie ein geeignetes DFÜ-Skript für die Einwahlknoten Ihres Internet-Service-Provider besitzen (oder sich diese erstellen). CompuServe beispielsweise bietet für sein internationales Netzwerk ein entsprechendes DFÜ-Skript direkt zum Download an. Der betreffenden DFÜ-Netzwerk-Verbindung brauchen Sie dann nur noch mitzuteilen, welches DFÜ-Skript zu verwenden ist.

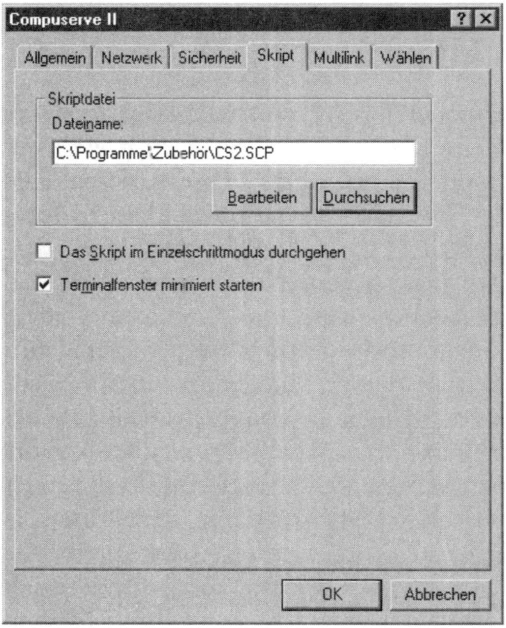

Bild 7.25: Verwendung eines DFÜ-Skripts bei einer DFÜ-Netzwerk-Verbindung

Lassen Sie uns kurz an einem kleinen Beispiel verdeutlichen, wie sich ein DFÜ-Skript verwenden lässt. Dabei wollen wir uns in die speziellen PPP-Zugänge von CompuServe einwählen. Wichtig dabei ist, dass die DFÜ-Netzwerk-Verbindung so konfiguriert wird, dass ein DFÜ-Skript Verwendung findet. Falls nicht bereits bei der Erstellung der DFÜ-Netzwerk-Verbindung mit dem Assistenten für den Internet-Zugang geschehen, lässt sich die Zuweisung eines DFÜ-Skripts auch im Nachhinein erledigen. Hierzu klicken Sie die betreffende DFÜ-Netzwerk-Verbindung im DFÜ-Netzwerk mit der primären Maustaste an und wählen im sodann erscheinenden Kontextmenü den Befehl EIGENSCHAFTEN aus. Im daraufhin angezeigten Dialogfeld begeben Sie sich auf die Registerkarte *Skript* (siehe Bild 7.25). Ist die betreffende DFÜ-Netzwerk-Verbindung noch mit keinem DFÜ-Skript verbunden, tragen Sie ihren vollständigen Namen einschließlich des Verzeichnispfads in dem Eingabefeld *Dateiname* ein oder betätigen Sie die Schaltfläche *Durchsuchen*, um das gewünschte DFÜ-Skript mit der Maus festzulegen.

Hinweis

Microsoft liefert bei Windows 9x/Me einige DFÜ-Skripts mit, die sich standardmäßig im Ordner PROGRAMME\ZUBEHÖR befinden und die Namenserweiterung *.scp* tragen. Darunter befindet sich auch das (veraltete) DFÜ-Skript *CIS.SCP* zur Einwahl in CompuServe. CompuServe Deutschland stellt aber ein neues DFÜ-Skript bereit, um die Einwahl mit höheren Geschwindigkeiten (56 KBit/s für Modems) zu ermöglichen und den Zugang über ISDN zu vereinfachen. Das neue DFÜ-Skript *CS2.SCP* und weitere Informationen hierzu erhalten Sie im Internet unter `www.compuserve.de/service`.

Außerdem können Sie auf der Registerkarte *Skript* zwei weitere Einstellungen vornehmen:

- Aktivieren Sie das Kontrollkästchen *Das Skript im Einzelschrittmodus durchgehen*, wird das angegebene DFÜ-Skript schrittweise ausgeführt – was insbesondere beim Austesten einer selbst erstellten oder modifizierten Skriptdatei hilfreich ist. Deaktivieren Sie nach Abschluss der Testphase diese Einstellung, um die Aufnahme der betreffenden DFÜ-Netzwerk-Verbindung ohne Unterbrechung durchzuführen.

- Das Kontrollkästchen *Terminalfenster minimiert starten* legt fest, ob bei der Abarbeitung des DFÜ-Skripts das von ihr benötigte Terminalfenster eingeblendet werden soll, in dem alle Ein- und Ausgaben erfolgen (siehe Bild 7.26). Außerdem haben Sie dort die Möglichkeit, Eingaben manuell vorzunehmen, was bei einem fehlerhaften DFÜ-Skript angebracht sein kann. Zu Testzwecken sinnvoll, sollten Sie dieses Kontrollkästchen bei der regelmäßigen Nutzung mit einer Markierung versehen und damit das Terminalfenster ausblenden lassen, sobald die über das DFÜ-Skript gesteuerte DFÜ-Netzwerk-Verbindung einwandfrei klappt.

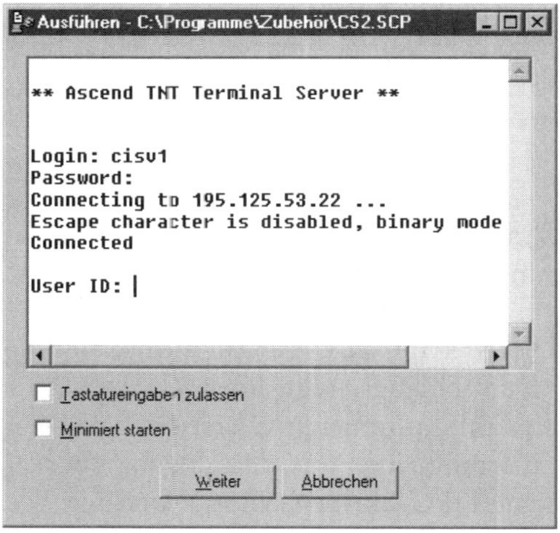

Bild 7.26: Anwahl eines Einwahlknotens mit Unterstützung eines DFÜ-Skripts (hier: Compuserve)

7.5 Mehrere Internet-Accounts abwechselnd nutzen

Wie Sie auf den obigen Seiten dieses Kapitels erfahren haben, werden alle für die Einwahl bei einem Internet-Service-Provider relevanten Einstellungen jeweils als *DFÜ-Netzwerk-Verbindung* im DFÜ-Netzwerk von Windows 9x/Me gespeichert. Somit stellt es kein Problem dar, sich über Windows 9x/Me abwechselnd bei mehreren Internet-Service-Providern einzuwählen und auf diese Weise mehrere Internet-Accounts zu nutzen: Erstellen Sie einfach für jeden Internet-Service-Provider eine entsprechende DFÜ-Netzwerk-Verbindung anhand des oben beschriebenen Verfahrens, sodass Sie sich in Zukunft dann per Mausklick in einen Einwahlknoten des jeweils gewünschten Anbieter verbinden können.

Hinweis

Der automatische Verbindungsaufbau mit dem Internet erfolgt über genau die DFÜ-Netzwerk-Verbindung, die Sie bei den Eigenschaften des Applets *Internetoptionen* über die Systemsteuerung oder bei Bearbeitung der Eigenschaften des auf Ihren Desktop befindlichen Symbols *Internet* über die Registerkarte *Verbindung* festlegen (siehe Abschnitt »Automatische Verbindungsaufbauten« in Kapitel 0).

Macht es überhaupt Sinn, mehrere Internet-Accounts zu besitzen? Diese Frage lässt sich natürlich nicht generell beantworten. In jedem Fall steigt mit jedem Internet-Service-Provider, bei dem Sie über einen Account verfügen, Ihr administrativer Aufwand. Aber stellen Sie sich vor, Sie haben einen Internet-Account beim Internet-Service-Provider A und sind mit der von diesem gebotenen Geschwindigkeit unzufrieden. In diesem Fall können Sie sich testweise bei einem Internet-Service-Provider B einen Internet-Account besorgen und nun abwechselnd beide Leistungen miteinander vergleichen, ohne Windows 9x/Me dafür in der Systemsteuerung neu konfigurieren zu müssen – wie gesagt, hierzu reicht eine neue DFÜ-Netzwerk-Verbindung aus.

Relativ leicht ist es bei Internet-Service-Providern, die mit dem Verfahren Internet-By-Call operieren: Hier können Sie zu einem Internet-Account ohne Anmeldung (mitunter kann aber eine Registrierung erforderlich sein) und vertragliche Bindung besorgen – um diesen zu testen oder nach Belieben für die nächste Einwahl ins Internet unmittelbar zu einem anderen Internet-Service-Provider wechseln zu können.

Ein anderes Szenario betrifft den Anwender, der mit seinem Laptop oder Notebook häufiger auf Reisen geht: Um auch von unterwegs, möglicherweise gar einem anderen Kontinent aus die beim heimischen Internet-Service-Provider eintreffenden E-Mails abzurufen, muss dieser Anwender dann oft eine Fern- oder gar internationale Verbindung per Modem aufbauen, was ganz schön ins Geld gehen kann. Deutlich kostengünstiger ist es in diesem Fall, zur Einwahl in das Internet auf einen Internet-Service-Provider wie

Compuserve oder Uunet zurückzugreifen, die weltweit ein recht ansehnliches Netz von Einwahlknoten unterhalten und unter Umständen (wie in den USA) gar zum Nulltarif zu erreichen sind. Einmal mit dem Internet verbunden, kann unser Reisender dann auf den Mail-Server seines heimischen Internet-Service-Providers über das Internet zugreifen, ohne sich in einen der von diesem lokal zur Verfügung stehenden Einwahlknoten eingewählt haben zu müssen.

Achtung

Nur manche Internet-Service-Provider unterstützen das so genannte *Roaming*. Darüber ist es möglich, dass Sie sich von einem vollkommen anderen Ort (etwa während eines Auslandsaufenthaltes) in die dortigen Einwahlknoten Ihres Internet-Service-Providers erfolgreich einwählen. Voraussetzung dafür ist natürlich, dass Ihr heimischer Internet-Service-Provider am jeweiligen Standort bzw. in dem betreffenden Land auch tatsächlich Einwahlknoten unterhält. Informieren Sie sich über die Telefonnummern der internationalen Einwahlknoten sowie über eventuelle technische Voraussetzungen, die es bei der Einwahl im Ausland eventuell zu beachten gilt.

7.6 Verbindungsaufnahme mit dem Internet

Haben Sie (mindestens) eine DFÜ-Netzwerk-Verbindung – wie in den Abschnitten 7.2 und 7.3 beschrieben – erstellt, ist es nun soweit: Sie können die Verbindung zum Internet aufbauen. Hierfür gibt es prinzipiell zwei Möglichkeiten.

7.6.1 Manueller Verbindungsaufbau

Wollen Sie eine DFÜ-Netzwerk-Verbindung gezielt aktivieren, um darüber Kontakt mit dem Internet aufzunehmen, begeben Sie sich zunächst zum DFÜ-Netzwerk von Windows 9x/Me. Anschließend öffnen Sie die gewünschte DFÜ-Netzwerk-Verbindung im Programmfenster *DFÜ-Netzwerk*, um das Dialogfeld *Verbinden mit* zu erhalten (siehe Bild 7.27).

Stimmen die dort vermerkten Einstellungen, betätigen Sie die Schaltfläche *Verbinden*. Sodann wird das Dialogfeld *Verbindungen mit <DFÜ-Netz-*

werk-Verbindung> angezeigt, das Sie über den Verlauf des Verbindungsaufbaus informiert (siehe Bild 7.28). Tritt dabei ein Fehler auf, bekommen Sie eine Meldung angezeigt. Verifizieren Sie in diesem Fall die Eingaben im Dialogfeld *Verbinden mit* und versuchen es erneut.

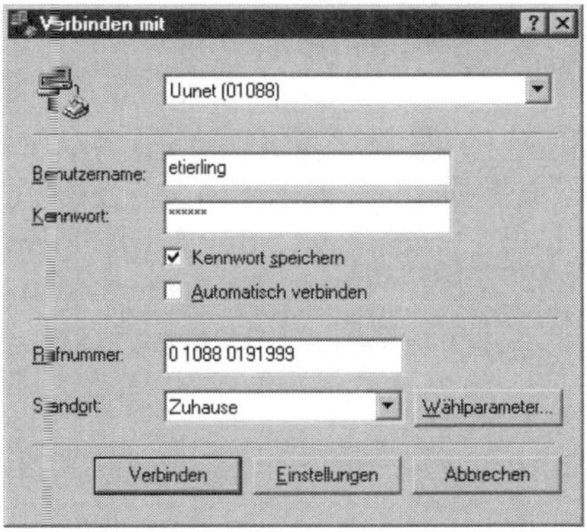

Bild 7.27: Sie können eine DFÜ-Netzwerk-Verbindung gezielt heranziehen, um sich bei einem bestimmten Internet-Service-Provider einzuwählen

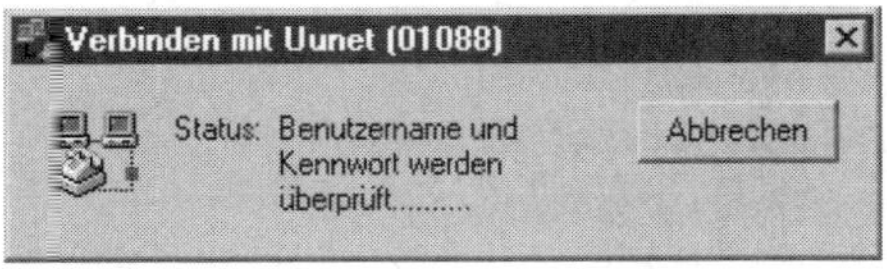

Bild 7.28: Windows 9x/Me informiert Sie darüber, wie der Verbindungsaufbau verläuft

Achtung

In der Regel dauert die Anwahl und Anmeldung nur wenige Sekunden, insbesondere bei der Einwahl über ISDN. Erscheint Ihnen die Wartezeit jedoch übermäßig lange, prüfen Sie die Eigenschaften der betreffenden DFÜ-Netzwerk-Verbindung. Insbesondere sollten Sie nachsehen, ob die Netzwerkprotokolle NetBEUI und IPX/SPX (auf der Registerkarte *Servertypen*) deaktiviert sind, denn für das Internet wird ausschließlich TCP/IP benötigt.

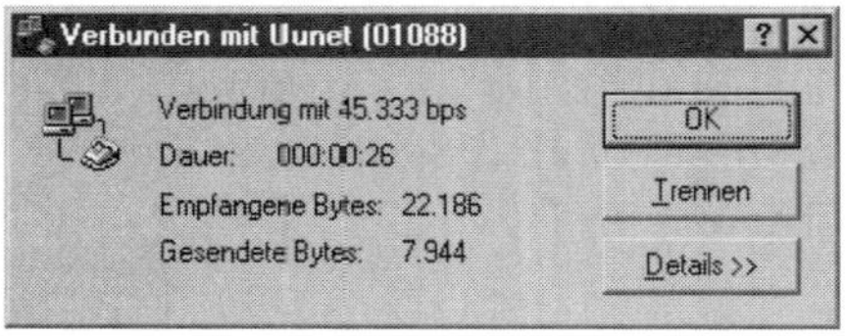

Bild 7.29: Informationen über eine aktive DFÜ-Netzwerk-Verbindung

Kommt schließlich eine Verbindung zustande, wird in der Regel im Anzeigebereich der Taskleiste das Verbindungssymbol angezeigt. Selektieren Sie dieses, um sich über die Geschwindigkeit und Dauer sowie die Anzahl der übertragene Datenmenge zu informieren (siehe Bild 7.29). Bei Bedarf können Sie dort auch die Schaltfläche *Trennen* anklicken, um die DFÜ-Netzwerk-Verbindung zu beenden.

Hinweis

Alternativ klicken Sie das Verbindungssymbol im Anzeigebereich der Taskleiste mit der primären Maustaste an, können Sie im daraufhin angezeigten Kontextmenü den Befehl TRENNEN benutzen, um die zugehörige DFÜ-Netzwerk-Verbindung gleichfalls sofort zu beenden.

7.6.2 Automatische Verbindungsaufbauten

Um im Internet auf Reisen zu gehen, müssen Sie eigentlich zuerst die betreffende DFÜ-Netzwerk-Verbindung jedesmal manuell aufbauen. Auf die Dauer kann dies recht störend wirken, sodass Microsoft eine Methode zur Automatisierung der Anwahl vorgesehen hat: Der automatische Verbindungsaufbau zum Internet.

Öffnen Sie über die Systemsteuerung das Applet *Internetoptionen*, um das Dialogfeld *Eigenschaften von Internet* zu erhalten. Das gleiche Dialogfeld erhalten Sie übrigens auch, wenn Sie das auf Ihrem Desktop befindliche Symbol *Internet* mit der primären Maustaste anklicken und im sodann angezeigten Kontextmenü den Befehl EIGENSCHAFTEN auswählen.

Bild 7.30: Das Applet Internetoptionen in der Systemsteuerung

In diesem Dialogfeld wechseln Sie jetzt auf die Registerkarte *Verbindungen* (siehe Bild 7.31). Über diese Registerkarte lässt sich detailliert festlegen, unter welchen Vorzeichen Windows 9x/Me eine Verbindung zum Internet aufbauen soll. Haben Sie beispielsweise mehrere DFÜ-Netzwerk-Verbindungen – etwa, um beim Besetztfall leicht zu einem anderen Einwahlknoten Ihres Internet-Service-Providers zu wechseln, verschiedene für Sie in Frage kommende Internet-Service-Provider zu testen oder aber zum Ausschöpfen günstiger Tarife zwischen unterschiedlichen Internet-Service-Providern bedarfsweise alternieren zu können – zur Einwahl in das Internet definiert, können Sie eine davon in dem Listenfeld *DFÜ-Einstellungen* markieren. Die Betätigung der Schaltfläche *Als Standard* hat zur Folge, dass Windows 9x/Me im Folgenden immer versucht, diese DFÜ-Netzwerk-Verbindung herzustellen und darüber die Einwahl in das Internet vorzunehmen. Bei Bedarf können Sie an dieser Stelle sogar die Eigenschaften einer vorhandenen DFÜ-Netzwerk-Verbindung über die Schaltfläche *Einstellungen...* einsehen und verändern, über *Hinzufügen* eine taufrische DFÜ-Netzwerk-Verbindung (mit dem Assistent zum Hinzufügen einer Verbindung, siehe Abschnitt 7.3) erstellen oder sich über die Schaltfläche SETUP dazu der Hilfe des Assistenten für den Internet-Zugang (wie im Abschnitt 7.2 beschrieben) bedienen.

Ist die Option *Nur wählen, wenn keine Netzwerkverbindung besteht* oder die Option *Immer Standardverbindung wählen* aktiviert, profitieren Sie von einem bequemen Automatismus: Starten Sie eine Applikation (wie etwa den Internet Explorer), die einen Zugriff auf das Internet vorzunehmen versucht, ohne dass Sie gegenwärtig mit dem Internet verbunden sind, probiert Windows 9x/Me von sich aus, die auf dieser Registerkarte als standardmäßig heranzuziehende DFÜ-Netzwerk-Verbindung aufzubauen und so den Internet-Zugang vorzunehmen. Sie brauchen dort dann nur im sodann erscheinenden Dialogfeld *DFÜ-Verbindung* (siehe Bild 7.27) die Schaltfläche *Verbinden* anzuklicken, um die Kontaktaufnahme mit dem Einwahlknoten des Internet-Service-Providers herzustellen. Das Feature des automatischen Verbindungsaufbaus ist aber keineswegs auf den Internet Explorer von Microsoft begrenzt, sondern funktioniert auch mit anderen, unter Windows 9x/Me laufenden Internet-Applikationen.

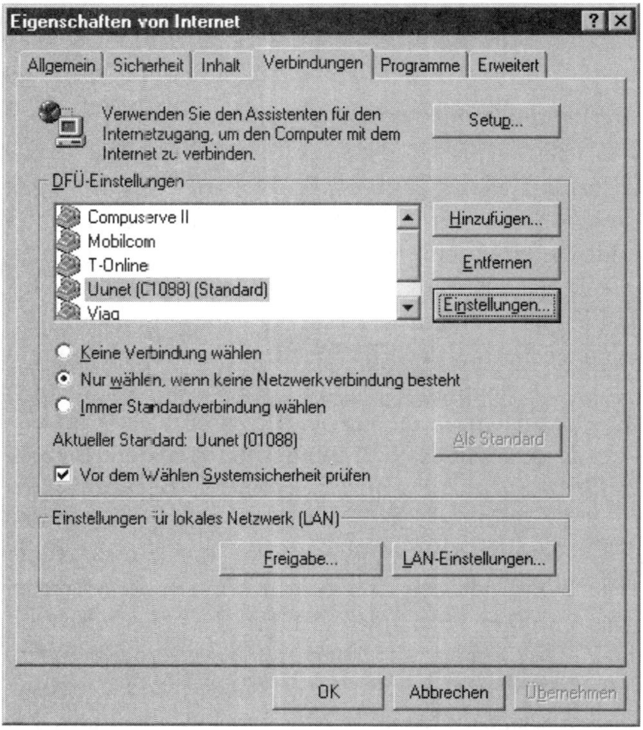

Bild 7.31: Einstellungen für einen automatischen Verbindungsaufbau zum Internet

Achtung

Das Kontrollkästchen *Vor dem Wählen Systemsicherheit prüfen* steuert zudem, ob Windows 9x/Me einen Sicherheitscheck vor dem Aufbau einer DFÜ-Netzwerk-Verbindung zum Internet vornehmen soll. Haben Sie Ordner und Dateien auf Ihrem Windows 9x/Me-PC freigegeben, könnte ein versierter Anwender über das Internet möglicherweise darauf zugreifen. Ein aktiviertes Kontrollkästchen hat zur Folge, dass Windows 9x/Me dieses Risiko prüft und Sie gegebenenfalls mit einer entsprechenden Meldung darauf aufmerksam macht.

Hinweis

Soll eine Rückfrage zum Verbindungsaufbau künftig nicht mehr erscheinen und Windows 9x/Me die Verbindung zum Internet bei Bedarf aufbauen, ohne dass hierzu eine Bestätigung Ihrerseits erforderlich wird, markieren Sie das Kontrollkästchen *Verbindung automatisch herstellen*. Künftig versucht Windows 9x/Me dann, die zugehörige DFÜ-Netzwerk-Verbindung ohne Rückfrage aufzubauen. Doch auch dabei erscheint das Dialogfeld *Verbinden mit <DFÜ-Netzwerk>* – wo Sie nach Anklicken der Schaltfläche *Abbrechen* die Markierung des Kontrollkästchens bei Bedarf wieder entfernen können, um künftig wieder eine Rückfrage zu erhalten.

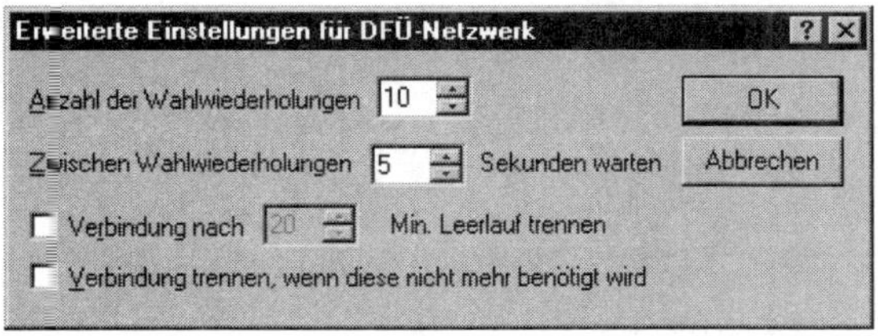

Bild 7.32: Auch ein automatischer Verbindungsabbau lässt sich einstellen (hier: Windows 98)

Doch nicht nur dem automatischen Aufbau, sondern auch dem genauen Gegenteil hat Microsoft sich gewidmet – eine nützliche Funktion zum Sparen unnötiger Internet-Gebühren: Soll Windows 9x/Me nach Ablauf einer bestimmten Zeit, in der keine Übertragungen mehr erfolgt sind, eine aktive DFÜ-Netzwerk-Verbindung zum Internet wieder selbsttätig abbauen, gehen Sie wie folgt vor:

- Unter Windows 98 begeben Sie sich zum Dialogfeld *Eigenschaften von Internet* (wie zuvor beschrieben) und wechseln dort auf die Registerkarte *Verbindungen*. Nun markieren Sie die gewünschte DFÜ-Netzwerk-Verbindung und klicken die Schaltfläche *Einstellungen...* sowie im Bereich *DFÜ-Einstellungen* des daraufhin angezeigten Dialogfelds *<DFÜ-Netzwerk> Einstellungen* die Schaltfläche *Erweitert* an. Sie erhalten nun das Dialogfeld *Erweiterte Einstellungen für DFÜ-Netzwerk* angezeigt (siehe Bild 7.32).

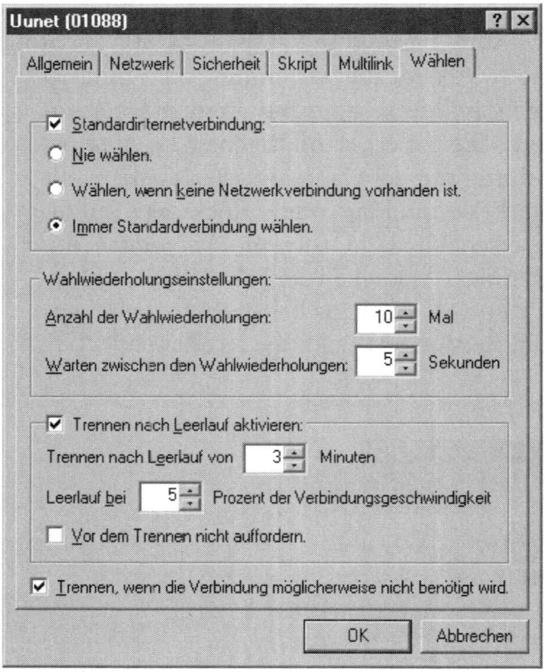

Bild 7.33: Konfiguration des automatischen Verbindungsabbaus unter Windows Me

- Ab Windows Me müssen Sie hierfür über das DFÜ-Netzwerk die Eigenschaften der gewünschten DFÜ-Netzwerk-Verbindung bearbeiten. Alle Einstellungen für den automatischen Verbindungsabbau sind hierbei auf der Registerkarte *Wählen* zusammengefasst (siehe Bild 7.33).

Dort können Sie das Kontrollkästchen *Verbindung nach ... Min. Leerlauf trennen* (Windows 98) bzw. *Trennen nach Leerlauf aktivieren* (Windows Me) markieren, um sodann im entsprechenden Feld die Anzahl der Minuten vorzugeben, die ohne Übertragungsaktivitäten verstreichen sollen, bevor Windows 9x/Me die zugehörige DFÜ-Netzwerk-Verbindung automatisch beendet. Das automatische Beenden der Verbindung geschieht standardmäßig aber erst auf Rückfrage hin (siehe Bild 7.34). Dafür können Sie sich bis zu 30 Sekunden Zeit lassen – und sich dann auch dafür entscheiden, die Verbindung explizit bestehen zu lassen.

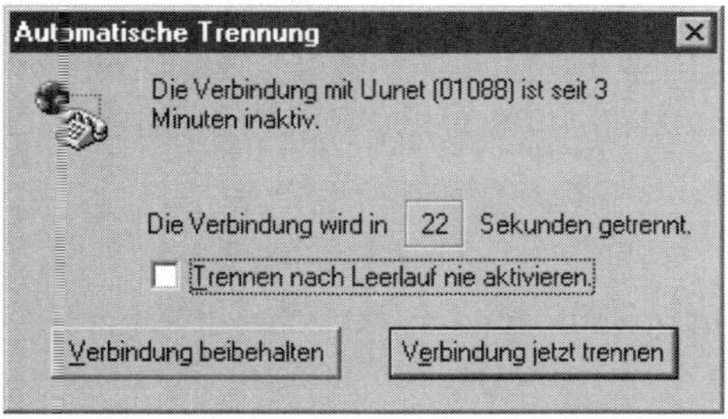

Bild 7.34: Ist die angegebene Zeit verstrichen, erscheint standardmäßig ein Hinweis, dass Windows 9x/Me die zugehörige DFÜ-Netzwerk-Verbindung in Kürze trennt

7.7 Problemen auf die Spur kommen

7.7.1 Antworttest

Der zu Windows 9x/Me gehörende Befehl PING gestattet es, eine Anfrage an einen Host im Internet zu richten und auf dessen Antwort zu warten. In einem DOS-Fenster oder dem nach Auswahl des Befehls AUSFÜHREN aus dem Startmenü erscheinenden Dialogfeld geben Sie den Befehl gefolgt von der IP-Adresse oder dem Namen des betreffenden Host ein. Bei jeder Rückmeldung vom Host können Sie sehen, wie viel Zeit die Antwort in Anspruch genommen hat – je kürzer, desto schneller können Sie Daten (etwa Webseiten) von dem Host auf Ihren PC übertragen. Ist der »ange-ping-te« gegenwärtig nicht erreichbar oder gar abgeschaltet, erscheint die Meldung `Zeitüberschreitung der Anforderung`.

Ein kleiner Test bestätigt, dass Ihre Internet-Verbindung reibungslos funktioniert: Öffnen Sie ein DOS-Fenster, und geben Sie dort `ping www.microsoft.de` [↵] ein. Falls nicht bereits geschehen, bauen Sie die Verbindung zum Internet jetzt auf.

Nun sollten mehrere Meldungen erscheinen (siehe Bild 7.35), die alle mit `Antwort von` beginnen und vom deutschen Microsoft Webserver stammen. Erhalten Sie stattdessen die Meldung `Zeitüberschreitung der Anforderung`, versuchen Sie die Eingabe `ping 212.184.80.190` [↵]. Antwortet der Webserver von Microsoft auf diese Anfrage nicht, stimmt möglicherweise der bei der DFÜ-Netzwerk-Verbindung angegebene oder vom Ihrem Internet-Service-

Provider bezogene DNS-Server nicht. Beenden Sie die DFÜ-Netzwerk-Verbindung, um in ihren Eigenschaften die IP-Adresse des betreffenden DNS-Servers einzutragen und anschließend einen erneuten Versuch zu starten.

Achtung

PING stellt einen absolut grundlegenden Test dar, ob ein im Internet vorhandener Rechner überhaupt antwortet. Manche Betreiber unterbinden es jedoch aus Sicherheitsgründen, dass ihre Webserver auf ein Ping antworten. Mit anderen Worten: Antwortet ein Rechner nicht auf ein Ping, muss das keineswegs zwingend auch heißen, dass dieser Rechner nicht existiert.

```
C:\WINDOWS>ping www.microsoft.de

PING wird ausgeführt für www.microsoft.de [212.184.80.190] mit 32 Bytes Daten:

Antwort von 212.184.80.190: Bytes=32 Zeit=88ms TTL=114
Antwort von 212.184.80.190: Bytes=32 Zeit=67ms TTL=114
Antwort von 212.184.80.190: Bytes=32 Zeit=72ms TTL=114
Antwort von 212.184.80.190: Bytes=32 Zeit=62ms TTL=114

Ping-Statistik für 212.184.80.190:
    Pakete: Gesendet = 4, Empfangen = 4, Verloren = 0 (0% Verlust),
Ca. Zeitangaben in Millisek.:
    Minimum = 62ms, Maximum =  88ms, Mittelwert =  72ms

C:\WINDOWS>
```

Bild 7.35: Einfach, aber effektiv – ein simpler Antworttest, durchgeführt mit dem Befehl PING

7.7.2 Überprüfung der TCP/IP-Konfiguration

Ein weiteres Tool, das Microsoft zwar zusammen mit Windows 9x/Me ausliefert, stellt WINIPCFG dar – zu finden im Windows-eigenen Ordner. Dieses zeigt beispielsweise an, welche IP-Adresse und Subnet-Mask Sie bei Ihrer gegenwärtigen PPP-Verbindung zum Internet besitzen und wie die IP-

Adresse des dabei verwendeten Standard-Gateways lautet. Auf diese Weise können Sie auch bei Verwendung eines Internet-Accounts, bei dem Sie eine dynamische IP-Adresse zugewiesen bekommen, die entsprechenden Informationen in Erfahrung bringen – sofern Sie gegenwärtig gerade online sind.

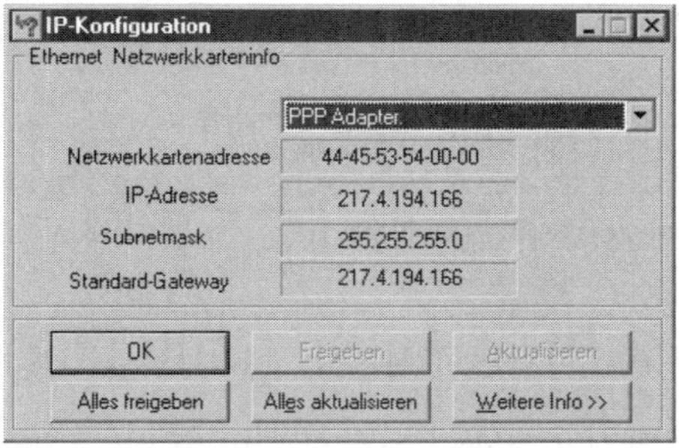

Bild 7.36: Das Windows 9x/Me-Utility WINIPCFG *liefert die TCP/IP-relevanten Einstellungen Ihrer aktuellen Internet-Verbindung auf einen Blick*

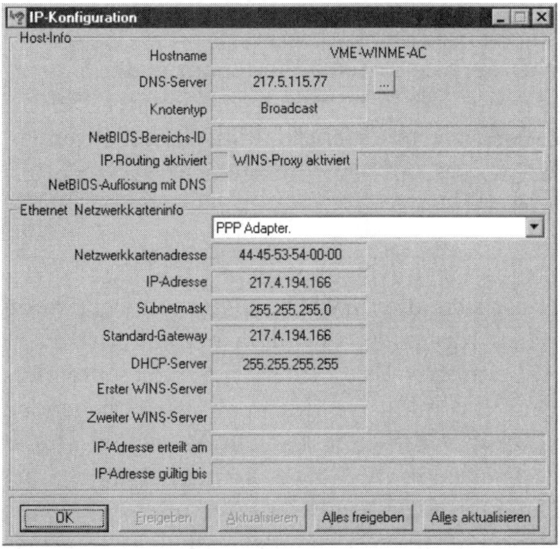

Bild 7.37: Zu den weiteren Informationen, die WINIPCFG auf Wunsch liefert, zählt beispielsweise die IP-Adresse Ihres gegenwärtig verwandten DNS-Servers

Um WINIPCFG aufzurufen, wählen Sie beispielsweise den Befehl AUSFÜHREN im Startmenü aus und geben `WINIPCFG` [Enter] im Kombinationsfeld *Öffnen* des daraufhin erscheinenden Dialogfelds *Ausführen* an. Nach dem Start des Programms bekommen Sie zunächst vor allem die IP-Adresse und die Subnet-Mask angezeigt, mit denen Sie bzw. die DFÜ-Netzwerk-Verbindung – in WINIPCFG als »PPP-Adapter« bezeichnet – gegenwärtig arbeiten (siehe Bild 7.36).

Klicken Sie auf die Schaltfläche *Weitere Info*, gibt WINIPCFG erweiterte Angaben wie beispielsweise die IP-Adresse des DNS-Servers oder Ihres Standard-Gateways preis, mit dem Sie gegenwärtig arbeiten (siehe Bild 7.37).

7.8 Kanalbündelung für ISDN-Adapter (Multilink)

Wählen Sie sich über einen ISDN-Adapter in das Internet ein, können Sie einen *Multilink* (besser unter der Bezeichnung *Kanalbündelung* bekannt) vornehmen. Hierbei nutzen Sie nicht wie üblich einen, sondern beide ISDN-Kanäle gleichzeitig. Auf diese Weise besitzen Sie bei Ihrer Internet-Verbindung eine Geschwindigkeit von 2 mal 64 KBit/s, also insgesamt 128 KBit/s.

Hinweis

Nicht jeder Internet-Service-Provider unterstützt die Einwahl mit Multilink – oder nur bei Verwendung bestimmter Einwahlknoten. Erkundigen Sie sich im Zweifelsfall direkt bei Ihrem Internet-Service-Provider, wie es um sein Engagement in Sachen Kanalbündelung bestellt ist.

Eine gesteigerte Performance lässt sich allerdings nur dann erzielen, wenn die Internet-Verbindung zwischen Ihrem PC und dem betreffenden Ziel-Host – also einschließlich der Leitungen Ihres Internet-Service-Providers sowie die Leitungen der Gegenstelle inklusive des dazwischen liegenden Netzes – auch diese Geschwindigkeit verarbeiten können. Wenn sich durch die Kanalbündelung beim bloßen Surfen im Web zwar kein erheblicher Vorteil ergibt, fällt die Kanalbündelung beim Download größerer Dateien respektive dem gleichzeitigen Download von unterschiedlichen Internet-Sites durchaus ins Gewicht: Die Dauer, bis die gewünschten Informationen übertragen sind, nimmt dann spürbar ab. Im optimalen Fall reduziert sich der Zeitbedarf für einen Download-Vorgang um die Hälfte.

Achtung

Bei der Kanalbündelung müssen Sie für jeden der beiden benutzen ISDN-Kanäle Verbindungsgebühren an Ihre Telefongesellschaft bezahlen. Bei der Zusammenschaltung zweier ISDN-Kanäle müssen Sie also das doppelte gegenüber einer normalen Verbindung mit nur einem ISDN-Kanal aufbringen. Dafür reduziert sich aber auch der Zeitbedarf für einen Download bei optimalen Bedingen um 50 Prozent, sodass sich die zweifachen Verbindungskosten durch eine kürzer Verbindungsdauer fast wieder kompensieren.

7.8.1 Konfiguration

Um die Möglichkeit der Kanalbündelung überhaupt anzuwenden und so eine DFÜ-Netzwerk-Verbindung mit zwei ISDN-Kanälen entsprechend 128 KBit/s zu fahren, müssen Sie die betreffende DFÜ-Netzwerk-Verbindung entsprechend konfigurieren. Begeben Sie sich also zum DFÜ-Netzwerk, um die Eigenschaften der gewünschten DFÜ-Netzwerk-Verbindung zu modifizieren. Einstellungen, die die Kanalbündelung betreffen, befinden sich dabei auf der Registerkarte *Multilink* (siehe Bild 7.38).

Zunächst gilt es, dort die Option *Zusätzliche Geräte verwenden* zu aktivieren. Sodann klicken Sie auf *Hinzufügen*, um das Dialogfeld *Zusätzliches Gerät bearbeiten* zu erhalten (siehe Bild 7.39). Dort wählen Sie im Listenfeld *Gerätename* das zu verwendende Kommunikationsgerät aus. Des Weiteren müssen Sie im Eingabefeld *Rufnummer* die über dieses Kommunikationsgerät zu wählende Telefonnummer eintippen – in der Regel dieselbe, die auch das primäre Kommunikationsgerät der betreffenden DFÜ-Netzwerk-Verbindung benutzt. Klicken Sie mehrmals hintereinander auf *OK*, um diese Vorgabe zu speichern und wieder zum DFÜ-Netzwerk von Windows 9x/Me zurückzukehren.

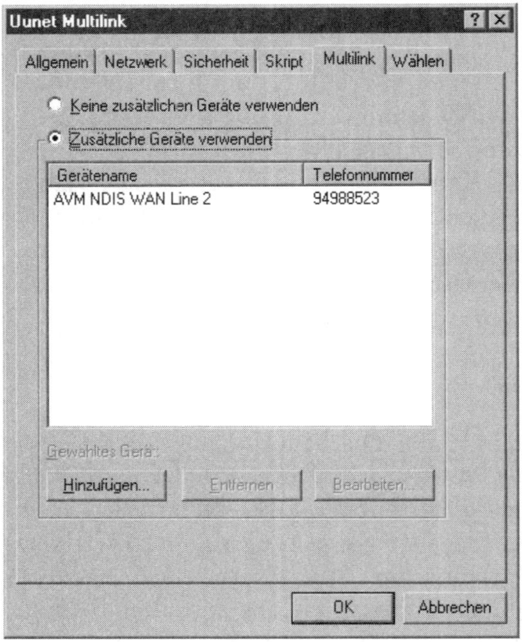

Bild 7.38: Über die Registerkarte MULTILINK *bei den Eigenschaften einer DFÜ-Netzwerk-Verbindung lässt sich die Kanalbündelung konfigurieren*

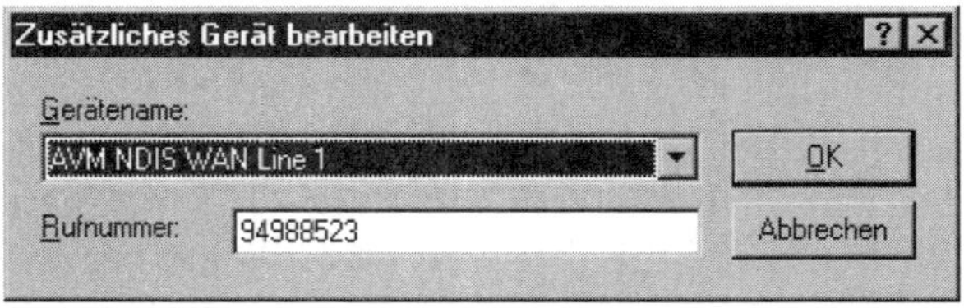

Bild 7.39: Festlegung eines zusätzlich zu verwendenden Kommunikationsgeräts

7.8.2 Umgang mit der Kanalbündelung

Arbeitet die DFÜ-Netzwerk-Verbindung, über die Sie sich in das Internet einwählen, mit einer Kanalbündelung, erfolgt zunächst ein Aufbau der ersten und anschließend der zweiten Verbindung. Selektieren Sie daraufhin das Verbindungssymbol im Statusbereich der Taskleiste von Windows 9x/Me, bekommen Sie im Dialogfeld *Verbinden mit <DFÜ-Netzwerk-Verbindung>* die Anzahl der insgesamt verwendeten Kommunikationsgeräte angezeigt (siehe Bild 7.40).

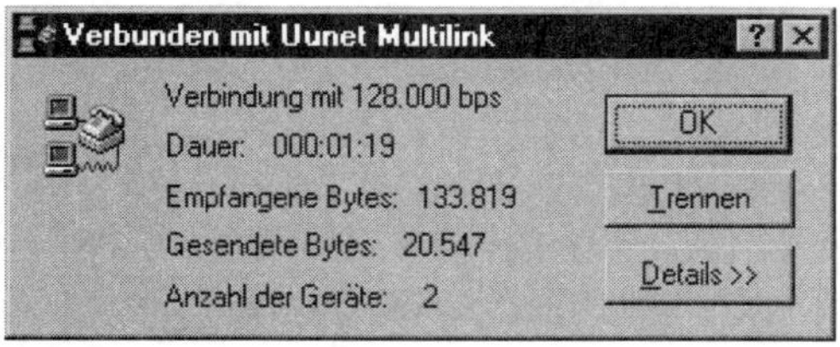

Bild 7.40: Status einer aktiven DFÜ-Netzwerk-Verbindung bei Einsatz der Kanalbündelung

Klicken Sie dort auf die Schaltfläche *Details*, werden weitere Informationen eingeblendet. Sogleich können Sie genau erkennen, über welches Kommunikationsgerät die betreffende DFÜ-Netzwerk-Verbindung zusätzlich eine Verbindung aufgebaut hat (siehe Bild 7.41). An dieser Stelle haben Sie die Gelegenheit, über die Schaltfläche *Deaktivieren* oder aber über die Schaltfläche *Wiederaufnehmen* bei Bedarf die zusätzliche Verbindung über das Kommunikationsgerät unmittelbar zu beenden oder wieder herzustellen. So können Sie flexibel selbst vorgeben, wann Sie mit 64 KBit/s oder aber mit 128 KBit/s zu Werke gehen möchten.

Hinweis

War es nicht möglich, die zusätzliche Verbindung aufzubauen (etwa, weil die werte Tochter gerade den zweiten ISDN-Kanal zum Telefonieren belegt hat), geschieht nichts. In diesem Fall müssen Sie die Verbindung über das zusätzliche Kommunikationsgerät dann über die Schaltfläche *Wiederaufnehmen* zu einem späteren Zeitpunkt erneut aufzubauen versuchen.

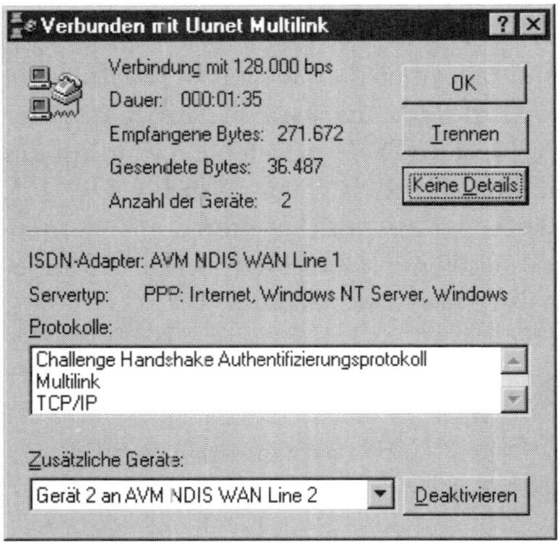

Bild 7.41: Detaillierte Informationen über eine aktive DFÜ-Netzwerk-Verbindung, bei der die Kanalbündelung zum Einsatz gelangt

Kapitel 8
Webbrowser zum Surfen im World Wide Web: Internet Explorer

Nach dem Sie nun alles Wissenswerte erfahren haben, um in die Welt des Internet einzutauchen, wollen wir uns nachfolgend mit *der* Applikation schlechthin beschäftigen, die Ihnen die Reise durch dieses »Netz aller Netze« erst ermöglicht: dem Webbrowser. Denn sozusagen die Königsklasse des Internet bildet das *World Wide Web*.

> **Hinweis**
>
> Dieses Buch beschreibt die bei Drucklegung aktuelle Version 5.5 des Internet Explorers. Der bereits angekündigte Internet Explorer 6 war zum Zeitpunkt der Drucklegung dieses Buchs noch nicht erhältlich. Um Sie darüber hinausgehend über aktuelle Entwicklungen des Internet Explorers im Hinblick auf das Ihnen vorliegende Buch sowie die relevanten Unterschiede zu dem hier beschrieben Internet Explorer 5.5 zu informieren, besuchen Sie einfach im Internet meine Webseite `www.ito.de/Buecher/Internet-Pocket/Addendum/addendum.htm`.

Erst 1990 am Schweizer Forschungslabor *CERN* entwickelt, zählt das Web heute als populärster Dienst des Internet. Die vollkommen grafische Orientierung des World Wide Web hat nicht nur zu einer farbigen, ansprechenden Gestaltung von Informationen geführt, sondern erlaubt es zudem auch dem unerfahrenen Anwender, gänzlich ohne – die für ältere Internet-Dienste erforderliche – Kenntnis spezieller Kommandos auszukommen und sich fast ausschließlich mit der Maus durchs Internet zu klicken. Ausgenommen davon sind nur die Vorgabe vom Namen der gewünschten Webseite, die dort manchmal erforderliche Legitimierung mit Benutzernamen und Passwort sowie die Eingabe eines Namens beim Speichern von nicht anzeigbaren Dateien.

Hinweis

Programme zum Zugriff auf das World Wide Web werden als *Webbrowser* bezeichnet.

Microsoft hat seinen Webbrowser auf den Namen *Internet Explorer* getauft – in Anlehnung an den in Windows 9x/Me enthaltenen Windows Explorer zur Bearbeitung der auf einer Diskette oder Festplatte enthaltenen Ordner und Dateien. Auf den kommenden Seiten wollen wir diesen Webbrowser von Microsoft genauer unter die Lupe nehmen.

Hinweis

Webbrowser gibt es auch von anderen Anbietern. Die wohl bekannteste Alternative dürfte *Netscape* darstellen – und auch der kleine, aber feine Webbrowser *Opera* erfreut sich großer Beliebtheit. Wir wollen uns jedoch im Folgenden auf den von Microsoft stammenden Webbrowser fokussieren.

Abgesehen von den allerersten Versionen von Windows 95 (vor Windows 95B, auch »OSR2« genannt) zählt der Internet Explorer zum Standardlieferumfang des Betriebssystems. Welche Version des Internet Explorers dem Betriebssystem beiliegt, ist allerdings abhängig davon, um welche Windows-Version es sich handelt.

- **Windows 98**
  Besitzer von Windows 98 haben es bereits relativ gut, denn hier zählt schon der – aus heutiger Sicht – recht leistungsfähige Internet Explorer 4 (samt zugehöriger Komponenten wie etwa Outlook Express 4) gleich zur Serienausstattung, und nicht nur das: Der Internet Explorer ist direkt in das Betriebssystem integriert. Auf diese Weise erlaubt es der Internet Explorer, auch lokale Ressourcen aus einer Web-artigen Sicht heraus zu betrachten – sodass sich zum Beispiel Ordner auf der Festplatte wie eine Webseite darstellen lassen. Mehr noch: Das Feature *Active Desktop* erlaubt es, Objekte nicht mehr wie bei früheren Windows-Versionen üblich mit einem doppelten Mausklick zu selektieren, sondern dies mit einem einzigen Mausklick zu erledigen (diese Funktion lässt sich auf Wunsch aber auch abschalten). Sinn und Zweck des Ganzen ist, dass der

Anwender nicht mehr zwischen der Arbeit mit seinem lokalen PC und der Arbeit im Internet unterscheiden muss, sondern einheitlich zu Werke gehen kann.

- **Windows 98 Zweite Ausgabe**
  Mitte 1999 hat Microsoft eine überarbeitete Version von Windows 98 auf den Markt gebracht, die die Bezeichnung *Windows 98 Zweite Ausgabe* trägt (im englischen Original als *Windows 98 Second Edition* oder kurz *Windows 98 SE* bezeichnet). In diese Version sind nicht nur Fehlerkorrekturen und aktualisierte Treiber eingeflossen: Zudem hat bei Windows 98 Zweite Ausgabe eine neue Version des Webbrowsers von Microsoft Einzug gehalten – und zwar der Internet Explorer 5 (gemeinsam mit weitere neuen Komponenten wie zum Beispiel Outlook Express 5).
- **Windows Me**
  Den letzten Vertreter der Reihe von Windows-Betriebssystemen, die von ihrer Architektur her unmittelbar auf das ursprüngliche Windows 95 zurückgehen, markiert das im September 2000 erschienene *Windows Millennium Edition* – kurz *Windows Me*. Diese Weiterentwicklung von Windows 98 Zweite Ausgabe beinhaltet neben diversen Verbesserungen den Internet Explorer 5.5 (und ebenso Outlook Express 5.5). Des Weiteren bezieht diese Windows-Version das Internet deutlich stärker mit ein als seine Vorgänger: So beinhaltet Windows Me einige Internet-Spiele, die ein »Online-Geschicklichkeits-Messen« mit Mitspielern aus allen Teilen der Erde gestatten. Und auch der recht moderne Windows Media Player 7 zur Wiedergabe etwa von MP3-Dateien zählt bei Windows Me serienmäßig zum Lieferumfang. Dessen Aussehen lässt sich mit Visualisierungen, die über das Internet heruntergeladen werden können, dem eigenen Geschmack anpassen – und für Musik-CDs, die in das CD-ROM-Laufwerk des PCs eingelegt sind, können Album- und Titelinformationen ebenfalls aus dem Internet abgerufen werden, was den Aufbau einer eigenen Medienbibliothek sehr komfortabel gestaltet.

Das dieses Buch sich auf jede der genannten Windows-Versionen bezieht (und bei dem Windows 98-Vorgänger Windows 95 vieles recht ähnlich ist), sprechen wir in diesem Buch einheitlich von *Windows 9x/Me*.

> **Achtung**
>
> Unabhängig davon, mit welcher Version von Windows 9x/Me Sie arbeiten, empfiehlt es sich, eine aktuelle Version des Internet Explorers aufzuspielen, um komfortabel im Internet surfen und moderne Dienste sinnvoll nutzen zu können. In dieser Hinsicht sind der Internet Explorer 5 respektive der Internet Explorer 5.5 sehr empfehlenswert – und aus diesem Grund nimmt dieses Buch auch auf diese Versionen des Internet Explorers Bezug. Der zum Zeitpunkt der Drucklegung dieses Buchs bereits angekündigte, allerdings noch nicht erhältliche Internet Explorer 6 sieht seinen Vorgängern der Fünfer-Version überaus ähnlich – sodass das Gros der Schaltflächen und Funktionen erhalten geblieben ist, was Ihnen einen bequemen Umgang mit der Fünfer- sowie der Sechser-Version des Internet Explorers ermöglicht. Um Sie auch über die Drucklegung dieses Buches hinausgehend über aktuelle Entwicklungen zu informieren, besuchen Sie einfach im Internet meine Webseite `www.ito.de/Buecher/Internet-Pocket/Addendum/addendum.htm`. Dort finden Sie bei Verfügbarkeit neuerer Versionen des Internet Explorers Informationen, wie es sich mit den relevanten Unterschieden zu dem in diesem Buch beschrieben Internet Explorer 5.5 verhält.

Haben Sie den Internet Explorer auf Ihrem mit Windows 9x/Me arbeitenden PC installiert, sollte sich auf Ihrem Desktop das Objekt *Internet Explorer* befinden. Abhängig davon, ob Sie den Assistenten für den Internet-Zugang (für die Konfiguration des Internet-Zugangs dieses PCs) bereits gestartet haben oder nicht, führt der Aufruf des Internet Explorers nun zum Laden des Webbrowsers. Alternativ können Sie den Internet Explorer auch durch Auswahl des entsprechenden Befehls im Menü PROGRAMME oder über das darin (abhängig von Ihrer Windows-Version) eventuell enthaltene Menü INTERNET EXPLORER starten. Weiterhin befindet sich in der Schnellstartleiste – diese ist standardmäßig im linken Bereich der Taskleiste gleich neben der Schaltfläche *Start* zu finden, deren Anklicken das Startmenü von Windows 9x/Me hervorruft – ein Symbol für den Webbrowser Internet Explorer (sowie das E-Mail-Programm Outlook Express). zu finden, über das ein jederzeitiger schneller Aufruf möglich ist, auch ohne sich erst den Desktop von Windows 9x/Me anzeigen zu lassen.

8.1 Webseiten besuchen

Um auf die Homepage einer Website respektive eine bestimmte, auf einem Webserver vorhandene Webseite zuzugreifen und diese abzurufen, geben Sie im Programmfenster des Internet Explorers im Kombinationsfeld *Adresse* die gewünschte Adresse der Website oder einer Webseite ein, die Sie besuchen und sich anzeigen lassen möchten.

Hinweis

Die Adresse einer bestimmten Ressource im Internet – etwa einer Website oder einer darauf befindlichen Webseite, aber beispielsweise auch einer FTP-Site oder einer Newsgroup – heißt im Fachjargon *Universal Resource Locator* oder kurz *URL*.

Wie der Name bereits zum Ausdruck bringt, folgt eine URL universellen Konventionen der Form `Dienst://Host` respektive `Dienst://Host/Datei`, um eine bestimmte Ressource – einen Server im Internet oder eine auf diesem befindliche Datei – eindeutig zu adressieren. *Dienst* charakterisiert dabei den Internet-Dienst, wobei *http* als Abkürzung für *HyperText Transfer Protocol* und damit für das im World Wide Web verwandte Protokoll zur Übertragung von Informationen steht. Webserver oder die auf diesem Rechner befindlichen Seiten werden also über eine URL angesprochen, die mit *http://* beginnt (für eine FTP-Site ist dementsprechend *ftp://* als Präfix im Internet Explorer einzugeben).

Hinweis

Surfen Sie im World Wide Web (und damit werden Sie sicherlich die meiste Zeit der Arbeit mit dem Internet Explorer verbringen), brauchen Sie im Kombinationsfeld *Adresse* das Präfix *http://* nicht mit einzutippen. Um beispielsweise den Webserver von Microsoft Deutschland – für die die vollständige URL `http://www.microsoft.de` lautet – zu besuchen, reicht die Eingabe von `www.microsoft.de` aus. Nutzen Sie diesen bequemen Mechanismus, der Ihnen eine Menge unnötiger Tipparbeit erspart. Manche Websites verzichten gar auf das einleitende `www` – wie es etwa beim Nachrichtenmagazin Focus der Fall ist, die im Internet über die URL `focus.de` erreichbar sind.

Nach der Angabe einer Adresse stellt der Internet Explorer eine Verbindung zum angegebenen Webserver her und stellt die entsprechende Webseite dar. Die vom Schöpfer dieses HyperText-Dokuments definierte Bezeichnung wird daraufhin in der in der Titelzeile des Internet Explorer-Programmfensters ausgegeben. Solange die Übertragung läuft und noch nicht abgeschlossen ist, bewegt sich das im Programmfenster des Internet Explorers rechts oben zu findende Logo. Eine waagerechte Balkenanzeige in der Mitte des unteren Fensterrands gibt zudem Aufschluss, wie viel Prozent der Webseite inzwischen auf Ihren Rechner übertragen worden ist. Informationen darüber, welche Ressource der Internet Explorer gegenwärtig lädt bzw. sich hinter einen Hyperlink verbirgt und sonstige Meldungen erscheinen ebenfalls in der Statusleiste am unteren Fensterrand.

Hinweis

Webseiten lassen sich als Dateien mit der Namenserweiterung *.htm* oder *.html* auch auf der lokalen Festplatte Ihres Rechners oder CD-ROM speichern. Auch zur Anzeige dieser Dokumente eignet sich der Internet Explorer – wobei das Laden natürlich schneller vonstatten geht als bei der Übertragung via Modem oder ISDN aus dem Internet.

Bei Webseiten handelt es sich um HyperText-Dokumente, die *Hyperlinks* auf andere Ressourcen beinhalten dürfen. Sobald Sie den Mauszeiger auf einen Hyperlink bewegen, wechselt dieser sein Aussehen: Statt des normalen Pfeils erscheint eine zeigende Hand. Die im Text selbst enthaltenen Hyperlinks sind meist unterstrichen, auf jeden Fall aber hervorgehoben dargestellt, um diese als Verweis leicht erkennen zu können. Während normale Textinformationen in der Regel in schwarzer Schrift erscheinen, werden die einzelnen Hyperlinks häufig in Blau dargestellt.

Dabei sollten Sie auch der Farbe Beachtung schenken, in der Hyperlinks auf einer Webseite erscheinen: Haben Sie einen Hyperlink angeklickt und kehren später wieder auf die Webseite zurück, auf der sich dieser Verweis befindet, stellt der Internet Explorer die von Ihnen bereits einmal aufgesuchten Hyperlinks in einer anderen Farbe (zum Beispiel in Rot) dar. Hierzu greift der Internet Explorer auf die in dem von ihm verwalteten Cache-Speicher enthaltenen Informationen zurück. Auf diese Weise können Sie also leicht kontrollieren, welchen Hyperlinks einer Webseite Sie bereits nachgegangen sind und welche noch auf Ihren Besuch warten.

Hinweis

Die farbliche Änderung eines im Text enthaltenen, bereits einmal aufgesuchten Verweises gilt nicht für die in Grafik enthaltenen Hyperlinks.

Falls die gewünschte Website aufgrund eines momentan hohen Verkehrsaufkommens im Internet nicht (schließlich ist das Internet einer hohen Dynamik unterworfen, sodass manche Webseiten nicht sehr lange existieren) oder nur mit einer sehr schlechten Geschwindigkeit zu erreichen ist, steht es Ihnen jederzeit frei, die Übertragung zu unterbrechen. Hierzu steht im Menü ANSICHT der Befehl ABBRECHEN oder das entsprechende Symbol in der Symbolleiste bereit – außerdem können Sie die Taste `ESC` drücken. Um eine Webseite im Nachhinein dann doch vollständig zu laden, greifen Sie auf den Befehl AKTUALISIEREN aus dem Menü ANSICHT respektive das zugehörige Symbol der Symbolleiste zurück oder drücken die Taste `F5`.

Achtung

Erhalten Sie beim Zugriff auf eine Webseite eine Fehlermeldung, kann das auch einen anderen Grund haben: Insbesondere, wenn Sie etwa aus einer Zeitschrift die URL einer Webseite eintippen, müssen Sie penibel auf die korrekte Schreibweise – also Groß- und Kleinschrift – achten! So unterhält beispielsweise das Nachrichtenmagazin Focus ein Verzeichnis von Internet-Service-Providern auf seiner unter der URL `focus.de/D/DD/DD151/dd151.htm` erreichbaren Webseite. Während es für den Host-Teil einer URL unerheblich ist, findet im Datei-Part einer URL eine präzise Unterscheidung zwischen Groß- und Kleinschrift statt. Geben Sie also zum Beispiel `focus.de/d/dd/dd151/dd151.htm` als URL an, erhalten Sie eine Fehlermeldung, dass die von Ihnen angegebene Webseite nicht gefunden werden konnte.

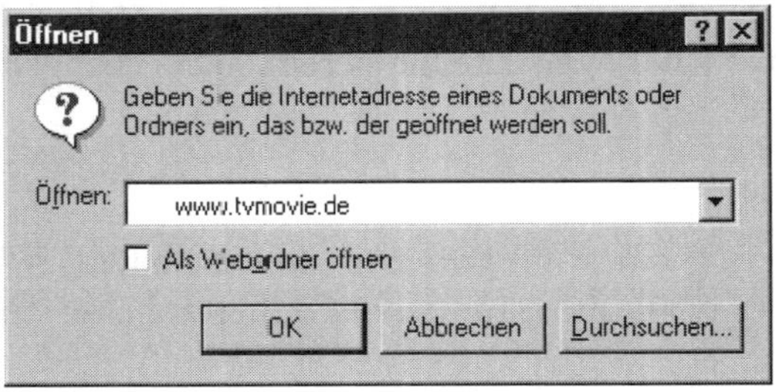

Bild 8.1: Zugriff auf einen Webserver über das Dialogfeld Öffnen *aus dem Internet Explorer heraus*

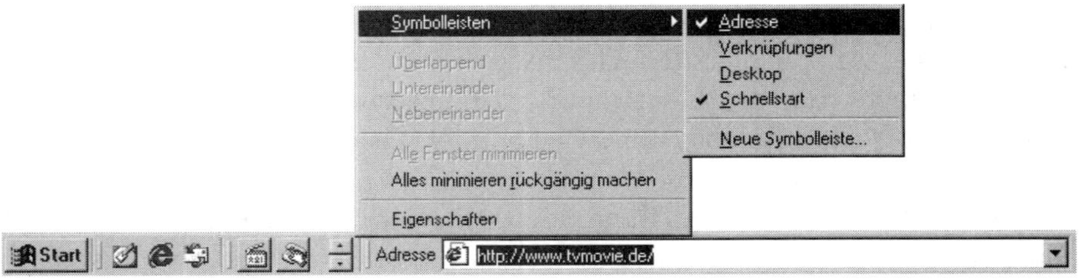

Bild 8.2: URLs können auch in der Taskleiste eingeben werden

Die Eingabe einer URL im Kombinationsfeld *Adresse* des Internet Explorers ist aber nicht die einzige Möglichkeit, sich zu einer bestimmten Adresse zu begeben und den Inhalt einer Webseite zu betrachten. Alternativ dazu können Sie den Befehl ÖFFNEN aus dem Menü DATEI des Internet Explorers verwenden, um in dem daraufhin angezeigten Dialogfeld *Öffnen* im Kombinationsfeld *Öffnen* die gewünschte URL einzutragen oder eine zuvor benutzte auszuwählen (siehe Bild 8.2). Und es geht sogar noch einfacher:

- Haben Sie das Feature *Active Desktop* unter Windows 9x/Me installiert bzw. aktiviert, können Sie sich das Kombinationsfeld *Adresse* des Internet Explorers sogar in der Taskleiste anzeigen lassen. Falls Sie diese nicht sehen, klicken Sie mit der primären Maustaste einen freien Bereich in der Taskleiste an. Im daraufhin angezeigten Kontextmenü wählen Sie den Befehl SYMBOLLEISTEN aus und klicken ADRESSE an, sodass dieser Befehl mit einem Häckchen versehen wird. Daraufhin wird die Taskleiste von Windows 9x/Me so erweitert, dass dort nun auch das vom Programmfenster des Internet

Explorers her bekannte Kombinationsfeld ADRESSE erscheint (siehe Bild 8.3). Geben Sie dort eine URL ein, springt der Internet Explorer zu der angegebenen Adresse.

- Aktivieren Sie im Startmenü von Windows 9x/Me den Befehl AUSFÜHREN und geben dort den Namen des gewünschten Webservers ein – etwa `www.tvmovie.de`. Daraufhin erfolgt automatisch ein Aufruf des Internet Explorers zum Besuch der angegebenen Website.
- Falls Sie auf Ihrem Desktop eine Verknüpfung auf eine bestimmte Webseite abgelegt haben und diese selektieren, nimmt der Internet Explorer mit dieser Kontakt auf. Gleiches gilt für Verweise auf Webseiten, die Sie auf der Festplatte Ihres PCs abgelegt haben und vom Windows-Explorer aus öffnen.

Sie sehen also: Viele Wege führen zum Ziel. Das besondere an diesem Verfahren: Falls Sie dabei den Internet Explorer noch gar nicht gestartet haben, wird dieser automatisch geladen – und bei Bedarf sogar eine DFÜ-Netzwerk-Verbindung zu Ihrem Internet-Service-Provider aufgebaut (sofern alles dementsprechend konfiguriert ist).

Hinweis

Um gleichzeitig mit mehreren Webservern zu kommunizieren, brauchen Sie den Internet Explorer noch nicht einmal mehrfach zu starten: Vielmehr können Sie einfach ein neues Programmfenster des Webbrowsers öffnen, indem Sie den Befehl NEU/FENSTER aus dem Menü DATEI des Internet Explorers verwenden oder die Tastenkombination [Strg]+[N] drücken. Auf diese Weise können Sie problemlos gleichzeitig zwei, drei oder mehr Webserver besuchen oder im Hintergrund Dateien herunterladen, während Sie gleichzeitig im Vordergrund munter durchs Internet surfen. Berücksichtigen Sie dabei allerdings, dass sich hierbei alle Daten gleichzeitig durch Ihre Internet-Leistung »quetschen«. Ist Ihr PC beispielsweise nur über ein langsames 28,8er Modem mit dem Internet verbunden, macht es kaum Sinn, sieben Internet Explorer-Fenster offen zu haben, um von sieben Webservern gleichzeitig Webseiten abzurufen. Um den Online-Genuss also nicht zu sehr zu trüben, sollten Sie die Anzahl der gleichzeitigen Übertragungsvorgänge der Kapazität Ihrer Internet-Verbindung gemäß gestalten.

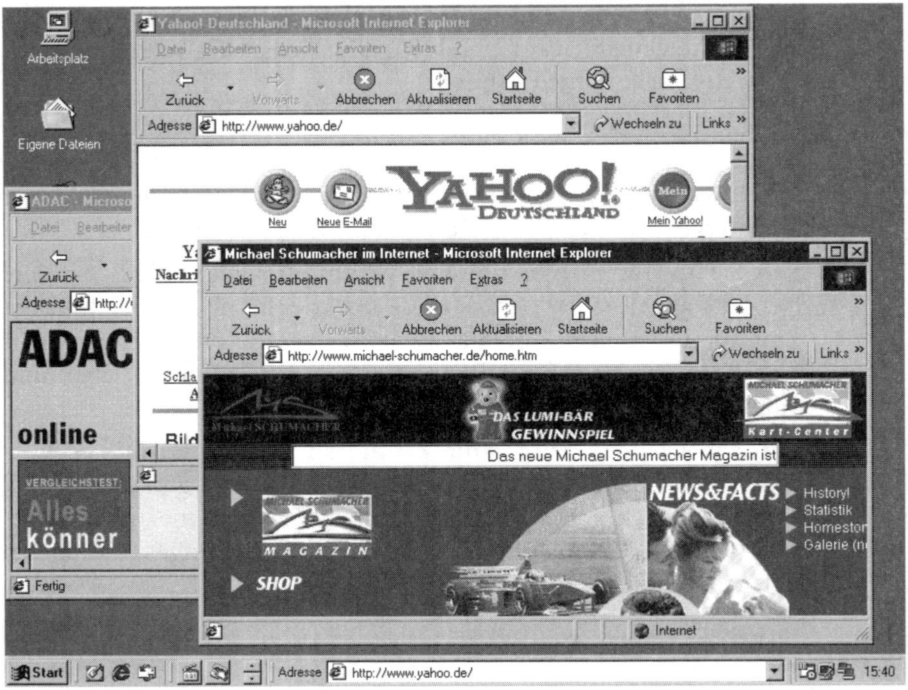

Bild 8.3: Öffnen Sie den Internet Explorer mehrfach, können Sie mehrere Websites gleichzeitig besuchen

Das World Wide Web lädt zum munteren Springen von einer zur nächsten Webseite ein. Ein Klick auf das Symbol *Zurück* in der Symbolleiste des Internet Explorers oder das Drücken der Taste [←] bzw. der Tastenkombination [Alt]+[←] führt Sie zur unmittelbar zuvor besuchten Webseite zurück. Anschließend können Sie durch das Anklicken des Symbols VOR in der Symbolleiste oder über die Tastenkombination [Alt]+[→] wieder zur nächsten Seite gelangen. Eine URL, auf die Sie früher bereits einmal zugegriffen haben, können Sie relativ leicht erneut wieder besuchen. Hierzu wählen Sie die gewünschte URL einfach über die über das Kombinationsfeld *Adresse* erreichbare Liste aus.

Hinweis

Beim Internet Explorer ab Version 5 können Sie einen bereits einmal eingegebenen Eintrag innerhalb des Kombinationsfelds ADRESSE auch bequem mit den Cursortasten [↑] und [↓] auswählen. Hierfür zeichnet die Funktion *AutoVervollständigen* verantwortlich. Diese nützliche und sich zudem intelligent verhaltende Funktion lässt sich auch für Eingabefelder in Formularen heranziehen, falls Sie das wünschen. Eine entsprechende Konfiguration erfolgt, nachdem Sie den Befehl INTERNETOPTIONEN aus dem Menü EXTRAS ausgewählt haben: Im anschließenden Dialogfeld begeben Sie sich auf die Registerkarte *Inhalt* und klicken dort die Schaltfläche *AutoVervollständigen* an (siehe Bild 8.27).

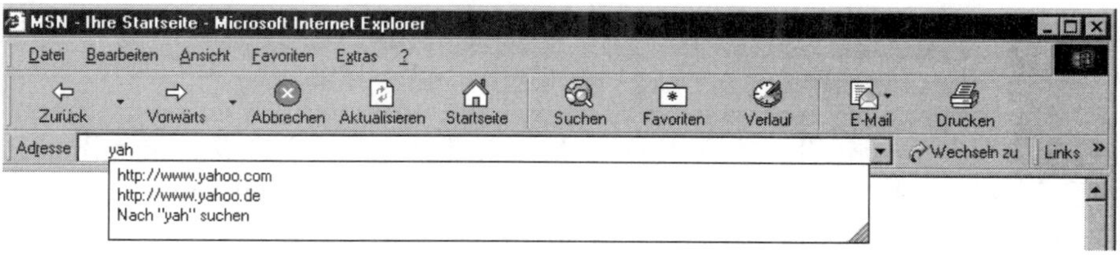

Bild 8.4: Mit der Funktion AutoVervollständigen *wird das erneute Besuchen von Websites wesentlich erleichtert*

8.2 Fremdsprachliche Informationen ins Deutsche übersetzen

Als internationales Medium werden Informationen im Internet in den verschiedensten Sprachen präsentiert. Obgleich bei vielen Websites Deutsch den Ton angibt, findet man andere etwa in Französisch oder Spanisch. Das Gros aller im Internet zu findenden Informationen ist aber in Englisch gehalten. Doch was tun, wenn Ihnen das Verständnis von Englisch (oder einer anderen Fremdsprache) nicht locker von der Hand geht und Sie die so dargestellten Informationen nicht oder kaum verstehen können?

Zunächst einmal können Sie versuchen, bevorzugt die deutsche Ausführung einer Website anzusteuern. So unterhält beispielsweise Microsoft neben seiner amerikanischen Website `www.microsoft.com` auch eine deutsche Website, die unter `www.microsoft.de` erreichbar ist. Dieser Sachverhalt trifft auf viele Hersteller von Produkten sowie Dienstleistungsanbieter zu.

Achtung

Die jeweils aktuellsten Informationen finden Sie in der Regel auf der Website, die im Ursprungsland des Anbieters beheimatet ist. Mitunter kommt es vor, dass die internationalen (und damit auch eine eventuelle deutsche Dependance) Niederlassungen eines Unternehmens Informationen erst mit einer gewissen Verzögerung präsentieren.

Allerdings sind nicht alle Anbieter auch international vertreten – sodass Informationen im Internet hin und wieder ausschließlich auf englisch (oder französisch, spanisch etc.) erhältlich sind. Doch selbst, wenn Sie diese Sprache nur bedingt beherrschen, ist das noch lange kein Grund zum Verzweifeln, denn es gibt Hilfe, und zwar – wie sollte es anders sein – über das Internet.

Eine interessante Übersetzungshilfe für einzelne Worte steht mit dem Windows-Utility *Clicktionary* zur Verfügung, das über das Internet unter `www.cleverlearn.com/de` erhältlich ist. Von dort können Sie sich Clicktionary herunterladen, um ihn auf Ihrem Windows 9x/Me-PC zu installieren. Anschließend bringt das Anklicken eines – geschriebenen, nicht in einer Grafik enthaltenen – Wortes mit der sekundären Maustaste ein kleines Fenster hervor. In diesem zeigt Clicktionary die Übersetzung des angeklickten Begriffs an (vorausgesetzt, dieser wurde erkannt und ist dem Programm auch bereits bekannt).

Clicktionary eignet sich nur für einzelne Worte, nicht aber für ganze Sätze oder gar komplette Webseiten. Diesen Ansatz verfolgt Altavista mit seinem Übersetzungsdienst *Babelfish*: Besuchen Sie einmal die Adresse `de.altavista.com/post/babelfish/trns` (siehe Bild 8.5). Dort haben Sie die Möglichkeit, die URL einer Webseite – inklusive des Präfixes `http://` – einzugeben, die gewünschte Sprache auszuwählen und schließlich die Schaltfläche *Übersetzen* anzuklicken. Daraufhin bekommen Sie die betreffende Webseite in die angegebene Sprache übersetzt angezeigt. In Bild 8.6 beispielsweise ist die so ins Deutsche übersetzte Form der vom 10. August 1999 stammenden Leitseite der amerikanischen Tageszeitung USA Today (erreichbar im Internet unter der Adresse `www.usatoday.com`) angezeigt. Sollte die zu übersetzende Webseite Frames zur optischen Gestaltung oder Bilder mit dem Text gleich innerhalb der Grafik enthalten, kann diese Übersetzungshilfe allerdings nur eingeschränkt arbeiten.

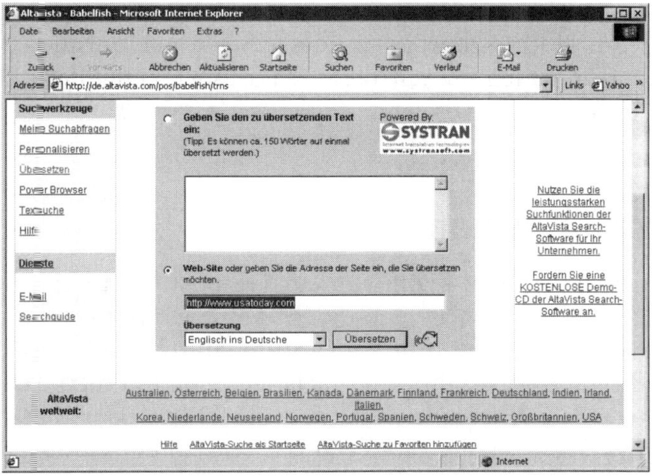

Bild 8.5: Altavista bietet eine Übersetzungshilfe für ganze Webseiten an, ...

Bild 8.6: ... die sich zumindest grundlegend als hilfreich erweist (hier: eine ins Deutsche übersetzte Leitseite der amerikanischen Tageszeitung USA Today)

Achtung

Eine perfekte Übersetzung ist an dieser Stelle nur bedingt möglich. Immerhin erhalten Sie auf diese Weise aber zumindest einen Eindruck davon, worum es geht.

8.3 Webseiten finden anstatt suchen

Die Suche – und vor allem das Finden – von Webseiten respektive darauf enthaltenen Informationen stellt eine der wichtigsten Anforderungen an ein effektives und nicht zuletzt auch Spaß bringendes Surfen durch das Internet dar. Aus diesem Grund nehmen sich zahlreiche Suchdienste im Internet – seien es Suchmaschinen wie *Lycos*, Internet-Kataloge wie *Yahoo* oder Meta-Suchmaschinen wie *MetaGer* – diesem für alle Surfer relevanten Aspekt an und erlauben es, das Internet mit einem Webbrowser nach von Ihnen gewünschten Begriffen zu durchsuchen (siehe auch Abschnitt 4.9 in Kapitel 4).

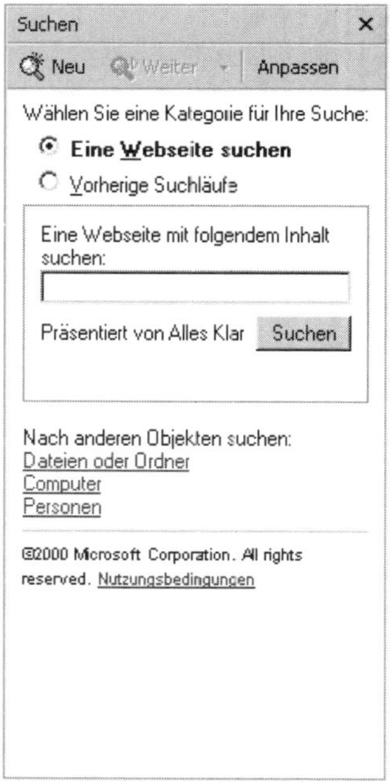

Bild 8.7: Mithilfe der Suchleiste gestattet der Internet Explorer ein komfortables Durchsuchen des Internet

Aufgrund der Bedeutung, die der Suche im Internet zufällt, hat Microsoft entsprechende Funktionalitäten aber auch gleich in den Webbrowser integriert – um so das Auffinden der gesuchten Informationen, und darum geht es ja schließlich, zu vereinfachen: Klicken Sie auf das Symbols *Suchen* in der Symbolleiste des Internet Explorers oder betätigen die Tastenkombination [Strg]+[E], bekommen Sie innerhalb des Programmfensters die *Suchleiste* eingeblendet (siehe Bild 8.7). Dort ist ein Eingabefeld zu finden, in dem Sie den von Ihnen gewünschten, zu suchenden Begriff eintippen können. Nach Anklicken der Schaltfläche *Suchen* und einer kurzen Wartezeit erscheinen in der Suchleiste die von dem jeweiligen Suchdienst ermittelten Ergebnisse (siehe Bild 8.8).

> **Hinweis**
>
> Die dabei zur Verfügung stehenden Suchdienste stammen hierbei direkt von Microsofts Webserver. Abhängig davon, welcher Suchdienst zum Tragen kommt, kann die Darstellung der Ergebnisse variieren.

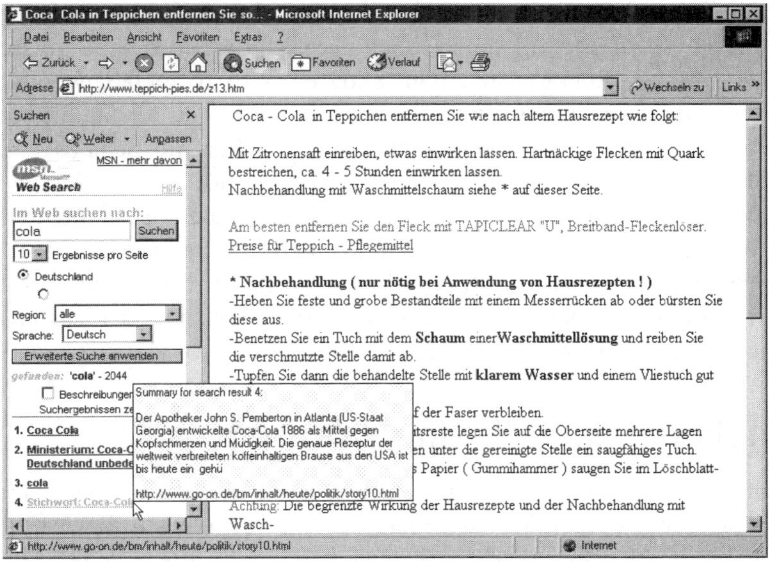

Bild 8.8: Haben Sie unter Verwendung der Suchleiste des Internet Explorers das Internet durchforsten lassen, werden die Ergebnisse innerhalb des Programmfensters aufgelistet

Das besondere daran: Die Liste der Treffer bekommen Sie direkt im Suchfenster eingeblendet. Und das vielleicht Beste daran: Die Suchleiste mit den vom jeweiligen Suchdienst gefundenen Websites bleibt auch dann eingeblendet, wenn Sie darin einen Link anklicken – dessen Inhalt bekommen Sie nämlich im rechten Teil des Internet Explorer-Programmfensters dargestellt. Die Adresse der betreffenden Webseite wird dabei im Kombinationsfeld *Adresse* des Internet Explorers verzeichnet. Auf diese Weise können Sie in Ruhe die Trefferliste der Reihe nach durchgehen und müssen nicht, wie ansonsten unvermeidbar, immer wieder zurückblättern. Versuchen Sie es einmal!

> Hinweis
> Microsoft bezeichnet diese Funktion des Internet Explorers als *Suchassistent.*

Insgesamt gestaltet sich der Umgang mit der Suchleiste des Internet Explorers recht angenehm. Wenn Sie beispielsweise die Schaltfläche *Neu* in der Suchleiste anklicken, besteht nicht nur die Möglichkeit, eine neue Suche vorzunehmen: Vielmehr können Sie durch Auswahl der dann angezeigten Option *Vorherige Suchläufe* auf eine früher bereist vorgenommene Suche zurückgreifen. Um die Suche von einem anderen – dem Suchassistenten bekannten – Suchdienst vornehmen zu lassen, klicken Sie in der Suchleiste des Internet Explorers die Schaltfläche *Weiter* an. Über die Schaltfläche *Anpassen* können Sie das Vorgehen des Suchassistenten des Internet Explorers zudem auf ihre eigenen Vorstellungen abstimmen. Haben Sie schließlich eine für Sie interessante Webseite gefunden, können Sie die Suchleiste einfach durch erneutes Anklicken des Symbols *Suchen* in der Symbolleiste im Programmfenster des Internet Explorers oder erneutes Drücken der Tastenkombination [Strg]+[E] wieder ausblenden.

8.4 Suchen innerhalb einer Webseite

Darüber hinaus kann es mitunter angebracht sein, den Inhalt einer vom Internet Explorer angezeigten Webseite nach einem bestimmten Begriff zu durchsuchen. Im Menü BEARBEITEN ist dazu der Befehl SUCHEN (AKTUELLE SEITE) enthalten, der ebenso wie die Tastenkombination [Strg]+[F] das Dialogfeld *Suchen* hervorbringt (siehe Bild 8.9), das den auf der aktuell angezeigten Webseite enthaltenen Text nach einer von Ihnen im Eingabefeld *Suchen nach* vorgegebenen Zeichenkette durchforstet. Die Kontrollkästchen *Nur ganze Wörter* sowie *Groß-/Kleinschreibung beachten* erlauben es Ihnen dabei, die Suche genauer zu konkretisieren. Falls die von Ihnen gewünschte Zeichenkette in der momentan dargestellten Webseite enthalten ist, springt der Internet Explorer automatisch zu dieser Stelle und hinterlegt den betreffenden Abschnitt mit einer Markierung. Verlief die Suche erfolglos, erhalten Sie eine entsprechende Meldung.

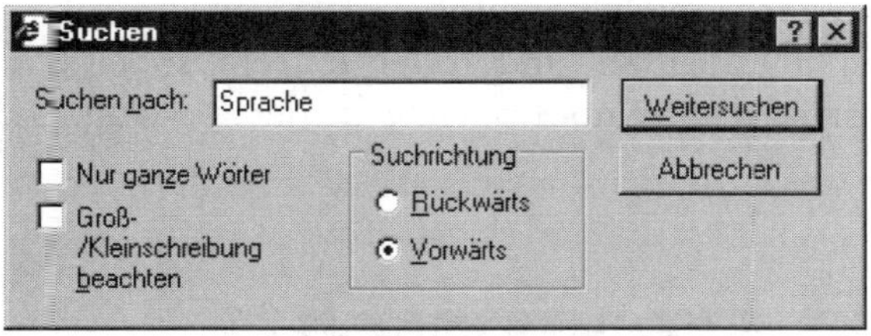

Bild 8.9: Auch innerhalb einer vom Internet Explorer angezeigten Webseite können Sie suchen – und zwar nach einer Zeichenfolge

8.5 Historie der besuchten Webseiten: Verlauf

Die URLs der Webseiten, auf die Sie mit dem Internet Explorer zugegriffen haben, werden vom Webbrowser automatisch erfasst. Microsoft spricht hier von dem *Verlauf*, den Sie bei Ihren Reisen durch das Internet genommen haben. Die mit dem Internet Explorer besuchten Seiten können Sie nach Anklicken des Symbols *Verlauf* in der Symbolleiste einsehen. Sodann blendet der Internet Explorer im linken Teil des Programmfensters eine als *Verlaufsleiste* bezeichnete Auflistung ein (siehe Bild 8.10). Dort werden die von Ihnen in der Vergangenheit besuchten Webseiten nach Kriterien wie Datum oder Zugriffshäufigkeit sowie anhand der jeweiligen Website sortiert aufgelistet.

> **Hinweis**
>
> Die Verlaufsleiste lässt sich auch durch Drücken der Tastenkombination [Strg]+[H] ein- und ausblenden.

Klicken Sie innerhalb der Verlaufsleiste eine Website an, erscheinen darunter die bereits aufgesuchten Webseiten. Das einfache Anklicken eines solchen Befehls reicht aus, um auf die betreffende Webseite erneut zuzugreifen. Wie viele Tage sich der Internet Explorer die besuchten Webseiten »merken« soll, legen Sie auf der Registerkarte *Allgemein* (im Bereich *Verlauf*) des Dialogfelds *Internetoptionen* fest, das über den gleichnamigen Befehl im Menü ANSICHT zugänglich ist.

> **Hinweis**
>
> Sie können den Verlauf auch nach Informationen, die auf den besuchten Webseiten enthalten sind (oder es sein sollen), durchsuchen. Hierzu dient das Symbol *Suchen* in der Verlaufsleiste.

Bild 8.10: Früher mit dem Internet Explorer besuchte Webseiten werden im Verlauf festgehalten

Hinweis

Ein solcher Puffer zum Zwischenspeichern von Informationen, um diese später beschleunigt wieder einlesen zu können, wird im Englischen als *Cache* oder *Cache-Speicher* oder zu deutsch als auch *Zwischenspeicher* bezeichnet. Microsoft spricht zudem auch von *temporären Internetdateien.*

8.6 Cache-Speicher des Internet Explorers

Um Webseiten, die Sie bereits einmal besucht haben und nun wieder einsehen möchten, nicht zeitintensiv erneut über das Internet laden zu müssen, benutzt der Internet Explorer einen Teil auf Ihrer Festplatte als Puffer. Daraus resultiert eine gute Geschwindigkeit bei der Arbeit mit dem Internet Explorer, die unnötige Wartezeiten beim Surfen für die häufig von Ihnen frequentierten Webseiten spürbar reduziert.

Alle während der Sitzungen vom Internet Explorer aus dem World Wide Web geladenen HTML-Dokumente, Grafiken etc. werden dabei automatisch in einem Ordner abgelegt. Auf diese Weise können Sie sich eine Webseite wieder anzeigen lassen, wenn Sie beispielsweise während einer Sitzung vor- und anschließend wieder zurückblättern. Des Weiteren ist dieses Verfahren für den Offlinebetrieb (siehe Abschnitt 8.7) von Bedeutung.

Welche Größe der Cache-Speicher auf der Festplatte in Anspruch nehmen darf, legen Sie über das Dialogfeld *Internetoptionen* fest, das nach der Anwahl des gleichnamigen Eintrags im Menü ANSICHT erscheint. Auf der Registerkarte *Allgemein* ist dort im Bereich *Temporäre Internetdateien* die Schaltfläche *Einstellungen* zu finden, dessen Anklicken ein gleichnamiges Dialogfeld hervorruft (siehe Bild 8.11). Dieses enthält einen Schieberegler, der die Größe des maximal belegbaren Cache-Speichers relativ zur Größe Ihrer Festplatte festlegt. Je mehr Webseiten der Internet Explorer zu puffern imstande ist, desto schneller können Sie bereits besuchte Webseiten wieder aufrufen – desto mehr Speicherplatz ist allerdings auch auf Ihrer Festplatte belegt.

Achtung

Viele Webseiten erfahren eine häufige inhaltliche Änderung – beispielsweise, um Neuerungen zu reflektieren. Um eine aus dem Cache-Speicher eingelesene Webseite über das Internet explizit erneut zu laden und so auf den neuesten Stand zu bringen, klicken Sie das Symbol *Aktualisieren* in der Symbolleiste bzw. den gleichnamigen Befehl im Menü ANSICHT an oder drücken die Taste [F5].

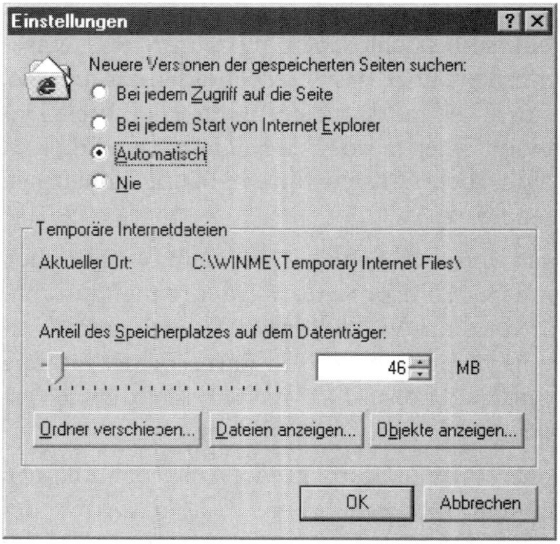

Bild 8.11: Einstellungen für die Zwischenspeicherung von Dateien, die Teil von Webseiten sind

8.7 Offlinebetrieb

Der Internet Explorer gestattet zudem die Arbeit im *Offlinebetrieb*. Hierbei surfen Sie durch das Web, ohne momentan eine Online-Verbindung zum Internet zu besitzen. »Das kann doch gar nicht gehen«, fährt es Ihnen jetzt vielleicht durch den Kopf. Und Sie haben natürlich nicht ganz Recht: Webseiten, auf denen Sie noch gar nicht waren, müssen Sie online besuchen. Aber: Den Inhalt von Webseiten, die Sie bereits einmal besucht haben, merkt sich der Internet Explorer – und zwar in seinem Cache (siehe Abschnitt 8.6). Und diese auf Ihrer Festplatte zwischengespeicherten Webseiten lassen sich sehr wohl wieder aufrufen, ohne dafür gegenwärtig online sein zu müssen, sodass es sich um eine elegante Methode zum Sparen von Online-Gebühren handelt.

Hinweis

Das Verfahren, die im Cache-Speicher abgelegten, bereits besuchten Webseiten (bzw. ihre Inhalte) erneut aufzusuchen, ohne dafür online mit dem Internet verbunden sein zu müssen, bezeichnet man als *Offlinebetrieb*.

Wenn Sie beispielsweise den Internet Explorer aufrufen und noch keine aktive Internet-Verbindung besitzen, erscheint ein Dialogfeld, um den Aufbau der Verbindung durchzuführen und somit online zu gehen (sofern dieser Vorgang nicht automatisch erfolgt). Dort können Sie statt der Schaltfläche *Verbindung herstellen* die Schaltfläche *Offlinebetrieb* anklicken. Sodann versucht der Internet Explorer, den Inhalt der Webseite, die Sie besuchen möchten, so gut es geht aus seinem Cache (also der Festplatte Ihres PCs) zu beziehen. Das funktioniert natürlich nur dann, wenn Sie die betreffende Webseite bereits einmal aufgesucht haben.

Hinweis

Wenn Sie offline mit dem Internet Explorer arbeiten, ist der Befehl OFFLINEBETRIEB im Menü DATEI daraufhin mit einem Häkchen versehen. Darüber hinaus enthält die Titelleiste des Programmfensters den Zusatz *[Offlinebetrieb]*, während in der Statusleiste ebenfalls ein entsprechendes Symbol den Offlinebetrieb kenntlich macht.

Sobald Sie den Mauszeiger auf einen Link bewegen, den Sie bisher noch nicht besucht haben und der den Aufbau einer (Online-)Verbindung erforderlich macht, erscheint neben dem Mauszeiger ein durchgestrichener Kreis. Klicken Sie trotzdem im Offlinebetrieb einen Hyperlink an, dessen Inhalt der Internet Explorer nicht in seinem Cache gespeichert hat, bekommen Sie das Dialogfeld *Die Website ist im Offlinemodus nicht verfügbar* angezeigt (siehe Bild 8.12). Dort können Sie sich dann entscheiden, ob Sie eine Verbindung mit dem Internet herstellen (also online gehen) oder aber offline bleiben möchten.

Bild 8.12: Arbeiten im Offlinebetrieb

> **Hinweis**
>
> Über die Favoriten (siehe Abschnitt 8.8) ist es möglich, den Inhalt häufiger von Ihnen besuchter Webseiten automatisch auf Ihren PC herunterladen zu lassen, um diese dann in Ruhe offline zu betrachten.

8.8 Favoriten: Bevorzugte Webseiten

Falls Sie bestimmte Webseiten häufiger aufsuchen, um sich beispielsweise über aktuelle Entwicklungen zu informieren, empfiehlt es sich, diese in eine »Liste bevorzugter Webseiten« einzureihen. Auf diese Weise brauchen Sie bei Bedarf nicht mehr die URL der gewünschten Webseite einzutippen, was das Arbeiten wesentlich flüssiger und einfacher gestaltet.

Hinweis

Microsoft spricht in diesem Zusammenhang von *Favoriten*. Hierbei handelt es sich um nichts anderes als um Verweise auf Webseiten, denen Sie häufiger einen Besuch abstatten. Beim Webbrowser Navigator von Netscape findet auch der Begriff *Bookmark* (zu Deutsch: *Lesezeichen*) Verwendung.

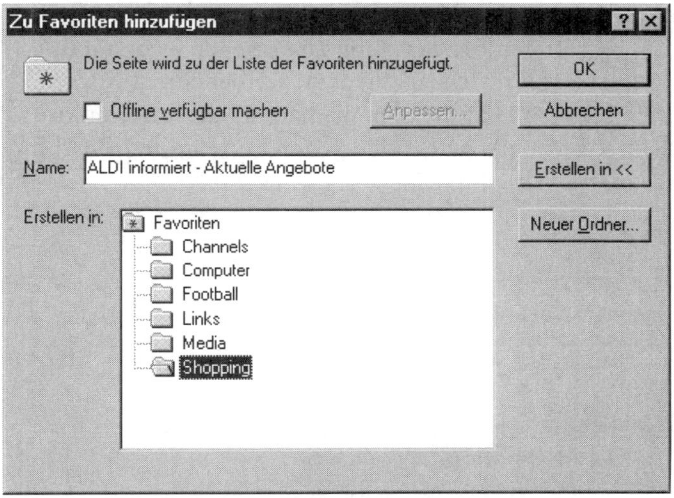

Bild 8.13: Hinzufügen einer Webseite zu den Favoriten des Internet Explorers

Wie gestaltet sich nun der Umgang mit den Favoriten des Internet Explorers? Ganz einfach: Besuchen Sie zunächst die von Ihnen gewünschte Webseiten. Anschließend nehmen Sie diese über den Befehl ZU FAVORITEN HINZUFÜGEN aus dem Menü FAVORITEN in Ihre Liste bevorzugter Webseiten auf. Genauso besteht die Möglichkeit, eine beliebige Stelle in der Webseite, hinter der sich kein (!) Hyperlink verbirgt, mit der primären Maustaste anzuklicken und in dem angezeigten Kontextmenü den Befehl ZU FAVORITEN HINZUFÜGEN zu benutzen. In dem daraufhin erscheinenden Dialogfeld gilt es nun, die betreffende Webseite mit einem aussagekräftigen Namen zu versehen und als Verknüpfung zu speichern (siehe Bild 8.13).

Hinweis

Noch schneller geht es, wenn Sie das in der Adressleiste des Internet Explorers vor der URL befindliche Symbol einmal anklicken und bei gedrückter Maustaste auf das Symbol *Favoriten* in der Symbolleiste ziehen. Sobald Sie die Maustaste loslassen, erstellt der Internet Explorer für diese Webseite einen neuen Favoriten. Oder Sie drücken einfach die Tastenkombination [Strg]+[D], um die aktuelle Seite ihren Favoriten hinzuzufügen. In beiden Fällen haben Sie allerdings nicht die Möglichkeit, diesen mit einer eigenen, für Sie aussagekräftigen Bezeichnung zu versehen – dazu müssen Sie den Favoriten vielmehr anschließend umbenennen (indem Sie ihn im Menü FAVORITEN mit der primären Maustaste anklicken und in dem sodann erscheinenden Kontextmenü den Befehl UMBENENNEN auswählen).

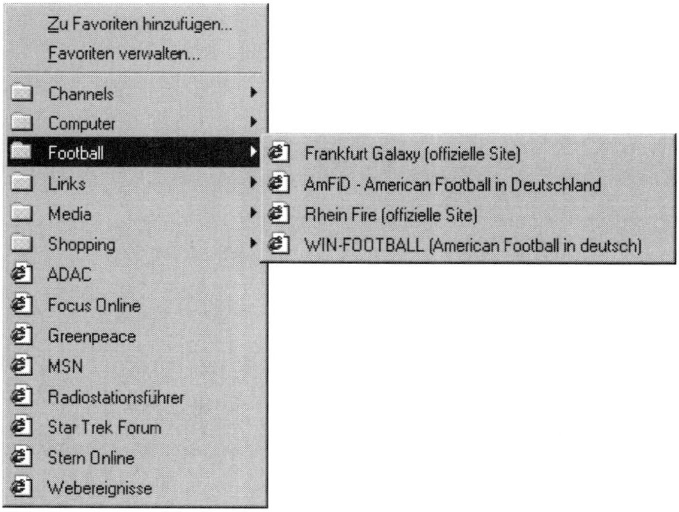

Bild 8.14: Favoriten werden als Einträge im Menü FAVORITEN *angezeigt, das unter anderem im Internet Explorer zur Verfügung steht*

Der Internet Explorer führt die auf diese Weise erstellten Verknüpfungen sodann automatisch als Einträge im Menü FAVORITEN auf (siehe Bild 8.14). Um einer dieser Webseiten zu einem späteren Zeitpunkt erneut einen

Besuch abzustatten, brauchen Sie jetzt nur noch den zugehörigen Befehl in diesem Menü auszuwählen. Dazu können Sie einfach das Menü FAVORITEN auswählen, das jetzt einen Befehl für die von Ihnen soeben erstellte Verknüpfungen zu der betreffenden Webseite enthält.

Achtung

Arbeiten Sie mit dem Internet Explorer im Offlinebetrieb, werden alle Favoriten hellgrau dargestellt, wenn sich der Inhalt der zugehörigen Webseiten nicht im Cache des Internet Explorers befindet.

Falls Sie zwischen verschiedenen Favoriten hin- und herwechseln oder mehrere Favoriten nacheinander besuchen möchten, ist es vielleicht einfacher, das Symbol FAVORITEN in der Symbolleiste des Internet Explorers anzuklicken. Daraufhin bekommen Sie im linken Bereich des Programmfensters die *Favoritenleiste* eingeblendet – die Sie auch erhalten, wenn Sie auf die Tastenkombination [Strg]+[I] zurückgreifen. Innerhalb der Favoritenleiste des Internet Explorers können Sie sodann den gewünschten Favoriten bequem anwählen. Im Gegensatz zur Auswahl eines Favoriten über das Menü FAVORITEN bleibt die Favoritenleiste des Internet Explorers dabei eingeblendet.

Hinweis

Haben Sie das Feature *Active Desktop* des Internet Explorers zusammen mit dem eigentlichen Webbrowser auf Ihrem PC installiert, können Sie Ihre als Favoriten angegebenen Websites auch über den Befehl FAVORITEN des Menüs START erreichen.

Je intensiver Sie mit Favoriten arbeiten, desto zahlreicher werden auch die dadurch zustande kommenden Verknüpfungen, was relativ schnell zu einer gewissen Unübersichtlichkeit führen kann. Daher bietet der Internet Explorer die Möglichkeit, Ihre Favoriten in Ordnern übersichtlich zu strukturieren (ähnlich, wie Sie auch Dateien auf der Festplatte Ihres PCs in unterschiedlichen Ordnern platzieren): Rufen Sie den Befehl FAVORITEN VERWALTEN im Menü FAVORITEN auf oder klicken das betreffende Symbol der eingeblendeten Favoritenleiste an (alternativ benutzen Sie die Tastenkombination [Strg]+[B]), bekommen Sie Ihre Favoriten hierarchisch strukturiert angezeigt (siehe Bild 8.15). Dort können Sie nun nach Belieben Ordner kreieren, die von Ihnen gewählten Kategorien entsprechen, und daraufhin die vom Internet Explorer erstellten Verknüpfungen in die einzelnen Ordner verschieben. Ihre Vorgaben reflektiert der Internet Explorer automatisch in seinem Menü FAVORITEN, und in der Favoritenleiste, sodass Sie über eine hohe Flexibilität bei der Strukturierung der von Ihnen bevorzugten Webseiten verfügen.

Hinweis

Standardmäßig legt der Internet Explorer seine Verknüpfungen auf der Festplatte des PCs im Ordner FAVORITEN (sowie dessen Unterordnern) unterhalb des Windows-eigenen Ordners ab.

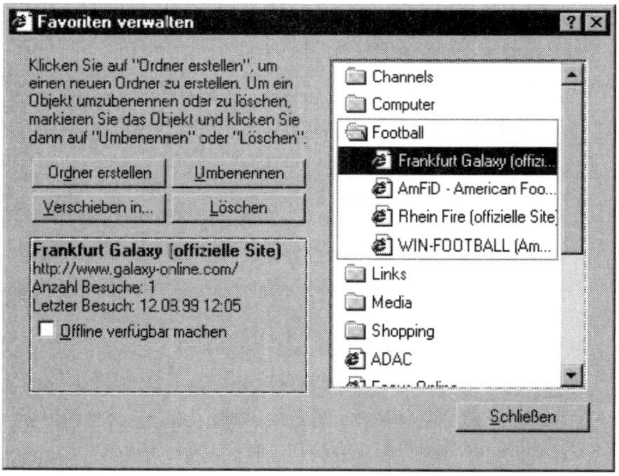

Bild 8.15: Haben Sie im Laufe der Zeit viele Favoriten erstellt, können Sie diese zur besseren Übersichtlichkeit in Ordnern hierarchisch strukturieren

Je häufiger Sie im Web surfen und Favoriten kreieren, desto umfangreicher wird im Laufe der Zeit auch Ihre Sammlung solcher Verweise. Es kann jedoch vorkommen, dass manche Webseiten, für die Sie sich Favoriten im Internet Explorer erstellt haben, nicht mehr funktionieren (schließlich ist das Web einem stetigen Wandel unterzogen) – der Favorit also unbrauchbar geworden ist. Um einen Favoriten im Internet Explorer wieder zu löschen, klicken Sie diesen im Menü FAVORITEN oder in der Favoritenleiste mit der primären Maustaste an. In dem daraufhin angezeigten Kontextmenü wählen Sie dann den Befehl LÖSCHEN aus.

8.9 Verknüpfungen auf dem Desktop ablegen

Des Weiteren gestattet es der Internet Explorer, eine Verknüpfung für eine Webseite direkt auf dem Desktop von Windows 9x/Me abzulegen, um einen besonders raschen Zugriff zu ermöglichen. Hierfür begeben Sie sich im Internet Explorer zur gewünschten Webseite. Dort klicken Sie mit der primären Maustaste einen nicht mit einem Hyperlink versehenen Bereich der Webseite an und rufen aus dem sodann angezeigten Kontextmenü den Befehl VERKNÜPFUNG ERSTELLEN auf. Sie erhalten schließlich eine Meldung, die Sie über die Platzierung der dadurch erstellten Verknüpfung auf dem Desktop informiert.

Und es geht sogar noch einfacher: Wenn Sie einen auf der momentan angezeigten Webseite enthaltenen Hyperlink oder eine Grafik anklicken, die Maustaste gedrückt halten und den Mauszeiger nun auf den Desktop ziehen, erstellt Windows 9x/Me dort ebenfalls eine Verknüpfung auf die betreffende Ressource. Ein bloßes Anklicken des Objekts auf dem Desktop reicht dann aus, um den Webbrowser zu laden (falls noch nicht erfolgt) und dort sofort zu der entsprechenden Webseite zu gelangen.

> Achtung
>
> Sie sollten diese Methode – also das Ablegen von Verknüpfungen für Webseiten auf dem Desktop – nicht zu oft verwenden und stattdessen eher auf das zuvor beschriebene Verfahren der Favoriten zurückgreifen, denn schließlich ist auf Ihrem Desktop zur Verfügung stehende Platz begrenzt. Eine andere Möglichkeit besteht darin, auf Ressourcen des Internet verweisende Verknüpfungen in ein Menü von Windows 9x/Me aufzunehmen – damit Sie jedoch nicht in einem Wald von lauter Menüs untergehen, sollten Sie aus Gründen der Übersichtlichkeit hier ebenfalls mit Bedacht vorgehen.

8.10 Links, Windows Update und Offlinefavoriten

Favoriten sind ein leistungsfähiges Feature des Internet Explorers, um das Surfen im Web einfacher und zielgerichteter zu gestalten. Aus diesem Grund gibt es weitergehende Funktionen, die Microsoft gleich in den Webbrowser integriert hat.

So sind einige Favoriten und Ordner bereits vordefiniert. Im Ordner MEDIA beispielsweise sind Verknüpfungen zu Webseiten zu finden, die Audio- oder visuelle Informationen bereithalten. Unterhalb des Ordners LINKS sind spezielle Verweise interessante Webseiten zusammengefasst (siehe Bild 8.16). Hierbei handelt es sich allerdings nicht nur um – aus Sicht von Microsoft – wichtige Webseiten: Vielmehr werden diese Verknüpfungen in der *Linkleiste* des Internet Explorers wiedergegeben, die standardmäßig rechts neben der Adressleiste zu finden ist.

> **Achtung**
>
> Sollten Sie die Linkleiste nicht sehen, ist sie möglicherweise ausgeblendet. Über die Befehle SYMBOLLEISTEN sowie LINKS aus dem Menü ANSICHT des Internet Explorers lässt sich die Linkleiste dann nach Belieben ein- oder ausblenden. Noch direkter geht es, wenn Sie mit der sekundären Maustaste in einen freien Bereich der Symbolleiste klicken: Im daraufhin angezeigten Kontextmenü können Sie sodann den Befehl LINKS mit einem Häkchen versehen oder dieses entfernen, um die Linkleiste (und übrigens auch andere Symbolleisten) im Programmfenster des Internet Explorers ein- oder auszublenden.

Möglicherweise sehen Sie nur einen Teil der Linkleiste. In diesem Fall klicken Sie zum Beispiel die Bezeichnung LINKS an, um die Linkleiste bei gedrückter Maustaste an eine andere Position innerhalb des Internet Explorer-Programmfensters zu bewegen. Bewegen Sie den Mauszeiger beispielsweise nach unten, wird die Linkleiste im Internet Explorer unterhalb der Adressleiste angezeigt (siehe Bild 8.17). Auf diese Weise sind die einzelnen Links gut sichtbar und lassen sich mit einem einzigen Mausklick erreichen, um die mit diesem Favoriten verknüpfte Webseite direkt aufzusuchen. Nicht benötigte Links lassen sich löschen, indem Sie den betreffenden Favoriten mit der primären Maustaste anklicken und den Befehl LÖSCHEN im daraufhin erscheinenden Kontextmenü auswählen.

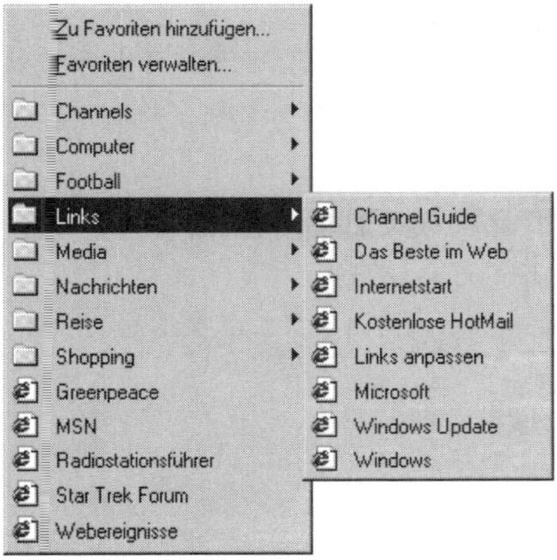

Bild 8.16: Besonders häufig besuchte oder wichtige Webseiten lassen sich als Favoriten im Ordner LINKS *ablegen, ...*

Bild 8.17: ... um zur direkten Erreichbarkeit in der Linkleiste im Programmfenster des Internet Explorers zu erscheinen

Hinweis

Legen Sie unterhalb des Ordners LINKS also solche Favoriten ab, die Sie sehr häufig besuchen.

Es gibt zudem einen Favoriten, der mit einer Besonderheit versehen ist: Über den im Ordner *Links* enthaltenen Favoriten *Windows Update* haben Sie die Möglichkeit, das auf Ihrem PC laufende Windows 9x/Me-Betriebssystem sowie den Internet Explorer samt alle zugehörigen Komponenten auf den neuesten Stand zu bringen. Folgen Sie dem Verweis *Produkt-Updates*, können Sie feststellen lassen, ob die auf Ihrem PC installierten Komponenten von Windows 9x/Me sowie vom Internet Explorer noch auf dem neuesten Stand sind (siehe Bild 8.18). Die aktualisierten Komponenten können Sie dann nach Bedarf auswählen und auf Ihren Rechner überspielen.

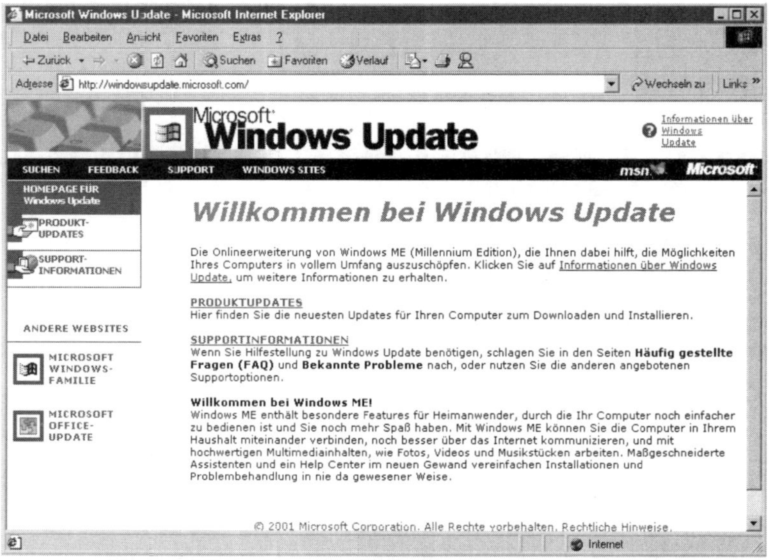

Bild 8.18: Über den Favoriten Windows Update *können Sie in Erfahrung bringen, welche Aktualisierungen verfügbar sind*

Hinweis

Die Auswahl des Favoriten *Windows Update* aus dem Ordner LINKS führt Sie zu derselben Webseite, zu der Sie gelangen, wenn Sie unter Windows 98 beispielsweise im Startmenü den Befehl *Windows Update* anwählen. Direkt zur Prüfung, welche Windows 9x/Me- und Internet Explorer-Komponenten auf ihrem PC installiert und in einer neueren Version verfügbar sind, gelangen Sie durch Auswahl des Befehls *Windows Update* aus dem Menü EXTRAS im Programmfenster des Internet Explorers.

Ein weiteres interessantes Feature des Internet Explorers stellt die Möglichkeit dar, Webseiten (für die Sie Favoriten erstellt haben) offline verfügbar zu machen – und zwar so, dass sich ein möglichst aktueller Inhalt im Cache-Speicher des Internet Explorers befindet. Das »Zauberwort« in diesem Zusammenhang lautet *Offline verfügbar machen*.

Hinweis

Microsoft spricht in diesem Zusammenhang auch von *Offlinefavoriten.*

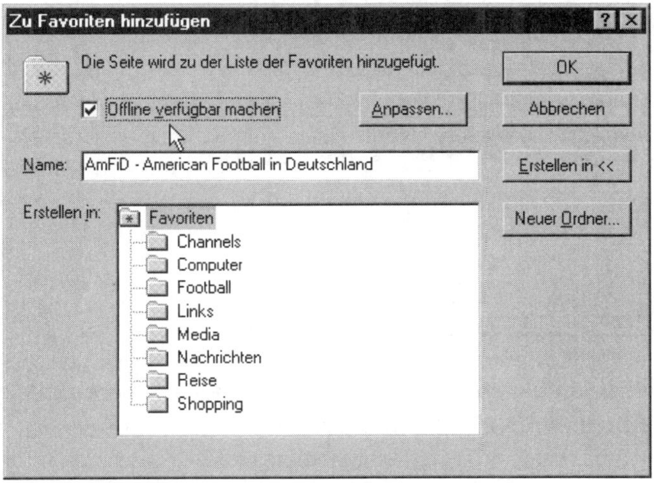

Bild 8.19: Offline verfügbar machen erlaubt es, den Inhalt der betreffenden Webseite später in Ruhe zu lesen, ohne online im Internet sein zu müssen

Um einen Favoriten offline verfügbar zu machen, gehen Sie wie folgt vor: Wenn Sie die gegenwärtig angezeigte Webseite als Favorit im Internet Explorer definieren, wählen Sie den Befehl ZU FAVORITEN HINZUFÜGEN aus dem Menü FAVORITEN aus. Das sodann erscheinende, gleichnamige Dialogfeld enthält das Kontrollkästchen *Offline verfügbar machen* (siehe Bild 8.19) Versehen Sie dieses mit einer Markierung, wird dieser Favorit als Offlinefavorit vom Internet Explorer geführt. Sobald Sie daraufhin den Befehl SYNCHRONISIEREN aus dem Menü EXTRAS aufrufen, haben Sie die Möglichkeit, den Inhalt der betreffenden Webseite auf Ihren PC herunterzuladen (siehe Bild 8.20). Schalten Sie anschließend den Internet Explorer in den Offlinebetrieb und wählen den betreffenden Offlinefavoriten aus, bekommen Sie die zugehörige Webseite angezeigt. So können Sie ihren Inhalt in Ruhe studieren, ohne online sein und sich um Verbindungsgebühren Gedanken machen zu müssen.

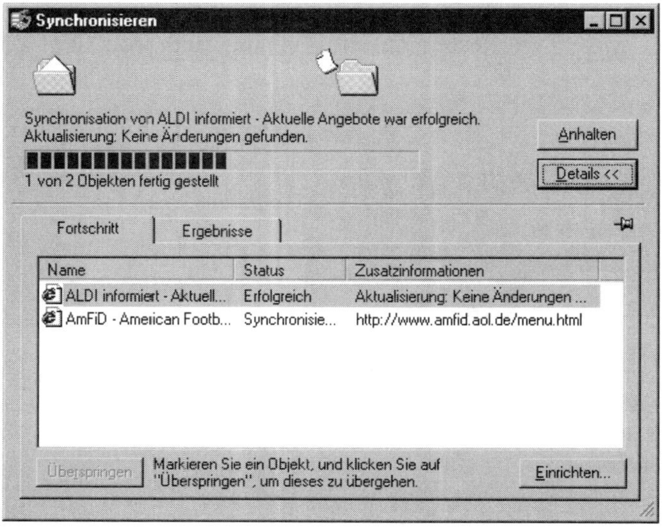

Bild 8.20: Beim Synchronisieren werden die mit Offlinefavoriten verknüpften Webseiten auf Ihren PC heruntergeladen

Zusätzlich zu dem manuellen Abgleich, den Sie über den Befehl SYNCHRONISIEREN aus dem Menü EXTRAS selbst anstoßen müssen, können Sie Offlinefavoriten des Internet Explorers auch so konfigurieren, dass ein inhaltlicher Abgleich automatisch erfolgt. Hierzu markieren Sie bei der Erstellung eines neuen Favoriten im Dialogfeld *Zu Favoriten hinzufügen* nicht nur das Kontrollkästchen *Offline verfügbar machen*, sondern betätigen ebenfalls die Schaltfläche *Anpassen*. Sodann nimmt Sie der *Assistent für Offlinefavoriten* in Empfang, der Sie Schritt für Schritt anleitet, um Aspekte wie Zeitplan oder unterhalb des betreffenden Favoriten gelegene Webseiten bequem zu konfigurieren (siehe Bild 8.21).

> Hinweis
>
> Um einen bereits vorhandenen Favoriten offline verfügbar zu machen, klicken Sie den zugehörigen Befehl im Menü FAVORITEN oder der Favoritenleiste mit der primären Maustaste an. Im daraufhin angezeigten Kontextmenü wählen Sie den Befehl OFFLINE VERFÜGBAR MACHEN aus, woraufhin Sie gleichermaßen vom Assistenten für Offlinefavoriten begrüßt werden.

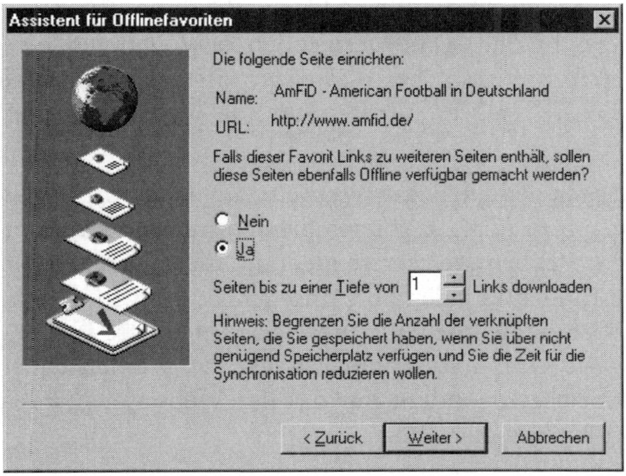

Bild 8.21: Der Assistent für Offlinefavoriten erlaubt eine flexible Konfiguration, wann eine Synchronisierung stattfinden soll

8.11 Speichern von Webseiten

Um eine vom Internet Explorer angezeigte Webseite als Datei abzulegen, benutzen Sie im Menü DATEI den Befehl SPEICHERN UNTER. In dem nun erscheinenden Dialogfeld ist vor allem das Listenfeld *Dateityp* von Bedeutung:

- Um alle Dateien (mitsamt aller Grafiken, Frames, Audio-Dateien) etc. in ihrem originalen Format zu speichern, die zur Anzeige dieser Webseite erforderlich sind, wählen Sie als Dateityp *Webseite, komplett* aus. Nach Anklicken der Schaltfläche *Speichern* legt der Internet Explorer sodann nicht nur die Webseite als Datei mit der Namenserweiterung *.htm* (oder *.html*, falls die Webseite diese Namenserweiterung trägt) auf der Festplatte Ihres PCs ab. Des Weiteren erstellt er unterhalb des ausgewählten Ordners einen weiteren Ordner (der die Bezeichnung der Webseite, gefolgt von dem Zusatz *-Dateien* trägt), um darin die mit der betreffenden Webseite verknüpften Elemente ebenfalls als Datei zu hinterlegen. Wenn Sie zu einem späteren Zeitpunkt die so gespeicherte Webseite mit dem Internet Explorer von der Festplatte öffnen, wird diese mitsamt aller Grafiken etc. wieder geladen und angezeigt.

- Die Speicherung aller zur Darstellung dieser Webseite erforderlichen Dateien in einer einzigen Datei verwenden Sie *Webarchiv, einzelne Datei* als Dateityp. Ein solches *Webarchiv* lässt sich dann später wieder im Internet Explorer aufrufen, um die Webseite wieder anzuzeigen.
- Speichern Sie dagegen lediglich die Webseite im HTML-Format (Dateityp *Webseite, nur HTML*), können Sie den Internet Explorer oder einen anderen Webbrowser verwenden, um diese Datei später von der Festplatte Ihres PCs laden und einsehen zu können. Die in der betreffenden Webseite enthaltenen Verweise auf andere HyperText-Dokumente wie Grafiken, Audio-Dateien etc. werden dabei aber nicht mit gespeichert, sondern nur das der Webseite entsprechende HyperText-Dokument selbst.

Achtung

Sollten Sie eine auf diese Weise auf der Festplatte Ihres PCs gespeicherte Datei mit dem Internet Explorer öffnen und dabei trotzdem die mit dieser Webseite verknüpften Grafiken sehen, stellt der Internet Explorer diese aus seinem Cache bereit.

- Sie können die Webseite auch als reine Textdatei mit der Namenserweiterung *.txt* speichern, die sich dann mit einem beliebigen Editor oder einer Textverarbeitung einlesen lässt. Allerdings gehen in diesem Fall alle Formatierungen verloren – es bleibt nur der reine Text erhalten.

Haben Sie eine Webseite als Datei im HTML-Format auf Ihrem PC gespeichert und möchten diese noch einmal betrachten, benutzen Sie hierzu den Befehl ÖFFNEN aus dem Menü DATEI des Internet Explorers. In dem daraufhin angezeigten Dialogfeld *Öffnen* klicken Sie die Schaltfläche *Durchsuchen* an und wählen daraufhin die gewünschte Datei aus. Genauso gut können Sie die als Datei im HTML-Format oder als Webarchiv gespeicherte Webseite aber auch über den Windows-Explorer öffnen: Selektieren Sie die betreffende Datei, wird automatisch der Internet Explorer geöffnet, um die Datei als Webseite anzuzeigen.

Klicken Sie zudem im Internet Explorer mit der primären Maustaste auf ein in einer Webseite enthaltenes Bild, erhalten Sie ein Kontextmenü angezeigt, das mehrere für die Speicherung dieser Grafik interessante Funktionen beinhaltet: Der Befehl BILD SPEICHERN UNTER beispielsweise erlaubt es, die Grafik im BMP-, GIF- oder JPEG-Format auf Ihrer Festplatte abzulegen.

Gefällt Ihnen das Bild gar so gut, dass Sie dieses als Hintergrund für Ihren Windows 9x/Me-Desktop verwenden möchten, steht hierzu der Befehl ALS HINTERGRUNDBILD zur Verfügung. Wollen Sie die Grafik stattdessen zur späteren Weiterverarbeitung mit einer anderen Applikation – etwa dem bei Windows 9x/Me mitgelieferten *Paint* – lediglich in die Zwischenablage übertragen, greifen Sie auf den Befehl KOPIEREN zurück.

8.12 Zugriff auf FTP

Der FTP-Dienst ist zwar bei weitem nicht so sexy wie das World Wide Web, stellt aber eine einfache Methode dar, sich über das Internet aktuelle Treiber oder neue Versionen eines Programms herunterzuladen. Aus diesem Grund gestattet der Internet Explorer auch nicht nur das Surfen im Web selbst, sondern ebenso den Besuch von FTP-Servern, sodass Sie für den Zugriff auf FTP kein gesondertes Programm benötigen.

> **Hinweis**
>
> Der Internet Explorer lässt sich zwar als komfortabler, aber dennoch nur grundlegender FTP-Client heranziehen. Im Kapitel 10 finden Sie Informationen über reine FTP-Client-Software.

Das Verfahren, über den Internet Explorer den FTP-Dienst zu nutzen, gestaltet sich dabei recht einfach: Geben Sie einfach im Kombinationsfeld *Adresse* des Internet Explorers den Namen des gewünschten FTP-Servers oder die IP-Adresse – wahlweise gefolgt von dem Pfad zu einer bestimmten Datei – an und setzen diesem gemäß der URL-Konvention *ftp://* voran (siehe Bild 8.22).

Achtung

Normalerweise werden Sie automatisch als Benutzer *anonymous* an einem FTP-Server angemeldet. Das bedeutet nichts anderes, als dass jedermann auf den FTP-Server zugreifen kann. Sollte zur erfolgreichen Anmeldung bei dem FTP-Server ein bestimmter Benutzername sowie ein zugehöriges Kennwort erforderlich sein, geben Sie im Internet Explorer stattdessen als URL `ftp://Benutzer:Passwort@FTP-Server` an, wobei `Benutzer` Ihrem Benutzernamen, `Passwort` dem Kennwort von `Benutzer` und `FTP-Server` dem Namen des gewünschten Host entspricht.

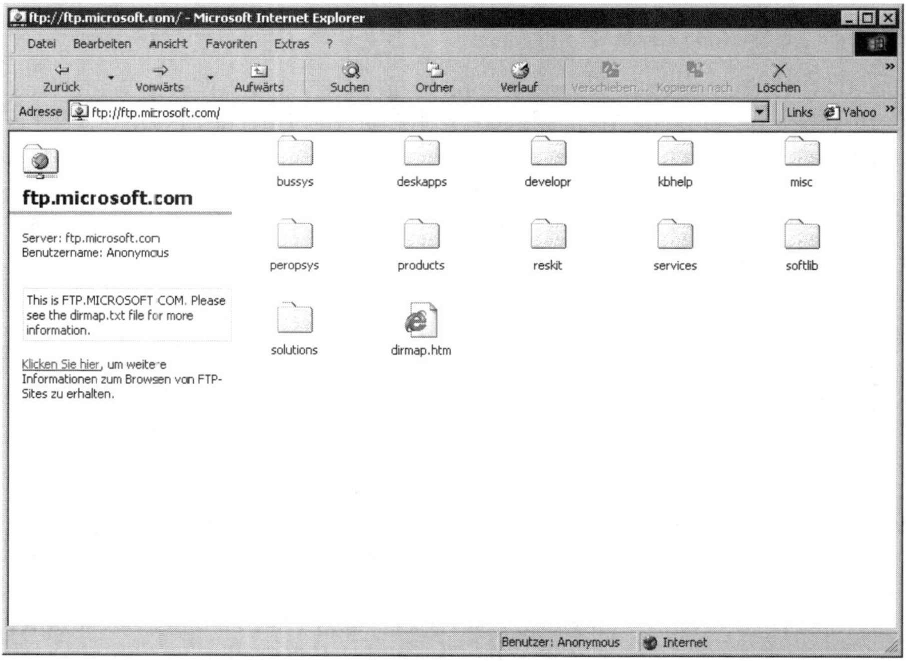

Bild 8.22: Nicht nur Web-, sondern auch FTP-Zugriffe lassen sich direkt aus dem Internet Explorer heraus erledigen

8.13 Optionen des Internet Explorers

Der Internet Explorer wartet mit zahlreichen Möglichkeiten auf, um sein Verhalten festzulegen. Das betrifft zum Beispiel Vorgaben für den Cache, sicherheitsrelevante Einstellungen, Optionen zum Verbindungsaufbau mit dem Internet, die Festlegung der für zusätzliche Dienste (etwa E-Mail oder Newsgroup-Bearbeitung) zu nutzenden Programme und spezielle Konfigurationsoptionen. Um diese zu bearbeiten, wählen Sie im Internet Explorer aus dem Menü ANSICHT den Befehl INTERNETOPTIONEN aus. Im nun angezeigten Dialogfeld stehen mehrere Registerkarten zur Verfügung, um zu den einzelnen Bereichen zu wechseln.

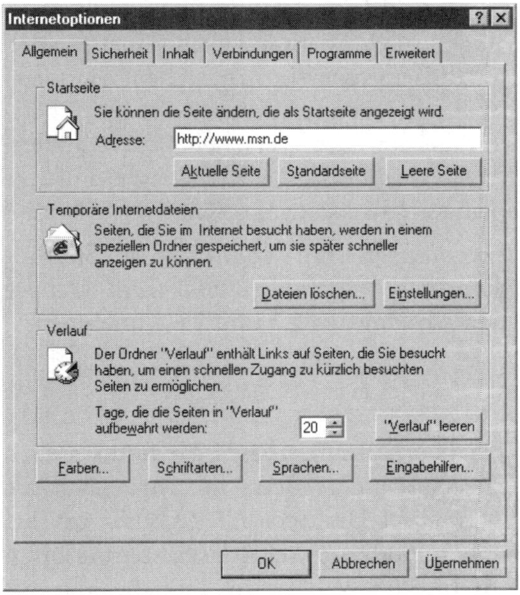

Bild 8.23: Allgemeine Optionen des Internet Explorers

Im Folgenden wollen wir die einzelnen, zur Verfügung stehenden Bereiche kurz betrachten. Eine ausführliche Erläuterung würde an dieser Stelle zu weit führen. Nutzen Sie zum Verständnis der einzelnen Optionen die im Internet Explorer integrierte Hilfefunktion, greifen Sie auf zusätzliche Literatur zu diesem Programm zurück oder lassen einfach mal Ihrem »Spieltrieb« freien Lauf.

Hinweis

Das gleiche Dialogfeld (wenn auch dann mit der Bezeichnung *Eigenschaften von Internet*) erhalten Sie, wenn Sie das auf Ihrem Windows 9x/Me-Desktop befindliche Symbol *Internet Explorer* mit der primären Maustaste anklicken und im daraufhin erscheinenden Kontextmenü den Befehl EIGENSCHAFTEN auswählen. Genauso gut können Sie in der Systemsteuerung das Symbol *Internet* öffnen.

8.13.1 Allgemein

Auf der Registerkarte *Allgemein* (siehe Bild 8.23) können Sie einstellen, ob der Internet Explorer Ihre momentan aktuelle Webseite nach seinem Laden als Erstes anzeigen soll. Möchten Sie die gegenwärtig vorgegebene Startseite durch die momentan dargestellte Webseite ersetzen, klicken Sie die Schaltfläche *Aktuelle Seite* an. Haben Sie die Startseite versehentlich verändert, stellt das Anklicken der Schaltfläche *Standardseite* die standardmäßige Webseite des Internet Explorers wieder als Startseite ein.

Über die Bereiche *Temporäre Internetdateien* und *Verlauf* können Sie Einstellungen treffen, die das Verhalten dieser Techniken festlegen. Weitere Informationen hierzu können Sie den Abschnitten 2.5 und 2.6 entnehmen.

8.13.2 Sicherheit

Das Internet und die Sicherheit bei der Nutzung dieses Mediums stellen zwei für viele unvereinbare Angelegenheit dar. Betrachtet man sich die Gründe, die zur Entstehung des Internet-Urvaters ARPANET geführt haben, ist dies auch nicht unbedingt verwunderlich. Um das System so offen wie möglich zu halten, gibt es im Internet zahlreiche Bereiche, die aus sicherheitsrelevanter Sicht immer noch als bedenklich einzustufen sind. Ein Beispiel, das Sie vielleicht kennen werden, stellt die Abwicklung von finanziellen Transaktionen – etwa das Bezahlen nach Einkäufen – dar.

Daher gibt es zahlreiche Ansätze, um das Internet ein Stück weit sicherer zu gestalten. Ein Beispiel stellen die *Zonen* dar, mit denen der Internet Explorer arbeitet und die über die Registerkarte *Sicherheit* erreichbar sind (siehe Bild 8.24). So können Sie – falls Sie das möchten – die Website `www.microsoft.com`

in die Zone *Vertrauenswürdige Sites* einordnen. Dazu klicken Sie zunächst diese Zone und anschließend Schaltfläche *Sites* an. Im sodann erscheinenden Fenster tragen Sie die URL der gewünschten Site ein.

> **Hinweis**
>
> *Zonen* erlauben es, Websites – denen Sie ausdrücklich vertrauen oder aber misstrauen – in eine bestimmte Kategorie einzuordnen. Dazu sieht der Internet Explorer mehrere Zonen vor, mit denen bestimmte Sicherheitseinstellungen verbunden sind. Vordefinierte Sicherheitseinstellungen sind dabei zu *Sicherheitsstufen* zusammenfasst.

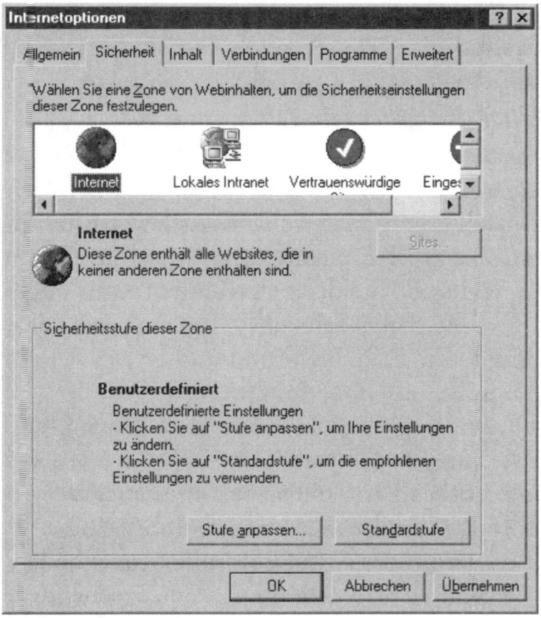

Bild 8.24: Der Internet Explorer erlaubt es, Websites in Zonen einzuordnen, um diese mit unterschiedlichen Sicherheitseinstellungen zu behandeln

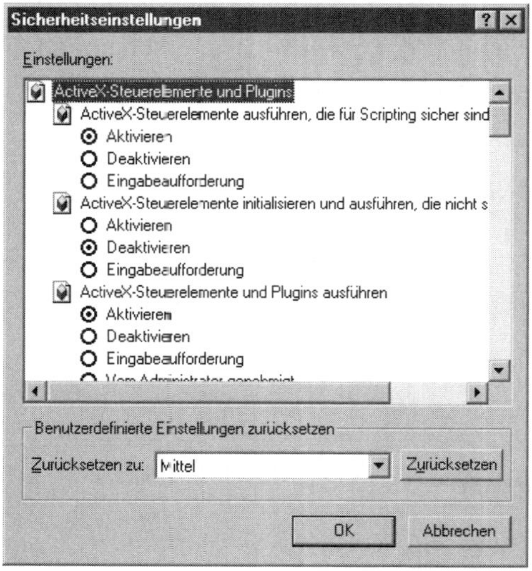

Bild 8.25: Bearbeitung der einzelnen Sicherheitseinstellungen einer Sicherheitsstufe

Im Rahmen dieser Sicherheitseinstellungen lässt sich beispielsweise festlegen, wie der Internet Explorer mit ActiveX-Elementen, Java und JavaScript umgehen soll – und zwar für alle Websites, die der betreffenden Zone angehören. Des Weiteren erlauben es diese Sicherheitseinstellungen auch, dass der Internet Explorer die Annahme von Cookies grundsätzlich verweigert oder diese erst auf Ihre explizite Bestätigung hin annimmt.

Achtung

Alle Websites, die nicht explizit einer bestimmten Zone angehören, rechnet der Internet Explorer der Zone *Internet* zu. Daher sollten Sie dieser Zone besondere Aufmerksamkeit schenken und die damit verbundenen Sicherheitseinstellungen entsprechend Ihren Anforderungen festlegen.

Um zu erfahren, welche Sicherheitseinstellungen im Einzelnen bei einer Sicherheitsstufe vordefiniert sind, wählen Sie zunächst die betreffende Sicherheitsstufe aus und klicken anschließend auf die Schaltfläche *Stufe anpassen*.

Daraufhin bekommen Sie das Dialogfeld *Sicherheitseinstellungen* angezeigt (siehe Bild 8.25).

Sollten Sie zuvor Einstellungen geändert haben und möchten dann wieder zu den vordefinierten Sicherheitseinstellungen einer Sicherheitsstufe zurückkehren, klicken Sie dort die Schaltfläche *Zurücksetzen* an.

> Achtung
>
> Darüber hinaus hält auch die Registerkarte *Erweitert* sicherheitsrelevante Einstellungen bereit. Diese legen zum Beispiel die zu verwendenden Übertragungsmethoden wie SSL 3.0 fest.

8.13.3 Inhalt

Über die Registerkarte *Inhalt* (siehe Bild 8.26) lassen sich diverse Einstellungen vornehmen, die den Inhalt – nicht nur von Webseiten – betreffen. So können Sie beispielsweise einen *Inhaltsratgeber* aktivieren. Mithilfe der darüber aufstellbaren Filter lassen sich Kategorien von Websites festlegen, auf die andere Personen (etwa Ihre Kinder), die ebenfalls mit Ihrem PC arbeiten, nicht zugreifen dürfen.

> Achtung
>
> Da die relativ offene Konzeption von Windows 9x/Me nur wenig Sicherheit gegen Manipulationen bietet und sich Vorgaben wie etwa der Inhaltsratgeber mit ein wenig PC-Kenntnissen leicht umgehen lassen, ist dieses Feature recht wirkungslos.

Darüber hinaus können Sie im Bereich *Zertifikate* digitale IDs bearbeiten, die zum Beispiel von Institutionen wie *Verisign* herausgegeben werden. Der Verfasser einer Information (etwa eines ActiveX-Controls) kann ein Zertifikat beantragen, mit dem er die Information sozusagen signiert – um sicherzustellen, dass die Informationen während der Übertragung im Internet nicht unberechtigt verfälscht wird, und um zu dokumentieren, dass die Informationen tatsächlich vom Absender selbst stammt. Sie können nun im Internet Explorer festlegen, dass Sie den Zertifikaten von Organisationen wie Verisign vertrauen, sodass damit signierte ActiveX-Controls auf Ihrem PC ablaufen können.

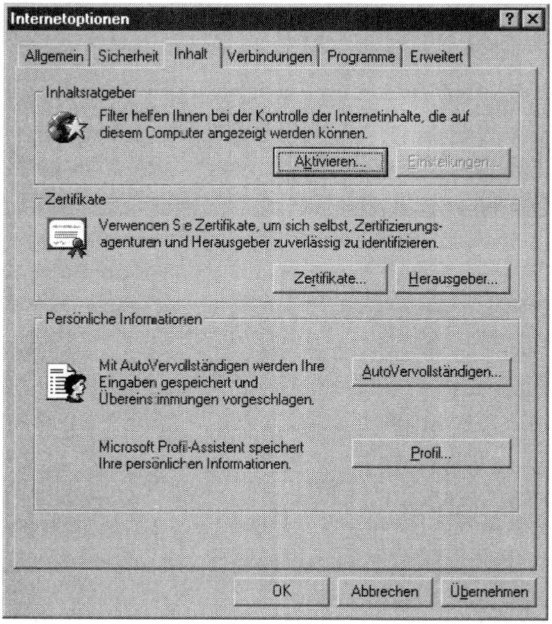

Bild 8.26: Inhaltstechnische Optionen des Internet Explorers

Hinweis

Digitale IDs, die die elektronische Signatur beispielsweise von Programmen oder E-Mails ermöglichen und somit ihre Unverfälschtheit sicherstellen, werden auch als *Zertifikate* bezeichnet.

Über den Bereich *Persönliche Informationen* besteht zudem die Möglichkeit, persönliche Optionen für Ihr komfortables Surfen im Internet sowie Angaben zu Ihrer Person zu definieren. Vor allem die Schaltfläche *AutoVervollständigen* erweist sich hier als interessant: Klicken Sie diese an, können Sie die in den Internet Explorer integrierte Funktion *AutoVervollständigen* konfigurieren (siehe Bild 8.27). Im Einzelnen können Sie hier festlegen, ob diese intelligente Unterstützungshilfe sich vorangegangene Eingaben etwa in der Adressleiste des Internet Explorers oder in Formularen merkt, die auf Webseiten enthalten sind. Bei erneuten Eingaben klappt dann automatisch ein Kombinationsfeld herunter, aus dem Sie einen Eintrag dann bequem mit den Cursortasten [↑] und [↓] auswählen können.

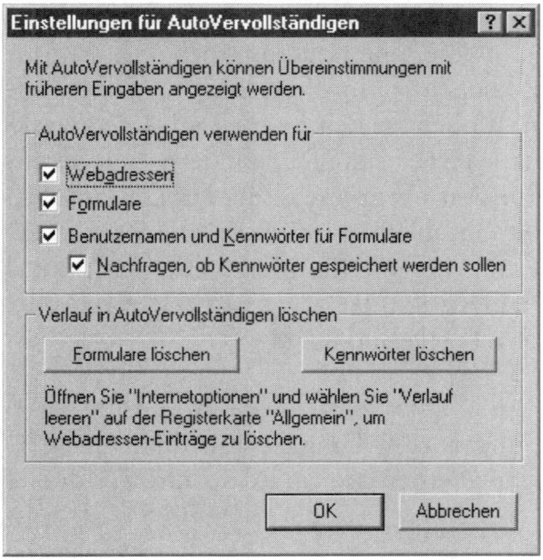

Bild 8.27: Die Funktion AutoVervollständigen *lässt sich maßgerecht konfigurieren*

8.13.4 Verbindung

Auf welche Art und Weise Sie sich mit dem Internet verbinden, lässt sich auf der Registerkarte *Verbindungen* festlegen (siehe Bild 8.28). Die Schaltfläche *Setup* erlaubt es dabei, den *Assistent für den Internet-Zugang* aufzurufen, um darüber eine weitere DFÜ-Netzwerk-Verbindung sowie zugehörige Einstellungen für die Einwahl in das Internet komfortabel zu erstellen.

Achtung

Mit welcher DFÜ-Netzwerk-Verbindung nicht nur der Internet Explorer, sondern auch andere auf dem Windows 9x/Me-PC laufende Internet-Programme standardmäßig arbeiten sollen, legen Sie durch Anklicken des entsprechenden Eintrags in der Auflistung und anschließender Betätigung der Schaltfläche *Als Standard* fest. Die unterhalb der Auflistung der vorhandenen DFÜ-Netzwerk-Verbindung zu findenden Optionen erlauben es zu bestimmen, wann diese DFÜ-Netzwerk-Verbindung herangezogen werden soll.

Um lediglich eine neue DFÜ-Netzwerk-Verbindung zu erstellen, deren Eigenschaften aber manuell (also ohne die Unterstützung des Assistent für den Internet-Zugang) festzulegen, klicken Sie im Bereich *DFÜ-Einstellungen* die Schaltfläche *Hinzufügen* an. Wollen Sie keine neue DFÜ-Netzwerk-Verbindung für die Einwahl in das Internet erstellen, sondern eine bereits vorhandene modifizieren, klicken Sie zunächst diese in der auf dieser Registerkarte enthaltenen Auflistung und anschließend die Schaltfläche *Einstellungen* an. Sodann können Sie die mit dieser DFÜ-Netzwerk-Verbindung verbundenen Eigenschaften im Dialogfeld *<DFÜ-Netzwerk-Verbindung> Einstellungen* einsehen und verändern (siehe Bild 8.29).

> **Hinweis**
>
> Ausführliche Erläuterungen zum Umgang mit dem Assistenten für den Internet-Zugang finden Sie im Abschnitt 7.2 des Kapitels 7.

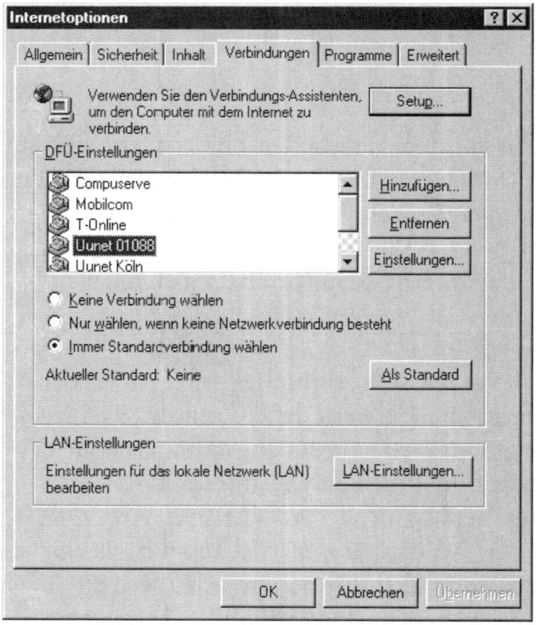

Bild 8.28: Verbindungsrelevante Optionen für den Windows 9x/Me-PC zur Kontaktaufnahme mit dem Internet

Viele Internet-Service-Provider offerieren ihren Kunden die Nutzung eines Proxy-Servers. Trifft das auch auf Ihren Internet-Service-Provider zu und möchten Sie die Leistungsfähigkeit des von diesem unterhaltenen Proxy-Servers einmal ausprobieren, versehen Sie das im Dialogfeld *<DFÜ-Netzwerk-Verbindung> Einstellungen* enthaltene Kontrollkästchen *Proxyserver verwenden* mit einer Markierung. Daraufhin können Sie die Adresse sowie die Port-Nummer, unter der der Proxy-Server Ihres Internet-Service-Providers erreichbar ist, in den dafür vorgesehenen Feldern eintragen. Falls Ihr Internet-Service-Provider mit unterschiedlichen Proxy-Servern für Dienste wie HTTP (für das World Wide Web) oder FTP operiert, müssen Sie die *Erweitert* anklicken und deren Adressen im einem weiteren Dialogfeld spezifizieren. Um welche Angaben es sich dabei genau handelt, sollte Ihnen Ihr Internet-Service-Provider mitteilen können.

Hinweis

Ein *Proxy-Server* überträgt die in seinem Cache gespeicherten Informationen (sofern vorhanden) an den anfordernden Benutzer. Sollten mehrere Benutzer ein- und dasselbe Dokument angefordert haben, befindet es sich möglicherweise noch im Cache des Proxy-Servers. Dieser kann es dann schnell aus seinem Cache zum Benutzer übertragen, ohne die Daten erst über das (im Vergleich dazu langsamere) Internet erneut laden und an Sie weitergeben zu müssen. So können (müssen aber nicht) sich deutliche Geschwindigkeitssteigerungen bei Internet-Zugriffen ergeben.

Manche Internet-Service-Provider bieten gar eine automatische Konfiguration an die dann auch die Einstellungen für die Verwendung eines Proxy-Servers umfasst. Trifft das auf Ihren Internet-Service-Provider zu, versehen Sie die das Kontrollkästchen *Automatisches Konfigurationsskript verwenden* mit einer Markierung. Anschließend können Sie die Adresse des Hosts angeben, der die entsprechenden Informationen bereitstellt.

Hinweis

Um welche Adresse es sich dabei konkret handelt, sollte Ihnen Ihr Internet-Service-Provider mitteilen können.

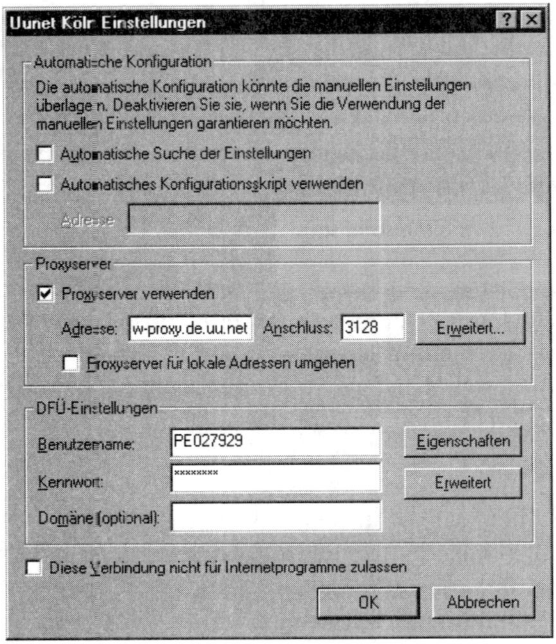

Bild 8.29: Über die Einstellungen für eine DFÜ-Netzwerk-Verbindung können Sie die Verwendung eines Proxy-Servers konfigurieren

Darüber hinaus ist es möglich, einen lokalen Proxy-Server auf Ihrem Windows 9x/Me-PC einzusetzen, um die Privatsphäre bei Internet-Reisen zu stärken oder Webseiten gefiltert und beispielsweise frei von störenden Werbebannern anzeigen zu lassen (mehr hierzu hält der Abschnitt 3.6 des Kapitels 3 bereit). Um den Internet Explorer so zu konfigurieren, dass er Zugriffe auf das Internet nicht mehr direkt, sondern nur noch indirekt über einen lokalen Proxy-Server vornimmt, müssen Sie ebenfalls das im Dialogfeld *<DFÜ-Netzwerk-Verbindung> Einstellungen* zu findende Kontrollkästchen *Proxyserver verwenden* markieren. Betätigen Sie nun die Schaltfläche *Erweitert*, um im sodann angezeigten Dialogfeld *Proxyeinstellungen* folgende Einstellungen zu tätigen (siehe Bild 8.30):

- Geben Sie für den Typ *HTTP* (das Protokoll des World Wide Web) die IP-Adresse Ihres lokalen Proxy-Server an, der auf Ihrem Windows 9x/Me-PC läuft. Hierfür kommt `127.0.0.1` in Betracht, da diese IP-Adresse gemäß TCP/IP-Konvention immer dem eigenen PC entspricht (alternativ lässt sich auch der symbolische Name *localhost* verwenden, der mit der IP-Adresse 127.0.0.1 respektive dem eigenen Gerät gleichzusetzen ist).

- Außerdem müssen Sie im Feld *Anschluss* die Port-Nummer eintragen, mit der der auf Ihrem PC laufende lokale Proxy-Server arbeitet. Um welche Port-Nummer es sich dabei im Einzelnen handelt, entnehmen Sie der Dokumentation Ihrer lokalen Proxy-Server-Software.

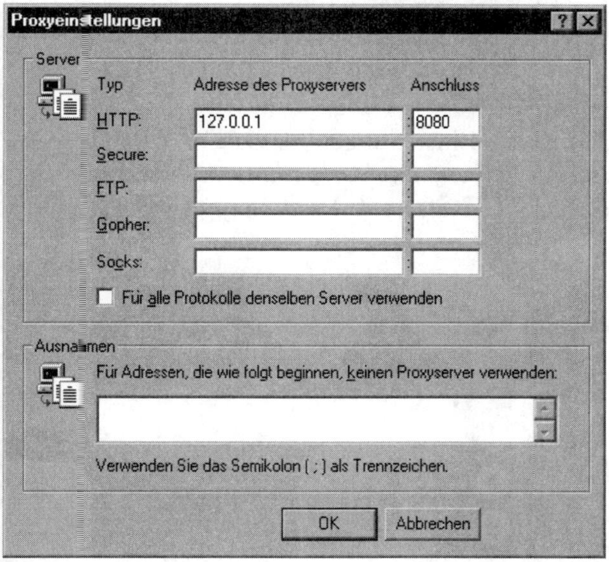

Bild 8.30: Konfiguration des Internet Explorers für die Verwendung eines lokalen Proxy-Servers (hier: unter Verwendung des Ports 8080)

Hinweis

Weitere Informationen über den Sinn und Zweck eines lokalen Proxy-Servers hält der Abschnitt 3.6 in Kapitel 3 bereit.

Des Weiteren können Sie zusätzliche Eigenschaften für die betreffende DFÜ-Netzwerk-Verbindung festlegen, die die automatische Einwahl sowie einen automatischen Verbindungsabbau betreffen. Hierzu klicken Sie im Dialogfeld *<DFÜ-Netzwerk-Verbindung> Einstellungen* die im Bereich *DFÜ-Einstellungen* zu findende Schaltfläche *Erweitert* an. Daraufhin erscheint das Dialogfeld *Erweiterte Einstellungen für DFÜ-Netzwerk* (siehe Bild 8.31). Dort können Sie Vorgaben treffen, die nicht nur den Verbindungsaufbau (bei Verwendung der zugehörigen DFÜ-Netzwerk-Verbindung), sondern auch den automatischen Verbindungsabbau betreffen.

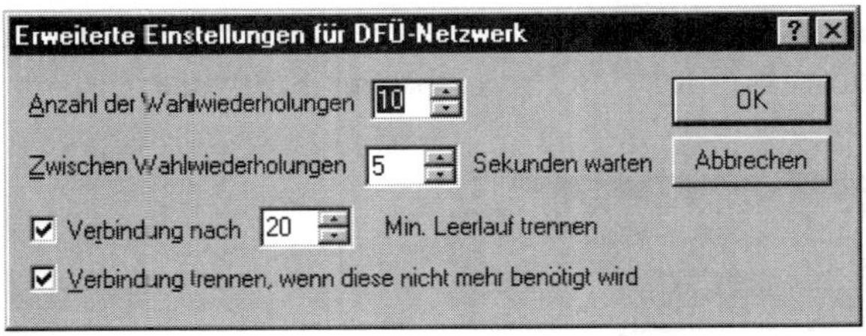

Bild 8.31: Im Dialogfeld Erweiterte Einstellungen *für DFÜ-Netzwerk können Sie zusätzliche Vorgaben zum Verbindungsauf- und -abbau über die zugehörige DFÜ-Netzwerk-Verbindung treffen (nur bei Windows 9x)*

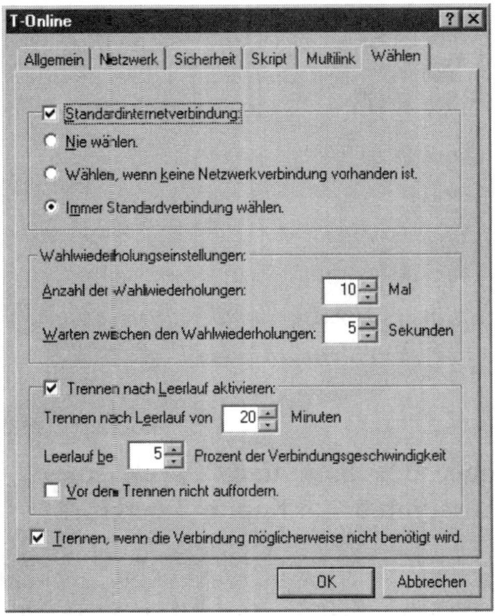

Bild 8.32: Arbeitet Ihr PC mit Windows Me, werden derlei Einstellungen direkt über die Eigenschaften der jeweiligen DFÜ-Netzwerk-Verbindung definiert

Hinweis

Bei Windows Me sind diese Einstellungen nicht über die Optionen des Internet Explorers, sondern vielmehr über die Eigenschaften einer DFÜ-Netzwerk-Verbindung auf der Registerkarte *Wählen* zu bearbeiten (siehe Bild 8.32)

8.13.5 Programme

Welche Programme Sie etwa für die Bearbeitung von E-Mails und Newsgroups einzusetzen gedenken, legen Sie über die Registerkarte *Programme* fest (siehe Bild 8.33). Möchten Sie beispielsweise für den Zugriff auf Newsgroups nicht das zum Internet Explorer gehörende Outlook Express einsetzen, sondern ziehen stattdessen eine andere Applikation vor, können Sie diese Festlegung hier treffen.

Die hier festgelegten Programme werden gestartet, sobald Sie im Internet Explorer eine Aktion ausführen, die auf den entsprechenden Dienst verweist. Klicken Sie zum Beispiel einen *mailto*-Hyperlink an, der ein Fenster zum Versand einer E-Mail hervorruft, wird automatisch die hier im *Listenfeld E-Mail* vermerkte Applikation gestartet.

Achtung

Welche Programme Ihnen dabei zur Auswahl angeboten werden, hängt davon ab, welche Software Sie auf Ihrem PC installiert haben. Wenn Sie beispielsweise sowohl Outlook (das zu Office-Paket von Microsoft gehört) als auch Outlook Express unter Windows 9x/Me eingebunden haben, können Sie wahlweise eines dieser Programme an dieser Stelle zur Bearbeitung von E-Mails oder Newsgroups festlegen.

8.13.6 Erweitert

Diese Registerkarte hält zahlreiche Einstellungen bereit, die das generelle Verhalten des Internet Explorers betreffen (siehe Bild 8.34) zum Beispiel das Surfen im Web, Multimedia-Optionen, Sicherheitsvorgaben, Umgang mit Cookies und Java, Vorgaben für die Ausführung einer automatischen Suche oder die Darstellung der Symbolleiste.

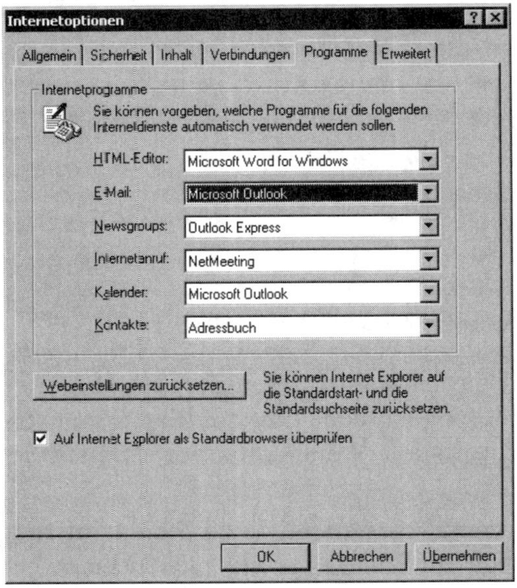

Bild 8.33: Festlegung der für andere Internet-relevante Aufgaben heranzuziehenden Programme

8.14 Symbolleisten-Anpassung

Schließlich gestattet der Internet Explorer (ab Version 5) die Anpassung der Symbolleiste – so, wie es auch in vielen anderen Windows 9x/Me-Applikationen möglich ist. Im Rahmen dessen können aber nicht nur die in der Symbolleiste des Internet enthaltenen Symbole festgelegt werden: Vielmehr ist es auch möglich, die Größe dieser Symbole zu verändern.

Einsteiger beispielsweise bevorzugen häufig große Symbole mitsamt eines beschreibenden Titels dazu (siehe Bild 8.35), während fortgeschrittene Anwender häufig kleine Symbole präferieren (siehe Bild 8.36). Und die Verwendung kleiner Symbole resultiert in einer Vergrößerung der Anzeigefläche für Webseiten innerhalb des Internet Explorers. Insbesondere bei geringeren Bildschirmauflösungen des Windows 9x/Me-PCs kann sich dies beim Surfen durchs Web als überaus angenehm bemerkbar machen.

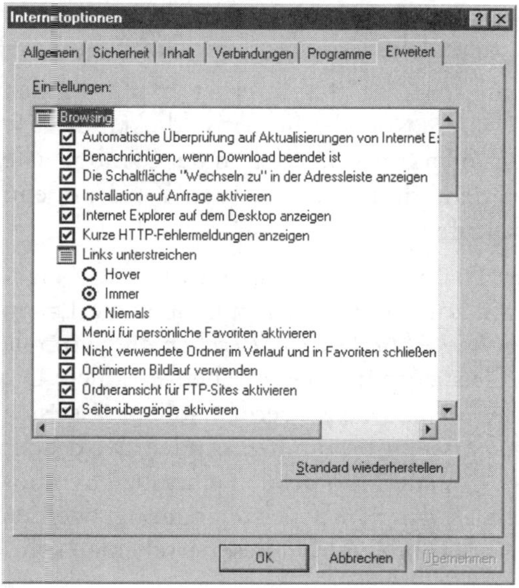

Bild 8.34: Der Internet Explorer verfügt über zahlreiche erweiterte Optionen, die sein generelles Verhalten bestimmen

Bild 8.35: Symbole in der Symbolleiste können sowohl in groß ...

Bild 8.36: ... als auch in klein dargestellt werden

Die Größe der Symbole, die in der Symbolleiste des Internet Explorers erscheinen, lässt sich wie folgt festlegen:

- Wählen Sie aus dem Menü ANSICHT des Internet Explorers den Befehl SYMBOLLEISTEN/ANPASSEN aus. Alternativ klicken Sie mit der primären Maustaste auf einen freien Bereich in der Symbolleiste des Internet, um aus dem daraufhin erscheinenden Kontextmenü den Befehl ANPASSEN aufzurufen.
- Sodann bekommen Sie das Dialogfeld *Symbolleiste anpassen* angezeigt (siehe Bild 8.37). Dort können Sie nicht nur über die Listen *Verfügbare Schaltflächen* sowie *Aktuelle Schaltflächen* die Symbole festlegen, die in der Symbolleiste des Internet erscheinen sollen: Die Größe, in der all diese Symbole angezeigt werden sollen, lässt sich über das Listenfeld *Symboloptionen* bestimmen. Zudem wird über das Listenfeld *Textoptionen* gesteuert, ob bei den einzelnen Symbolen ein beschreibender Text in der Symbolleiste angezeigt werden und wo (unterhalb oder rechts vom Symbol) dieser erscheinen soll.

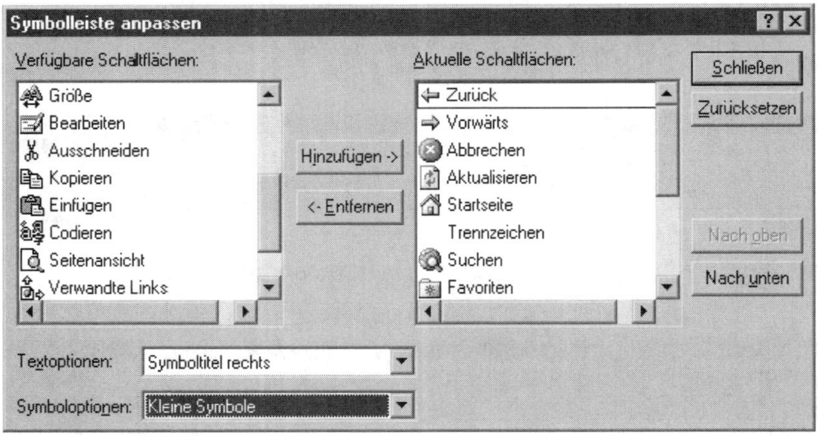

Bild 8.37: Die Symbolleiste des Internet Explorers lässt sich in Art und Aussehen eigenen Vorstellungen anpassen

Kapitel 9
Outlook Express: E-Mail, Adressbuch und Newsgroups

Outlook Express ist ein sehr leistungsfähiges Programm, das standardmäßig im Gefolge des eigentlichen Internet Explorers daherkommt. Hierbei handelt es sich um ein wahres Multitalent: Mit diesem Programm haben Sie E-Mails und Newsgroups im Griff. Auf den folgenden Seiten wollen wir uns daher näher mit den grundlegenden Möglichkeiten von Outlook Express beschäftigen.

Da der E-Mail-Client Outlook Express sozusagen dem Kompagnon von Microsofts Webbrowser Internet Explorer entspricht, trägt es auch dieselbe Versionsnummer: Zum Internet Explorer 5 beispielsweise gehört Outlook Express 5, zum Internet Explorer 5.5 entsprechend Outlook Express 5.5 und so weiter.

> **Achtung**
>
> Die nachstehende Beschreibung von Outlook Express kann natürlich nicht vollständig sein – denn dies ist auch nicht der Zweck dieses Buchs. Vielmehr sollen die folgenden Seiten Sie dabei unterstützen, erste Gehversuche mit E-Mails und Newsgroups zu unternehmen.

Neben Outlook Express bietet Microsoft noch eine weitere Applikation an, die eine ähnlich klingende Bezeichnung trägt. Die Rede ist von *Outlook* (also ohne den Zusatz *Express*), dem Kommunikations-Manager aus dem Office-Paket des Herstellers. Die Namensverwandtschaft ist nicht zufällig gewählt, denn Outlook Express besitzt einige Ähnlichkeiten mit Outlook. Allerdings ist Outlook Express auf den Einsatz als reiner E-Mail-Client und Newsgroup-Reader für das Internet ausgelegt, während Outlook seine Stärken vor allem in einem lokalen Netzwerk und Intranets (in Verbindung mit dem »Exchange Server« von Microsoft) ausspielt.

Hinweis

Zudem ist Outlook kostenpflichtig zu erwerben. Outlook Express dagegen erhalten Sie als kostenlose Beigabe zum Internet Explorer.

9.1 Post im Internet: E-Mail

Electronic Mail oder kurz *E-Mail* stellt eine der beliebtesten Formen der Kommunikation über Computer dar. Kein Wunder, lassen sich doch per E-Mail elektronische Botschaften in Windeseile zum anderen Ende der Welt versenden, ohne dass hierfür lange Transportzeiten oder teure Versandmethoden etwa per Flugzeug in Kauf zu nehmen sind.

Eine der Hauptanwendungen im Internet stellt der Austausch von E-Mails dar. Tag für Tag jagen Millionen solcher elektronischer Botschaften durch das Internet – und längst verfügen nicht mehr nur Mitarbeiter von Unternehmen, sondern wie selbstverständlich auch Privatpersonen über eine Internet-E-Mail-Adresse (oder besitzen gar mehrere E-Mail-Adressen). Abhängig von der Internet-Anbindung sowohl des Absenders als auch des Empfängers kann eine Antwort auf Ihre E-Mail bereits binnen weniger Minuten eintreffen. Im Gegensatz zum gesprochenen Wort sind Fehler bei der Übermittlung der eigentlichen Information ausgeschlossen – eine E-Mail hält die Nachricht schwarz auf weiß fest. Des Weiteren lassen sich einer E-Mail beliebige Dateien – Texte, Bilder etc. – als *Attachment* anhängen und so mitsamt der eigentlichen E-Mail versenden.

Um E-Mail nutzen zu können, benötigen Sie natürlich eine E-Mail-Adresse. Diese bekommen Sie in der Regel von Ihrem Internet-Service-Provider mitgeteilt. Des Weiteren benötigen Sie eine Software, um E-Mails erstellen und versenden sowie empfangen zu können – also ein E-Mail-Programm wie zum Beispiel *Outlook Express*. Hierbei handelt es sich um einen *E-Mail-Client*, der Informationen von einem Mail-Server lediglich erhält oder an diesen mit der Bitte um Versand überstellt.

Hinweis

Die eigentliche Übermittlung und Verteilung von E-Mails für ein bestimmtes System übernimmt also nicht das E-Mail-Programm, sondern der *Mail-Server* bei Ihrem Internet-Service-Provider.

Darüber hinaus können Sie sich bei einem der zahlreichen Anbieter (etwa *Hotmail*) eine *kostenlose E-Mail-Adresse* besorgen. Diese E-Mail-Adresse bleibt auch dann erhalten, wenn Sie den Internet-Service-Provider wechseln. Allerdings erfolgt die Bearbeitung von E-Mails dann meist aus einem Webbrowser heraus, sodass man auch von *Web-basierender E-Mail* spricht. In diesem Fall können Sie Ihre E-Mails meist nicht mit einem (komfortablen) E-Mail-Programm wie zum Beispiel *Outlook Express* bearbeiten, da der Anbieter keinen hierfür erforderlichen (SMTP-basierenden) Mail-Server unterhält.

Achtung

Hotmail bildet in diesem Zusammenhang eine Ausnahme. Eigentlich als Web-basierender E-Mail-Dienst konzipiert, gestattet es dieser alternativ, seine E-Mails mit Outlook Express zu bearbeiten. Auf diese Weise können Sie sich bei Hotmail – unabhängig davon, über welchen Internet-Service-Provider Ihr Zugang zum Internet erfolgt – eine E-Mail-Adresse (oder auch mehrere E-Mail-Adressen, zum Beispiel für Freund oder Freundin, Tochter etc.) besorgen und Ihre E-Mails dennoch aus der gewohnten Oberfläche von Windows 9x/Me heraus mit Outlook Express bearbeiten.

9.2 Wer, wie, wo: Internet-Verzeichnisdienste

Ein guter Bekannter von Ihnen hat Ihnen seine Visitenkarte gegeben, auf der neben seiner Telefonnummer auch seine E-Mail-Adresse stand. Leider haben Sie diese Visitenkarte jedoch in Ihrem täglichen Chaos vergraben – sie ist unauffindbar. Was tun, wenn Sie ihn dennoch erreichen wollen oder müssen, sagen wir, um einen Termin für die nächste Partie Billard mit ihm auszumachen?

Rettung aus dieser Not verspricht ein *Internet-Verzeichnisdienst*, den Anbieter wie zum Beispiel *Bigfoot* oder *WhoWhere* unterhalten. In diesem Verzeichnis sind Millionen Einträge von Personen und ihre E-Mail-Adressen verzeichnet.

Für den Zugriff auf einen solchen Internet-Verzeichnisdienst spielt *LDAP*, das *Lightweight Directory Access Protocol*, eine große Rolle: Ein Internet-Verzeichnisdienst gestattet in der Regel den Zugriff auf die im Verzeichnis enthaltenen Informationen via LDAP. Zu diesem Zweck unterhält der entsprechende Anbieter einen *LDAP-Server*.

> **Hinweis**
>
> Um auf den LDAP-Server eines Internet-Verzeichnisdienstes zugreifen zu können, benötigen Sie ein dazu passendes Client-Programm – einen *LDAP-Client*. Einen LDAP-Client stellt beispielsweise das zum Internet Explorer gehörende *Outlook Express* dar: Dieses enthält Funktionen, um E-Mail-Adressen via LDAP in einem Internet-Verzeichnisdienst suchen zu lassen.

9.3 Schwarze Bretter: Newsgroups

Sie diskutieren gerne? Dann sollten Sie unbedingt mal einen Blick in die Newsgroups des Internet werfen und sich ein wenig mit diesen beschäftigen: Dort gibt es für fast jeden Aspekt des Lebens einen Bereich, der sich einem bestimmten Thema annimmt.

Um am Geschehen der Newsgroups teilzunehmen, benötigen Sie einen *Newsgroup-Reader*. Beim Internet Explorer liefert Microsoft mit *Outlook Express* einen sehr guten Newsgroup-Reader kostenlos mit. Damit ein Newsgroup-Reader weiß, von welchem *News-Server* er seine Informationen beziehen kann, müssen Sie in der entsprechenden Applikationen den Namen eines News-Servers (auch *NNTP-Server* genannt) Ihres Internet-Service-Providers angeben. Sodann sollten Sie im Newsgroup-Reader eine Liste der verfügbaren Diskussionsgruppen erhalten, um daraufhin die für Sie interessanten zu abonnieren und auf diese Weise am Geschehen der betreffenden Newsgroups teilzuhaben. Nur so ist es möglich, den Überblick zu behalten und im Dschungel tausender von Newsgroups rasch zu von Ihnen häufig besuchten Newsgroups zu gelangen.

Achtung

Nicht jeder Internet-Service-Provider bietet über seinen News-Server Zugriff auf wirklich alle existierenden Newsgroups. Stattdessen blenden viele Internet-Service-Provider Newsgroups mit anstößigem Charakter aus und beziehen vielmehr in das über ihren News-Server verfügbare Angebot Newsgroups mit regionalem Charakter mit ein. Zudem unterhalten nicht alle Internet-Service-Provider eigene News-Server – in diesem Fall müssen Sie auf andere, öffentliche News-Server zugreifen.

9.4 Installation von Outlook Express

Wenn Outlook Express bereits auf Ihrem PC installiert ist, sollten Sie in der Schnellstartleiste ein entsprechendes Symbol finden.

Standardmäßig wird Outlook Express zusammen mit dem Internet Explorer installiert, falls nichts anderes angegeben wird. Andernfalls können Sie die explizite Installation von Outlook Express auf Ihrem PC auch manuell veranlassen:

- Wenn Sie Outlook Express von der Windows 9x/Me-CD-ROM installieren möchten, wechseln Sie in die Systemsteuerung und rufen dort das Applet *Software* auf, um auf die Registerkarte *Windows Setup* zu wechseln. Dort versehen Sie das vor dem Befehl *Outlook Express* stehende Kontrollkästchen mit einer Markierung und klicken *OK* an. Outlook Express wird daraufhin von der Windows 9x/Me-CD-ROM auf Ihren Rechner kopiert und installiert.
- Genauso können Sie den Internet Explorer mitsamt Outlook Express von einer CD-ROM installieren, die beispielsweise bei Zeitschriften mitgeliefert wird. In diesem Fall starten Sie einfach das Installationsprogramm für den Internet Explorer, um nicht nur den Webbrowser, sondern auch Outlook Express auf Ihrem PC zu installieren.

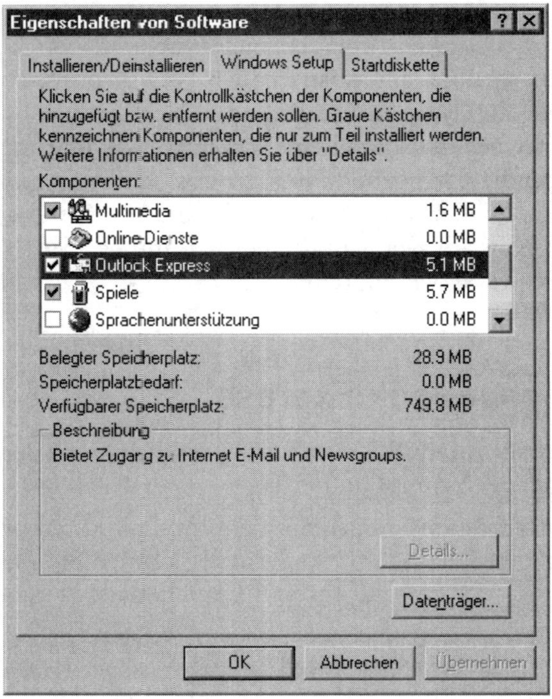

Bild 9.1: Outlook stellt eine serienmäßig beim Betriebssystem mitgelieferte Komponente von Windows 9x/Me dar, ...

Hinweis

Dieses Verfahren bietet sich vor allem dann an, wenn Sie die neueste Version von Internet Explorer und Outlook Express auf Ihren PC aufspielen möchten. So befindet sich zum Beispiel im Lieferumfang von Windows 98 nur die – aus heutiger Sicht – veraltete Version 4 von Internet Explorer und Outlook Express.

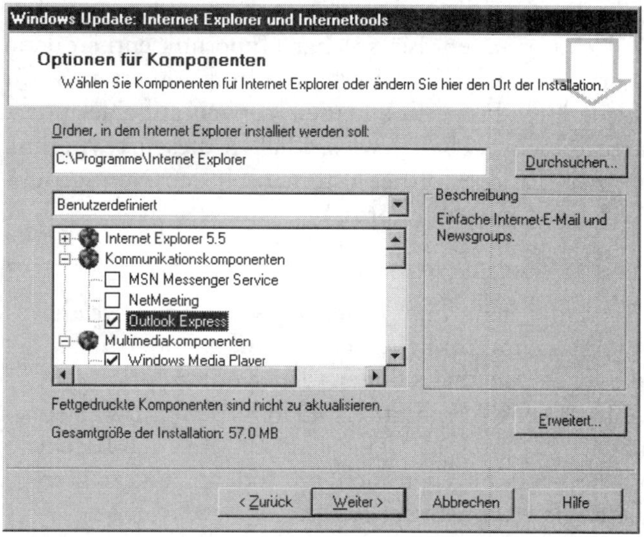

Bild 9.2: ... lässt sich aber in der neuesten Version auch von einer separaten CD-ROM auf dem Windows 9x/Me-PC installieren

9.5 Aufruf von Outlook Express

Es bestehen mehrere Möglichkeiten, Outlook Express zu starten:

- Sie können das Programm beispielsweise aus dem Menü PROGRAMME, das über das Startmenü von Windows 9x/Me zugänglich ist, heraus aufrufen.
- Alternativ klicken Sie in der Symbolleiste *Schnellstart* das entsprechende Symbol an. Diese wird in der Taskleiste von Windows 9x/Me eingeblendet.
- Befindet sich auf Ihrem Desktop ein Symbol *Outlook Express*, können Sie natürlich auch dieses selektieren.
- Des Weiteren lässt sich Outlook Express auch direkt aus dem Internet Explorer heraus ausführen. Dazu hält das Menü WECHSELN ZU die Befehle E-MAIL sowie NEWS bereit.
- Außerdem gibt es eine direkte Integration in den Internet Explorer Webbrowser: So können Webseiten, die Sie sich im Internet Explorer anzeigen lassen, Hyperlinks beinhalten, um automatisch Ihren

E-Mail-Client (in diesem Fall Outlook Express) zu öffnen und darüber eine E-Mail zu versenden. Ein solcher Hyperlink enthält dann einen *mailto:*-Verweis. Das gleiche Verfahren funktioniert auch für Newsgroups: Enthält ein Hyperlink keinen Verweis auf eine andere Webseite, sondern einen *news:*-Verweis, klicken diesen Hyperlink an und der Internet Explorer öffnet automatisch den Newsgroup-Reader (in diesem Fall Outlook Express).

Hinweis

Welchen E-Mail-Client und welchen Newsgroup-Reader der Internet Explorer beim Anklicken eines *mailto:*- oder *news:*-Verweises öffnet, legen Sie im Rahmen der Konfiguration des Internet Explorer fest (siehe Abschnitt 8.13.5 in Kapitel 8). Wählen Sie hierzu im Internet Explorer aus dem Menü EXTRAS den Befehl INTERNETOPTIONEN und begeben sich im sodann angezeigten Dialogfeld auf die Registerkarte *Programme*.

9.6 Grundlegende E-Mail-Konfiguration

Beim erstmaligen Aufruf von Outlook Express müssen Sie zunächst eine grundlegende Konfiguration vornehmen. Durch die folgenden Schritte geleitet Sie daraufhin der *Assistent für den Internet-Zugang*.

Hinweis

Haben Sie die betreffenden Konten bereits bei der Einrichtung Ihres Internet-Zugangs im Rahmen des Assistenten für den Internet-Zugang eingerichtet (siehe Abschnitt 7.2 in Kapitel 7), existiert bereits ein E-Mail-Konto. In diesem Fall erscheint der Assistent für den Internet-Zugang beim erstmaligen Aufruf von Outlook Express nicht mehr.

Zur Erstellung eines neuen E-Mail-Kontos müssen Sie zunächst Ihren Namen eintippen (siehe Bild 9.3). Dieser erscheint dann in dieser Form in allen von Ihnen verfassten E-Mails.

Hinweis

Unter einem *Konto* fasst Outlook Express technische Einstellungen für einen bestimmten Dienst – E-Mail, Newsgroup oder Internet-Verzeichnisdienst – zusammen. Auf diese Weise können Sie den betreffenden Dienst später leicht per Mausklick auf das jeweilige Konto ansprechen, um zum Beispiel E-Mails über Ihren E-Mail-Account bei Ihrem Internet-Service-Provider zu versenden oder auf einen öffentlichen Newsgroup-Server zuzugreifen.

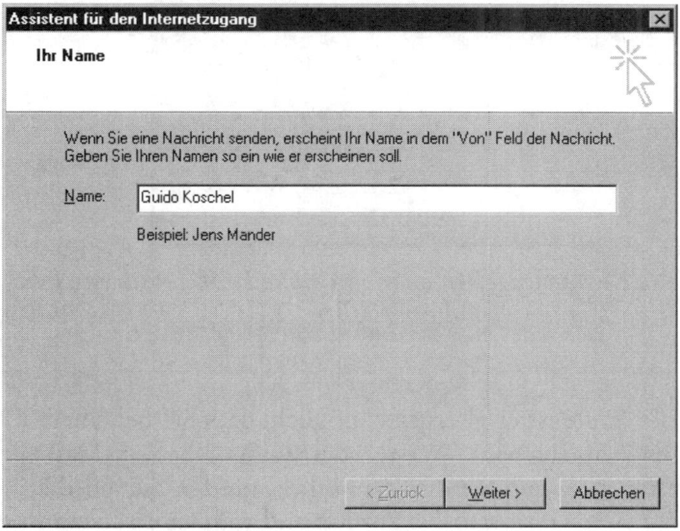

Bild 9.3: Festlegung des Namens, der in den von Ihnen erstellten E-Mails erscheinen soll

Nach einem Klick auf *Weiter* geben Sie Ihre komplette E-Mail-Adresse an (siehe Bild 9.4). Diese bekommen Sie in der Regel vom Internet-Service-Provider mitgeteilt – der unter dieser E-Mail-Adresse ein Postfach für Sie unterhält. In diesem Fall aktivieren Sie die Option *Ich habe bereits eine E-Mail-Adresse*.

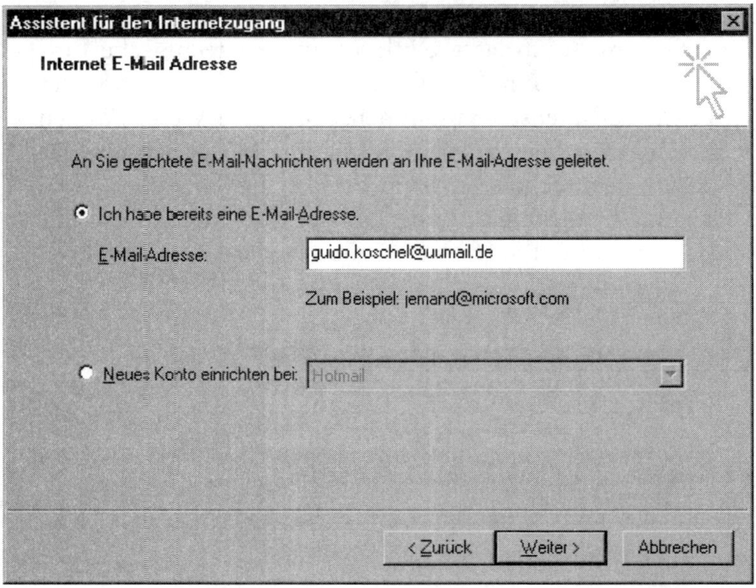

Bild 9.4: Vorhandene E-Mail angeben oder eine neue E-Mail-Adresse bei einem entsprechenden Anbieter erstellen

Hinweis

An dieser Stelle ist es alternativ möglich, dass Sie bei einem entsprechenden Anbieter eine – erste oder zusätzliche – E-Mail-Adresse beantragen. Wenn Sie dies wünschen, greifen Sie auf die Option *Neues Konto einrichten bei* zurück und wählen im sodann zugänglichen Listenfeld einen Anbieter aus. Hier ist zum Beispiel *Hotmail* zu finden – ein Anbieter, der Microsoft gehört: Dieser Web-basierende E-Mail-Dienst erlaubt es Ihnen, eine E-Mail-Adresse in der Form `name@hotmail.com` einzurichten. Obgleich Hotmail eigentlich nur die Bearbeitung von E-Mails aus einem Webbrowser heraus vorsieht, gestattet dieser Anbieter alternativ auch die Verwendung von Outlook Express zum Umgang mit elektronischen Nachrichten aus der gewohnten Oberfläche von Windows 9x/Me heraus.

Auf der nächsten Seite gilt es, Angaben zum Mail-Server Ihres Internet-Service-Providers zu treffen, der für die Abwicklung Ihres E-Mail-Aufkommens verantwortlich zeichnet (siehe Bild 9.5). Vor allem müssen sie dabei festlegen, mit welchem Protokoll der Mail-Server, der die für Sie eingehenden E-Mails zwischenspeichert, arbeitet. Als Protokoll kommt entweder *POP3* oder *IMAP4* in Betracht, während Sie für einen Web-basierenden E-Mail-Dienst *HTTP* auswählen müssen.

> **Hinweis**
>
> Die meisten Internet-Service-Provider unterstützten POP3, während IMAP4 im Kommen begriffen ist. Kontaktieren Sie im Zweifelsfall Ihren Internet-Service-Provider.

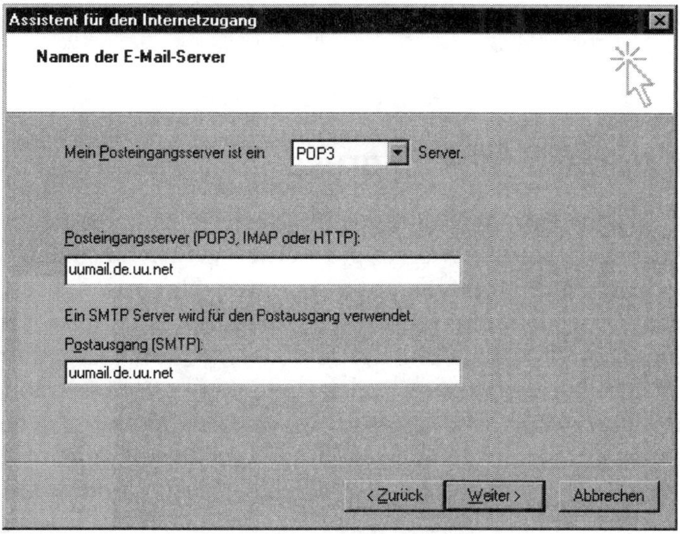

Bild 9.5: Vorgabe, über welchen Mail-Server Sie Ihren E-Mail-Verkehr abwickeln

Anschließend geben Sie einen Benutzernamen an, unter dem Zugriffe auf Ihre E-Mail-Adresse beim Internet-Service-Provider abgewickelt werden. Damit hierzu nicht jedermann berechtigt ist, müssen Sie das zugehörige Passwort spezifizieren, das in der Regel nur Sie kennen.

Hinweis

Beide Angaben erhalten Sie von Ihrem Internet-Service-Provider.

Nach einem Klick auf *Weiter* gelangen Sie auf eine Seite, die die Schaltfläche *Fertig stellen* enthält. Klicken Sie diese an, legt der Assistent für den Internet-Zugang das von Ihnen gewünschte E-Mail-Konto an. Daraufhin ist Outlook Express einsatzbereit und nimmt Sie mit seinem Programmfenster in Empfang.

Hinweis

Um weitere E-Mail-Konten oder Konten für die Dienste Newsgroup und Internet-Verzeichnisdienst anzulegen, müssen Sie in Outlook Express aus dem Menü EXTRAS den Befehl KONTEN auswählen.

9.7 Konten von Outlook Express

Wie Sie bereits erfahren haben, fasst Outlook Express Informationen für einen bestimmten Dienst (E-Mail, Newsgroup, Internet-Verzeichnisdienst), den sie nutzen möchten, unter einem Konto zusammen. Um zu erfahren, welche Konten gegenwärtig definiert sind, rufen Sie Outlook Express auf und wählen aus dem Menü EXTRAS den Befehl KONTEN aus. Daraufhin erscheint ein Dialogfeld, über das Sie sich gezielt die E-Mail-, Newsgroup-, Internet-Verzeichnisdienst- oder aber alle Konten ansehen können (siehe Bild 9.6). Wenn Sie dort ein bereits definiertes Konto anwählen, können Sie dieses nach Anklicken der Schaltfläche *Eigenschaften* bearbeiten und modifizieren.

Hinweis

Um ein weiteres E-Mail-, Newsgroup- oder Internet-Verzeichnisdienst-Konto zu erstellen, benutzen Sie die Schaltfläche *Hinzufügen*.

Haben Sie ein E-Mail-Konto unter Outlook Express erstellt, trägt dieses einen nur bedingt aussagekräftigen Namen: Hierfür wird automatisch die Bezeichnung herangezogen, die Sie bei der Kreierung des E-Mail-Kontos im Eingabefeld *Posteingangsserver* festgelegt haben. Möchten Sie dagegen ein E-Mail-Konto mit einem »sprechenderen« Namen versehen, markieren Sie dieses und klicken die Schaltfläche *Eigenschaften* an. Im sodann erscheinenden Dialogfeld können Sie auf der Registerkarte *Allgemein* das Konto mit einer für Sie aussagekräftigen Benennung (etwa den zugehörigen Internet-Service-Provider) versehen.

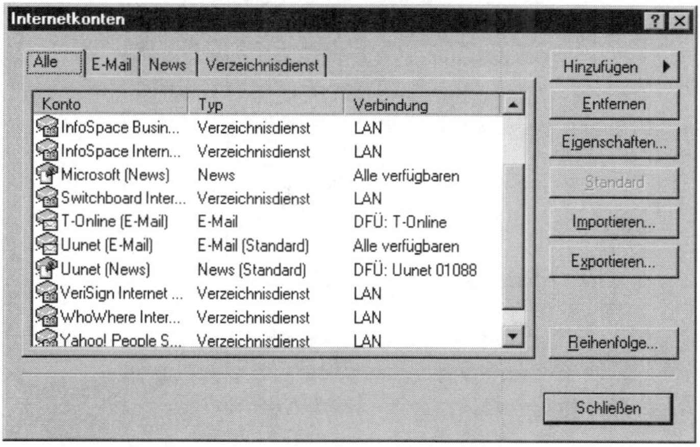

Bild 9.6: Bearbeitung der gegenwärtig bei Outlook Express definierten Konten

Eines der herausragenden Features von Outlook Express stellt die gleichzeitige Nutzung mehrerer Konten ein und derselben Art dar. Ohne eine Umkonfiguration vorzunehmen, können Sie auf diese Weise nicht nur auf mehrere News- und LDAP-Server zugreifen, sondern auch mehrere E-Mail-Konten bei verschiedenen Internet-Service-Providern und E-Mail-Anbietern parallel verwenden. So müssen Sie nicht mehr zwischen verschiedenen E-Mail-Client-Programmen wechseln, um Ihre E-Mails zu bearbeiten – mit der Folge, dass Sie schon nach kurzer Zeit nicht mehr wissen, über welchen Dienstanbieter Sie E-Mails zum Beispiel mit Ihrem Bekannten aus Australien oder Norwegen austauschen. Vielmehr können Sie einzig und allein Outlook Express einsetzen – eine echte Arbeitserleichterung.

Achtung

Voraussetzung dazu ist, dass die einzelnen Internet-Service-Provider respektive E-Mail-Anbieter sowohl den Abruf von E-Mails über POP3, IMAP4 oder HTTP als auch den Versand von E-Mails über SMTP unterstützen. Klären Sie dies im Zweifelsfall mit dem Dienstanbieter explizit ab.

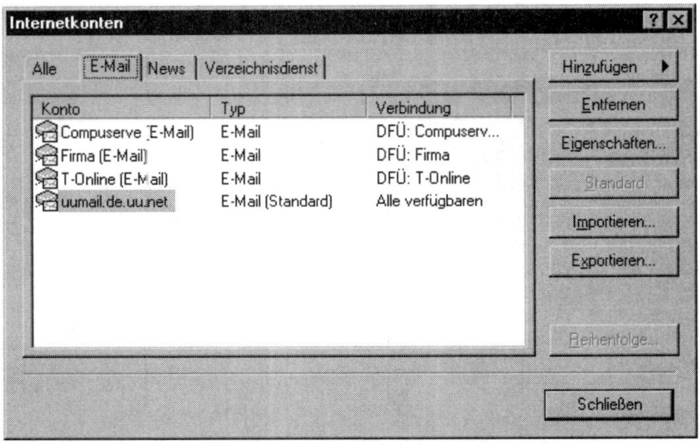

Bild 9.7: Gleichzeitige Nutzung mehrerer E-Mail-Konten

Wählen Sie nun in Outlook Express aus dem Menü EXTRAS den Befehl KONTEN aus. Auf der Registerkarte *E-Mail* des Dialogfelds *Internetkonten* sehen Sie sodann, welche E-Mail-Konten Sie in Outlook Express bereits definiert haben und über welche Internet-Verbindung Sie darüber E-Mails austauschen (siehe Bild 9.7). Benutzen Sie die Schaltfläche *Hinzufügen*, um ein weiteres E-Mail-Konto zu erstellen.

Benutzen Sie mehrere E-Mail-Konten gleichzeitig, zieht Outlook Express eines Ihrer E-Mail-Konten als Standard heran. Solange Sie nichts anderes angeben, werden E-Mails dann über dieses E-Mail-Konto abgewickelt. Benutzen Sie im Dialogfeld *Internetkonten* die Schaltfläche *Standard*, um das dort zuvor markierte E-Mail-Konto als standardmäßig zu verwenden zu erklären.

Hinweis

Sie brauchen nicht unbedingt für jedes E-Mail-Konto auch eine entsprechende DFÜ-Netzwerk-Verbindung zu verwenden. So ist es zum Beispiel problemlos möglich, sich über Mobilcom in das Internet einzuwählen, um sodann Ihre Compuserve-E-Mails abzurufen. Manche Internet-Service-Provider (wie zum Beispiel T-Online) allerdings setzen zwingend voraus, dass Sie sich über einen der eigenen Internet-Zugänge einwählen, um auf ihren Mail-Server zuzugreifen. Details hierzu sollte Ihnen Ihr Internet-Service-Provider mitteilen können.

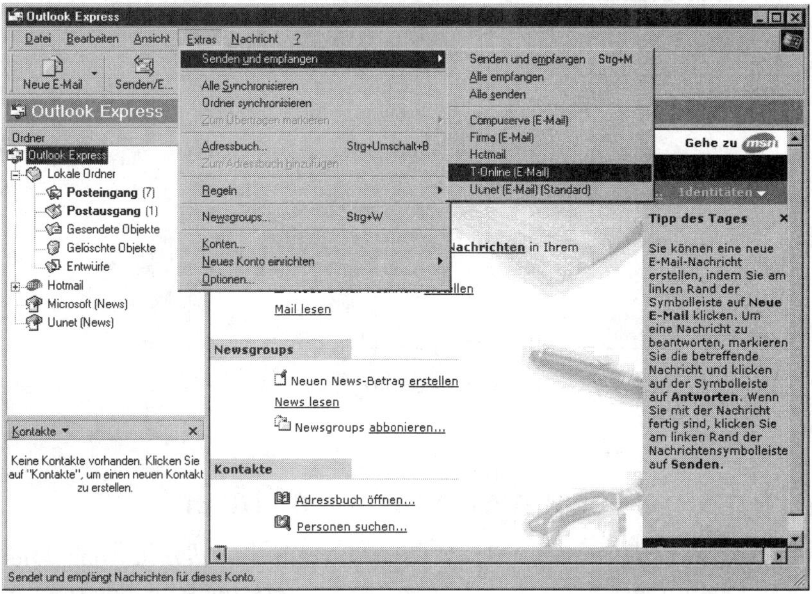

Bild 9.8: Wenn Sie mehrere E-Mail-Konten parallel nutzen, können Sie beim Senden und Empfangen angeben, über welches E-Mail-Konto ein Vorgang abzuwickeln ist

Wollen Sie E-Mails eines bestimmten E-Mail-Kontos abrufen, wählen Sie in Outlook Express aus dem Menü EXTRAS den Befehl SENDEN UND EMPFANGEN aus. Daraufhin erscheint ein weiteres Menü, über das Sie das gewünschte E-Mail-Konto gezielt auswählen können (siehe Bild 9.8). Wenn

Sie eine neue E-Mail erstellen, können Sie dabei im Dialogfeld *Neue Nachricht* das Listenfeld *Von* heranziehen. Darüber lässt sich dann festlegen, über welches der zuvor definierten E-Mail-Konten die Nachricht versandt werden soll (siehe Bild 9.9).

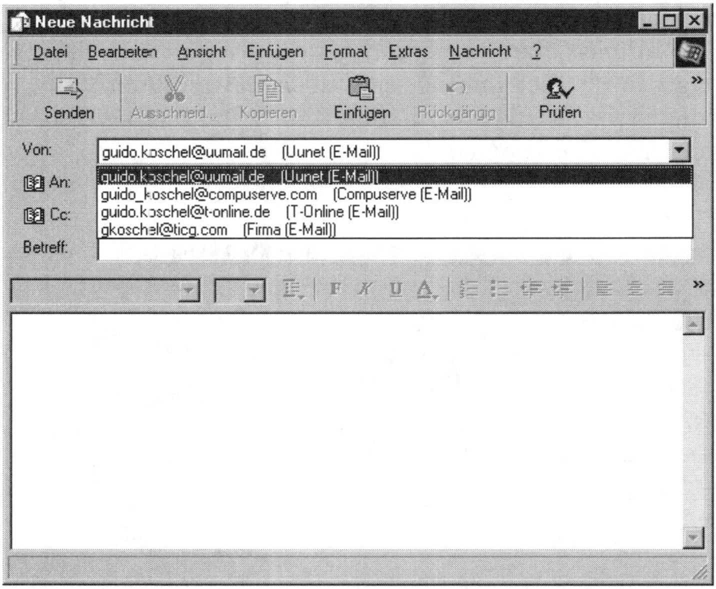

Bild 9.9: Vorgabe, welches E-Mail-Konto für eine neue E-Mail zu verwenden ist

9.8 Nutzung verschiedener Identitäten

Ein interessantes Feature von Outlook Express stellt die *Identität* dar. Dieses erweist sich immer dann als nützlich, wenn verschiedene Personen – neben Ihnen selbst beispielsweise auch Freund(-in), Sohnemann oder Töchterlein – ein und denselben PC benutzen und darüber E-Mails bearbeiten möchten: So müssen Sie diese nicht mehr diese zu unterschiedlichen Computern »verweisen« und auch nicht mehr darüber in Kenntnis setzen, dass zum Empfang und Versand von Nachrichten umständlich eine Konfiguration explizit auszuwählen ist. Vielmehr fasst Outlook Express alle Konten-Definitionen (E-Mail-, Newsgroups- und Internet-Verzeichnisdienste), Ordner, Kontakte und persönliche Präferenzen in einer Identität zusammen, die dann für eine bestimmte Person gedacht ist. So ist es beispielsweise kein Problem mehr, dass Sie Ihre E-Mails über Uunet empfangen und versenden, während Ihre Frau hierzu auf T-Online zurückgreift und Großvater sich zwar über Ihren Internet-Zugang in Uunet einwählt, doch seine E-Mails über Hotmail bearbeitet.

> Achtung
>
> Dieser Anforderung lässt sich zwar auch ohne das Identitäts-Feature von Outlook Express oder aber mit anderen E-Mail-Programmen gerecht werden – und zwar, indem Sie verschiedene Konten (oder Ähnliches) für jeden Benutzer definieren. Allerdings muss dann jeder Benutzer selber peinlich genau darauf achten, welches Konto er gerade verwendet. Durch eine *Identität* von Outlook Express bekommt er aber nur seine eigenen Konten und Ordner angezeigt. Zudem kann jeder Benutzer im Rahmen seiner Identität ein eigenes Adressbuch unterhalten sowie Einstellungen etwa für die Anzeige von Nachrichten selbst bestimmen.

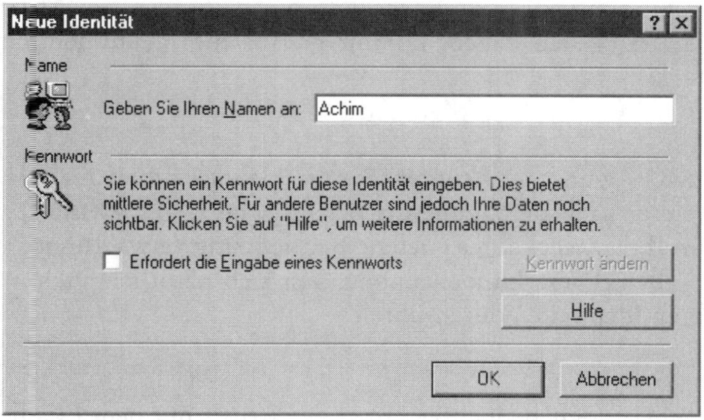

Bild 9.10: Erstellung einer neuen Identität unter Outlook Express

Standardmäßig gibt es bei Outlook Express nur eine einzige Identität – und zwar die *Hauptidentität*. Um mit verschiedenen Identitäten zu arbeiten, müssen Sie zunächst mindestens eine weitere erstellen. Hierzu rufen Sie zum Beispiel aus dem Menü DATEI den Befehl IDENTITÄTEN/NEUE IDENTITÄT

HINZUFÜGEN auf. Daraufhin müssen Sie im Dialogfeld *Neue Identität* diese mit einem möglichst »sprechenden« Namen versehen (siehe Bild 9.10). Falls Sie es wünschen, können Sie zudem ein schützendes Kennwort definieren, dessen korrekte Eingabe dann später zur Aktivierung dieser Identität erforderlich ist.

Achtung

Erwarten Sie von dieser Funktion allerdings keinen allzu großen Schutz, denn die in einer Identität zusammengefassten Daten werden letztlich auf der Festplatte des PCs abgelegt und lassen sich daher von einem versierten Benutzer mit relativ wenig Aufwand in Erfahrung bringen.

Zur Bearbeitung aller bisher erstellten Identitäten können Sie im Menü DATEI den Befehl IDENTITÄTEN/IDENTITÄTEN VERWALTEN auswählen. Daraufhin bekommen Sie in einem gleichnamigen Dialogfeld sodann alle gegenwärtig vorhandenen Identitäten aufgelistet. Die Identität, mit der Outlook Express standardmäßig operieren soll, lässt sich im Listenfeld *Diese Identität beim Programmstart verwenden* bestimmen. Sofern Sie keine bestimmte Identität angegeben haben, kommt hierfür die Hauptidentität zum Tragen.

Hinweis

Falls Sie es wünschen, können Sie die Hauptidentität markieren und dieser nach Betätigung der Schaltfläche EIGENSCHAFTEN eine für Ihre Zwecke geeignetere Bezeichnung (etwa Ihren Namen) vergeben. Diese Umbenennung lässt sich natürlich auch für alle anderen Identitäten durchführen.

Genauso gut ist es aber möglich, auch während der Arbeit mit dem PC die Identität für Outlook Express zu wechseln – und zwar, ohne den Computer dafür neu zu starten oder kurzzeitig ausschalten zu müssen. Dies geht ganz einfach, indem Sie zum Beispiel den Befehl IDENTITÄT WECHSELN aus dem Menü DATEI benutzen (siehe Bild 9.11): Markieren Sie im daraufhin angezeigten Dialogfeld einfach die gewünschte Identität und klicken *OK* an. Outlook Express lädt daraufhin die damit verbundenen Vorgaben (Konten-

Einstellungen, Ordner, Adressbuch-Kontakte und persönliche Präferenzen), die Sie direkt am optischen Erscheinungsbild verifizieren können. Die gegenwärtig benutzte Identität (etwa *Hauptidentität*) zeigt das Programm zudem auf der rechten Seite des Programmfensters unterhalb der Symbolleiste sowie in der Titelzeile des Outlook Express-Programmfensters an.

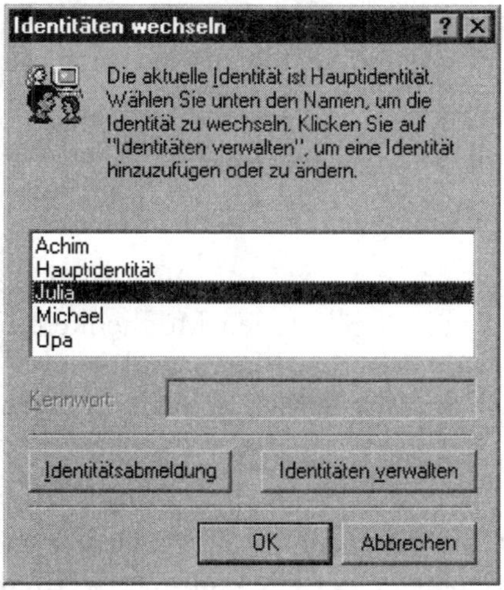

Bild 9.11: Zu einer anderen Identität von Outlook Express wechseln

> **Achtung**
>
> Wenn Sie eine neue Identität erstellen, müssen Sie darunter auch neue Konten für Outlook Express zur E-Mail- oder Newsgroup-Nutzung definieren. Wundern Sie sich also nicht, wenn Sie bei der erstmaligen Aktivierung einer Identität zunächst der Internet-Setup-Assistent in Empfang nimmt, um Sie durch die Erstellung eines neuen E-Mail-Kontos für Outlook Express zu geleiten.

9.9 Ordner von Outlook Express

Wenn Sie E-Mails mit Outlook Express bearbeiten, werden Ihre Nachrichten in verschiedenen Ordnern behandelt (siehe Bild 9.12). Diese dienen der besseren Übersichtlichkeit und erlauben es beispielsweise, eingegangene von verschickter E-Mail leicht zu unterscheiden.

Haben Sie ein E-Mail-Konto erstellt, mit dem Sie Ihre E-Mails über POP3 aus dem Postfach Ihres Internet-Service-Providers abrufen, werden standardmäßig gleich mehrere Ordner unterhalb von *Lokaler Ordner* erstellt. Hierbei soll zum Ausdruck kommen, dass Sie Ihre E-Mails aus Ihrem POP3-Postfach beim Internet-Service-Provider abrufen, indem Sie die elektronischen Nachrichten auf Ihren lokalen PC herunterladen. Wenn Sie dagegen E-Mails über IMAP4 oder HTTP abrufen, verbleiben die elektronischen Nachrichten in der Regel auf dem Mail-Server – und Sie blicken lediglich mit Outlook Express auf die dort zu findenden Ordner.

Unterhalb von *Lokaler Ordner* existieren bei Outlook Express standardmäßig die folgenden Ordner:

- **Posteingang**
  Im Posteingang werden normalerweise alle eingehenden E-Mails abgelegt. Über die von Outlook Express gebotenen Möglichkeiten zum Verschieben oder Löschen wahlweise über Menüs und Symbole oder per Drag-and-Drop können Sie eine E-Mail bequem in einen anderen Ordner verschieben.
- **Postausgang**
  Neu von Ihnen erstellte E-Mails, die noch auf Ihren Versand warten, sprich bislang noch nicht verschickt werden konnten, werden zeitweise in diesem Ordner untergebracht.
- **Gesendete Objekte**
  Dieser Ordner hält die von Ihnen verschickten E-Mails fest.
- **Gelöschte Objekte**
  Haben Sie E-Mails und Ordner gelöscht, werden diese in der Regel zunächst lediglich in diesen Ordner verschoben, sodass Sie auch im Nachhinein noch darauf zugreifen können – etwa, falls Sie eine Internet-E-Mail versehentlich aus einem Ordner entfernt haben.
- **Entwürfe**
  In diesen Ordner gelangen zeitweise alle Nachrichten, die Sie zwar erstellt, aber noch nicht abschließend fertig für den Versand gemacht haben. Das geschieht immer dann, wenn Sie eine E-Mail erstellen und diese nicht abschicken, sondern über den Befehl SPEICHERN aus dem Menü DATEI für eine spätere Bearbeitung vorsehen.

Achtung

Bei Bedarf können Sie sich neue Ordner definieren, um darin beispielsweise mithilfe von Regeln E-Mails automatisch ablegen zu lassen. Wenn Sie Ihre E-Mails über IMAP4 oder HTTP abrufen, können zudem andere Ordner existieren. Dies ist zum Beispiel bei Hotmail der Fall.

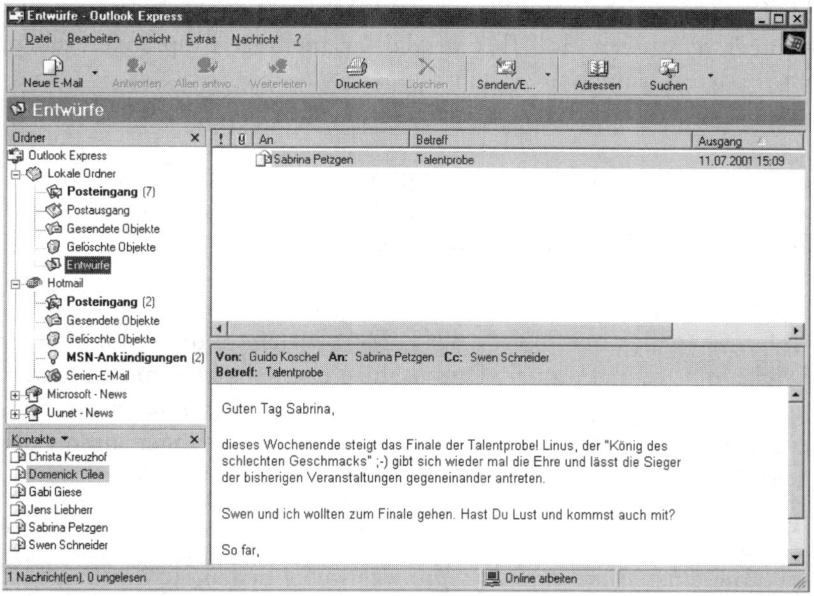

Bild 9.12: Zur besseren Übersichtlichkeit arbeitet Outlook Express mit hierarchisch strukturierten Ordnern

9.10 E-Mails versenden und empfangen

Um E-Mails mit anderen Personen auszutauschen, klicken Sie zum Beispiel in der Symbolleiste von Outlook Express das Symbol *Neue E-Mail* an. Alternativ können Sie auch den Ordner *Outlook Express* auswählen, um dann im rechten Teil des Programmfensters *Neue E-Mail-Nachricht erstellen* anzuklicken. Daraufhin wird das Nachrichtenfenster angezeigt (siehe Bild 9.13).

> **Hinweis**
>
> Wenn Sie im Internet Explorer auf einer Webseite einen Hyperlink anklicken, der einen *mailto:*-Verweis enthält, gelangen Sie ebenfalls automatisch zu diesem Nachrichtenfenster von Outlook Express.

Im Nachrichtenfenster können Sie dann die zu versendende Nachricht eingeben. Als Erstes müssen Sie im Eingabefeld *An* den Namen des gewünschten Empfängers eintragen. Soll Ihre E-Mail an mehrere Empfänger gehen, separieren Sie deren Namen mit einem Semikolon.

> **Hinweis**
>
> Das Eingabefeld *Cc* (die englische Abkürzung für *Carbon copy*, sprich *Durchschlag*) ermöglicht es, die E-Mail in Kopie einem weiteren Empfänger zukommen zu lassen.

Jeder Empfänger erfährt beim Lesen der E-Mail, welche anderen Empfänger die Nachricht im Original und als Durchschlag ebenfalls bekommen haben. Um dies zu verhindern, unterstützt Exchange das *Blind carbon copy* (abgekürzt *Bcc*). Die E-Mail-Adresse der entsprechenden Empfänger nimmt das Eingabefeld *Bcc* auf.

> **Hinweis**
>
> Bei einer *Blind carbon copy*, was soviel bedeutet wie *Blindkopie*, bekommt der Empfänger der Originalnachricht nicht mit, an welche anderen Anwender Sie eine Kopie der E-Mail gesandt haben.

Am einfachsten ist es, den Namen der jeweiligen Empfänger in den entsprechenden Eingabefeldern einfach einzutippen. Um sicherzustellen, dass der entsprechende Empfänger auch wirklich existiert und Sie sich nicht vertippt haben, sollten Sie nach der Vorgabe von Empfängern anschließend den Befehl NAMEN ÜBERPRÜFEN aus dem Menü EXTRAS respektive das Symbol *Prüfen* aus der Symbolleiste oder die Tastenkombination [Strg]+[K] verwenden. Outlook Express prüft daraufhin für jeden der angegebenen Empfänger, ob sich der zugehörige Name tatsächlich in einem der zugänglichen Adressbücher befindet. Ist dies der Fall, wird dessen Name im Eingabefeld *An*, *Cc* oder *Bcc* unterstrichen dargestellt. Lässt sich ein Empfänger nicht finden, erhalten Sie das Dialogfeld *Namen überprüfen* angezeigt. Dort können Sie sich dann entscheiden, diesen Empfänger neu in Ihr persönliches Adressbuch aufzunehmen, einen der von Outlook Express vorgeschlagenen Empfänger zu benutzen oder aber den Adressaten aus einem Ihrer Adressbücher auszuwählen. Diese Überprüfung der Namen von Empfängern erfolgt außerdem automatisch, wenn Sie die Erstellung der Nachricht beenden.

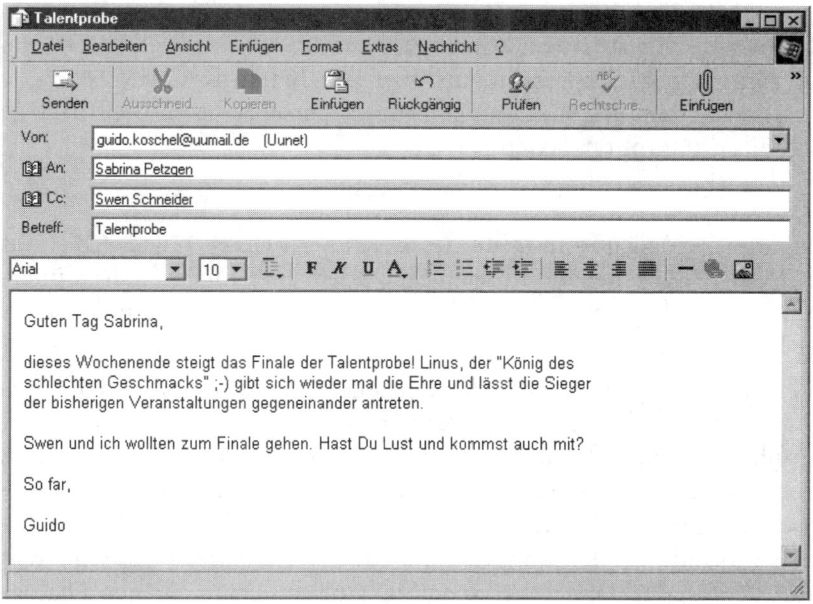

Bild 9.13: Erstellen einer neuen E-Mail mit Outlook Express

> **Hinweis**
>
> Bequemer – vor allem für Maus-Fanatiker – kann es sein, im Nachrichtenfenster auf das kleine Symbol vor dem Eingabefeld *An*, *Cc* oder *Bcc* zu klicken und den oder die gewünschten Empfänger des Originals, eines Durchschlags oder einer Blindkopie das Dialogfeld *Empfänger auswählen* direkt mit der Maus auszuwählen.

Tragen Sie nun im Eingabefeld *Betreff* eine möglichst aussagekräftige Betreffzeile ein, die Aufschluss über den Inhalt bzw. den Sinn und Zweck der Nachricht gibt. Anschließend können Sie die eigentliche Nachricht im unteren Bereich des Nachrichtenfensters eingeben. Dabei stehen Ihnen zahlreiche Formatierungsmöglichkeiten (Schriftart, -größe, -schnitt und -farbe, Ausrichtung von Absätzen etc.) zur Verfügung. Außerdem können Sie zusammen mit Ihrer E-Mail Dateien, Nachrichten oder Objekte wie etwa eine Grafik oder einen Videoclip auf die Reise zum Empfänger schicken.

Hinweis

Falls Sie *Microsoft Word* oder *Microsoft Office* auf Ihrem Rechner installiert haben, können Sie aus einem Nachrichtenfenster von Outlook Express heraus über den Befehl RECHTSCHREIBUNG aus dem Menü EXTRAS eine Rechtschreibprüfung Ihrer E-Mails durchführen lassen.

Bevor Sie Ihre E-Mail nun mithilfe des Befehls NACHRICHT SENDEN aus dem Menü DATEI abschicken, können Sie zudem ihre Eigenschaften überprüfen und bei Bedarf anpassen. So lässt sich eine E-Mail mit hoher oder niedriger Dringlichkeit versehen.

Wenn Sie eine neue E-Mail abschicken, gelangt diese zunächst in den Ordner *Postausgang*. Abhängig von Ihrer Konfiguration nimmt Outlook Express nun gegebenenfalls automatisch den Versand der E-Mail vor und baut dabei gegebenenfalls eine DFÜ-Netzwerk-Verbindung auf. Standardmäßig platziert Outlook Express anschließend eine Kopie aller E-Mails, die erfolgreich versandt werden konnten, im Ordner *Gesendete Objekte*. Was während des Versands passiert, können Sie dabei in einem eigenen Dialogfeld nachvollziehen.

Haben Sie neue E-Mails erhalten, klicken Sie diese in dem betreffenden Ordner (normalerweise der *Posteingang* – sofern keine von Ihnen aufgestellte Regel zur automatischen Verschiebung eingehender E-Mails in andere Ordner zur Anwendung gelangt) einmal an. Während Outlook Express die vorliegenden E-Mails im oberen rechten Bereich des Programmfensters darstellt, gibt der untere rechte Bereich die gerade markierte E-Mail in einer Vorschau wieder. Ein Doppelklick öffnet daraufhin die E-Mail, sodass Sie diese bequem lesen, beantworten oder weiterleiten können.

9.11 Regeln: Automatische Bearbeitung von Nachrichten

Eine besonders nützliche Funktion von Outlook Express stellen die *Regeln* dar. Diese erlauben es Ihnen, Vorgaben für die automatische Bearbeitung festzulegen, die auf alle Nachrichten (E-Mails, bei Bedarf auch Newsgroups) angewandt werden.

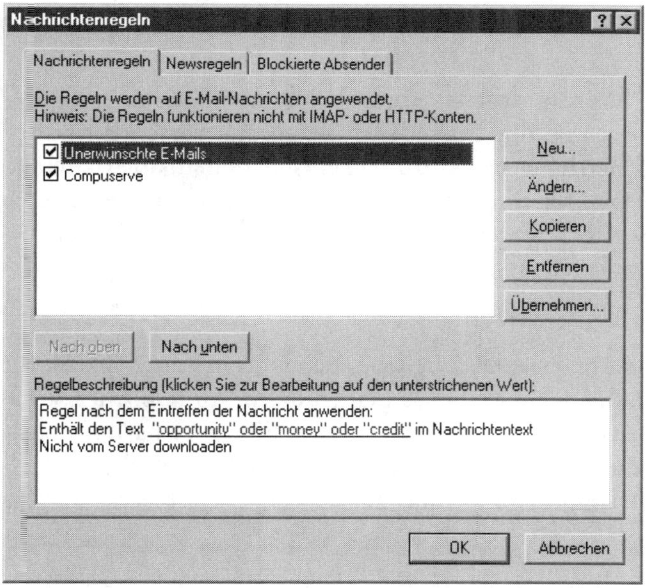

Bild 9.14: Über Regeln können Sie zum Beispiel festlegen, dass E-Mails an einen Mitbenutzer Ihres PCs automatisch in einen bestimmten Outlook Express-Ordner verschoben werden

Um Regeln zu benutzen, wählen Sie den gleichnamigen Befehl aus dem Menü EXTRAS aus. Dabei können Sie Regeln für den Inhalt von E-Mails sowie Newsgroup-Nachrichten oder aber für bestimmte Absender aufstellen. Wählen Sie in dem sodann angezeigten Menü den Befehl E-MAIL aus, erscheint das Dialogfeld *Nachrichtenregeln*, das alle bereits definierten Regeln auflistet (siehe Bild 9.14). Klicken Sie die Schaltfläche *Neu* an, können Sie eine neue Regel zur automatischen Bearbeitung eingehender E-Mails aufstellen. Hierzu bekommen Sie das Dialogfeld *Neue E-Mail-Regel* angezeigt (siehe Bild 9.15). Dort sind im ersten Bereich die gewünschten Kriterien einzutragen, an denen sich die neue Regel orientiert. Sollten diese erfüllt sein, findet eine Aktion statt – die Sie im zweiten Bereich dieses Dialogfelds festlegen. Hierbei kann es sich zum Beispiel um das Verschieben in einen bestimmten Ordner handeln. Im dritten Bereich finden Sie eine verständliche Beschreibung, welche Kriterien und Aktionen die Regel umfasst. Im vierten Bereich schließlich können Sie der Regel einen (für Sie aussagekräftigen) Namen erteilen.

> **Hinweis**
>
> Outlook Express arbeitet mit *Ordnern*. Während einige bereits vordefiniert und mit besonderer Bedeutung versehen sind, können Sie nach Bedarf weitere Ordner selbst erstellen. So können Sie sich zum Beispiel für Ehepartner, Lebengefährten/-in oder Ihre Kinder eigene Ordner kreieren, in denen sich dann alle E-Mails dieser Benutzer ablegen lassen.

Auf diese Weise ist es zum Beispiel möglich, alle eingehenden E-Mails, die von einem bestimmten Sender stammen, in einen dafür vorgesehenen Ordner zu verschieben oder diese erst gar nicht vom Mail-Server herunterzuladen. Oder Sie nutzen diese Funktion, um mit Outlook Express die E-Mail-Accounts aller Ihrer Familienmitglieder zu bearbeiten. Entscheiden Sie selbst!

> **Hinweis**
>
> Nutzen Sie Regeln, um auch nach längerem Einsatz von Outlook Express noch die Übersichtlichkeit zu behalten und Automatismen für sich arbeiten zu lassen. Achten Sie aber darauf, nur solche Regeln zu definieren, die sich nicht gegenseitig ausschließen.

Bild 9.15: Vorgabe, welche Handlungen eine Regel durchführen soll

9.12 Adressbuch: Komfortabler Umgang mit häufig genutzten Adressen

Das *Adressbuch* stellt ein lokal auf Ihrem PC gespeichertes Verzeichnis aller Empfänger dar, mit denen Sie häufiger Nachrichten austauschen. Wenn Sie dann eine neue E-Mail erstellen, brauchen Sie sich nicht mehr an die E-Mail-Adresse des Empfängers zu erinnern – sondern tippen einfach seinen (wirklichen) Namen ein, während das Adressbuch diesen automatisch durch die zugehörige E-Mail-Adresse ersetzt.

Um das Adressbuch aufzurufen, wählen Sie in Outlook Express den gleichnamigen Befehl aus dem Menü EXTRAS aus oder klicken das Symbol *Adressen* im der Symbolleiste an. Daraufhin können Sie das Adressbuch bearbeiten (siehe Bild 9.16) – beispielsweise, um neue Einträge hinzuzufügen. Falls erforderlich, können Sie mehrere Empfänger zu einer Gruppe zusammenfassen, um diesen gesammelt E-Mails zuzusenden.

> **Hinweis** Das Adressbuch können Sie auch direkt aus dem Menü ZUBEHÖR heraus aufrufen und so als allgemeine Adressdatenbank für Ihre Freunde und Bekannten verwenden.

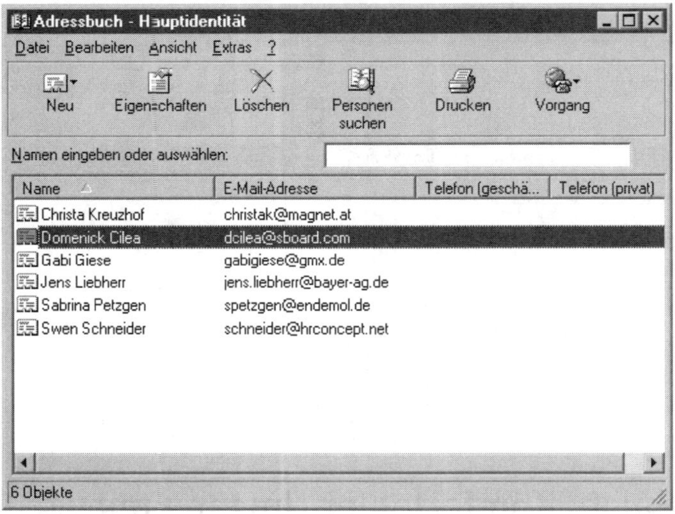

Bild 9.16: Im Adressbuch können Sie nicht nur die E-Mail-Adressen von Personen, mit denen Sie häufiger E-Mails austauschen, sondern allgemeine Kontaktdaten hinterlegen

In das Adressbuch können Sie neue Empfänger auch direkt aus Outlook Express heraus eintragen. Wenn Sie beispielsweise eine eingegangene E-Mail bearbeiten, klicken Sie einfach den Absender mit der primären Maustaste an und wählen aus dem daraufhin erscheinenden Kontextmenü den Befehl ZUM ADRESSBUCH HINZUFÜGEN aus. Doch es gibt auch andere Wege, das Adressbuch zu füllen: So können Sie beispielsweise in Outlook Express den Befehl SUCHEN/PERSONEN aus dem Menü BEARBEITEN aufrufen, um einen Empfänger über einen der Internet-Verzeichnisdienst-Konten suchen zu lassen (siehe Bild 9.17).

Hinweis

Falls Sie bereits mit einem E-Mail-Client arbeiten, werden Sie dort wahrscheinlich bereits ein Adressbuch mit E-Mail-Adressen geführt haben. Um diese in Outlook Express weiter zu verwenden, benutzen Sie im Adressbuch aus dem Menü DATEI den Befehl IMPORTIEREN/ANDERES ADRESSBUCH. Anschließend können Sie auswählen, von welchem E-Mail-Client Sie das Adressbuch einlesen und konvertieren möchten.

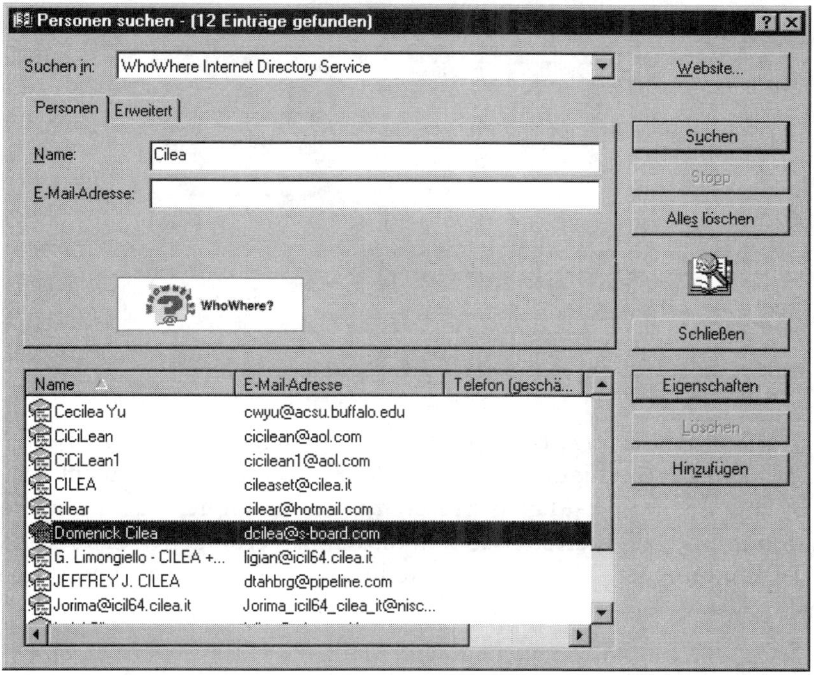

Bild 9.17: Benutzen Sie direkt aus Windows 9x/Me heraus einen Internet-Verzeichnisdienst, um darüber die E-Mail-Adresse eines Empfängers zu suchen

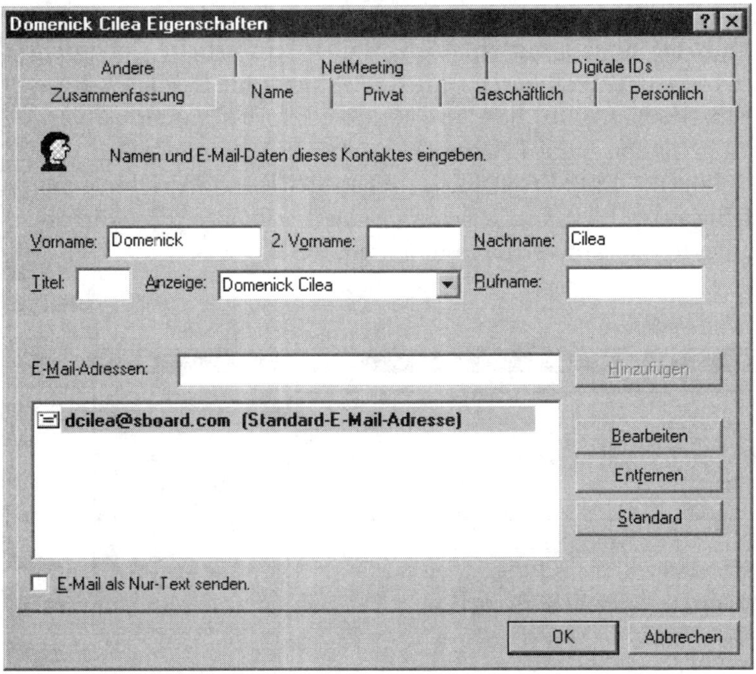

Bild 9.18: Einen Eintrag im Adressbuch bearbeiten

Bei der Bearbeitung der Eigenschaften eines Empfängers stehen Ihnen zahlreiche Optionen zur Verfügung (siehe Bild 9.18). So können Sie einem Eintrag nicht nur mehrere E-Mail-Adressen zuweisen, sondern auch andere Informationen über die betreffende Person damit verbinden – etwa seine private Telefonnummer. Folgende Einstellungen besitzen eine besondere Relevanz:

- Kann der Empfänger nicht mit E-Mails im HTML-Format umgehen, sollten Sie das Kontrollkästchen *E-Mail als Nur-Text senden* auf der Registerkarte *Name* markieren.
- Auf den Registerkarten *Privat* und *Geschäftlich* können Sie einen Verweis auf eine persönliche oder geschäftliche Website dieses Empfängers eintragen. Sobald Sie diese anklicken, ruft der Internet Explorer die betreffende Seite ab.

- Über die Registerkarte *Digitale IDs* lässt sich der öffentliche Teil der digitalen ID dieses Empfängers auf Ihren PC übertragen. Haben Sie dies einmal gemacht, können Sie E-Mails von diesem Empfänger sicher unter Nutzung von S/MIME empfangen. Damit sind Sie künftig sicher, dass E-Mails auch tatsächlich von dieser Person stammen und nicht während des Versands verändert worden sind.

9.13 Grundlegende Newsgroup-Konfiguration

Um auf Newsgroups zuzugreifen, die auf dem News-Server beispielsweise Ihres Internet-Service-Providers geführt werden, müssen Sie in Outlook Express zunächst ein eigenes Konto einrichten – und zwar ein Newsgroup-Konto. Hierzu wählen Sie in Outlook Express aus dem Menü EXTRAS den Befehl KONTEN aus. Im sodann erscheinenden Dialogfeld klicken Sie die Schaltfläche *Hinzufügen* an und wählen *News* aus. Daraufhin lässt Sie der Assistent für den Internet-Zugang ein Newsgroup-Konto für Outlook Express erstellen.

Geben sie als Erstes wieder Ihren Namen an. Dieser erscheint in dieser Form in allen Newsgroup-Nachrichten, die Sie erstellen und in einer Newsgroup hinterlassen. Anschließend geben Sie Ihre E-Mail-Adresse an. Auf diese Weise ist es möglich, dass Ihnen jemand auf eine von Ihnen erstellte Newsgroup-Nachricht nicht innerhalb der Newsgroup antwortet, sondern Ihnen seine Antwort per E-Mail schickt.

> **Achtung**
>
> Sobald Sie dann einen Beitrag in einer Newsgroup posten, geben Sie hiermit auch Ihre E-Mail-Adresse preis – was zum Beispiel für E-Mail-Adressen-»Jäger« interessant sein kann: Diese sammeln gerne E-Mail-Adressen in einschlägigen Newsgroups, um so einen E-Mail-Adressverteiler aufzubauen, der sich für Werbezwecke verwenden oder verkaufen lässt.

Auf der nächsten Seite legen Sie den News-Server bzw. NNTP-Server fest, auf dessen Newsgroups Sie zugreifen möchten (siehe Bild 9.19). Wahlweise können Sie die IP-Adresse oder den vollständigen DNS-Namen des News-Servers angeben.

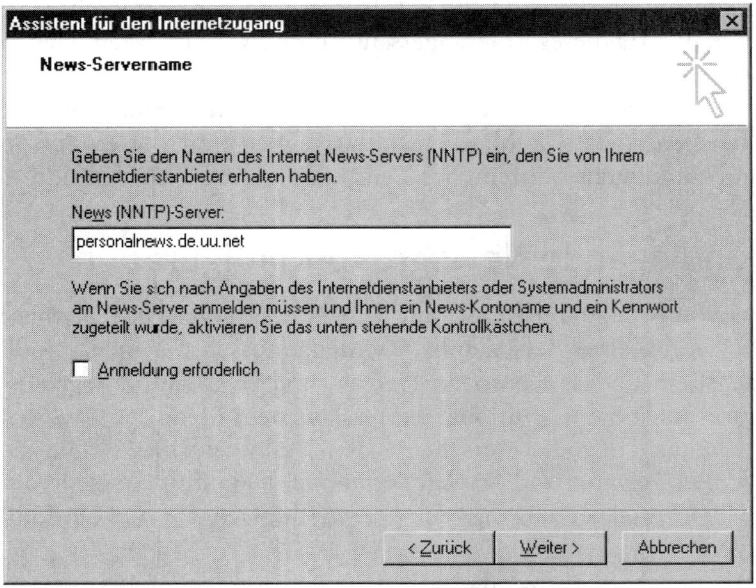

Bild 9.19: Festlegung, welchen News-Server Sie benutzen möchten

Hinweis

Das kann – muss aber nicht – der News-Server Ihres Internet-Service-Providers sein. Wenn Ihr Internet-Service-Provider beispielsweise nur einen News-Server unterhält, der nur wenige Newsgroups führt, können Sie auch einen der zahlreichen öffentlichen News-Server verwenden.

Falls der News-Server eine Anmeldung erfordert, versehen Sie das entsprechende Kontrollkästchen mit einer Markierung und geben auf der nächsten Seite die entsprechenden Informationen an.

Nach einem Klick auf *Weiter* gelangen Sie zur letzten Seite, wo es die Schaltfläche *Fertig stellen* zu betätigen gilt. Daraufhin legt der Assistent für den Internet-Zugang das von Ihnen gewünschte Newsgroup-Konto für Outlook Express an.

> Hinweis
>
> Dieses Newsgroup-Konto von Outlook Express trägt einen Namen, der dem des News-Servers entspricht. Wenn Sie möchten, können Sie einem Newsgroup-Konto aber einen aussagekräftigeren Namen erteilen: Hierzu wählen in Outlook Express aus dem Menü EXTRAS den Befehl KONTEN aus, um sich im sodann erscheinenden Dialogfeld auf die Registerkarte *News* zu begeben. Dort markieren Sie das gewünschte Newsgroup-Konto, klicken Sie Schaltfläche *Eigenschaften* an und legen im daraufhin angezeigten Dialogfeld auf der Registerkarte *Allgemein* einen für Sie geeigneteren Namen fest.

9.14 Abonnieren von Newsgroups

Wenn Sie in Outlook Express in Newsgroup-Konto anklicken und mit dem betreffenden News-Server bislang kein einziges Mal eine Verbindung aufgebaut hatten, erscheint eine Meldung, dass Sie gegenwärtig noch keine Newsgroups bei diesem News-Server abonniert haben (siehe Bild 9.20). Erst, nachdem Sie bei einem News-Server Newsgroups abonniert haben, können Sie diese auch verfolgen und neue Artikel darin verfassen. Wollen Sie ein solches Abonnement jetzt tätigen, klicken Sie auf *Ja*.

> Hinweis
>
> Newsgroups müssen Sie deshalb abonnieren, da es mehrere Zehntausend davon gibt (sofern es sich um den News-Server eines Internet-Service-Providers handelt, der entsprechend viele Internet-Newsgroups auf seinem News-Server führt) und es allein aus Gründen der Übersichtlichkeit nicht praktikabel ist, diese jedes Mal einzeln durchzublättern, wenn Sie eine bestimmte verwenden möchten. Aus diesem Grund wählen Sie solche Newsgroups, die Sie wirklich interessieren oder in die Sie mal einen Blick hineinwerfen möchten, explizit aus, indem Sie diese im Newsreader-Programm abonnieren.

Sind Sie momentan nicht mit dem Internet verbunden, bekommen Sie auch darüber eine Meldung. Outlook Express arbeitet dann im Offline-Modus.

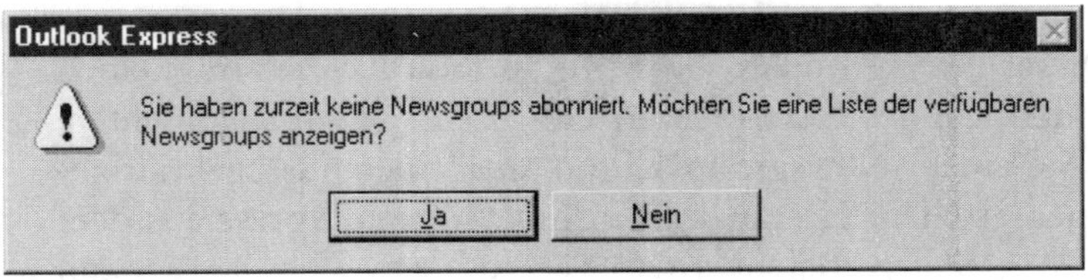

Bild 9.20: Diese Meldung erscheint, falls Sie bei einem News-Server noch keine Newsgroups abonniert haben

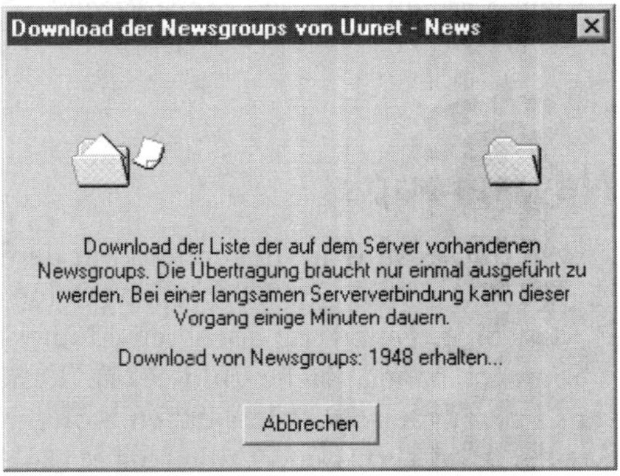

Bild 9.21: Als Erstes müssen Sie die Liste der Newsgroups übertragen, die der betreffende News-Server überhaupt kennt

Um Newsgroups bei einem News-Server zu abonnieren, müssen Sie aber online sein. Bestätigen Sie daher die Abfrage, ob Sie jetzt in den Online-Modus wechseln wollen, mit *Ja*. Die zuvor festgelegte DFÜ-Netzwerk-Verbindung wird dann automatisch aufgebaut. Sind Sie online, überträgt Outlook Express die Namen der einzelnen Newsgroups, die auf dem jeweiligen News-Server zur Verfügung stehen, auf Ihren PC (siehe Bild 9.21).

Daraufhin bekommen Sie das Dialogfeld *Newsgroups* angezeigt (siehe Bild 9.22). Dort müssen Sie festlegen, welche Newsgroups Sie zu abonnieren gedenken. Markieren Sie die gewünschten, und klicken Sie auf die Schaltfläche *Abonnieren*, um diese künftig zu verfolgen. Alle von Ihnen bei dem News-Server abonnierten Newsgroups werden mit einem kleinen Icon gekennzeichnet. Abonnieren Sie für den Anfang nur ein paar wenige Newsgroups. Im Nachhinein können Sie problemlos weitere Newsgroups bei diesein News-Server abonnieren oder das Abonnement von Newsgroups wieder kündigen. Haben Sie zu abonnierenden Newsgroups definiert, klicken Sie auf *OK*. Von nun an können sie mit Outlook Express die abonnierten Newsgroups bearbeiten.

> **Hinweis**
>
> Wenn Sie ungefähr den Namen einer zu abonnierenden Newsgroups oder nur einen Teil davon kennen, tippen Sie die entsprechende Bezeichnung im Eingabefeld *Newsgroups mit folgendem Inhalt anzeigen* ein. Outlook Express durchsucht dann alle Newsgroups, die diese Bezeichnung enthalten.

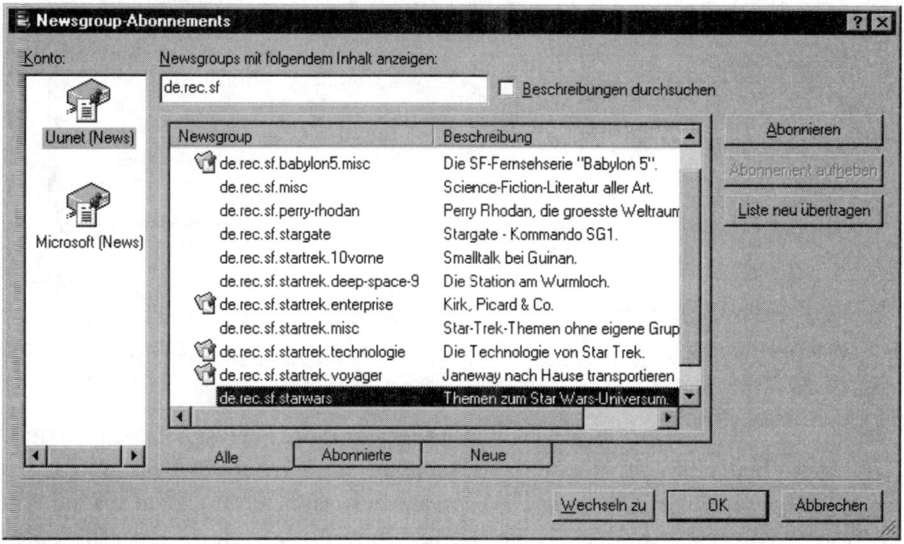

Bild 9.22: Zuerst müssen Sie Newsgroups abonnieren, um auf diese später aus Outlook Express heraus zugreifen zu können

9.15 Auf Newsgroups zugreifen

Ähnlich wie mit E-Mails gehen Sie in Outlook Express auch mit Newsgroup-Nachrichten um. Allerdings berücksichtigt Outlook Express hierbei, dass Newsgroups nicht selten Hunderte oder gar Tausende von Nachrichten beinhalten. Aus diesem Grund werden auch nicht einfach alle in einer Newsgroup enthaltenen automatisch auf Ihren PC heruntergeladen. Vielmehr sind Sie selbst gefragt, diesen Vorgang für sich entsprechend zu konfigurieren. Hierfür stehen Ihnen unterschiedliche Optionen zur Verfügung:

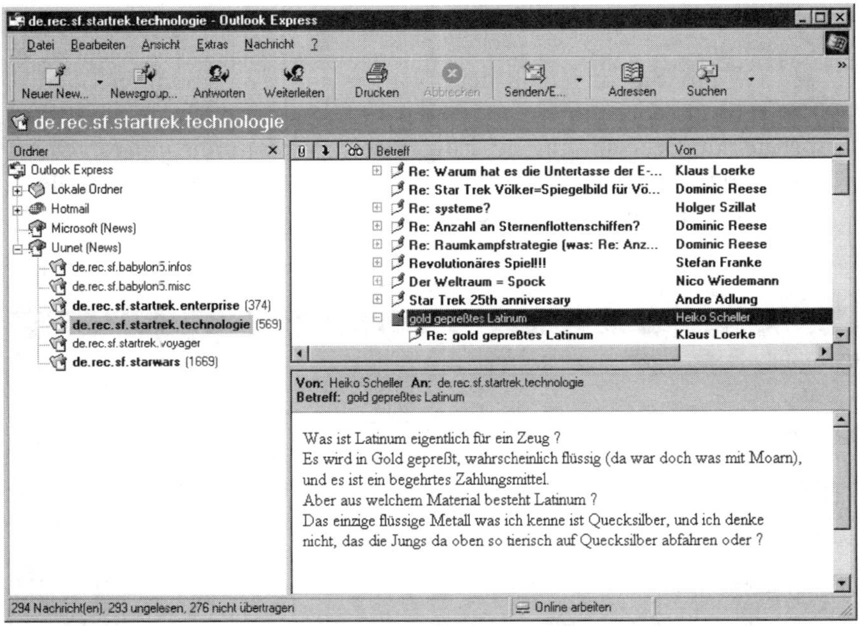

Bild 9.23: Bequemes Lesen einer Newsgroup-Nachricht in der Vorschau

Um auf die Newsgroups eines News-Servers und die Newsgroup-Nachrichten direkt zugreifen zu können, müssen Sie eine Internet-Verbindung zu diesem besitzen (es sei denn, die Nachricht befindet sich noch im Cache von Outlook Express). Klicken Sie bei Bedarf eine Newsgroup oder eine darin enthaltene Nachricht an, um eine DFÜ-Netzwerk-Verbindung zum Internet aufzubauen. Daraufhin werden die Betreffzeilen der einzelnen Newsgroup-Nachrichten auf Ihren PC übertragen.

Hinweis

Die Betreffzeilen von Newsgroup-Nachrichten werden auch *Kopfzeilen* genannt.

Wenn Sie dann eine bestimmte Nachricht anklicken, wird schließlich die betreffende Newsgroup-Nachricht auf Ihren PC übertragen. Bei einem einfachen Klick stellt Outlook Express die Newsgroup-Nachricht in der Vorschau dar (siehe Bild 9.23), während eine Selektion die Newsgroup-Nachricht in einem eigenen Fenster zur Beantwortung in der Newsgroup öffnet (siehe Bild 9.24).

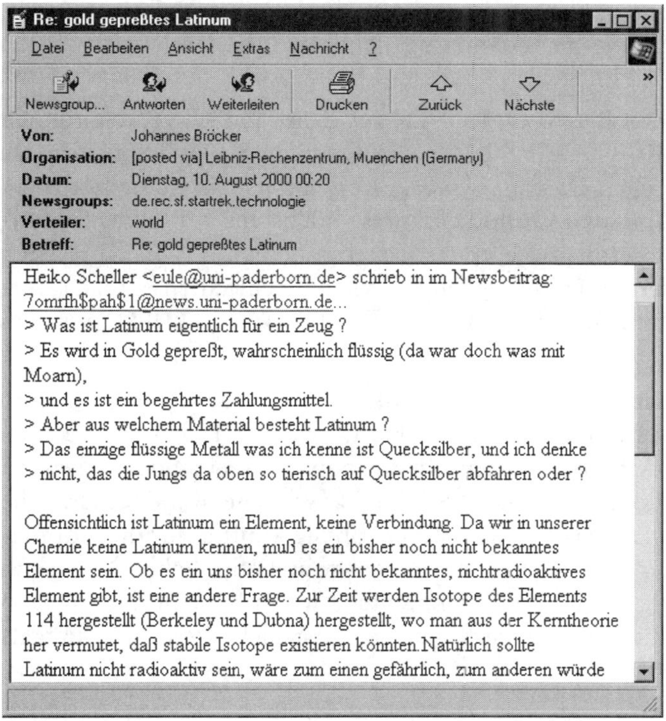

Bild 9.24: Die Selektion einer Nachricht öffnet diese in einem eigenen Fenster

Auf die Dauer ist es recht müßig, sich immer nur bei Bedarf die Kopfzeilen einer Newsgroup und die darin enthaltenen Nachrichten herunterzuladen. Daher sind verschiedene Möglichkeiten vorhanden, diesen Vorgang zu optimieren:

- Sie können ein Newsgroup-Konto so konfigurieren, dass bei Bedarf automatisch eine DFÜ-Netzwerk-Verbindung zum entsprechenden News-Server hergestellt wird. Benutzen Sie dazu den Befehl KONTEN im Menü EXTRAS, markieren das gewünschte Newsgroup-Konto und klicken auf *Eigenschaften*. Im Dialogfeld *Eigenschaften von <Newsgroup-Konto>* begeben Sie sich auf die Registerkarte *Verbindung*, um dann das Kontrollkästchen *Verbindung zu diesem Konto herstellen mit* zu markieren, die gewünschte DFÜ-Netzwerk-Verbindung im sodann zugänglichen Listenfeld auszuwählen und auf *OK* zu klicken.
- Wählen sie den Befehl OPTIONEN aus dem Menü EXTRAS, können Sie auf der Registerkarte LESEN im Dialogfeld *Optionen* über das Kontrollkästchen *Download von ... Kopfdaten gleichzeitig* festlegen, wie viele Kopfdaten Outlook Express höchstens auf einmal herunterladen soll. Wollen Sie einen weiteren Schwung von Kopfdaten abrufen (sofern eine Newsgroup so viele Nachrichten enthält), verwenden Sie den Befehl WEITERE ... KOPFDATEN ABRUFEN aus dem Menü EXTRAS.
- Haben Sie den News-Server im linken Bereich des Programmfensters von Outlook Express markiert, werden Ihnen im rechten Bereich alle dort abonnierten Newsgroups untereinander angezeigt. Klicken Sie dort eine Newsgroup und anschließend die Schaltfläche *Einstellungen* an, lässt sich festlegen, ob Sie künftig nur die Kopfdaten, neue oder aber alle in dieser Newsgroup befindlichen Nachrichten auf Ihren PC übertragen möchten. Wenn Sie eine Newsgroup besonders aufmerksam verfolgen, erweist sich dieses Feature als recht nützlich.

Kapitel 10
Nützliche Software für Reisen durch das Internet

Auch, wenn das World Wide Web eine der spannendsten Offerten im Internet repräsentiert, existieren zahlreiche weitere Utilities, um die weit reichenden Möglichkeiten des Internet noch umfassender zu erschließen. Aus diesem Grund gibt es zahlreiche Software, die zum Beispiel die Nutzung weiterer Dienste erlaubt.

Darüber hinaus gibt es eine Reihe von Software-Produkten, die nicht eigens für das Internet konzipiert sind, gleichwohl aber ebenfalls Bedeutung für Ihre Reisen durch die Online-Welt erlangen. Hierzu zählen zum Beispiel ein *Anti-Virus-Programm*, welches verhindern soll, dass auf Ihren PC heruntergeladene oder über E-Mails als Anlagen erhaltene Dateien mit unerwünschten »Begleitern« versetzt sind (die sich dann nicht auf Ihrem PC »breit machen« können, sondern die Sie möglicherweise dann auch an andere ahnungslos weitergeben). Mit *WinZIP* können Sie zudem Dateien komprimieren oder eine derart gepackte Datei dekomprimieren – denn entsprechend »gepackte« Dateien sind häufig wesentlich kleiner als in ihrem eigentlichen Ursprungszustand, was Übertragungszeiten im Internet verkürzt (und zudem Speicherplatz etwa auf der Festplatte sparen hilft).

Hinweis

Selbstverständlich gibt es Anti-Virus- und Komprimierungsprogramme auch von anderen Herstellern. Aktuelle Informationen hierzu finden Sie regelmäßig in Fachzeitschriften und auf einschlägigen Websites im Internet.

Eine detaillierte Beschreibung der für Reisen durch das Internet nützlichen Software würde jedoch den Umfang dieses Buchs mehr als sprengen – entsprechende Fachzeitschriften berichten regelmäßig über diese netten kleinen Helferlein. An dieser Stelle möchte ich aber nicht versäumen, Ihnen auf den folgenden Seiten ausgewählte, wichtige und teils gar als Freeware oder Shareware erhältliche Utilities kurz vorzustellen, die sich bei Online-Streifzügen durch das Internet als lohnend erweisen.

10.1 Dateien zielgerichtet übertragen mit FTP

Für die Übertragung von Dateien zwischen zwei Computern über das Internet ist *FTP* (*File Transfer Protocol*) verantwortlich. Über FTP haben Sie die Möglichkeit, sich als Benutzer an einem FTP-Server anzumelden, um die dort abgelegten Dateien auf Ihren Windows 9x/Me-PC herunterzuladen und umgekehrt, sprich Dateien auf diesem für andere zu hinterlassen. Dateien auf einem FTP-Server werden dabei ähnlich wie unter Windows 9x/Me in Ordnern abgelegt.

Obwohl dies langweilig klingen mag, kann Ihnen FTP auch dann über den Weg laufen, wenn Sie ausschließlich im Web surfen: Viele Webseiten beinhalten Verweise auf Dateien, die Sie per Mausklick auf Ihren PC übertragen können. Oftmals verbirgt sich dahinter ein FTP-Server, der für diese Aufgaben ja gerade prädestiniert ist.

> Achtung
>
> Wenn Sie häufiger Dateien aus dem Internet herunterladen, die Sie anschließend zu starten, öffnen oder an Bekannte weiterzugeben gedenken, sollten Sie zuvor ein *Anti-Virus-Programm* auf Ihrem Rechner aktiviert haben, um einen Virenbefall Ihres PCs beim Öffnen oder Ausführen heruntergeladener Datei zu verhindern. Weitere Informationen hierzu finden Sie in Abschnitt 10.4.

Um mit einem FTP-Server Tuchfühlung aufzunehmen, benötigen Sie dessen IP-Adresse oder besser seinen Namen (den der DNS-Server Ihres Internet-Service-Provider dann für Ihren PC passend in die zugehörige IP-Adresse umwandelt) – zum Beispiel `ftp.microsoft.com`. Ferner müssen Sie unter Umständen den für die Anmeldung an diesem FTP-Server erforderlichen Benutzernamen einschließlich Passwort kennen, um eine Verbindung zu dem entfernten Rechner erfolgreich zu etablieren und sodann auf die von dem Systemadministrator freigegebenen Informationen, etwa interne Forschungsberichte oder Beta-Software, Zugriffe vorzunehmen.

> Hinweis
>
> Auf vielen FTP-Servern sind öffentlich zugängliche Verzeichnisse und Dateien zu finden, die der Allgemeinheit offen stehen – beispielsweise neue Treiber oder Programme, die jedermann herunterladen kann. In diesem Fall spricht man von *Anonymous FTP*, da Sie keinen speziellen Benutzernamen zur Legitimierung kennen müssen, sondern sich einfach als Benutzer `anonymous` bei dem FTP-Server anmelden. In der Praxis hat es sich eingebürgert, als Passwort für diesen Benutzer Ihre E-Mail-Adresse anzugeben, obwohl dies nicht immer zwingend erforderlich sein muss (manchmal reicht als Passwort auch `guest` aus).

Voraussetzung zur Nutzung des FTP-Dienstes ist ein *FTP-Client* – ein Programm also, das mit einem FTP-Server kommuniziert und Anfragen an diesen stellt. FTP ist allerdings kein grafisches System, sondern dient ausschließlich der Übertragung von Dateien. Aus diesem Grund besitzt FTP eine Kommando-orientierte Bedienung – ähnlich, wie es früher bei DOS der Fall war.

> Hinweis
>
> Serienmäßig zählt zum Lieferumfang von Windows 9x/Me ein FTP-Client. Durch diesen bekleckert sich Microsoft als Vater von Windows allerdings nicht gerade mit Ruhm, da es sich lediglich um ein DOS-basierendes Programm handelt, das die Maus zur Untätigkeit verdammt und stattdessen von Ihnen die Kenntnis Unix-typischer FTP-Kommandos erwartet, die noch kryptischer und komplizierter sind als die von DOS her bekannten Befehle. Echte Puristen mögen daran Ihre Freude finden – als Anwender, der die Vorteile einer grafischen Oberfläche schätzen gelernt hat, sollten Sie stattdessen auf einen anderen FTP-Client zurückgreifen.

10.1.1 FTP mit dem Internet Explorer

Eine schon recht komfortable Möglichkeit zur Nutzung von FTP besteht im Einsatz eines geeigneten Webbrowsers wie etwa dem Internet Explorer von Microsoft. Um mit dem Internet Explorer auf FTP-Streifzug zu gehen, tragen Sie einfach im Kombinationsfeld *Adresse* die URL des gewünschten FTP-Servers ein – beispielsweise `ftp://ftp.microsoft.com`.

> **Achtung**
>
> Setzen Sie `ftp://` dem eigentlichen Namen des FTP-Servers voran, damit der Webbrowser weiß, dass Sie diesmal nicht im Web surfen möchten (und er somit nicht automatisch das Kürzel `http://`, das ja im World Wide Web Verwendung findet, voranstellen soll).

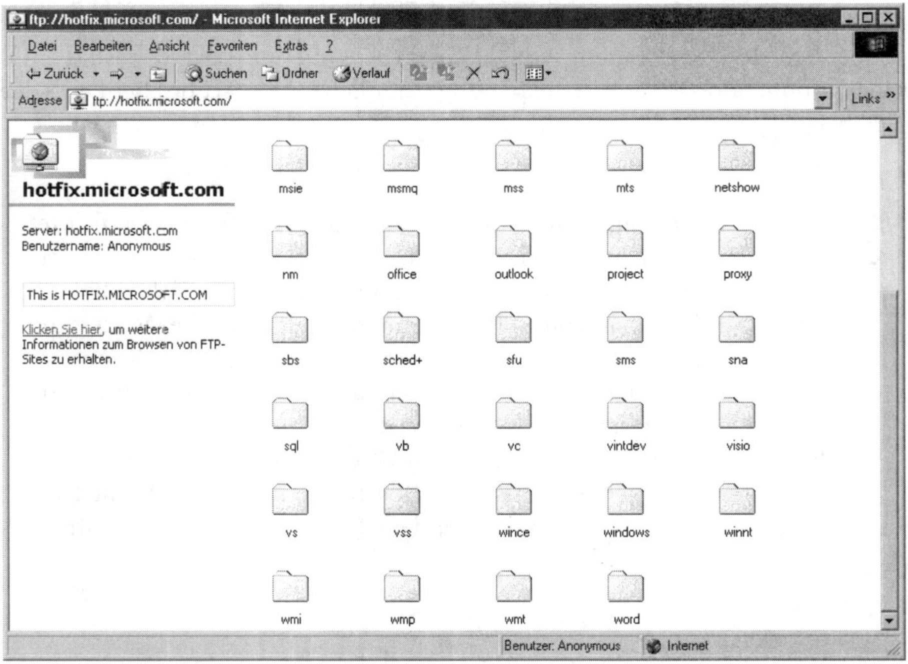

Bild 10.1: Grundlegende Zugriffe auf FTP-Server lassen sich auch mit dem Webbrowser erledigen

Der Internet Explorer zeigt daraufhin den Inhalt des FTP-Servers respektive die darauf befindlichen Verzeichnisse und Dateien an. Microsofts Webbrowser erlaubt es dabei, den Inhalt der Verzeichnisse eines FTP-Servers wie Ordner auf der Festplatte Ihres Windows 9x/Me-PCs darzustellen (siehe Bild 10.1). Um auf dem FTP-Server in ein bestimmtes Verzeichnis zu wechseln, klicken Sie den zugehörigen Eintrag (den Link) einfach an. Analog verfahren Sie beim Herunterladen einer Datei – ein einfaches Anklicken genügt hier ebenfalls. Da der Webbrowser den Inhalt der auf einem FTP-Server befindlichen Dateien (ausgenommen Textdateien und Dateien im Web-Format) normalerweise nicht anzeigen kann, erscheint daraufhin ein Dialogfeld, über das Sie dann die Datei auf Ihrem Windows 9x/Me-PC etwa auf Festplatte zu speichern imstande sind.

10.1.2 FTP Explorer

Natürlich gibt es auch eigenständige Applikationen für FTP. Ein hervorragendes Beispiel hierfür bildet der gerne genutzte *FTP Explorer* der Software-Schmiede *FTPx Corporation* (siehe Bild 10.2). Nach der Installation und dem Aufruf des – auch mit deutscher Oberfläche erhältlichen – Programms bekommen Sie ein Fenster angezeigt, das mit dem Interface des in Windows 9x/Me enthaltenen Windows-Explorer aufwartet (siehe Bild 10.3). Auf diese Weise können Sie sich im linken Bereich des Programmfensters die Verzeichnisstruktur eines FTP-Servers ansehen, während der rechte Bereich die darin enthaltenen FTP-Unterverzeichnisse und Dateien wiedergibt. Klicken Sie beispielsweise eine Datei mit der primären Maustaste an, erscheint ein Kontextmenü, über das sich das Herunterladen der Datei auf Ihren PC bewerkstelligen lässt.

Das Programm setzt alle Ihre mit der Maus geäußerten Wünsche in die entsprechenden FTP-Kommandos um, die zusammen mit den Meldungen des FTP-Servers im unteren Bereich des Programmfensters durchlaufen. Im Gegensatz zur Verwendung des Internet Explorers als FTP-Client bietet der FTP Explorer dabei weitaus mächtigere Funktionen, um die (durchaus weit reichenden) Möglichkeiten des FTP-Dienstes auch tatsächlich ausschöpfen zu können.

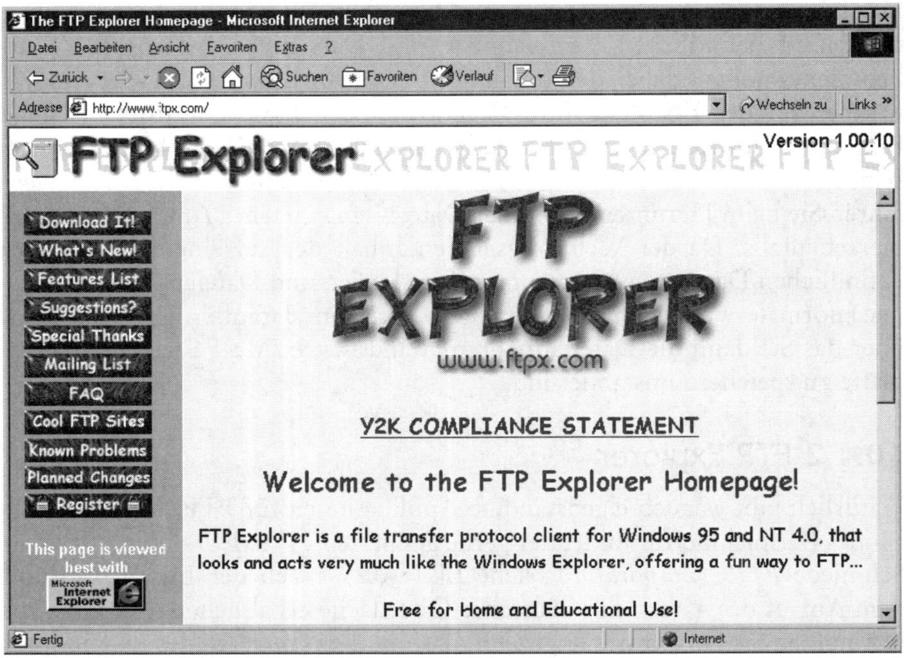

Bild 10.2: Eine leistungsfähige FTP-Client-Software offeriert FTPx Corporation mit ihrem FTP Explorer

Achtung

Der FTP Explorer gehört nicht zum Lieferumfang von Windows 9x/Me. Vielmehr müssen Sie die stammende Applikation aus dem Internet herunterladen – etwa über die Website `www.ftpx.com`. Für den privaten Einsatz dieses Tools fällt keine Nutzungsgebühr an.

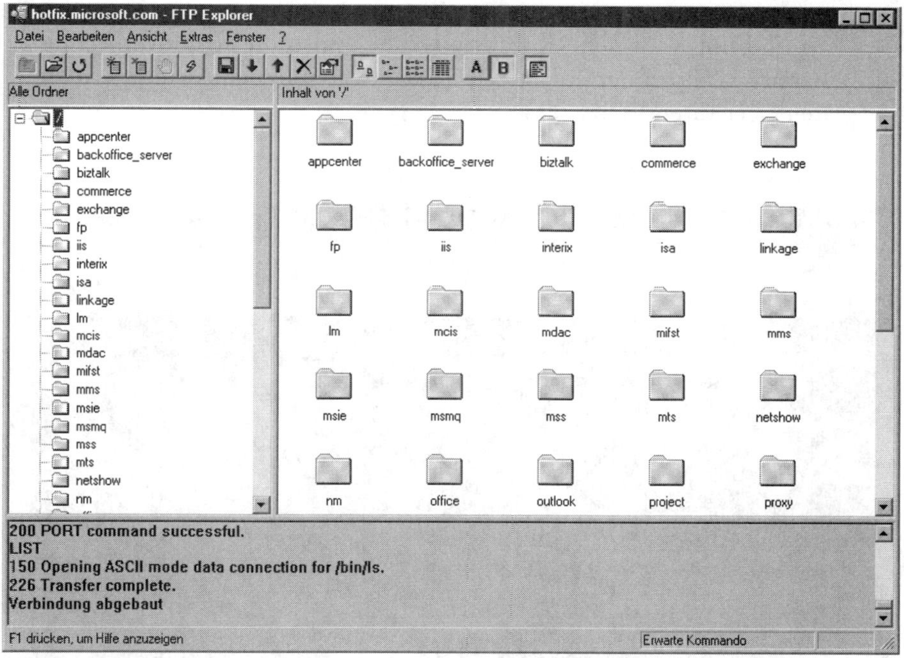

Bild 10.3: Die Benutzeroberfläche des FTP Explorer ähnelt stark dem aus Windows 9x/Me her bekannten Windows-Explorer

10.2 Platz sparen für die rasche Übertragung von Dateien: WinZIP

Als überaus nützlich erweist sich ein Programm, das die Komprimierung – sowie dazu komplementär ein späteres Dekomprimieren – von Dateien gestattet. Abhängig von Art und Charakter einer Datei lässt sich ihre Größe so um zwei Drittel oder mehr reduzieren. Auf diese Weise wird die Menge der zu übertragenden Daten geringer – was ja gerade im Internet eine hohe Bedeutung besitzt. Wenn Sie beispielsweise aus dem World Wide Web oder über FTP eine derart gepackte Datei herunterladen, benötigen Sie anschließend ein entsprechendes Dekomprimierungsprogramm, um die darin enthaltenen einzelnen Dateien wieder zum Vorschein zu bringen.

Hinweis

Eine mehrfache Komprimierung – also die Komprimierung bereits komprimierter Dateien – ist zwar möglich, bringt jedoch keine erneuten Ersparnisse.

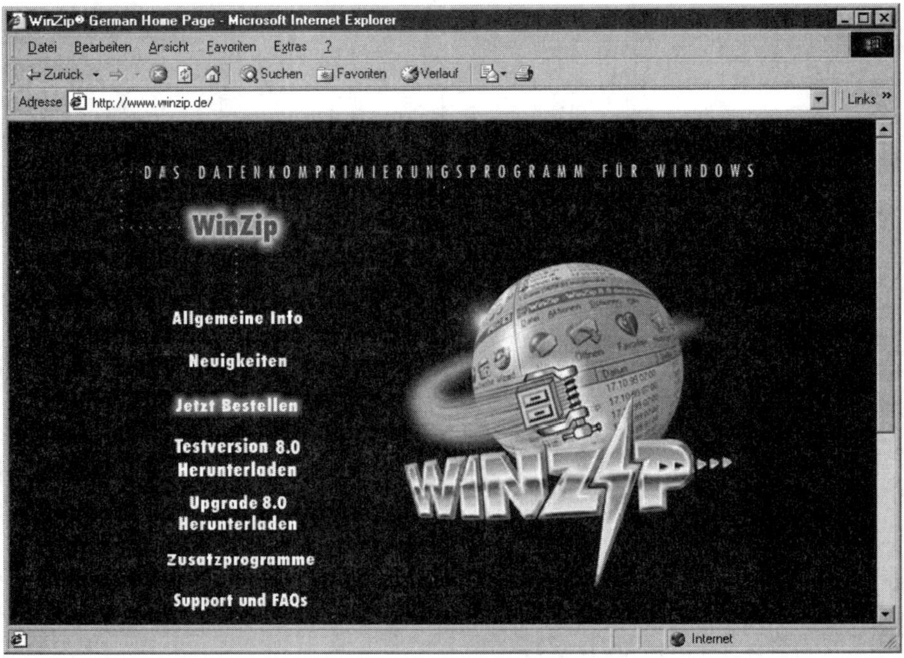

Bild 10.4: Ein hervorragendes Tool für die Komprimierung zu sowie die Dekomprimierung von gepackten ZIP-Dateien stellt WinZIP *dar*

Im Laufe der Zeit haben sich verschiedene Verfahren zur Komprimierung herauskristallisiert. Das bekannteste von Ihnen dürfte *ZIP* sein: Damit komprimierte, also *gepackte* Dateien weisen die Namenserweiterung *..zip* auf. Ein exzellentes Windows 9x/Me-Programm zum Umgang mit den daraus resultierenden ZIP-Dateien stellt *WinZIP* dar. Die jeweils aktuellste Version von WinZIP können Sie sich zum Beispiel direkt aus dem Internet von der Adresse `www.winzip.de` als Shareware herunterladen (siehe Bild 10.4). Zudem liegt WinZIP vielen Zeitschriften als CD-ROM bei.

> **Hinweis**
>
> Ab Windows Me steht standardmäßig die Systemprogramm-Komponente *Komprimierte Ordner* zur Verfügung. Mit ihrer Hilfe lassen sich ZIP-Dateien erstellen und bearbeiten – allerdings bei weitem nicht so komfortabel wie etwa mit WinZIP. Allerdings gestattet diese Komponente den sofortigen Umgang mit ZIP-Dateien – sodass sich diese (also auch ohne WinZIP oder ein anderes entsprechendes Utility) sofort verwenden lassen.

Wie der Name bereits suggeriert, ist WinZIP auf den Einsatz unter Windows hin ausgelegt. Aus diesem Grund wartet dieses Programm auch mit einer direkten Integration in die Oberfläche von Windows 9x/Me auf: Standardmäßig wird durch die Installation dieser Software die Namenserweiterung *.zip* automatisch mit WinZIP assoziiert. Sobald Sie sodann beispielsweise im Windows-Explorer eine Datei mit dieser Namenserweiterung bearbeiten möchten, brauchen Sie diese lediglich mit der primären Maustaste anzuklicken: Im daraufhin angezeigten Kontextmenü sind nun entsprechende Einträge zu finden, die eine sofortige Dekomprimierung der darin zu findenden Dateien erlauben – und zwar mithilfe von WinZIP.

> **Hinweis**
>
> Manche Dateien sind als so genanntes *selbstextrahierendes Archiv* erstellt. In diesem Fall trägt die gepackte Datei die Namenserweiterung *.exe* und lässt sich direkt starten, um die Entkomprimierung vorzunehmen. Wenn Sie genauer hinschauen, erkennen Sie aber, dass hierfür in vielen Fällen ebenfalls WinZIP verantwortlich zeichnet.

Genauso gut ist es natürlich möglich, dass Sie mit WinZIP selber Dateien komprimieren, um diese gepackter Form zum Beispiel einem Bekannten per E-Mail zu schicken. Auf diese Weise reduziert sich die zu übertragende Menge teils erheblich: Über die daraus resultierenden kürzeren Übertragungszeiten und -kosten können nicht nur Sie sich freuen, sondern auch der Empfänger wird es Ihnen danken, da sich bei ihm Zeit und Kosten zum Empfang der E-Mail ja ebenfalls vermindern. Um in den Genuss dieser Vorteile zu gelangen, brauchen Sie WinZIP lediglich zu starten, was zum Beispiel aus dem Startmenü von Windows 9x/Me heraus geschieht. Falls Sie es wünschen, können Sie die zu komprimierenden Dateien auch im Windows-Explorer markieren, um diese mit der primären Maustaste anzuklicken und im darauf folgenden Kontextmenü den Befehl ZU ZIP-ARCHIV HINZUFÜGEN heranziehen. WinZIP selber wartet dabei wahlweise mit einem Assistenten oder einer klassischen Oberfläche auf, um Ihre Wünsche effektiv zu erfüllen.

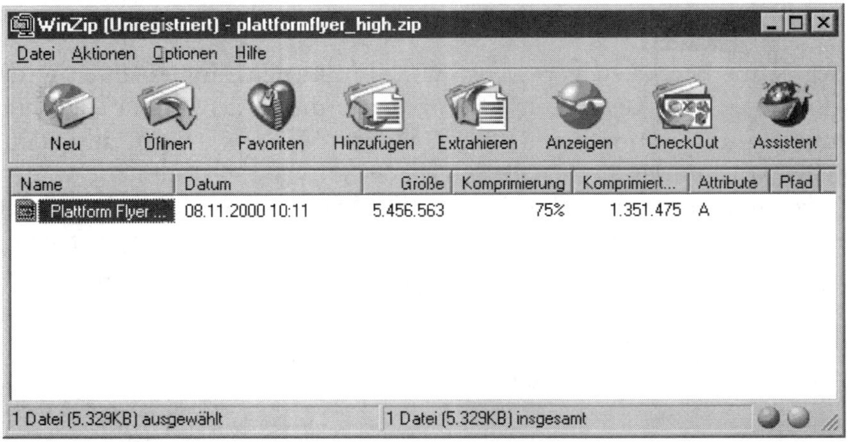

Bild 10.5: WinZIP erlaubt einen komfortablen Umgang mit gepackten -ZIP-Dateien

Achtung

Der Empfänger benötigt ein Programm, mit dem er die komprimierten Dateien öffnen und dekomprimieren kann. Da das ZIP-Verfahren aber sehr weit verbreitet ist, bestehen gute Chancen, dass er über eine entsprechende Software bereits verfügt (ab Windows Me steht die entsprechende Funktionalität schon standardmäßig bereit). Alternativ können Sie die komprimierte Datei zusätzlich in ein selbstextrahierendes Archiv umwandeln und die daraus entstehende EXE-Datei dem Empfänger zukommen lassen, um diesem eine sofortige Dekomprimierung beim Aufruf zu ermöglichen. Ein selbstextrahierendes Archiv ist dabei nur wenige KByte größer als die darin enthaltene, komprimierte ZIP-Datei.

10.3 PDF-Dokumente anzeigen: Acrobat Reader

Manche Dokumente, die sich über das Internet abrufen lassen, weisen das Format *PDF* auf. Hierbei handelt es sich dann um Dokumente, zu dessen Anzeige Sie ein spezielles Programm benötigen – und zwar den *Acrobat Reader*. Dieser stammt von der Software-Schmiede *Adobe* und steht auf der Website dieser Herstellers bei `www.adobe.de` kostenlos zum Download bereit. Darüber hinaus befindet sich der Acrobat Reader aber häufig auch auf CD-ROM, die einschlägigen Zeitschriften beiliegen.

Vielleicht werden Sie sich jetzt fragen, warum im Internet neben dem im World Wide Web benutzen HTML ein weiteres Format zur Anzeige von Informationen erforderlich sein kann. Die Antwort ist relativ einfach: Das vollwertige Produkt *Adobe Acrobat* stellt ein DTP (Desktop-Publishing) - Programm dar, sodass damit erstellte Dokumente mit reichhaltigen Maßnahmen zur optischen Gestaltung versehen sind – was im reinen World Wide Web in dieser Form nicht oder nur mit höherem Aufwand möglich ist. Viele Unternehmen, die Broschüren oder Handbücher für ihre Dienstleistungen und Produkte mit dem DTP-Programm Acrobat erstellen, generieren darüber dann auch eine Datei im PDF-Format, um diese auf ihrem Webserver im Internet zu veröffentlichen. Dabei bleiben die gestalterischen Elemente erhalten: Bei der Anzeige einer Datei im PDF-Format mit dem Acrobat Reader können Sie sich die darin enthaltenen Informationen zum Beispiel beliebig vergrößern oder seitenweise blättern.

Haben Sie den Acrobat Reader auf Ihrem PC installiert, können Sie dieses Programm nun verwenden, um Dateien im PDF-Format zu laden und sich vom Acrobat Reader anzeigen zu lassen. Als Besonderheit weist der Acrobat Reader eine direkte Integration mit dem Webbrowser auf, und zwar in folgender Form: Haben Sie den Acrobat Reader einmal installiert, können Sie von nun Dokumente im Format PDF direkt aus dem Webbrowser heraus anklicken. Sodann wird automatisch der Acrobat Reader aufgerufen, der das Dokument gleich innerhalb des Webbrowsers anzeigt.

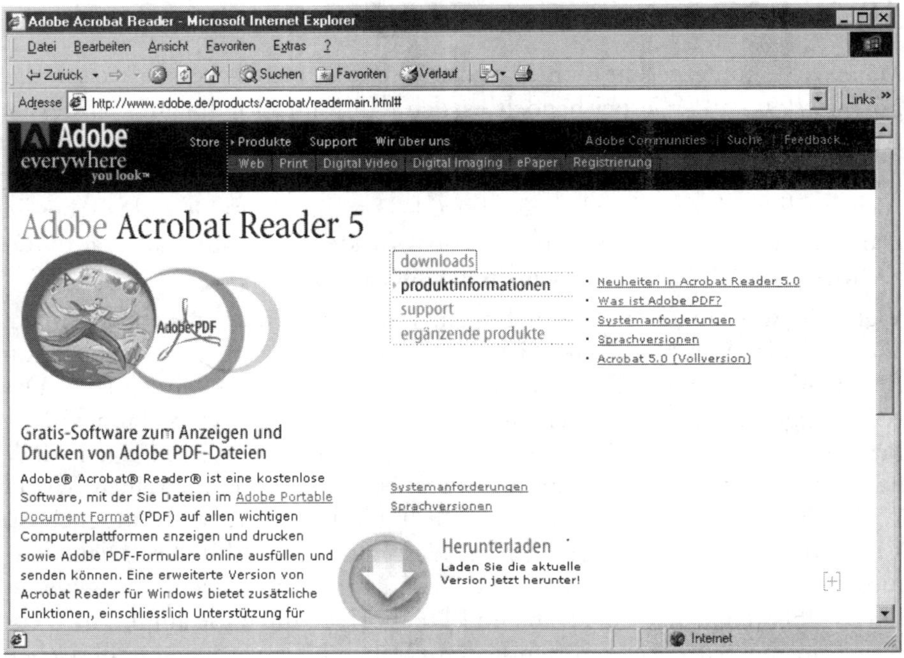

Bild 10.6: Der kostenfreie Acrobat Reader *von Adobe erlaubt die Anzeige von Dokumenten, die das Format* PDF *aufweisen – in einem separaten Fenster oder innerhalb des Webbrowsers*

Hinweis

Wenn Sie möchten, können Sie die Datei im PDF-Format aber auch als Download auf Ihren PC herunterladen. Wenn Sie die Datei dann beispielsweise im Windows-Explorer öffnen, erscheint automatisch der Acrobat Reader, um das betreffende Dokument zu laden und anzuzeigen – ohne, dass hierbei ein Webbrowser oder das Internet involviert sind.

10.4 Anti-Virus-Programm: Schutz vor ungebetenen Plagegeistern

In jedem Fall sollten Sie Ihren PC mit einem *Anti-Virus-Programm* ausstatten. Ein solches Tool schlägt Alarm, sobald Sie von Ihrer Festplatte ein Programm starten oder eine Datei aus dem Internet laden, das höchstwahrscheinlich einen *Virus* beinhaltet. Immer wieder kommt es vor, dass die auf dem Internet zu findenden Programme mit Viren verseucht sind. Daher empfiehlt es sich, bei diesem empfindlichen Punkt Vorsicht walten zu lassen – um sich keinen Virus einzufangen, der das Betriebsverhalten Ihres Computers negativ beeinträchtigen könnte. Dabei handelt es sich nicht um Panikmache, sondern schlichtweg den berechtigten Anspruch eines Computer-Benutzers, dass eine Datei oder ein Dokument auch das macht, was es soll – und nicht etwa einen Plagegeist aktiviert, der Dateien auf Ihrer Festplatte löscht oder eine Passwort-Datei ins Internet überträgt.

Ein relativ gutes Schutzprogramm stellt zum Beispiel *VirusScan* von *McAfee* dar. Weitere Informationen und eine Testversion hierzu erhalten Sie beispielsweise im Internet unter der Adresse `www.mcafee.de`. Gute Anti-Virus-Programme gibt es natürlich auch von anderen Herstellern, zu denen beispielsweise Norton oder Sophos zählen. Anhand des hier dargestellten VirusScan soll lediglich aufgezeigt werden, welche Möglichkeiten ein modernes Anti-Virus-Programm bietet.

> **Hinweis**
>
> Wenn Sie die Software über das Internet beziehen, benutzen Sie hierzu idealerweise die Website des betreffenden Herstellers – um sicherzustellen, dass Sie eine aktuelle Version benutzen und um darüber hinaus zu verhindern, dass das Anti-Virus-Programm selbst mit einem Virus verseucht ist!

Nachdem Sie beispielsweise die VirusScan-Testversion aus dem Internet heruntergeladen und auf Ihrem PC installiert haben, läuft die Software im Hintergrund Ihres PCs permanent mit. Im Anzeigebereich der Task-Leiste verankert sich das Symbol *Vshield*. Klicken Sie dieses an, können Sie sich beispielsweise über den aktuellen Status im Hinblick auf Viren und die Tätigkeit des Antivirus-Programms informieren. Zudem vermag diese Software nicht nur die auf Ihrem lokalen PC bereits befindlichen Dateien auf einen Virus-Befall hin zu untersuchen: Auf Wunsch lassen sich in die Prävention alle Dateien einbeziehen, die Sie über das Internet erhalten: Somit finden auch solche Dateien Berücksichtigung, die Sie per Download von einer Website oder über FTP auf Ihren PC herunterladen oder die als Attachment einer E-Mail angehangen sind.

Achtung

Anti-Virus-Programme beziehen ihre Stärke im Wesentlichen aus zwei Komponenten: Der *Scan-Engine* sowie der *Viren-Signatur*. Die Scan-Engine ist darauf ausgelegt, die teils sehr unterschiedlich konzeptionierten Virus-Arten zu erkennen. Die Virus-Signatur wiederum soll jeden bislang aufgetretenen Virus etwa anhand einer bestimmten Kennung identifizieren können. Beide Komponenten können aber (in der Regel) immer nur auf die jeweils bekannten Viren hin abgestimmt sein. Später hinzukommende und vor allem in ihrer Art veränderte sowie gänzlich neue Viren lassen sich somit kaum erkennen. Aus diesem Grund sollten Sie regelmäßig ein Update vor allem der Virus-Signatur, bei Bedarf aber auch der Scan-Engine vornehmen. Um sich darüber zu informieren, ob diese inzwischen in einer neueren Version vorliegen, besuchen Sie am besten regelmäßig die Webseite des Herstellers Ihres Anti-Virus-Programms in Internet – von wo aus Sie die aktuellen Komponenten dann auch herunterladen können.

Des Weiteren besteht die Möglichkeit, dass Sie eine unmittelbare Überprüfung Ihres PCs auf Virus-Befall vornehmen – und zwar online direkt über das Internet, ohne dass Sie unter Windows 9x/Me ein Anti-Virus-Programm installiert zu haben brauchen. Besitzen Sie den Verdacht, dass Ihr PC mit einem Virus verseucht ist, können Sie auf diese Weise Ihre Vermutung unmittelbar bestätigen oder widerlegen. Eine solche interessante Offerte stammt beispielsweise von dem Anti-Virus-Spezialisten *Symantec*. Das Besondere an diesem Verfahren: Sie laden jeweils die aktuellste Fassung von Scan-Engine und aktueller Virus-Signatur in Form entsprechender ActiveX-Elemente.

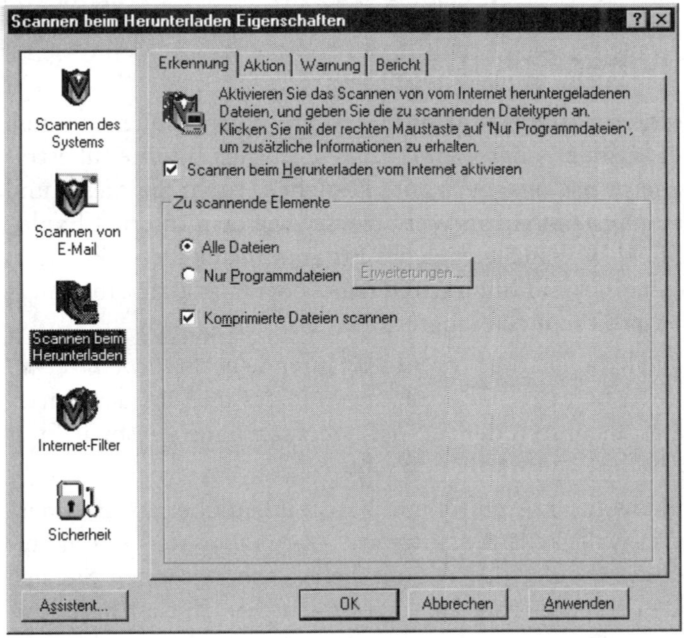

Bild 10.7: Ein modernes Anti-Virus-Programm kann auch aus dem Internet als Download oder Attachment von E-Mails bezogene Dateien in die Überprüfung mit einbeziehen

Achtung

Für einen dauerhaften Schutz vor Viren sollten Sie aber ein Anti-Virus-Programm auf Ihrem PC permanent im Hintergrund von Windows 9x/Me laufen haben.

Um dieses Verfahren anzuwenden, besuchen Sie mit dem Internet Explorer die Webseite `www.symantec.de/region/de/avcenter/snoops.html` Bestätigen Sie die Sicherheitswarnung, dass Sie dem Herausgeber des betreffenden ActiveX-Elements vertrauen – einmal müssen Sie halt Vertrauen schenken..., und zwar dem Hersteller dieser Lösung. Nach kurzer Zeit wird das AvtiveX-Element aus dem Webbrowser heraus dann ausgeführt.

10.5 Personal-Firewall à la ZoneAlarm: Persönlicher Schutzwall

Wenn Sie online im Internet unterwegs sind, werden Informationen aus dem Internet auf Ihren PC geladen oder vom Ihrem PC aus ins Internet übertragen. Wenn Sie beispielsweise eine Webseite besuchen, rufen Sie diese (und zugehörige Informationen) mit einem Webbrowser wie dem Internet Explorer ab. Aber mal ehrlich: Wissen Sie, welches Programm auf Ihrem PC noch läuft und für Sie unbemerkt im Hintergrund dabei ebenfalls Daten ins Internet überträgt – oder aus diesem empfängt?

Genau diesem Treiben kann eine auf Ihrem PC laufende *persönliche Firewall* ein Ende setzen: Anstatt beliebige Übertragungen in das und aus dem Internet zuzulassen (wie es ansonsten der Fall ist), versucht eine Personal-Firewall, Sie vor unkontrollierten Zugriffen zu schützen.

Eine für den Privatanwender kostenfrei nutzbare, zudem überaus leistungsfähige persönliche Firewall stellt die Software *ZoneAlarm* des amerikanischen Herstellers ZoneLabs dar. Dieses nützliche Utility können Sie sich beispielsweise aus dem Internet von der Adresse `www.zonelabs.com` herunterladen. Darüber hinaus liegt ZoneAlarm vielen CD-ROMs einschlägiger Fachzeitschriften bei.

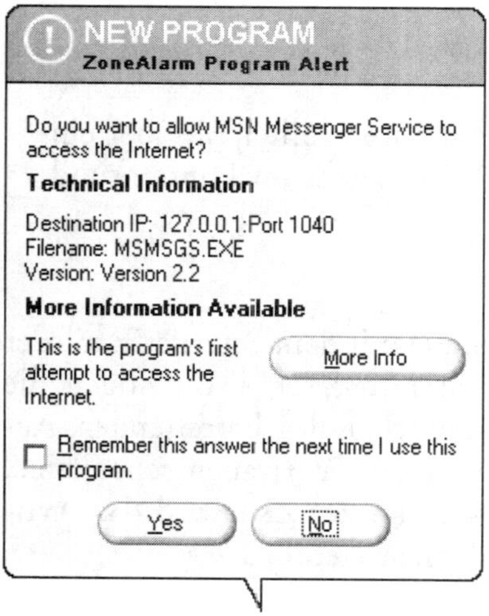

Bild 10.8: ZoneAlarm blockiert unerwünschte Übertragungen und fragt Sie, ob ein Programm auf das Internet zugreifen darf

Nach der Installation von ZoneAlarm verankert sich ein kleines Symbol im Statusbereich der Taskleiste Ihres Windows 9x/Me-PCs. Darüber können Sie auf einen Blick erkennen, wenn Übertragungsaktivitäten stattfinden. Alle Übertragungen ins Internet laufen dabei über ZoneAlarm, und genauso verhält es sich mit Daten, die aus dem Internet bei Ihrem PC eintreffen:

- Bei ausgehenden Übertragungen ins Internet verfährt ZoneAlarm nach einem einfachen, aber wirkungsvollen Prinzip: Nur solche Programme, denen Sie den Zugriff auf das Internet explizit gestattet haben, können auch tatsächlich Daten ins Internet übertragen werden. Sobald ein Programm einen Zugriff auf das Internet vornehmen möchte, erscheint ein kleines Fenster in der Art einer Sprechblase, in dem Sie angeben müssen, ob Sie diesem Programm erlauben möchten, Daten ins Internet zu schicken (diese Erlaubnis hat solange Bestand, bis Sie das betreffende Programm wieder beenden). Der Einfachheit halber können Sie ZoneAlarm anweisen, sich Ihre Antwort zu merken. Wenn Sie dieses Programm künftig starten, erscheint dann keine Rückfrage mehr, wenn ein Zugriff auf das Internet stattfinden soll. Diese Vorgaben können Sie problemlos auch im Nachhinein wieder ändern.
- Umgekehrt blockiert ZoneAlarm solche Übertragungen aus dem Internet zu Ihrem PC, die nicht von Ihren Computer initiiert worden sind (Webseiten beispielsweise, die Sie vom Internet Explorer aus explizit mit Ihrem PC von einem Webserver aus dem Internet abrufen, sind hiervon also nicht betroffen). Auf diese Weise kann zum Beispiel verhindert werden, dass jemand Ihrem Rechner mittels Ping über TCP/IP einfach mal zu kontaktieren versucht. Antwortet Ihr PC darauf, könnte sich jemand über das Internet daran machen, Ihren PC doch mal ein wenig genauer zu inspizieren – in der subversiven Hoffung, dass hier ein Schlupfloch besteht, über das sich Zugang zu Ihrem PC erlangen lässt, um beispielsweise Ihren PC nach interessanten Dateien zu durchsuchen oder einfach Daten zu löschen. Selbst, wenn dieses Szenario eher selten eintritt: Es ist schon verwunderlich, wie häufig Ihr Computer aus dem Internet einfach »mal eben so, zwischendurch« kontaktiert wird, ohne dass es sich dabei um eine Antwort auf einen von Ihnen initiierten Vorgang handelt. ZoneAlarm offenbart dies und zeigt entsprechende Informationen ebenfalls in einem kleinen Sprechblasen-Fenster an.

ZoneAlarm unterteilt dabei in zwei Zonen: Neben einer Zone für das Internet existiert eine lokale Zone, der der eigene PC (sowie ein lokales Netzwerk, in das Ihr Computer möglicherweise eingebunden ist) angehört . Auf diese Weise kann beispielsweise die ZoneAlarm-Zugriffsberechtigung für ein Programm, das auf lokale Ressourcen zugreifen möchte, sehr einfach anders als bei Zugriffen auf das Internet gestaltet werden. Zudem gibt es zahlreiche vordefinierte Sicherheitseinstellungen, um einfach aber dennoch effektiv einzustellen, welchen Sicherheits-Level Sie lokal und für das Internet verwenden möchten.

Hinweis

Praktisch ist zudem die Möglichkeit von ZoneAlarm, alle Internet-Übertragungen per Mausklick auf den großen *Stop*-Button oder Drücken einer Tastenkombination sofort zu unterbinden. Haben Sie den Verdacht, dass hier im Hintergrund etwas Merkwürdiges im Gange ist, können Sie darüber erst einmal alle Übertragungen blockieren und sich dann in Ruhe daran begeben, dem Ganzen auf den Grund zu gehen.

10.6 WebWasher: »Werbung, wisch und weg«

Wenn Sie durch das Internet surfen und das eine oder andere Informationsangebot respektive Dienstleistungen wie zum Beispiel Fax-to-E-Mail nutzen, werden Sie sich vielleicht fragen, wie deren kostenlose Nutzung überhaupt möglich ist. Das »Zauberwort« in diesem Zusammenhang lautet Werbung.

Kaum übersehbar, sind zahlreiche Webseiten mit kleinen Grafiken versehen, die eine Werbebotschaft transportieren. Und für diese Platzierung von Werbung verlangen die Betreiber von Webseiten Geld – mit dem Sie die Bereitstellung von Informationen und Dienstleistungen finanzieren. Damit dieses Konzept aufgeht, muss der Betreiber von Webseiten diese attraktiv halten und dafür sorgen, dass möglichst viele Besucher ihren Weg dorthin finden. Und genau das bildet die Grundlage dafür, dass immer wieder neue Möglichkeiten entstehen, das Internet für vielfältigste Aufgaben zu nutzen. Auf diese Weise können Sie als Benutzer von einem in seiner Vielfalt unübertroffenen Angebot im Internet profitieren, ohne einen Cent dafür zahlen zu müssen (selbstverständlich gibt es aber auch im Internet kostenpflichtige Dienste, für deren Nutzung Sie eine Gebühr entrichten müssen).

Hinweis

Die kleinen Grafiken, die zu Werbezwecken auf Webseiten zu finden sind, werden als *Werbebanner* oder auch kurz als *Banner* bezeichnet. Zusätzliche Fenster, die sich beim Besuchen einer Webseite automatisch öffnen und primär Werbebotschaften transportieren, nennt man *Popup-Fenster*.

Erst durch Werbung wird vieles möglich: Denken Sie nur an das Privatfernsehen, das sich ausschließlich durch Werbung finanziert und so eine Vielzahl von Spielfilmen, Serien, Dokumentationen und mehr in das heimische Wohnzimmer auf den Fernseher transportiert – und zwar ohne, dass Sie für diese Inhalte etwas bezahlen müssen. Im Internet verhält es sich ganz ähnlich: Auch hier bildet Werbung eine entscheidende Voraussetzung für den kostenlose Erhalt einer breiten Palette von Informationen.

Unzählige Privatpersonen betreiben einen erheblichen Aufwand, um unter Opferung ihrer Freizeit der Gemeinschaft der Internet-Surfer ein aufschlussreiches und teils gar recht umfassendes Angebot zu bieten. Wohl kaum jemand wird etwas dagegen haben, dass der eine oder andere versucht, durch die Einblendung von Werbebannern zumindest eine kleine finanzielle »Entschädigung« dafür zu erhalten.

Ein wenig anders sieht es bei kommerziellen Anbietern aus. Es gibt im Internet viele Betreiber von Webseiten, die mit Werbung Geld verdienen. Das ist in Ordnung, schließlich ist die Unterhaltung interessanter Webseiten ja auch mit nicht unerheblichen Kosten verbunden – angefangen bei der Hardware für Webserver über die eigentliche Verbindung zum Internet und Mitarbeitern, die für die Einarbeitung und Pflege von Informationen verantwortlich sind, bis hin zu Personen, die auf von Ihnen gestellte Fragen per E-Mail antworten.

So mancher Betreiber von Webseiten scheint jedoch in eine Mentalität verfallen zu sein, die Dagobert Duck zur Ehre gereichen würde. Steht bei diesem Mitglied der Duck-Familie aus Entenhausen das Ansammeln möglichst vieler Gold-Taler im Vordergrund, so versuchen im Internet einige Anbieter, durch möglichst viele Werbeeinblendungen Geld in ihren Taschen zu sammeln. Der Internet-Nutzer sieht sich daher nicht selten von einer regelrechten Vielzahl von Werbebannern und aufgehenden Popup-Fenstern konfrontiert (mitunter gar bombardiert), die das Surf-Vergnügen sehr beeinträchtigen. Erst, wer sich durch einen Wald von Werbung durchgekämpft hat, gelangt dann zu den gewünschten Informationen, sodass der Spaß auf der Strecke bleibt.

Bei einigen Website-Betreibern gar hat es sich eingebürgert, Sie nicht nur mit einer Vielzahl von Werbebannern zu überfluten, sondern Sie zudem mit – teils sogar mehreren – sich automatisch Fenstern regelrecht zu traktieren, die entsprechende Werbebotschaften beinhalten. Wenn Sie nur online unterwegs sein möchten, kann dies recht störend sein und den Genuss an der schönen neuen, bunten Welt des Internet beeinträchtigen.

Diesem »Gebaren« sind Sie jedoch nicht schutzlos ausgeliefert. Vielmehr gibt es Utilities, die frei nach dem Motto »Werbung, wisch und weg« verfahren. So können Sie Webseiten aufsuchen und ihren Inhalt lesen, ohne erst damit beschäftigt zu Sein, überdimensionierte Werbebanner betrachten oder eine Vielzahl von Fenstern schließen zu müssen, die sich wie von Geisterhand auf einmal auf Ihrem PC geöffnet haben.

Ein hervorragendes Utility, das Ihnen hilft, sich übermäßigem Werbetreiben im Internet zu entziehen und das zudem dafür sorgt, dass Ihre Privatsphäre auch im Internet soweit möglich gewahrt bleibt, stellt *WebWasher* dar. Dieses von der gleichnamigen deutschen Firma stammende – und für den privaten Einsatz kostenfrei verwendbare – Utility können Sie sich beispielsweise von der Adresse `www.webwasher.de` direkt von der Website des Herstellers herunterladen.

WebWasher ist als lokaler Proxy-Server für Ihren PC realisiert. Zugriffe des Internet Explorers auf das Internet finden dann nicht mehr direkt, sondern stattdessen indirekt über WebWasher statt. Auf diese Weise kann das Utility gezielt unerwünschte Informationen und Funktionen aus Webseiten herausfiltern, bevor es sie an Ihren Webbrowser weitergibt.

Haben Sie das Programm installiert, erscheint beim Aufruf standardmäßig ein kleiner Assistent, über den Sie den Webbrowser gleich passend für die Verwendung des lokalen Proxy-Servers WebWasher konfigurieren können. Im Statusbereich der Taskleiste verankert, lässt sich WebWasher dann bei Bedarf per Mausklick ausschalten. Im Rahmen seiner Einstellungen können Sie dann bequem festlegen, welche Filter WebWasher verwenden soll.

Banner-Killer wie der WebWasher stellen keine gänzlich neuartigen Funktionen bereit, sondern erlauben in erster Linie eine Nutzung der in heutigen Webbrowsern meist serienmäßig eingebauten Funktionalität, nur eben ein

Stück komfortabler. Kritiker, die vor allem aus Kreisen der Betreiber von Webseiten stammen, sehen in Utilities wie dem WebWasher aber eine möglicherweise gar existentielle Bedrohung – vor allem, wenn die Angebote ausschließlich durch Werbung finanziert werden. So Mancher fürchtet gar schon das Ende von kostenlosen, werbefinanzierten Internet-Angeboten. Des Weiteren wird von Kritikern eine potenzielle Copyright-Verletzung ins Feld geführt beim Einsatz von Banner-Killern, die die Darstellung von Webseiten manipulieren – nicht jedoch deren Inhalte, worauf es beim Urheberrecht ja eigentlich ankommt. Nach dem anfänglichen Trubel hat sich die Aufregung aber wieder gelegt: Die Betreiber von Webseiten scheinen vielmehr dazu überzugehen, diese kreativer zu gestalten und Werbung so zu integrieren, dass daraus keine Belästigung entsteht – Werbebanner also beispielsweise zielgerichteter einzusetzen.

Der Benutzer bekommt also mit einem Banner-Killer ein Instrument in die Hand, mit dem er selber bestimmen kann, in welchem Maße er sich Bombardements von Werbebannern und Popup-Fensters aussetzen möchte. Schließlich befinden sich auf der Fernbedienung des Fernsehers ja auch Tasten zum Umschalten auf ein anderes Programm, falls dass Maß der Werbung Überhand nimmt und zu viele oder lange Werbeblöcke den Genuss beeinträchtigen.

Zudem ist die Verwendung einer Banner-Software wie zum Beispiel WebWasher für den privaten Anwender meist kostenlos. Sollte es Ihnen also zu viel werden, starten Sie doch einfach mal einen Versuch, ob ein Banner-Killer Ihr Surfen durchs Web angenehmer und das Aufnehmen von Informationen durch eine übersichtlichere Gestaltung einfacher gestalten kann.

10.7 Freunde online treffen: Instant-Messaging

Eine weitere Kategorie von Software, die sich großer Beliebtheit erfreut, stellt das so genannte *Instant-Messaging* dar (was zu Deutsch etwa so viel wie *Sofortbenachrichtigung* bedeutet). Hierbei handelt es sich um Software, die getreu dem Motto handelt: »Treffen Sie Ihre Freunde doch einfach online!«.

Sicher mag es am schönsten sein, Freunde wie auch Bekannte und Familien-Mitglieder etwa im Café um die Ecke auf einen Cappuccino oder abends zu Hause beim Fondue zu treffen – doch was ist, wenn dies gerade nicht geht, weil der andere gerade tausende von Kilometern weit weg ist oder im

Moment keine Zeit hat, bei Ihnen vorbeizuschauen? In diesem Fall könnte man sich zumindest online treffen, um neueste Informationen über die Tastatur, per Audio oder gar Video über das Internet auszutauschen.

Das Problem dabei: Wie bekommt man mit, dass ein Freund gerade online im Internet ist? Genau diesem Aspekt nimmt sich Instant-Messaging-Software an: Jeder Teilnehmer – also sowohl Sie wie auch Ihre Freunde – benötigen ein Konto (etwa bei *MSN*), bei dem Sie sich über das Instant-Messaging-Programm automatisch anmelden, sobald Sie online sind. Dabei führt das Instant-Messaging-Programm eine Liste aller Freunde (die so genannte *Buddy List*), die sich ebenfalls gerade beim entsprechenden Kontoanbieter angemeldet haben.

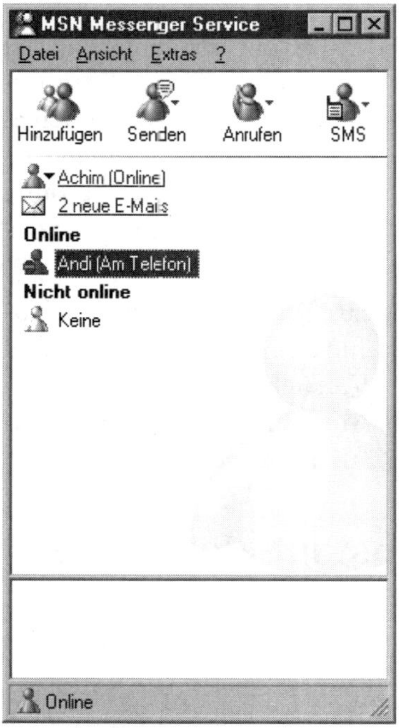

Bild 10.9: Mit dem MSN Messenger Service *können Sie über das Internet mit Ihren Freunden und Bekannten in direkten Kontakt treten*

Sobald nun ein Teilnehmer, den Sie in Ihrer Buddy-Liste führen, online geht und sich bei dem Konto-Anbieter angemeldet hat, erscheint auf dem Bildschirm Ihres PCs eine kleine Mitteilung – und so erfahren Sie, dass auch er gerade (genau wie Sie) gerade online ist. Führt der betreffende Teilnehmer Sie in seiner Buddy-Liste, erhält er den gleichen Hinweis – und falls nicht, können Sie ihn einfach einladen.

Den Möglichkeiten sind dabei kaum Grenzen gesetzt: Ein kurze Nachricht beispielsweise zur Verabredung für den Kino-Besuch nächsten Dienstag, das schnelle Übermitteln einer brandneuen Datei oder (in Verbindung mit entsprechender Hardware) der Aufbau einer Video-Konferenz – dies alles sind nur kleine Beispiele dafür, was ein Instant-Messaging-Programm zu leisten vermag.

Neben dem Programm *ICQ* sowie *AIM* von AOL stellt der *MSN Messenger Service* von Microsoft ein von vielen genutztes Instant-Messaging-Programm dar (siehe Bild 10.9). Mit seiner Hilfe – sowie einem kleinen Benutzer-Konto bei MSN, das man sich leicht einrichten kann – steht dem Anwender die interessante Welt des Instant-Messaging offen. Der MSN Messenger Service kann zum Beispiel aus dem Internet direkt von der MSN-Website `www.msn.de` heruntergeladen werden. Nach seiner Installation benötigen Sie lediglich noch ein Konto bei MSN oder Hotmail, damit festgestellt werden kann, wann Sie online gehen.

10.8 Web-Publishing mit Netobjects »Fusion«

Webseiten im Internet bereitzustellen – dies ist keineswegs Unternehmen oder Anwendern mit Profi-Wissen vorbehalten. Vielmehr offerieren zahlreiche Provider im Internet Speicherplatz, auf denen Sie selbst als unbedarfter Anwender eigene Webseiten zur Verfügung stellen können. Die große Frage jedoch lautet: Muss man Webseiten programmieren?

Auch ohne Programmierkenntnisse lassen sich nicht nur ansprechend gestaltete Webseiten kreieren, sondern auch umfangreiche Webseite erstellen und verwalten. Entsprechende Software macht's möglich: Können Sie bereits zum Beispiel mit Microsoft Word Dokumente in dem für das World Wide Web benötigten HTML-Format speichern, gibt es darüber hinaus auch Software, die Sie bei Aufbau, Veröffentlichung und Verwaltung ganzer Websites unterstützt. Ein gutes Beispiel hierfür stellt *Fusion* des Herstellers NetObjects (www.netobjects.de) dar. Mithilfe entsprechender Assistenten und zahlreichen Vorlagen können Sie relativ leicht Webseiten erstellen, die mit Frames aufwarten und untereinander über Links miteinander verbunden sind.

Hinweis

Das Interessante an Fusion: Einige Webpräsenz-Provider bieten die jeweils Vorgängerversion der aktuellen Version von Fusion für wenige Euro an und machen diese Web-Lösung so auch Privatanwendern mit kleinem Geldbeutel zugänglich.

Kapitel 11
Mit Windows XP ins Internet

Windows XP – so heißt Microsofts Betriebssystem, das die erfolgreichen Windows 9x/Me-Familie ablöst. Dabei stellt Windows XP eine umfassende Weiterentwicklung der Windows-Produktlinie dar, die mit zahlreichen Neuerungen in vielen Bereichen aufwartet.

> Hinweis
>
> Zum Zeitpunkt der Erstellung dieses Buchs war Windows XP nur in einer Beta-Version verfügbar, aber noch nicht auf dem Markt erschienen. Da sich dieses Buch jedoch zur Aufgabe macht, alle verbreiteten Windows-Versionen zu behandeln, um Sie ins Internet zu bringen und Ihnen bei den ersten »Gehversuchen« in der Online-Welt zu unterstützen, darf aber zumindest ein grundlegender Überblick zu Windows XP (das ab Oktober 2001 mit den meisten neuen PCs serienmäßig ausgeliefert wird) im Hinblick auf dieses Buch – mit Windows ins Internet – nicht fehlen. Die nachfolgenden Beschreibungen basieren jedoch noch auf der Beta-Version von Windows XP. Eine ausführlichere Beschreibung, wie Sie mit Windows XP ins Internet gelangen und dort Web, E-Mail und Co. nutzen, finden Sie nach Erscheinen von Windows XP auf meiner Website unter der Internet-Adresse `www.ito.de/Buecher/Internet-Pocket/Addendum/addendum.htm`.

Der wohl augenscheinlichste Unterschied zu Windows 9x/Me fällt sofort in den Blick: Windows XP besitzt ein neues visuelles Design, das einen leichteren Umgang mit dem PC und seinen Möglichkeiten gestattet. So wartet beispielsweise die Systemsteuerung neben der klassischen mit einer neuen *Kategorieansicht* auf. So müssen Sie sich nicht mehr überlegen, welches Programm-Applet der Systemsteuerung Sie wohl öffnen müssen, um eine bestimmte Einstellung oder Änderung durchzuführen. Vielmehr werden Ihnen nun Kategorien angezeigt, in denen Sie typische Aufgaben direkt per Mausklick auswählen und mithilfe eines entsprechenden Assistenten durchführen können. Auf Wunsch stehen natürlich auch die aus Windows 9x/Me her bekannten Systemsteuerungs-Symbole zur Verfügung.

Des Weiteren ist Windows XP wesentlich stärker als seine Vorgänger darauf optimiert, die Möglichkeiten, die sich mit dem Internet bieten, auch tatsächlich und umfassend zu nutzen. Hier ein paar kleine Beispiele:

- Abhängig davon, in welchem Ordner (etwa *Eigene Bilder*) Sie sich gerade befinden, bekommen Sie im Windows-Explorer eine Aufgabenliste angezeigt. Darüber können Sie dann nicht nur eine kleine Diaschau am Bildschirm betrachten, sondern die Bilder über das Internet zum Beispiel an ein Fotolabor zur Erstellung von Abzügen senden oder auf einer Webseite veröffentlichen – alles nur einen Mausklick entfernt.
- Windows XP ist darauf vorbereitet, aktuelle Treiber oder Programm-Updates direkt aus dem Internet zu beziehen. Auf diese Weise wird es sehr einfach, auf dem Laufenden zu bleiben und Hard- wie Software unter Windows XP einzusetzen.
- Der *Windows Messenger* verwandelt den PC in eine Kommunikationszentrale. Mit seiner Hilfe sind nicht nur Instant-Messaging, sondern auch die Abwicklung von Video-Konferenzen über das Internet sehr einfach durchführbar.
- Mit dem Feature *Remoteunterstützung* können Sie sich beispielsweise von einem Freund oder einem Bekannten helfen lassen, wenn Sie einmal nicht mehr weiterkommen. Anstatt über das Telefon zu beschreiben, wo es »klemmt« und welche Meldungen bei Ihnen auf dem Bildschirm erscheinen, laden Sie die gewünschte Person etwa per E-Mail ein, Ihnen über das Internet unter die Arme zu greifen. Der helfende Samariter kann sich sodann Ihren Bildschirminhalt auf seinen PC holen und wahlweise sehen, was Sie mit Tastatur und Maus machen oder aber aus der Ferne die Kontrolle darüber übernehmen und Ihnen die Lösung direkt auf Ihrem PC »zeigen«.

Damit Sie in den Genuss dieser (und weiterer) Features gelangen, lassen Sie uns auf den folgenden Seiten kurz betrachten, wie es um die grundlegende Internet-Unterstützung von Windows XP bestellt ist und welche Änderungen sich gegenüber Windows 9x/Me ergeben, was die Einbindung von Modem und ISDN-Adapter, das DFÜ-Netzwerk sowie den Internet Explorer betrifft.

11.1 Einbindung von Modem und ISDN-Adapter

Wie seine Vorgänger Windows 9x/Me kommt natürlich auch Windows XP hervorragend mit Modems und ISDN-Adaptern zurecht, um sich hiermit mit einem Einwahlknoten eines Internet-Service-Providers und darüber mit dem Internet zu verbinden.

Bild 11.1: Über den Infobereich der Taskleiste weist Windows XP darauf hin, wenn eine neue Hardware-Komponente erkannt und eingebunden worden ist

> **Hinweis**
>
> Sollte eine an den PC angeschlossene (und eingeschaltete!) Hardware-Komponente von Windows XP nicht erkannt oder bislang nicht in Betrieb genommen worden sein, können Sie das Applet *Hardware* der Systemsteuerung verwenden oder einen Blick in den *Geräte-Manager* von Windows XP werfen. Hierzu klicken Sie den im Startmenü von Windows XP befindlichen Eintrag ARBEITSPLATZ mit der primären Maustaste an, um im anschließenden Kontextmenü den Befehl EIGENSCHAFTEN auszuwählen. Daraufhin erscheint das Dialogfeld *Systemeigenschaften*, wo Sie die Registerkarte *Hardware* anklicken und im Bereich *Geräte-Manager* die gleichnamige Schaltfläche betätigen müssen. Im Geräte-Manager schließlich klicken Sie den PC-Eintrag mit der primären Maustaste an und wählen den Befehl NACH GEÄNDERTER HARDWARE SUCHEN aus, damit Windows XP eine explizite Erkennung solcher Hardware-Komponenten vornimmt, die seit dem Hochfahren des Betriebssystem neu hinzugekommen oder seitdem eingeschaltet worden sind.

Die noch stärkere Plug-and-Play-Unterstützung von Windows XP sorgt dabei dafür, dass Kommunikationsgeräte und andere Hardware-Komponenten meist automatisch erkannt und vom Betriebssystem entsprechend konfiguriert werden. Sobald Windows XP beispielsweise ein neues Modem erkannt hat, erscheint ein entsprechender Sprechblasen-Hinweis im Infobereich der Taskleiste. Und verbinden Sie beispielsweise einen mit USB-Anschluss versehenen ISDN-Adapter mit dem PC, erkennt Windows XP das neue Kommunikationsgerät und bindet es automatisch mit ein (siehe Bild 11.1). Gegebenenfalls werden Sie aufgefordert, einen entsprechenden Treiber von Diskette oder CD-ROM bereitzustellen. In dieser Hinsicht verhält sich Windows XP also recht ähnlich wie Windows 9x/Me. Allerdings geht die Einbindung von Kommunikationsgeräten wie Modems und ISDN-Adaptern in das Betriebssystem wesentlich leichter von der Hand.

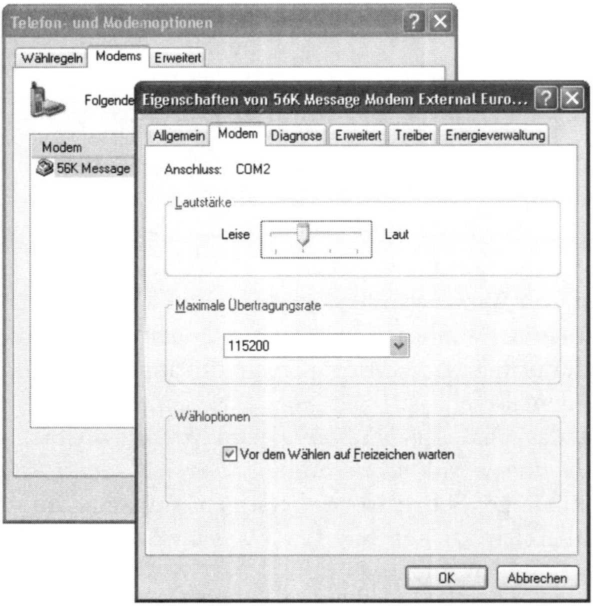

Bild 11.2: Telefon- und Modemoptionen *in der Systemsteuerung bildet bei Windows XP die zentrale Anlaufstelle für Modems und Wählparameter*

Um Modems über die Systemsteuerung zu bearbeiten, steht dort jetzt das Systemsteuerungs-Symbol *Telefon- und Modemoptionen* zur Verfügung (siehe Bild 11.2). Dieses weist im Wesentlichen dieselbe Funktionalität auf wie unter Windows 9x/Me die Systemsteuerungs-Applets *Modem* sowie *Telefonie* zur Bearbeitung nicht nur von Modems, sondern auch von Standorten und Wählparametern.

11.2 Netzwerkverbindungen

Prinzipielle Änderungen haben sich beim DFÜ-Netzwerk ergeben. Dieses ist als eigenständige Einheit in Windows XP nicht mehr vorhanden. Vielmehr sind nun alle DFÜ-Verbindungen, die sich etwa per Modem oder ISDN-Adapter herstellen lassen, sowie alle LAN-Verbindungen für Netzwerkadapter, die den PC in ein lokales Netzwerk einbinden, in dem Bereich *Netzwerkverbindungen* zusammengefasst (siehe Bild 11.3). Wenn Sie dort das (aus dem DFÜ-Netzwerk von Windows 9x/Me her bekannte) Objekt *Neue Verbindung erstellen* öffnen, nimmt Sie ein Assistent in Empfang, wo Sie als Verbindungstyp *Internetverbindung* und anschließend *DFÜ-Verbindung* (für eine Kontaktaufnahme mit dem Internet über Modem oder ISDN-Adapter) auswählen. Im weiteren Verlauf können Sie dann festlegen, ob es sich bei dieser DFÜ-Verbindung um Ihre standardmäßige handeln soll, die immer dann zur Anwendung gelangt, wenn Sie bei der Einwahl ins Internet keine andere DFÜ-Verbindung explizit heranziehen.

Bild 11.3: In der Netzwerkumgebung fasst Windows XP alle DFÜ- und LAN-Verbindungen zusammen

Wie vom DFÜ-Netzwerk aus Windows 9x/Me her gewohnt, sind alle für die Verbindung relevanten Einstellungen in den Eigenschaften der DFÜ-Verbindung hinterlegt. Die meisten der dabei zur Verfügung stehenden Optionen entsprechenden denen von Windows 9x/Me – auch, wenn das eine oder andere bei Windows XP in einem leicht anderen optischen Outfit daherkommt.

Dies trifft auch für das Dialogfeld *Verbindung mit <DFÜ-Verbindung> herstellen* zu (siehe Bild 11.4). Dieses erscheint immer dann, wenn Sie sich per Modem oder ISDN-Adapter in einen Einwahlknoten Ihres Internet-Service-Providers einwählen wollen. Parktischerweise können Sie dabei über die Schaltfläche *Eigenschaften* direkt die Einstellungen der betreffenden DFÜ-Netzwerk-Verbindung einsehen und im Bedarfsfalle verändern.

> Hinweis
>
> Windows XP gestattet die Definition mehrerer Benutzerkonten auf dem PC. Verfügen Sie über Administrator-Berechtigungen, können Sie eine von Ihnen erstellte DFÜ-Verbindung auch allen anderen auf dem PC definierten Benutzern bereitstellen, sodass diese per Mausklick direkt ins Internet gelangen können.

Bild 11.4: Dieses Dialogfeld von Windows XP erscheint beim Aufbau einer DFÜ-Verbindung

11.3 Internetverbindungsfirewall

Im Lieferumfang von Windows XP befindet sich bereits eine grundlegende persönliche Firewall in Form der *Internetverbindungsfirewall* (im englischen Original *Internet Connection Firewall* oder kurz *ICF* genannt) Dabei versucht die Internetverbindungsfirewall, den PC vor subversiven Attacken aus dem Internet zu schützen, indem alle eingehenden Daten ausgesondert und nicht weiter beachtet werden, die von ihm respektive dem Benutzer gar nicht angefragt worden sind. Die Aktivierung und Konfiguration dieser Funktion findet über die Eigenschaften der DFÜ-Verbindung statt, über die der PC den Zugang zum Internet vornimmt (siehe Bild 11.5).

Bild 11.5: Die Internetverbindungsfirewall *von Windows XP schütz den PC vor unerlaubten eingehenden Zugriffen aus dem Internet*

Somit lässt sich bereits mit den »Bordmitteln« von Windows XP ein grundlegender Schutz vor eingehenden Internet-Zugriffen realisieren – auch, wenn die Firewall-Funktionalität der Internetverbindungsfirewall von Windows XP beispielsweise mit der Personal-Firewall *ZoneAlarm* von ZoneLabs nicht recht mithalten kann. Wer aber über die Internetverbindungsfirewall hinausgehende Absicherung wünscht, kann natürlich auch unter Windows XP eine persönliche Firewall-Software einsetzen.

11.4 Internet Explorer

Im Lieferumfang von Windows XP befindet sich der Internet Explorer 6 (siehe Bild 11.6). Diese Weiterentwicklung des Internet Explorer 5 sowie Internet Explorer 5.5 wartet mit so manchen Detailverbesserungen auf. Hierzu zählen beispielsweise erweiterte Explorerleisten oder die Möglichkeit, ein unter dem Mauszeiger befindliches großes Bild leicht zu speichern, zu drucken oder via E-Mail so zu verschicken, dass Größe und Detailqualität angepasst werden können, um die zu versendende Datenmenge so klein wie möglich zu halten. Im Großen und Ganzen ist der Umgang mit dem Webbrowser jedoch gleich geblieben – sodass Sie sich auf Anhieb zurecht finden, um im Internet zu surfen.

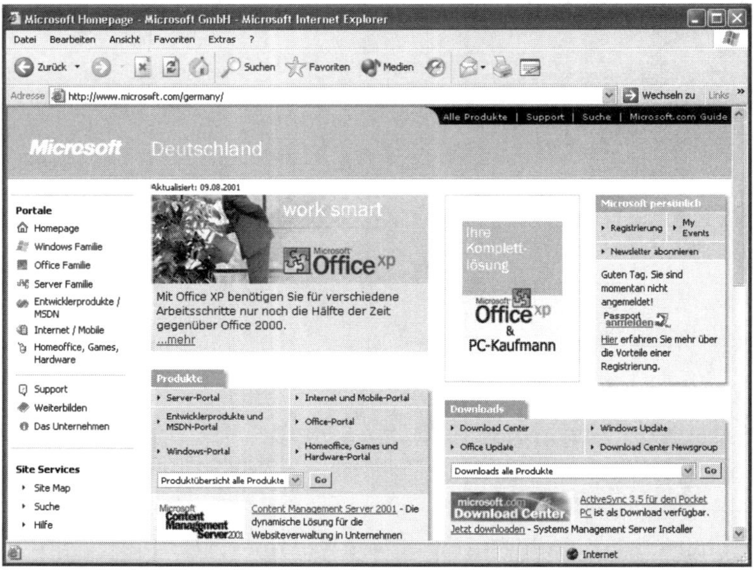

Bild 11.6: Der Internet Explorer im visuellen Design von Windows XP

Ähnlich verhält es sich mit den Internetoptionen – also den Internet-Einstellungen, mit denen Windows XP zu Werke geht – sowie der Konfiguration des Internet-Zugangs unter Windows XP. Diese Vorgaben lassen sich, wie auch bei Windows 9x/Me, über das Dialogfeld *Eigenschaften von Internet* bearbeiten (siehe Bild 11.7) . Um zu diesem Dialogfeld zu gelangen, existieren bei Windows XP mehrere Möglichkeiten:

- Begeben Sie sich in die Systemsteuerung, um dort
  - entweder in der Kategorieansicht den Befehl NETZWERK- UND INTERNETVERBINDUNGEN und anschließend den Befehl INTERNETOPTIONEN
  - oder aber in der klassischen Ansicht direkt den Befehl INTERNETOPTIONEN

  auszuwählen.
- Klicken Sie den standardmäßig im Startmenü von Windows XP befindlichen Befehl INTERNET bzw. INTERNET EXPLORER mit der primären Maustaste an, um aus dem daraufhin angezeigten Kontextmenü den Befehl INTERNETEIGENSCHAFTEN auszuwählen.
- Alternativ können Sie aus dem Menü EXTRAS des (geöffneten) Internet Explorers den Befehl INTERNETOPTIONEN selektieren.

Bild 11.7: Wie der Zugang des Windows XP-PC zum Internet erfolgt und welche Einstellungen dabei vom Internet Explorer zu verwenden sind, gibt das Dialogfeld Eigenschaften von Internet *vor*

Anhang

A.1 Smileys und Akronyme für E-Mails und Newsgroups

Viele Informationen, die über das Internet ausgetauscht werden (E-Mails, Nachrichten in Newsgroups, Informationen auf einer Webseite etc.) warten mit – auf den ersten Blick – kryptischen Zeichen auf. Dabei handelt es sich um so genannte *Smileys*. So kryptisch sind viele dieser Smileys jedoch gar nicht: Um 90 Grad nach rechts gedreht, lässt sich die Bedeutung nicht selten relativ einfach ablesen.

Hinweis

Smileys sollen den momentanen Gemütszustand des Verfassers charakterisieren und werden daher auch *Emoticons* (ein aus den Begriffen »Emotion« und »Icon« gebildetes Kunstwort) genannt.

Smiley	Bedeutung
:-)	lächelnd
:-))	heftiges Lachen
:´-)	weinend vor Freude
;-)	augenzwinkernd
:-(	traurig, ärgerlich sein
:-((	sehr traurig sein
%-(	verwirrt und traurig
;-(	weinend
:-\\	unentschlossen
:-<	erstaunt sein
:-]	hämisch grinsend

Tabelle A.1: Auswahl häufig benutzter Smileys und Emoticons

Smiley	Bedeutung
:-[	beleidigt
:-D	etwas mit einem Lächeln sagen
:->	glücklich
:-x	Küsschen
:-X	dicker Kuss
:*	Gruß und Kuss
>:-)	Teufel
>:)	kleiner Teufel
:-I	gleichgültig, nicht tangierend
:->	zynisch
:x	Lippen sind geschlossen
:0	Erstaunen
:-e	enttäuscht
:-@	fluchend
:-Q	Raucher
:-?	Pfeifenraucher
(-:	Linkshänder
:-*	Oops!

Tabelle A.1: Auswahl häufig benutzter Smileys und Emoticons (Forts.)

Smileys werden gerne und häufig eingesetzt. Aus diesem Grunde gibt es auch eine Vielzahl von Smileys, sodass die Tabelle A.2 nur einen Ausschnitt darstellen kann. Daneben existiert eine Reihe von *Akronymen* (spezielle Abkürzungen), die einen bestimmten Umstand ausdrücken sollen, ohne diesen lange erklären zu müssen. Eine Auswahl gern verwandter Akronyme gibt die Tabelle A.3 wieder.

Akronym	Bedeutung
<sp?>	»correct spelling?« (ist die Schreibweise korrekt?)
4	»for« (für)
AFAIK	»As Far As I Know« (soweit ich weiß)
AFAIR	»As Far As I Remember« (soweit ich mich erinnern kann)
AKA	»Also Known As« (auch bekannt als)
ASAP	»As Soon As Possible« (so bald als möglich)
BTW	»By The Way« (übrigens, nebenbei bemerkt)
CU	englisch buchstabiert »See You« (zum Abschied)
FAQ	»Frequently Asked Questions« (häufig gestellte Fragen)
FYI	»For Your Information« (zur Kenntnisnahme)
HTH	»Hope This Helps« (ich hoffe, das hilft weiter)
IIRC	»If I Remember Correctly« (wenn ich mich recht entsinne)
IMHO	»In My Humble Opinion« (meiner bescheidenen Meinung nach), auch »In My Honest Opinion« (meiner ehrlichen Meinung nach)
IMO	»In My Opinion« (meiner Meinung nach)
ROTFL:	»Rolling On The Floor, Laughing« (sich am Boden vor lachen wälzend)
RTFM	»Read The Fucking Manual« (Hinweis, zunächst das Handbuch genauer zu lesen)

Tabelle A.2: Akronyme werden beispielsweise in E-Mail- und Newsgroup-Nachrichten gerne benutzt

A.2 Glossar

A/B-Wandler Siehe *Terminaladapter*.

Account Hierbei handelt es sich um ein Konto, das beispielsweise ein Internet-Service-Provider oder ein anderer Informationsanbieter für Sie eingerichtet hat. Um dieses Konto zu nutzen, müssen Sie den damit verbundenen Namen angeben (in der Regel handelt es sich dabei um Ihren Benutzernamen oder ein daraus abgeleitetes Kürzel). Damit niemand anders Ihr

Konto missbrauchen kann, müssen Sie zur Nutzung zusätzlich ein Passwort spezifizieren – das aus Sicherheitsaspekten her gesehen natürlich nur Ihnen bekannt sein sollte.

Acrobat Reader Manche Dokumente, die sich über das Internet abrufen lassen, weisen das Format *PDF* auf. Hierbei handelt es sich um Dokumente, zu deren Anzeige Sie eine spezielle Software benötigen: den von Adobe stammenden, kostenlosen Acrobat Reader. Seine Integrationsfähigkeit in einen Webbrowser erlaubt es, Dokumente im PDF-Format direkt aus dem Internet Explorer heraus zu betrachten.

ActiveX Bezeichnung für eine ganze Reihe der von Microsoft entwickelten Software-Technologien, die aus OLE hervorgegangen sind und für die Windows-Plattform eine Alternative zu Java-Applikationen und -Applets eröffnen sollen, um über das Internet Programme auf PCs zu starten. ActiveX-Elemente bestehen aus mehreren Elementen, und ein ausführbares Programm wird ActiveX-Control genannt. Da ActiveX-Elemente zu einem Bestandteil des Betriebssystems werden, können Sie auch dessen Möglichkeiten ausschöpfen, was aus Sicherheitsaspekten her nicht unbedingt wünschenswert ist.

Akronym Hierbei handelt es sich um ein Kürzel, das aus den Anfangsbuchstaben einer (meist englischen) Redewendung zusammengesetzt ist. Akronyme werde gerne in E-Mails und Newsgroup-Nachrichten benutzt, um einen bestimmten Sachverhalt zu charakterisieren.

Aktive ISDN-Karte ISDN-Karte, die im Gegensatz zu einer passiven ISDN-Karte mit einem eigenen Prozessor und Speicher versehen ist, um bestimmte Aufgaben wie etwa eine Datenkomprimierung von sich aus durchführen zu können, ohne dafür den PC belasten zu müssen. Aktive ISDN-Karten sind teils erheblich teurer als ihre passiven, weniger leistungsfähigen Kollegen.

Analog Eine Größe, die viele unterschiedliche Zustände annehmen kann. Ein Schiebeschalter beispielsweise erlaubt es, viele verschiedene Zustände (von leise bis laut, von dunkel bis hell etc.) per Hand einzustellen. Das herkömmliche Telefon arbeitet analog, da es Signale – wie die menschliche Stimme oder die von einem Modem erzeugten Töne – überträgt, die eine große Bandbreite aufweisen.

Attachment Datei, die einer E-Mail angehängt ist. Dabei kann es sich beispielsweise um ein Dokument (etwa eine Word-Datei) oder eine Grafik handeln. Um die Menge der zu übertragenen Daten gering zu halten, empfiehlt es sich, die als Attachment einer E-Mail angehangenen Dateien vorab zu komprimieren (beispielsweise mit WinZIP) und erst dann die komprimierte Fassung zu versenden.

Anonymous FTP Anmeldung bei einem FTP-Server, bei dem Sie als Namen Ihren Benutzernamen sowie als Passwort Ihre E-Mail-Adresse angeben.

AOL Weltweit größter Online-Dienst, der seine Wurzeln in den USA hat. AOL hat im September 1997 den lange Zeit konkurrierenden Online-Dienst CompuServe aufgekauft und im November 1998 den Webbrowser- und Server-Software-Spezialisten Netscape übernommen.

Applet Bezeichnung für ein in der Programmiersprache Java erstelltes Programm, das aus einem Webbrowser heraus aufgerufen wird und Webseiten Interaktivität verleihen soll. Im Gegensatz zu den auf Windows zugeschnittenen ActiveX-Elementen sind Applets (wie Java im Allgemeinen) auf eine Plattformunabhängigkeit hin ausgelegt, was eine Lauffähigkeit auf unterschiedlichen Webbrowsern, Betriebssystemen und Hardware-Plattformen ermöglicht.

B-Kanal Ein ISDN-Basisanschluss weist in Deutschland zwei B-Kanäle zur Übermittlung von Nutzinformationen (sowie einen D-Kanal zur Übertragung von Steuerinformationen) auf. Jeder B-Kanal erlaubt es, eine unabhängige Verbindung mit einer Geschwindigkeit von 64 KBit/s zur Datenübertragung aufzubauen. So können Sie zum Beispiel über einen B-Kanal im Internet surfen, während auf dem anderen B-Kanal ein Telefonanruf bei Ihnen eingeht. Die gleichzeitige Verwendung beider B-Kanäle (Kanalbündelung) erlaubt es, Internet-Verbindungen mit 128 KBit/s zu unterhalten, was zwar doppelte Verbindungsgebühren, aber auch doppelte Geschwindigkeit ermöglicht, die sich vor allem beim Download von Dateien bemerkbar macht.

Banner Kleine Grafiken, die zu Werbezwecken auf Webseiten zu finden sind, werden als Banner bezeichnet.

Banner-Killer Software, die zu Werbezwecken auf Webseiten erscheinende Banner herausfiltern, indem sie diese erst gar nicht vom Webserver auf Ihren PC übertragen. Daraus resultiert nicht nur möglicherweise eine übersichtlichere Darstellung, sondern auch ein schnellerer Aufruf einer Webseite, da ja entsprechend weniger Daten übertragen werden. Einen der bekanntesten Banner-Killer stellt die Software *WebWasher* dar.

Basisanschluss Siehe *B-Kanal* und *ISDN*.

Bcc Kennzeichnet einen Anwender, der die betreffende E-Mail als Blindkopie erhält. Alle anderen Empfänger der zugehörigen E-Mail erfahren nicht, wer eine Blindkopie bekommen hat.

Befehlssatz Sammlung von Befehlen, mit denen ein Modem zur Wahrnehmung einer bestimmten Aufgabe (Abnehmen, Auflegen etc.) gesteuert wird. Am weitesten verbreitet ist der AT-Befehlssatz, zu dem die meisten Modems kompatibel sind.

Benutzername Kennung, unter der Sie bei einem System geführt werden. Um Zugang dazu zu erlangen, ist außer dem Benutzernamen auch ein Passwort erforderlich.

Bildschirmtext Ehemaliger Online-Dienst der Deutschen Telekom. Ursprünglich als *BTX* bekannt, wurde der Dienst mehrfach erweitert und dabei zunächst in *Datex-J*, zuletzt in *T-Online* umbenannt. Zum Zugriff auf diesen Online-Dienst ist eine spezielle Software (BTX-Decoder) erforderlich. Einige der BTX-Angebote sind kostenpflichtig.

Blindkopie Siehe *Bcc*.

Bookmark Von Netscape verwendete Bezeichnung für ein Lesezeichen, das (einmal im Webbrowser *Navigator* definiert) den späteren Besuch der zugehörigen Webseite vereinfachen soll: Anstatt die Internet-Adresse erneut eintippen zu müssen, wird einfach das Lesezeichen angeklickt. Microsoft spricht in diesem Zusammenhang von einem *Favoriten*.

Browsen Umgangssprachlicher Ausdruck für das Verhalten, Hosts mit einem Webbrowser zu besuchen und per Hyperlink über die Maus zu bestimmten Ressourcen zu springen.

Browser Siehe *Webbrowser*.

Bugfix Siehe *Patch*.

Cache Teil des Arbeitsspeichers oder der Festplatte, in dem häufig benötigte Daten zur Erhöhung der Zugriffsgeschwindigkeit bei erneutem Abrufen intern gespeichert werden.

CAPI International normierte Schnittstelle für Kommunikationsapplikationen, die über ISDN arbeiten. Eine verbreitete Spezifikation stellt das für 16-Bit-Betriebssysteme wie DOS und Windows 3.1x konzipierte CAPI 1.1 dar. CAPI 2.0 entspricht der Realisierung für 32-Bit-Betriebssysteme wie Windows 9x/Me. CAPI 2.0 ist nicht kompatibel zur älteren Spezifikation CAPI 1.1.

Cc Kennzeichnet einen Anwender, der die betreffende E-Mail als Kopie erhält. Alle Empfänger der E-Mail erfahren, wer die Nachricht in Kopie bekommen hat.

Client Ressource, die mittels geeigneter Software die Dienste eines entsprechenden Servers in Anspruch nimmt. Beispiele hierfür sind ein Webbrowser zum Abruf von Informationen von einem Webserver oder ein FTP-Client, um Dateien von einem FTP-Server herunter- und heraufladen zu können.

CompuServe Online-Dienst mit amerikanischer Herkunft, der auch als Internet-Service-Provider agiert. Zum Zugriff auf den Online-Dienst ist eine spezielle Software erforderlich. Zur Einwahl in das Internet betreibt CompuServe seine in vielen Ländern der Welt zur Verfügung stehenden Einwahlknoten als PPP-Zugänge. Im September 1997 wurde CompuServe vom Konkurrenten AOL gekauft.

Content Englischer Begriff für Inhalt.

Cookie Kleine Textinformation, die eine Website auf Ihrem PC hinterlassen kann, um Sie bei einem erneuten Besuch zum Beispiel automatisch identifizieren zu können.

D-Kanal Hierbei handelt es sich um einen speziellen Kanal bei ISDN, der zur Übertragung von Steuerinformationen dient. Die eigentliche Übertragung von Nutzinformationen findet bei ISDN dagegen über einen B-Kanal statt.

Dateianlage Siehe *Attachment*.

Datenkomprimierung Komprimierung von zu speichernden oder zu übertragenden Daten, um die Effektivität zu verbessern und so eine bessere Ausnutzung des Speicher- oder Übertragungsmediums zu erhöhen. Abhängig von der Art der Ausgangsinformationen lassen sich Daten typischerweise um den Faktor 2 komprimieren. Sofern die betreffenden Dateien bereits selbst komprimiert sind, ergibt sich kein Vorteil – denn eine erneute Komprimierung bringt keine weiteren Platzeinsparungen mit sich. Ein verbreitetes Verfahren zur Datenkomprimierung ist ZIP – und das für Windows 9x/Me bekannteste darauf basierende Programm zur Komprimierung (und Dekomprimierung) von Dateien stellt WinZIP dar.

Datex-J Siehe *Bildschirmtext*.

Desktop-Firewall Siehe *Personal-Firewall*.

DFÜ Abkürzung für Datenfernübertragung. Heutzutage spricht man dagegen eher von »online sein«.

DFÜ-Netzwerk Bestandteil von Windows 9x/Me, das die Verbindung zum Internet sowie zu anderen entfernten Rechnern gestattet. Über das DFÜ-Netzwerk lassen sich DFÜ-Netzwerk-Verbindungen erstellen, deren Eigenschaften festlegen, über welches Kommunikationsgerät, mit welchen Netzwerkprotokollen und zu welcher Rufnummer (bei einer Wählverbindung) die Verbindung erfolgen soll.

DFÜ-Netzwerk-Verbindungen Wählverbindungen (etwa per Modem oder ISDN-Adapter) beispielsweise zur Verbindung mit dem Internet, die im DFÜ-Netzwerk von Windows 9x/Me erstellt und darüber verwaltet werden.

DFÜ-Skript Textdatei, die eine Automatisierung von Eingaben bei der Einwahl über das DFÜ-Netzwerk erlaubt.

DFÜ-Verbindung Wählverbindung bei Windows XP, die im Bereich *Netzwerkverbindungen* (gemeinsam mit LAN-Verbindungen für lokale Netzwerke) zusammengefasst sind und von hier aus erstellt und verwaltet werden.

Digital Hierbei werden alle Werte als einer von zwei möglichen Zuständen ausgedrückt: 0 oder 1. Ein Lichtschalter beispielsweise kann »an« oder »aus« sein. Die elektronische Datenverarbeitung erfolgt digital. Der Vorteil dieses Verfahrens im Gegensatz zu analogen Methoden ist eine sehr hohe Übertragungsrate, bei der sich zudem Übermittlungsfehler durch entsprechende Prüfverfahren nahezu ausschließen lassen.

Digitale ID Hierbei handelt es sich um eine Art digitaler Ausweis, der eine elektronische Signatur beispielsweise von Programmen oder E-Mails ermöglicht und nicht nur deren Unverfälschtheit sicherstellen, sondern auch Ihre Identität bestätigen kann. Eine digitale ID wird von Organisationen wie Verisign ausgestellt.

DNS Das *Domain Name System* stellt Verfahren zur Zuordnung von aussagekräftigen Namen zu kryptischen IP-Adressen bereit, die das Ansprechen eines in das Internet eingebundenen Rechners bzw. einer darüber erreichbaren Ressource erleichtern. So können Sie als Benutzer mit leicht zu merkenden Namen (etwa von einer Website) arbeiten, während DNS diese automatisch in die – vom Computer zur erfolgreichen Abwicklung von Zugriffen benötigten -jeweiligen IP-Adressen umwandelt.

DNS-Server Rechner beim Internet-Service-Provider, in dem die Zuordnungen von Namen zu IP-Adressen gespeichert sind. Viele Internet-Service-Provider unterhalten neben einem hauptsächlichen, primären DNS-Server auch einen sekundären DNS-Server, der es Ihnen bei Ausfall oder Nichterreichbarkeit seines primären Kollegen erlaubt, dennoch DNS nutzen zu können.

Domäne Die Domäne beschreibt die Adresse, unter der ein Unternehmen oder eine Privatperson (je nachdem, wem die Domäne gehört) im Internet zu erreichen ist. Die Domäne lässt sich dabei sowohl für Dienste wie das World Wide Web durch die Bereitstellung eines Webservers als auch für die Abwicklung von E-Mails nutzen. Das ganz rechts nach einem Punkt zu findende Kürzel entspricht der Top-Level-Domain (TLD) und gibt dabei Aufschluss darüber, welcher Organisations- oder Unternehmenskategorie der jeweilige Eigentümer des entsprechenden Hosts angehört. Während organisatorische Domänen vor allem kommerzielle Betreiber, Internet-Service-Provider und Organisationen charakterisieren, erlauben es geografische Domänen darüber hinaus, die Domäne einem bestimmten Herkunftsland zuzuordnen.

Download So bezeichnet man das Herunterladen von Dateien beispielsweise über das World Wide Web oder von einem FTP-Server auf Ihren PC. Die heruntergeladene Datei speichern Sie in der Regel auf der lokalen Festplatte, um diese anschließend auf Ihrem PC weiterzuverarbeiten – etwa dekomprimieren, ausführen, öffnen, ausdrucken oder kopieren, je nachdem, um welche Art von Datei es sich handelt (komprimierte Datei, ausführbares Programm, Dokument etc.).

Dynamische IP-Adresse Von einer dynamischen IP-Adresse spricht man, wenn Ihr PC bei der Einwahl in das Internet vom Einwahlknoten eines Internet-Service-Providers eine (für TCP/IP, also die »Sprache« des Internet, zwingend benötigte) IP-Adresse automatisch zuerteilt bekommt. Hierzu hält der Internet-Service-Provider einen Pool von IP-Adressen vor. Sobald Sie Ihre Internet-Verbindung beenden, wird die IP-Adresse Ihres PCs wieder frei- bzw. in den Pool zurückgegeben, um einem der nächsten sich einwählenden Benutzer zugeteilt zu werden. Auf diese Weise lassen sich die nur begrenzt zur Verfügung stehenden IP-Adresse (jedenfalls beim aktuellen IP Version 4) effizient ausschöpfen. Bei Verwendung einer dynamischen IP-Adresse teilt Ihnen der Internet-Service-Provider in der Regel automatisch auch die IP-Adresse von primärem und sekundärem DNS-Server sowie des Standard-Gateways mit. Im Gegensatz dazu müssen Sie bei Verwendung einer statischen IP-Adresse die betreffenden Adressen explizit und manuell in der jeweiligen DFÜ-Netzwerk-Verbindung eintragen.

E-Commerce Hierbei handelt es sich um eine abgekürzte Schreibweise von *Electronic Commerce* – ein Begriff, unter dem man im weitesten Sinne den Vertrieb von Dienstleistungen und Waren über das Internet versteht.

E-Mail Elektronische Nachrichten, die im lokalen Netzwerk, über Online-Dienste oder das Internet versandt werden. Zur Bearbeitung von E-Mails ist ein E-Mail-Programm bzw. ein E-Mail-Client erforderlich, der mit dem zugehörigen Mail-Server in Verbindung steht. Bei der Web-basierenden E-Mail findet die Bearbeitung eingehender sowie neuer elektronischer Nachrichten dagegen häufig ausschließlich über einen Webbrowser statt.

E-Mail-Adresse Hierbei handelt es sich um die Adresse, unter der Sie für ein bestimmtes E-Mail-System erreichbar sind. Vielfach erhalten Sie eine E-Mail-Adresse von Ihrem Internet-Service-Provider zugeteilt. Darüber hinaus können Sie bei einem der im Internet zahlreich vorhandenen Anbieter eine kostenlose E-Mail-Adresse beantragen. Die Bearbeitung von E-Mails kann (Provider-abhängig) mit einem E-Mail-Programm wie zum Beispiel *Outlook Express* oder aber direkt aus einem Webbrowser heraus erfolgen (in diesem Fall spricht man von *Web-basierender E-Mail*).

E-Mail-Forwarder Dienstleistung im Internet, die eine automatische Weiterleitung von E-Mails erlaubt. Im Rahmen dessen werden in der Regel elektronische Nachrichten von mehreren E-Mail-Adressen (meist über POP3) abgerufen und gesammelt an eine einzige E-Mail-Adresse weitergeleitet. Des Weiteren ist es möglich, E-Mails automatisch beantworten zu lassen – um beispielsweise den Absender darüber informieren zu lassen, dass eine E-Mail-Adresse nur noch kurze Zeit gültig ist.

Eigenschaften Jedes Objekt, mit dem Windows 9x/Me arbeitet, verfügt über Eigenschaften, die die dabei getroffenen Einstellungen festlegen und somit über die Charakteristika des Objekts Aufschluss geben.

Einwahlknoten Zugangspunkte, die der Betreiber eines Online-Dienstes sowie Internet-Service-Providers unterhält und die Ihnen die Einwahl bei dem Anbieter beispielsweise über Modem oder ISDN erlauben.

Emoticon Siehe *Smiley*.

Euro-ISDN Europäische Ausführung von ISDN, das in zahlreichen Ländern (einschließlich Deutschland) zur Verfügung steht und einheitliche Dienstmerkmale bietet. Das bei Euro-ISDN verwandte ISDN-Steuerprotokoll ist E-DSS1, vereinzelt auch als DSS1 oder ETSI bezeichnet.

Explorer Von Microsoft verwendete Bezeichnung für ein Programm zum Zugriff auf Ressourcen und ihrer Darstellung. Der Windows-Explorer erlaubt beispielsweise die Bearbeitung von den auf Festplatten abgelegten Ordnern und Dateien, während der Internet Explorer zur Erkundung der Ressourcen des Internet – vor allem denen des World Wide Web – dient.

FAQ Ein mit der Bezeichnung *Frequently Asked Questions* versehenes Dokument enthält eine Zusammenfassung der häufig zu einem bestimmten Thema gestellten Fragen und Antworten. Meist handelt es sich dabei um Aspekte, die bereits andere Anwender vor Ihnen bewegt haben.

Favorit Von Microsoft verwendete Bezeichnung für die Verknüpfung zu einer Webseite, die (einmal im Webbrowser definiert) ihren späteren, erneuten Besuch vereinfachen und beschleunigen soll: Anstatt die Internet-Adresse im Internet Explorer erneut einzutippen, wird einfach der zugehörige Favorit angeklickt. Netscape spricht in diesem Zusammenhang von einem *Bookmark* (zu deutsch *Lesezeichen*) für seinen Webbrowser *Navigator*.

Firewall Vereinfacht ausgedrückt entspricht eine Firewall einem Schutzwall, der ein System wie ein lokales Netzwerk (oder auch nur einen einzelnen PC, falls es sich um eine Personal-Firewall handelt) vom Internet – und vice versa – abschottet. Auf diese Weise soll verhindert werden, dass unkontrollierte Zugriffe auf das Internet sowie unauthorisierte Zugriffe aus dem Internet stattfinden. Diese Maßnahmen sorgen für mehr Sicherheit, um zum Beispiel nur bestimmten Applikationen den Internet-Zugriff zu gestatten und aus dem Internet eingehende Daten, die keine Antwort auf Anfragen darstellen, zu verwerfen.

FQDN Vollständiger DNS-Name eines Hosts im Internet (etwa *news.msn.com* oder *personalmail.de.uu.net*).

Freeware Software, für deren Nutzung keine Gebühr zu entrichten ist. Oftmals erstreckt sich diese Erlaubnis nur auf den privaten Einsatz, sodass kommerzielle Anwender für die Nutzung der Software bezahlen müssen (siehe auch *Shareware*).

FTP Das *File Transfer Protocol* ist ein Dienst im Internet, der die Übertragung von Dateien erlaubt. Zum Zugriff ist ein FTP-Client erforderlich, der die Dateien von einem FTP-Server herunterlädt – oder auf diesem bereitstellt.

FYI Dieses Kürzel steht für *For Your Information* und macht kenntlich, dass das folgende Dokument konkrete Hinweise oder Tipps beinhaltet. Diese können sich beispielsweise auf die Installation einer Software in einer bestimmten Umgebung zu deren störungsfreiem Betrieb oder Ausnahmen etwa von nicht fehlerfrei unterstützter Hardware beziehen.

Gateway Ein via Hard- oder Software realisierbares Gateway führt eine Umwandlung von Informationen verschiedener Formate (etwa für E-Mails) durch oder erlaubt es, mehrere Netzwerke aus logischer Sicht miteinander so zu verbinden, dass eine übergreifende Kommunikation möglich ist.

Geräte-Manager Zugriff auf den Hardware-Baum (einem Teil der Registry von Windows 9x/Me), um die Existenz und Konfiguration der im PC installierten Hardware-Komponenten zu bearbeiten.

Homepage Erste Webseite (die in der relativen Struktur der entsprechenden Webseiten höchste Webseite) eines Anbieters.

Host Allgemeiner Begriff für einen meist größeren Rechner, der eine bestimmte Aufgabe wahrnimmt.

HTML Bei der HyperText Markup Language handelt es sich um eine Seitenbeschreibungssprache, über die sich der grundlegende Inhalt von Webseiten angeben lässt. Für die offizielle Weiterentwicklung und Standardisierung von HTML zeichnet das World Wide Web Consortium verantwortlich.

HTML-Mail Eine im HTML-Format versandte E-Mail wird als *HTML-Mail* bezeichnet. Diese gestattet es im Gegensatz zu einer herkömmlichen E-Mail, Formatierungselemente wie etwa eine Abbildung in die Nachricht einzubeziehen.

HTTP Beim HyperText Transfer Protocol handelt es sich um das im World Wide Web genutzte Verfahren zur Übertragung von Informationen. Ein Webserver verwendet beispielsweise HTTP, wenn Informationen von einem Webbrowser abgerufen werden.

HTTPS Hierbei handelt es sich um die sichere Variante von HTTP, bei der die Datenübertragung zwischen Webbrowser und Webserver (unter Verwendung des SSL-Mechanismus) verschlüsselt erfolgt. Die Verschlüsselungsstärke gibt dabei das Maß des Sicherheitsgrades an, der sich erzielen lässt. Die ursprüngliche Verschlüsselungsstärke von 40 oder 56 Bit ist dabei eher unzureichend, 128 Bit werden als sehr sicher erachtet.

Hyperlink Ein Hyperlink (oftmals auch lediglich *Link* genannt) entspricht einem Verweis auf eine andere Ressource, die sich beispielsweise im Internet oder auf Ihrem lokalen PC befinden kann.

Hypertext Format von Dokumenten im World Wide Web, die nicht nur Text, sondern auch Grafiken, Sounddateien und Videos sowie Hyperlinks beinhalten.

IETF Für die Entwicklung von herstellerübergreifenden Internet-Standards zeichnet die Organisation IETF (Internet Engineering Task Force) verantwortlich.

IMAP4 Ein gegenüber POP3 neueres E-Mail-Protokoll stellt das *Internet Message Access Protocol Version 4* (kurz *IMAP4*) dar. Alle E-Mails werden dabei auf dem mit IMAP4 arbeitenden Mail-Server zwischengespeichert. Ein E-Mail-Client wie Outlook Express, der IMAP4 beherrscht, kann dann auf seine E-Mails des IMAP4-Mail-Servers zugreifen. Eine Übertragung der elektronischen Nachrichten auf den Client-PC (wie bei POP3 üblich) – also ein Leeren des Postfachs, um die darin enthaltenen E-Mails auf der lokalen Festplatte des PCs abzulegen – findet dabei nicht statt. Daher kann der Benutzer seine E-Mails bei Bedarf auch von einem anderem PC aus bearbeiten (etwa von zu Hause oder unterwegs).

Impulswahlverfahren Siehe *Pulswahl.*

Internet Weltweites, öffentliches Netzwerk, das zunächst in den USA zu militärischen und wissenschaftlichen Zwecken betrieben wurde. Jedermann kann Informationen im Internet bereitstellen, da es im Gegensatz zu einem *Online-Dienst* keinen Betreiber gibt, dem das Internet und die dabei zur Verfügung stehenden Einwahlknoten gehören. Zugang zum Internet etwa über Modem oder ISDN offerieren Internet-Service-Provider. Längst treten auch Anbieter von Online-Diensten (beispielsweise CompuServe oder T-Online) als Internet-Service-Provider auf – erlauben es also ihren Kunden, sich über das eigene Netzwerk mit dem Internet zu verbinden.

Internet-Account Die von einem Internet-Service-Provider erteilte Berechtigung für den Zugang zum Internet. Zu einem Internet-Account gehören ein Sie identifizierender Benutzername sowie ein Kennwort, das aus Sicherheitsgründen nur Ihnen bekannt sein sollte (damit niemand Ihren Internet-Account missbraucht).

Internet-by-Call Bei einem Internet-Service-Provider, das das Verfahren Internet-by-Call offeriert, können Sie sich über eine in der Regel bundesweit einheitlichen Rufnummer in das Internet einwählen. Telefon- und Internet-Nutzungsgebühren werden dabei kombiniert und Ihnen zusammengefasst in Rechnung gestellt. Größere Formalitäten, um zu einem Internet-Account zu gelangen, entfallen – Ihr dortiger Internet-Account kommt sozusagen bei der Einwahl automatisch zustande, und Sie können sich nach Belieben über einen dieser Anbieter in das Internet einwählen (es kann allerdings eine Registrierung erforderlich sein, die Abrechnungsformalitäten festlegt oder Ihnen eine E-Mail-Adresse bei diesem Internet-Service-Provider zuteil werden lässt). Der Vorteil von Internet-by-Call liegt darin, dass Sie sich nicht vertraglich an den Anbieter binden und daher etwa bei Unzufriedenheit unmittelbar zu einem anderen Anbieter wechseln können.

Internet-Service-Provider So werden Unternehmen bezeichnet, das kommerziellen und privaten Anwendern Zugang zum Internet bietet und über eigene Leitungen verfügt, die eine Verbindung zum eigentlichen, weltweiten Internet herstellen. Neben reinen Internet-Service-Providern gibt es auch einige Online-Dienste, die als Internet-Service-Provider auftreten und eine direkte Verbindung mit dem Internet erlauben, ohne sich zuvor in den Online-Dienst eingewählt haben zu müssen. Telefongesellschaften, die als Internet-Service-Provider agieren, bieten meist das Verfahren Internet-by-Call an.

Internetverbindungsfirewall Personal-Firewall von Windows XP, die aus dem Internet eingehende Zugriffe auf den PC analysiert und so den PC vor unerlaubten Zugriffen schützen soll.

Interrupt Unterbrechungssignal in einem PC, das eine bestimmte Ressource des Rechners steuert.

Intranet Vereinfacht ausgedrückt handelt es sich bei einem Intranet um ein privates Netzwerk eines Unternehmens, in dem aus dem Internet her bekannte Technologien zum Einsatz gelangen.

IP Siehe *TCP/IP*.

IP-Adresse Eindeutige Adresse eines Geräts, das in ein mit TCP/IP arbeitendes Netzwerk eingebunden ist. Jeder Rechner im Internet beispielsweise verfügt über eine eindeutige IP-Adresse. Die weltweite Vergabe durch entsprechende Organisationen sorgt dafür, dass jede IP-Adresse einmalig ist. Eine statische IP-Adresse ist immer gleich, während eine dynamische IP-

Adresse vom Internet-Service-Provider aus einem Bereich dafür zur Verfügung stehender IP-Adressen bei der Einwahl in das Internet zugewiesen wird.

IPX Netzwerkprotokoll von Novell, das in lokalen Netzwerken (LANs) Verwendung findet, in denen vor allem das Netzwerkbetriebssystem *NetWare* eingesetzt wird.

ISA Bussystem älterer PCs, das mit 16 Bit arbeitet und daher Übertragungen nur mit mittlerer Geschwindigkeit durchführt. Sofern nicht explizit darauf ausgelegt, unterstützt ISA-Hardware kein Plug-and-Play und muss daher in Windows 9x/Me häufig manuell konfiguriert werden.

ISDN Digitales Netzwerk, das alle Sprach- und Datendienste integriert. ISDN zeichnet sich durch eine hohe Übertragungsgeschwindigkeit von 64 KBit/s pro B-Kanal sowie einem schnellen Verbindungsaufbau zum Empfänger aus, der binnen 1 bis 2 Sekunden abwickelt ist. Siehe auch *B-Kanal.*

ISDN-Karte Steckkarte (auch als externe Ausführung erhältlich), die einem PC den Zugriff auf ISDN erlaubt. Zur Ansteuerung einer ISDN-Karte muss im Betriebssystem ein entsprechender Treiber eingebunden sein.

Java Java ist eine von Sun entwickelte Programmiersprache, die während ihrer Laufzeit von einem Interpreter ausgewertet wird. In Verbindung mit einer relativ leicht auf unterschiedliche Plattformen portierbaren Laufzeitumgebung (dem »Java Runtime Environment« respektive der darin enthaltenen »Java Virtual Machine«) lassen sich mit Java plattformunabhängige Programme realisieren. Da die Java Virtual Machine auf nahezu allen gängigen Plattformen wie Windows 9x oder Unix zur Verfügung steht, ist ein breiter Einsatz von Java-Programmen möglich – sofern sich diese an die eigentlichen Java-Konventionen halten und keinen proprietären Code beinhalten.

Kanalbündelung So bezeichnet man die gleichzeitige Nutzung mehrerer Übertragungskanäle (etwa der beiden B-Kanäle eines ISDN-Basisanschlusses), um deren Geschwindigkeit zu kombinieren und so in den Genuss einer höheren Performance zu gelangen. Dies zeigt vor allem bei Download-Vorgängen eine spürbare Wirkung, die dementsprechend schneller vonstatten gehen. Zu berücksichtigen ist allerdings, dass für jeden aktiv verwendeten Kanal auch eigene Nutzungsgebühren anfallen können.

Kennwort Kennung in Verbindung mit einem Benutzernamen, die den Zugriff auf die damit verbundenen Ressourcen schützt und daher nur den entsprechenden Anwendern bekannt sein sollte.

Kommunikationsgerät Gerät wie zum Beispiel analoges Modem oder ISDN-Adapter, das Übertragungen von Daten durchführt. Ein Kommunikationsgerät kann in Form einer PC-Steckkarte zum Einbau in den PC oder aber als externe Lösung zum Anstecken an eine der Schnittstellen des PCs realisiert sein.

LAN Hierunter versteht man ein lokales Netzwerk (Local Area Network), bei dem mehrere Rechner untereinander verbunden sind, um Ressourcen wie Dateien und Drucker gemeinsam nutzen zu können. Ein LAN kann zur Vernetzung lediglich zweier heimischer PCs dienen, sich aber auch über das gesamte Grundstück erstrecken. Siehe auch *Netzwerk*.

LDAP Dies ist ein Verfahren, um das elektronische Verzeichnis eines Internet-Verzeichnisdienstes nach Informationen wie zum Beispiel der E-Mail-Adresse eines Anwenders zu durchsuchen. LDAP selber stellt keinen Verzeichnisdienst, sondern vielmehr eine standardisierte Methode dar, auf einen solchen zuzugreifen.

Link Siehe *Hyperlink*.

Lokaler Proxy-Server Hierbei handelt es sich um einen Proxy-Server, der auf dem eigenen PC läuft. Der Webbrowser muss dabei so konfiguriert werden, dass er Zugriffe auf das Internet nicht direkt vornimmt, sondern diese an den Proxy-Server sendet, der die gewünschten Daten dann aus dem Internet (oder seinem Cache) abruft und an den initiierenden Webbrowser zurückleitet. Weniger stehen bei einem lokalen Proxy-Server aber die Caching-, sondern die Filterungs-Möglichkeiten des Proxy-Server-Modells im Vordergrund. Da nicht mehr der Webbrowser, sondern der lokale Proxy-Server auf das Internet zugreift, können aus dem Internet heraus die technischen Möglichkeiten (und eventuelle Sicherheitslücken) des Webbrowsers schwerer ermittelt werden, was für mehr Sicherheit und größere Privatsphäre beim Surfen im Internet sorgt. Zudem kann ein lokaler Proxy-Server unerwünschte Daten (wie zum Beispiel Werbung) aus den Webseiten herausfiltern, bevor er diese an den initiierenden Webbrowser weitergibt. Der Webbrowser muss dabei so konfiguriert werden, dass er Zugriffe auf das Internet nicht direkt vornimmt, sondern diese an den Proxy-Server sendet, der die gewünschten Daten dann aus dem Internet (oder seinem Cache) abruft und an den initiierenden Webbrowser zurückleitet.

Lokales Netzwerk Siehe *Netzwerk*.

Mailing-List Hierbei handelt es sich um eine Liste von Empfängern, die von einem Rechner des Internet regelmäßig Informationen per E-Mail erhalten. Um Ihre E-Mail-Adresse auf die Mailing-List zu setzen, müssen Sie in der Regel eine E-Mail in einer bestimmten Form an den Betreiber der Mailing-List senden (Details hierzu erfahren von dem jeweiligen Betreiber).

Mehrfrequenzwahlverfahren Siehe *Tonwahl.*

Modem Kunstwort aus »Modulator« und »Demodulator«. Gerät, das digitale Signale des Computers in analoge Signale bzw. Töne zur Übertragung über das analoge Telefonnetz umwandelt und umgekehrt.

Mosaic Urvater aller Webbrowser. In den Anfängen des World Wide Web wurde Mosaic gerne als Synonym für diese Art von Programmen verwendet. Seit 1997 weist Mosaic aber keine größere Bedeutung mehr auf – vielmehr haben längst andere Webbrowser wie etwa der *Internet Explorer* von Microsoft (zeitweise auch der *Navigator* von Netscape) die technologische Führerschaft übernommen.

MSN Mehrfachrufnummer bei Euro-ISDN sowie Portal-Site und Internet-Service-Provider von Microsoft.

Netscape Unternehmen, das vor allem durch seinen Webbrowser *Navigator* zu Ruhm und Ehre gelangt ist und lange Zeit die Entwicklung neuer technischer Standards für das World Wide Web begleitet hat. Mitgründer von Netscape war einer der früheren Entwickler von *Mosaic*, dem Urvater aller Webbrowser. Im November 1998 wurde Netscape vom Online-Dienst AOL übernommen.

Netzwerk Verbund mehrerer Rechner, die untereinander verbunden sind. Bei einem räumlich zusammenhängenden Verbund spricht man von einem *LAN* bzw. *lokalen Netzwerk*. Andere Formen von Netzwerken umfassen den Online-Dienst (privates Netzwerk) oder das *WAN* bzw. *Weitverkehrsnetz*, bei dem mehrere räumlich getrennte lokale Netzwerke miteinander verbunden sind.

Netzwerkverbindungen Bereich bei Windows XP, in dem alle DFÜ-Verbindungen (Einwahl etwa per Modem oder ISDN-Adapter) und LAN-Verbindungen (Netzwerkadapter für lokales Netzwerk) zu finden sind, die sich mit dem PC nutzen lassen.

News-Server Rechner beim Internet-Service-Provider, der für die Verwaltung von Newsgroups zuständig ist, auf den seine Kunden zugreifen können. Manche Internet-Service-Provider blenden anstößige oder zumindest bedenkliche Newsgroups auf ihren News-Servern aus, während andere einen relativ umfassenden Zugriff auf die mehr als 30.000 weltweit vorhandenen Newsgroups bieten. Nicht jeder Internet-Service-Provider unterhält allerdings auch einen eigenen News-Server. In diesem Fall heißt es, auf einen der öffentlichen News-Server auszuweichen, die im Internet ebenfalls zu finden sind.

Newsgroup-Reader So bezeichnet man ein Programm, das Zugriffe auf einen News-Server vornimmt, um die dortigen Threads von Newsgroups zu bearbeiten. *Outlook Express* beispielsweise ist ein Newsgroup-Reader.

Newsgroups Teil des Internet, in dem Diskussionen zu allen möglichen (und unmöglichen) Themen stattfinden. Die Kommunikation erfolgt offline – Anwender können Nachrichten hinterlassen, die dann von anderen Anwendern gelesen und beantwortet werden. Zum Zugriff auf Newsgroups ist ein Newsgroup-Reader erforderlich, der in der Regel als eigenständige Applikation getrennt von Webbrowser realisiert ist – gleichwohl aus diesem heraus aber aufgerufen werden kann.

NNTP-Server Siehe *News-Server.*

OEM Anbieter, der Hard- und Software lizenziert und eventuell in anderer Verpackung unter eigenem Namen auf den Markt bringt.)

Öffentlicher Schlüssel Siehe *Schlüssel.*

Offline Bezeichnet das Gegenteil von online: Wenn gegenwärtig keine Verbindung zu einem Netzwerk wie dem Internet oder einem Online-Dienst besteht, ist man (darauf bezogen) offline.

Online Sobald eine Verbindung zu einem Netzwerk wie dem Internet oder einem Online-Dienst hergestellt ist, spricht man von »online sein«. Sodann lassen sich die dort zur Verfügung stehenden Informationen abrufen.

Online-Dienst Privates Netzwerk eines Betreibers mit nationalem oder internationalem Charakter, mit dem sich die Kunden beispielsweise über Modem oder ISDN verbinden und die von den einzelnen Informationsanbietern bereitgehaltenen Daten abrufen und eigene bereitstellen können. Die Einwahl in einem Online-Dienst erfolgt über die von dem verantwortlichen Betreiber bereitgestellten Einwahlknoten. In der Regel bieten Online-Dienste auch einen Zugriff auf das Internet – entweder, ohne sich zuvor in den Online-Dienst eingewählt zu haben oder aber erst, nachdem die Verbindung mit dem Online-Dienst etabliert worden ist.

Ordner So wird eine Ressource auf einer lokalen oder entfernten Festplatte eines Rechners bezeichnet, die Objekte (Dateien, E-Mails etc.) beinhaltet. Zu Zeiten von DOS und Windows 3.1x sprach man stattdessen von einem Verzeichnis.

Outlook Diese auf den Einsatz in LANs sowie einem dort laufenden Exchange Server von Microsoft hin optimierte Software bietet umfangreiche Funktionalitäten im Hinblick auf die E-Mail-Bearbeitung und Gruppenarbeit in Unternehmen. Outlook ist Bestandteil des Office-Pakets von Microsoft und kostenpflichtig zu erwerben.

Outlook Express Hierbei handelt es sich um ein von Microsoft stammendes, leistungsfähiges und einfach zu bedienendes Programm, das die Funktionen von E-Mail-Client und Newsgroup-Reader unter einer einzigen Oberfläche vereint und auf die Internet-Nutzung zugeschnitten ist. Outlook Express wird beim Internet Explorer mitgeliefert und ist kostenlos.

Passive ISDN-Karte ISDN-Karte, die im Gegensatz zu einer aktiven ISDN-Karte für interne Aufgaben die Rechenleistung des PC nutzt und ohne eigenen Prozessor auskommt, daher also relativ preisgünstig ist.

Passwort Siehe *Kennwort.*

Patch Update für eine Software-Komponente, die bislang nicht einwandfrei arbeitete, mit dem Ziel, den Fehler zu beheben.

PC-Card Bussystem, das mit scheckkartengroßen Erweiterungskarten arbeitet (ehedem auch als PCMCIA bekannt).

PCI Bussystem moderner PCs, das in 32- oder 64-Bit-Breite angelegt ist und daher einen hohen Durchsatz bei Übertragungen erlaubt. PCI-Hardware unterstützt Plug-and-Play, sodass eine automatische Erkennung und Konfiguration durch Windows 9x/Me erfolgt, was die Inbetriebnahme durch den Anwender wesentlich erleichtert.

PCMCIA Siehe *PC-Card.*

PDF Hierbei handelt es sich um ein spezielles Format von Dokumenten, zu deren Anzeige Sie ein separates Programm benötigen – den von Adobe stammenden, kostenlosen Acrobat Reader. Seine Integrationsfähigkeit in einen Webbrowser erlaubt es, Dokumente im PDF-Format direkt aus dem Internet Explorer heraus zu betrachten.

Personal-Firewall Eine Personal-Firewall realisiert eine Firewall-Funktionalität auf dem eigenen PC. Die Aufgabe des persönliche Schutzwalls besteht darin, für mehr Datensicherheit zu sorgen, während der PC mit dem Internet verbunden ist. Auf diese Weise haben es beispielsweise Trojaner wesentlich schwerer, Daten für den Anwender »unbemerkt« ins Internet zu schmuggeln oder auf Befehle zu reagieren, die sie über das Internet erhalten.

PGP Bei *Pretty Good Privacy* handelt es sich um ein weit verbreitetes, plattformübergreifend realisiertes Verfahren, um E-Mails vor ihrer Übertragung zu verschlüsseln. Für den Privatanwender ist die Nutzung von PGP als kostenlose Freeware möglich.

Plug-and-Play So wird das Verfahren bezeichnet, um eine automatische Konfiguration von Hardware-Komponenten durchzuführen. Der Anwender muss sich sodann um die konkrete Konfiguration der Hardware-Komponente in der Regel keine Gedanken mehr machen, da diese automatisch stattfindet. Idealerweise sollte sowohl die Hardware als auch das Betriebssystem sowie für die Komponente erforderliche Treiber mit Plug-and-Play umzugehen verstehen.

Popup-Fenster So werden vor allem zusätzliche Fenster bezeichnet, die sich beim Besuchen einer Webseite automatisch öffnen. Popup-Fenster können der besseren Navigation auf den zur Verfügung stehenden Webseiten dienen, transportieren häufig aber auch lediglich Werbebotschaften.

POP3 Hierbei handelt es sich um ein weit verbreitetes Verfahren, um E-Mails von einem Mail-Server über das Internet abzurufen. Das zugehörige Postfach beim jeweiligen Mail-Server wird dabei in der Regel geleert, die E-Mails also vollständig auf den lokalen Rechner übertragen (im Gegensatz zu IMAP4) – sodass es schwierig wird, diese E-Mails später von einem anderen Rechner aus zu bearbeiten.

Portal-Site Hierunter versteht man Einstiegsseiten, durch die Internet-Surfer das World Wide Web betreten können, um einen einfacheren Zugriff auf die vielfältigen im Internet vorhandenen Informationen und Dienste zu erhalten. Ziel ist es dabei, dem Anwender eine gewisse Orientierung des Informationsangebots zu bieten, sodass er beispielsweise mit nur einem Mausklick etwa aktuelle Nachrichten, die Wettervorhersage, Verknüpfungen zu einem bestimmten Thema oder neue Software direkt abrufen kann. Häufig präsentieren sich die Websites von Suchmaschinen und Internet-Katalogen als Portal-Site.

Postfach Bereich eines E-Mail-Systems, in dem die elektronischen Nachrichten des zugehörigen Anwenders festgehalten sind.

PPP Häufig eingesetztes Verbindungsprotokoll, das mit verschiedenen Netzwerkprotokollen (NetBEUI, IPX, IP) und Transportmedien (Modem, ISDN) zusammenarbeitet und weitergehende Funktionen wie Verschlüsselung oder Datenkomprimierung beherrscht. PPP wird zur Einwahl in ein Netzwerk oder das Internet verwendet und hat die älteren Verfahren SLIP und CSLIP nahezu vollständig abgelöst.

PPP-Zugang Mit PPP arbeitender Einwahlknoten eines Internet-Service-Providers. Hierbei handelt es sich um einen Standard, den auch Windows 9x/Me unterstützt. Auf diese Weise können Sie sich mit dem Internet über jeden Internet-Service-Provider verbinden, der PPP-Zugänge unterhält – und zwar einheitlich unter Verwendung des DFÜ-Netzwerks von Windows 9x/Me, ohne dass Sie eine zusätzliche, besondere Software benötigen.

Privater Schlüssel Siehe *Schlüssel*.

Protokolldatei Um die Vorgänge einer bestimmten Komponente im Nachhinein nachvollziehen oder zur Problembehebung auswerten zu können, erlaubt es Windows 9x/Me an mehreren Stellen, entsprechende Protokolldateien zu erstellen. Diese sind allerdings häufig technischer Natur.

Proxy-Server Ein spezieller Server in Ihrem Intranet oder bei Ihrem Internet-Service-Provider, über den alle Zugriffe auf das Internet durchgeführt werden. Dokumente, die ein Benutzer anfordert, werden vom Proxy-Server in seinem Cache zwischengespeichert. Sollte ein weiterer Benutzer dasselbe Dokument anfordern, kann es der Proxy-Server schnell aus seinem Cache zum Benutzer übertragen, anstatt die Daten erst über das (im Vergleich dazu langsamere) Internet laden zu müssen. Dadurch können sich die Zugriffszeiten auf solche Dokumente verringern, die typischerweise von vielen Benutzern immer wieder angefordert werden. Zudem kann ein Proxy-Server Filterungsfunktionen wahrnehmen, um zum Beispiel den Zugriff auf bestimmte Webseiten zu unterbinden oder aber unerwünschte Inhalte (Werbebanner) aus Webseiten zu eleminieren und erst die gefilterten Webseiten an den initiierenden Webbrowser zu übertragen. Der Webbrowser muss dabei so konfiguriert werden, dass er Zugriffe auf das Internet nicht direkt vornimmt, sondern diese an den Proxy-Server sendet, der die gewünschten Daten dann aus dem Internet (oder seinem Cache) abruft und an den initiierenden Webbrowser zurückleitet.

Pulswahl Wahlverfahren für analoge Telefonleitungen, bei dem die Telefonnummer des Empfängers Ziffer für Ziffer in Impulse unterschiedlicher Länge umgesetzt wird (man spricht daher auch vom Impulswahlverfahren), sodass der Wahlvorgang bedeutend mehr Zeit in Anspruch nimmt als bei der Tonwahl. Die Deutsche Telekom hat bis Anfang der Neunzigerjahre ausschließlich die Pulswahl verwendet, unterstützt inzwischen aber flächendeckend auch die in vielen anderen Ländern bereits übliche Tonwahl.

Ressource Hardware-Komponenten in einem PC belegen Ressourcen wie etwa einen Interrupt oder einen Speicherbereich, um Rechner-intern einwandfrei gesteuert werden zu können. Während die manuelle Konfiguration solcher Ressourcen nicht selten sogar bei Profis zu Rechner-internen Konflikten führt, nimmt Plug-and-Play eine automatische, anwenderfreundliche Zuweisung der Ressourcen vor.

RFC Die technische Beschreibung der von der IETF verabschiedeten, Internet-orientierten Standards ist in Dokumenten festgehalten, die als *RFCs* (*Request For Comments*) bezeichnet werden. Die RFC-Dokumente lassen sich über das Internet von jedermann abrufen, der sich für die Details interessiert. Ein aktueller Index der einzelnen RFCs steht unter `http://ds.internic.net/ds/rfc-index.html` zur Verfügung.

Roaming Als Roaming (bedeutet zu Deutsch soviel wie »durchwandern«) wird das Verfahren bezeichnet, über zwar gleichartige, aber nicht vom eigenen Betreiber bzw. nicht im eigenen Land unterhaltene Netze Zugang zum heimischen System zu erhalten. Bekannt ist Roaming beispielsweise durch das in Europa verbreitete Mobiltelefon-Netz GSM: Da die einzelnen Netzbetreiber Verträge mit ihren ausländischen Kollegen geschlossen haben, sind Sie dank der Roaming-Funktionalität beispielsweise auch in Frankreich über das deutsche D2-Netz erreichbar. Auf ganz ähnliche Weise wird Roaming zum Zugang zum eigenen Internet-Account aus dem Ausland heraus verwendet. Häufig sind mit dem Roaming allerdings zusätzliche Gebühren verbunden, über deren Höhe Sie sich am besten vorab informieren sollten, um bei der nächsten Abrechnung keine Überraschung zu erleben.

Router Ein per Hardware oder Software realisierbarer Router verbindet zwei zumindest grundlegend gleichartige Netzwerke miteinander und sorgt für einen automatischen Austausch der Daten zwischen beiden. Die einzelnen Netzwerk-»Teile« des Internet sind über Router miteinander verbunden, und auch die Anbindung von privaten LANs (Intranets) an das öffentliche Internet erfolgt über Router.

S/MIME Über S/MIME lassen sich E-Mails mit einer digitalen ID signieren und bei Bedarf verschlüsseln. So wird die Integrität der E-Mail gewährleistet: Die E-Mail stammt dann wirklich vom Absender und ist unterwegs nicht manipuliert worden. Eine Alternative hierzu stellt PGP dar.

Schlüssel Die Verschlüsselung (etwa von E-Mails) erfolgt häufig über ein Paar von privaten und öffentlichen Schlüsseln, die anhand eines Kennworts zunächst gebildet werden müssen. Alle Empfänger der auf diese Weise verschlüsselten Nachrichten müssen Ihren öffentlichen Schlüssel besitzen und umgekehrt – sie müssen also Ihren öffentlichen Schlüssel als Datei den einzelnen Empfängern zukommen lassen, die Ihrerseits ihre öffentlichen Schlüssel als Datei an Sie zu überstellen haben. Private Schlüssel verlassen den Rechner des zugehörigen Anwenders nicht, öffentliche Schlüssel müssen als Datei exportiert oder eingelesen werden.

Schnittstelle Eine Schnittstelle erlaubt den Anschluss von Geräten wie Drucker, Maus oder Modem an einen Rechner. Parallele Schnittstellen tragen die Bezeichnung LPT1, LPT2 etc., serielle Schnittstellen entsprechend COM1, COM2 etc. und sind häufig auf der Rückseite des Rechners zu finden.

Server Ein Server stellt seine Ressourcen und Dienste den mit ihm verbundenen Geräten zur Verfügung, die dann ihrerseits als Clients agieren. Es gibt Server, die als Datei-Server in einem lokalen Netzwerk die gemeinsame Nutzung von Dateien erlauben, wobei die einzelnen Rechner-Arbeitsplätze dann als Client operieren. Ein Webserver dagegen stellt Informationen vielfältiger Art und Natur bereit, die sich von einem (als Client agierenden) Webbrowser abrufen lassen.

Servertyp Teil der Eigenschaften einer DFÜ-Netzwerk-Verbindung, die festlegen, um welche Art von Gegenstelle es sich handelt und welche Verbindungs- sowie Netzwerkprotokolle verwendet werden sollen.

Service-Pack So bezeichnen viele Hersteller eine Sammlung mehrerer Patches, um zwischenzeitlich aufgetretene Fehler eines Produkts umfassend zu beheben. Mitunter hält durch ein Service-Pack aber auch eine neue Funktionalität Einzug in das eigentliche Produkt.

Shareware »Prüf-vor-Kauf-Software«, die Sie zunächst für einen gewissen Zeitraum oder eine gewisse Aufrufhäufigkeit ohne Entrichtung einer Gebühr nutzen können und bei Gefallen gehalten sind, diese zu kaufen.

Signatur Hierbei handelt es sich um Text, den ein E-Mail-Programm wie zum Beispiel Outlook Express am Ende jeder ausgehenden Nachricht anfügen kann. Dieser kann beispielsweise die Adresse (oder Teile davon) des Absenders oder einen netten Spruch beinhalten. Da normaler Text für die Signatur Verwendung findet, sollte diese mit jedem E-Mail-Client lesbar sein.

Site Rechner, der in das Internet eingebunden ist und einen bestimmten Dienst bereitstellt.

Sitzung Zeitraum, der eine Verbindung zu einem anderen Rechner bezeichnet oder die Dauer umfasst, für die ein Programm geladen ist.

Smiley Als Smiley wird ein Kürzel bezeichnet, das meist aus Satzzeichen besteht und einen bestimmten Gefühlszustand des jeweiligen Verfassers zum Ausdruck bringen soll. Smileys werden gerne in E-Mails und Newsgroup-Nachrichten verwendet.

SMTP Hierbei handelt es sich um ein weit verbreitetes Verfahren, um die mit einem E-Mail-Client erstellten E-Mails an einen Mail-Server mit der Bitte um Versand zu überstellen. Anders ausgedrückt, findet dann der Versand von E-Mails über das Internet mithilfe des Protokolls SMTP statt.

Standard-Gateway Das Standard-Gateway entspricht dem Router, der dazu in der Lage ist, die Wege zu anderen Hosts zu ermitteln, die sich außerhalb des eigenen Netzwerks befinden, in das der Rechner eingebunden ist. Im Hinblick auf den Internet-Zugang eines einzelnen PCs, der eine Einwahl etwa über Modem oder ISDN-Adapter vornimmt, entspricht das Standard-Gateway einem Router des Internet-Service-Providers, der die Wege zu allen anderen Hosts der Internet kennt oder diese zu ermitteln imstande ist. Die IP-Adresse des Standard-Gateway ist jedem PC im Rahmen seiner TCP/IP-Konfiguration mitzuteilen. Erhält der PC bei der Einwahl in das Internet vom Internet-Service-Provider eine dynamische IP-Adresse zugeteilt, wird ihm in der Regel auch die IP-Adresse des für ihn zuständigen Standard-Gateways automatisch mitgeteilt.

Standort Von Bedeutung für die Konfiguration eines in Windows 9x/Me eingebundenen Modems sind hier Angaben wie das Land oder die Ortsvorwahl verzeichnet. Anhand dessen kann das DFÜ-Netzwerk problemlos die jeweils anzuwählende Telefonnummer ermitteln. Die Wahlparameter geben dabei Aufschluss über die technischen Bedingungen eines Standorts – beispielsweise, ob eine Amtskennzahl vorgewählt werden muss, falls das Modem an einer Nebenstellen- bzw. Telefonanlage angeschlossen ist.

Statische IP-Adresse Wenn Sie von Ihrem Internet-Service-Provider eine feste IP-Adresse bei der Beantragung Ihres Internet-Accounts zugewiesen bekommen haben, spricht man von einer statischen IP-Adresse. Diese müssen Sie (mitsamt der IP-Adressen von primärem sowie sekundären DNS-Server sowie vom Standard-Gateway – Angaben, die Sie ebenfalls vom Internet-Service-Provider mitgeteilt bekommen) in den Eigenschaften der DFÜ-Netzwerk-Verbindung hinterlegen, über die die Einwahl in das Internet erfolgt. Da aber nur eine begrenzte Anzahl von IP-Adressen (jedenfalls beim derzeitigen IP Version 4) zur Verfügung steht, arbeiten viele Internet-Service-Provider inzwischen mit dynamischen IP-Adressen. Hierbei werden Ihrem PC alle Angaben automatisch übermittelt, sobald Sie sich über einen Einwahlknoten mit dem Internet verbinden.

Subnet-Mask Bestandteil einer jeden IP-Adresse. Die Subnet-Mask erlaubt es, das über eine IP-Adresse festgelegte Netzwerk (aus logischer Sicht heraus) zu unterteilen und so verschiedene Sub-Netze zu realisieren.

Surfen Umgangssprachlicher Ausdruck für das Verhalten, Webserver zu besuchen und per Hyperlink über die Maus zu bestimmten Ressourcen zu springen.

T-Online So lautet die Bezeichnung für den von der Deutschen Telekom unterhaltenen Online-Dienst. T-Online erlaubt darüber hinaus auch die direkte Einwahl, um eine Internet-Verbindung aufzubauen – ohne dafür die spezielle Software von T-Online heranziehen zu müssen. Siehe auch *Bildschirmtext*.

TCP/IP Netzwerkprotokoll, das in systemübergreifenden Netzwerkumgebungen und lokalen Netzwerken, vor allem aber im Internet zum Einsatz gelangt. Vereinfacht ausgedrückt stellt TCP/IP die Sprache dar, die alle am Internet teilnehmenden Hard- und Software-Komponenten sprechen müssen.

Telnet Hierbei handelt es sich um einen älteren, mit einer zeichenorientierten Oberfläche aufwartenden Internet-Dienst, der im Wesentlichen einer Terminalemulation entspricht und heutzutage primär für die Konfiguration von Komponenten wie beispielsweise einem Hardware-basierenden Router Verwendung findet.

Terminaladapter Spezielles Gerät, das den Anschluss analoger Kommunikationsgeräte (Telefon, Anrufbeantworter, Fax-Gerät, Modem etc.) an das digitale ISDN-Netz ermöglicht. Terminaladapter sind als einzelnes Gerät erhältlich, häufig aber auch in ISDN-Telefonanlagen integriert.

Terminalfenster vor dem Wählen Diese bei den Eigenschaften eines Modem festzulegende Einstellung erlaubt es Ihnen, vor oder nach der Anwahl des Empfängers in einem Terminalfenster Eingaben vorzunehmen, die zum erfolgreichen Verbindungsaufbau erforderlich sein können. Falls Sie die Verbindung unter Nutzung des DFÜ-Netzwerks von Windows 9x/Me herstellen, können Sie diesen Vorgang in vielen Fällen mithilfe eines DFÜ-Skripts automatisieren.

Thread Als Thread in einer Newsgroup wird die zu findende Nachricht sowie alle darauf eingehenden Antworten – also sozusagen der »Gesprächsfaden« – bezeichnet.

Tonwahl Wahlverfahren für analoge Telefonleitungen, bei dem die Telefonnummer des Empfängers Ziffer für Ziffer in Töne unterschiedlicher Frequenzen umgesetzt wird (man spricht daher auch vom Mehrfrequenzwahlverfahren). Der Wahlvorgang geht daher bedeutend schneller vonstatten als bei der Pulswahl. Die Deutsche Telekom hat bis Anfang der Neunzigerjahre ausschließlich die Pulswahl verwendet, unterstützt inzwischen aber flächendeckend die – auch in vielen anderen Ländern – übliche Tonwahl.

Upload So bezeichnet man das Heraufladen von Dateien beispielsweise auf einen FTP-Server oder innerhalb eines Online-Dienstes. Auf diese Weise können Sie eine Datei für andere Benutzer bereitstellen. Um den Umfang der zu übertragenden Datei und damit sowohl die Zeit zum Heraufladen als auch eventuelle Verbindungsgebühren gering zu halten, können Sie die betreffende(n) Datei(en) vor ihrem Heraufladen zunächst komprimieren (etwa mit WinZIP).

URL Bei einer URL handelt es sich um eine Adresse, die auf eine bestimmte Ressource im Internet verweist. Die URL gibt dabei den Dienst (zum Beispiel `http://` für das Web. `ftp://` für das File Transfer Protocol etc.) sowie den Host (beispielsweise `www.microsoft.com`) sowie optional ein dortiges Verzeichnis und sich darin befindliche Datei (etwa `/windows/ie_intl/de/default.asp`) an.

Usenet Siehe *Newsgroups*.

User Häufig verwandte, englische Bezeichnung für »Benutzer«.

User-ID Siehe *Benutzername*.

V.90 Modemstandard der ITU, der Modems den Download von Daten mit bis zu 56 KBit/s sowie den Upload von Daten mit 33,6 KBit/s erlaubt (zur Übertragung mit 56 KBit/s sind spezielle Geräte erforderlich). V.90 löst die zwar herstellerübergreifend eingesetzten, aber dennoch proprietären Verfahren K56flex und X2 ab.

V.92 Weiterentwicklung des V.90-Standards, die (neben einem Download mit bis zu 56 KBit/s) einen Upload mit bis zu 48 KBit/s, schnellere wiederholte Verbindungsaufbauten, das »Parken« einer Online-Verbindung bei eingehendem Anruf sowie eine bessere Datenkomprimierung gestattet.

vCard Outlook Express lässt sich so konfigurieren, dass jeder ausgehenden Nachricht eine virtuelle Visitenkarte (die »vCard«) mit auf den Weg gegeben wird. Auf diese Weise kann der Empfänger Sie mit einem simplen Mausklick in sein Adressbuch aufnehmen. Voraussetzung ist allerdings, dass der Empfänger mit einem E-Mail-Client arbeitet, der die vCard-Technologie unterstützt – was zwar auf Outlook Express, nicht aber auf andere (insbesondere ältere) Programme zutrifft. Liest der Empfänger die Nachricht mit einem Programm, das vCards nicht unterstützt, wird Ihre vCard als bloßer Text dargestellt.

Voice Englischer Begriff für Sprache. So spricht man beispielsweise von einer *Voice-Mail*, wenn es sich um eine Sprachnachricht handelt, die auf einem Anrufbeantworter hinterlassen wird.

Wahlparameter Siehe *Standort*.

Web Kurzform für *World Wide Web* respektive *WWW*. Hierbei handelt es sich um einen grafischen Dienst im Internet, der den Zugriff auf Ressourcen verschiedenster Art (Dokumente, Dateien, Videos etc.) gestattet. Zum Zugriff auf diesen Dienst und der Anzeige der darüber abrufbaren Informationen ist ein Webbrowser erforderlich.

Web-basierende E-Mail Hierbei findet das Lesen eingegangener und die Erstellung neuer E-Mails sowie deren Versand direkt über einen Webbrowser statt. In der Regel bekommt der Benutzer dabei vom jeweiligen Anbieter eine eigene E-Mail-Adresse zugeteilt, auf die sich sodann über einen Webbrowser von einem beliebigen Rechner (heimischer PC, Rechner am Arbeitsplatz, Computer im Internet-Café, Internet-Terminal im Urlaubs-Hotel etc.) aus zugreifen lässt. Die Bearbeitung von E-Mails mit einem eigenen E-Mail-Client ist dabei häufig nicht möglich, da der Anbieter keinen dazu komplementären Mail-Server unterhält. Eine Ausnahme bildet die Kombination aus dem eigentlich Web-basierenden E-Mail-Dienst *Hotmail*, der den Zugriff auf das dortige E-Mail-Postfach auch mit dem E-Mail-Programm *Outlook Express* erlaubt.

Webbrowser So bezeichnet man ein Programm, mit dem der (als Client agierende) PC auf einen Webserver zugreifen und Informationen von diesem abrufen kann. Bekannte Webbrowser stellen der *Internet Explorer* von Microsoft und der *Navigator* von Netscape dar.

Webserver Ein Webserver stellt die Informationen bereit, die sich von Anwendern mit einem Webbrowser abrufen lassen. Hierzu »füttert« der Betreiber des Webservers diesen mit entsprechendem Ausgangsmaterial

(Meldungen, Fotos etc.), das in Form von Webseiten auf dem Webserver abgespeichert wird. Verfügt der Webserver dabei über eine Datenbank-Anbindung, kann er Informationen aus dieser abrufen und daraus Webseiten dynamisch generieren. Eine bekannte Webserver-Software ist der *Internet Information Server* (IIS) von Microsoft.

Weitverkehrsnetz Siehe *Netzwerk*.

WinZIP Ein exzellentes Windows 9x/Me-Programm zum Umgang mit komprimierten Dateien, die das Verfahren *ZIP* verwenden, stellt die Shareware *WinZIP* dar. WinZIP erlaubt dabei die Komprimierung einer oder mehrerer Dateien, ihre Umwandlung in ein selbstextrahierendes Archiv und ihre Dekomprimierung.

WWW Abkürzung für den World Wide Web-Dienst des Internet. Siehe *Web*.

WWW-Browser Siehe *Webbrowser*.

WWW-Server Siehe *Webserver*.

XML Bei der Extensible Markup Language handelt es sich um einen vom World Wide Web Consortium verabschiedeten Standard, der eine sehr freie Gestaltung von Webseiten erlaubt. XML ist zwar mit der Seitenbeschreibungssprache HTML verwandt, doch stellt XML eine Programmiersprache dar, die weitaus flexiblere Möglichkeiten erlaubt.

ZIP Hierbei handelt es sich um eines der bekanntesten Komprimierungsverfahren für Dateien. Gepackte Dateien weisen dabei die Namenserweiterung *.zip* auf. Abhängig vom Charakter der Ausgangsdatei lässt sich deren Umfang teils deutlich reduzieren. Dies erlangt nicht nur Bedeutung, wenn es um die Speicherung auf einem Medium mit nur wenig freiem Speicherplatz (etwa einer Diskette) geht, sondern auch für die Übertragung im Internet: Je kleiner eine Datei ist, desto schneller erfolgt die Übertragung und desto geringer sind die damit verbundenen Kosten. Um eine komprimierte Datei verwenden zu können, muss diese zunächst dekomprimiert werden. Für DOS gibt es hierzu beispielsweise das Programm PKUNZIP, während WinZIP ein unter Windows 9x/Me laufendes Programm zur Bearbeitung von Dateien im ZIP-Format darstellt.

Zugriffssteuerung Legt fest, welche Clients in welchem Umfang auf eine freigegebene bzw. gemeinsam genutzte Ressource zugreifen dürfen.

Stichwortverzeichnis

J

K

O

P